"十二五"普通高等教育本科国家级规划教材
国家级特色专业
国家级教学团队
经济管理类一流本科专业精品教材·金融系列

U0656918

SECURITY INVESTMENT

证券投资学

（第六版）

邢天才　王玉霞　主编

东北财经大学出版社
Dongbei University of Finance & Economics Press
大连

图书在版编目（CIP）数据

证券投资学 / 邢天才，王玉霞主编. —6版. —大连：东北财经大学出版社，2022.12（2024.7重印）

（经济管理类一流本科专业精品教材·金融系列）

ISBN 978-7-5654-4765-5

Ⅰ.证…　Ⅱ.①邢…②王…　Ⅲ.证券投资-高等学校-教材　Ⅳ.F831

中国版本图书馆CIP数据核字（2022）第257659号

东北财经大学出版社出版

（大连市黑石礁尖山街217号　邮政编码　116025）

网　　址：http://www.dufep.cn

读者信箱：dufep@dufe.edu.cn

大连天骄彩色印刷有限公司印刷　东北财经大学出版社发行

幅面尺寸：185mm×260mm　字数：440千字　印张：20　插页：1

2022年12月第6版　　　　　　2024年7月第4次印刷

责任编辑：时　博　　　　　　责任校对：王芃南

封面设计：潘　凯　　　　　　版式设计：原　皓

定价：49.00元

教学支持　售后服务　　联系电话：（0411）84710309

版权所有　侵权必究　　举报电话：（0411）84710523

如有印装质量问题，请联系营销部：（0411）84710711

"经济管理类一流本科专业精品教材·金融系列"编委会

顾 问

林继肯　　教授　　博士生导师

主 任

艾洪德　　教授　　博士生导师

委 员（以姓氏笔画为序）

丁忠明　　安徽财经大学　　教授　　博士生导师

王志强　　东北财经大学　　教授　　博士生导师

王振山　　东北财经大学　　教授　　博士生导师

史永东　　东北财经大学　　教授　　博士生导师

邢天才　　东北财经大学　　教授　　博士生导师

李建军　　中央财经大学　　教授　　博士生导师

吴晓球　　中国人民大学　　教授　　博士生导师

宋清华　　中南财经政法大学　　教授　　博士生导师

宗计川　　东北财经大学　　教授　　博士生导师

范立夫　　东北财经大学　　教授　　硕士生导师

杨胜刚　　湖南大学　　教授　　博士生导师

胡金焱　　青岛大学　　教授　　博士生导师

梁 琪　　南开大学　　教授　　博士生导师

总序

　　金融体系与金融稳定的竞争是当代世界各国国家竞争的重要领域，也是支持各国在政治、经济、军事、文化等方面有效竞争的重要基础。随着中国对外开放的逐步深入和社会主义市场经济体制的逐步确立，我国经济和金融日益融入全球一体化进程，特别是在"一带一路"倡议和亚投行建行背景下，人民币国际化进程缓步推进，我国的金融体系和金融稳定面临着前所未有的挑战与压力。如何抓住机遇、迎接挑战，加快完善我国金融体系、提升金融竞争能力和确保国家金融安全，是我国各级政府和金融界的重大课题。近些年来，金融业在金融科技的推动下发生着快速的变化，表现为金融产品和服务的日益精细化和复杂化。如何让金融成为实现共同富裕的重要帮手，是金融业乃至全社会关心的重要问题。

　　金融学教学与科研能否为金融发展提供有效支撑是当前中国金融学科面临的根本挑战。近年来，我国高等院校金融教育规模迅速发展，质量有了较大的提高，为经济社会发展以及高等教育自身的改革与发展作出了重要贡献。特别是2019年4月，教育部在天津大学召开"六卓越一拔尖"计划2.0启动大会，正式全面启动新工科、新医科、新农科、新文科建设。同年，教育部发布《关于深化本科教育教学改革　全面提高人才培养质量的意见》，体现了加快推进新文科建设的战略意图和实践要求。新文科建设担负着提升综合国力、坚定文化自信、培养时代新人、建设高等教育强国、推动文科教育融合发展等重大使命。在此背景下，我们组织编写了这套"经济管理类一流本科专业精品教材·金融系列"。

　　教材建设过程是动态的、渐进的、连续的，这个过程的每一个环节都对编者提出新的要求，它既是教师教学、实践和科研成果的体现，也是学校教学改革和学科建设的反映。因此，我们在教材编写过程中力求达到三个目的：一是"理论贯通"。"形成更高水平的人才培养体系"是习近平总书记对新时代中国特色社会主义教育制度体系的基本要求之一。这个"更高水平的人才培养体系"，注重的是高校学科、专业、课程体系，要有中国特色，有时代味道，思想政治教育的功能要贯通其中。二是"知行贯通"。习近平新时代中国特色社会主义经济思想要求做到"知行合一"，内化于心、外化于行。教材要体现金融类专业培养方案中对人才基本专业素养、基本专业技能和基本专业知识体系的要求。三是"实践贯通"。教材大量引用具有代表性的尤其是本土的现实案例，引发学生思考，引导学生深学笃行。为此，在教材编写中我们注重了以下五个方面：第一，教材编写应明确三个问题，即由谁编写、为谁编写和如何编写；第二，教材编写者应具备三个条件，即编写者应具有编写高水平教材的经验、具有一定的科研水平、具有一定的实践经验；第三，教材编写应做到三个结合，即理论与实践相结合、定量分析与定性分析相结合、综合练习与实验实训相结合；第四，教材编写应体现三个特性，即系统性、新颖性、实用性；第五，教材编写应突出三个特色，即教材结构设计特色、体例设计特色、思政融合特色。在突出特色的同时，形成集主教材、数字化平台、辅助教材于一体的有机结合的立体化教材。

由于我们的时间和精力有限，教材中难免存在缺点和不完善之处，我们欢迎各院校师生、金融业界同仁和广大读者批评指正。

"经济管理类一流本科专业精品教材·金融系列"编委会

第六版前言

中国的证券市场在不平静中步入了新的历史时期。历经了近30年的跨越式发展，我国证券市场取得了举世瞩目的成就，成为社会主义市场经济体系的重要组成部分。当前，立足新发展阶段、贯彻新发展理念、构建新发展格局，已成为中国推动经济社会高质量发展的主题主线。深刻把握资本市场在新发展阶段的使命担当，培养知晓马克思主义的"道"、社会主义的"理"，具备中华传统文化的"德"和现代市场经济的"法"，能够自力更生、坚韧不拔地"吃苦"又能去伪存真、求同存异地"包容"的新时代人才，是多年从事一线教学科研工作者的终极追求。

为了紧跟证券市场的发展，满足高等院校经济管理和金融专业的人才培养需求，根据教学实践的反馈和证券经济理论研究的不断深化，我们在邢天才、王玉霞编著的《证券投资学》（第五版）的基础上，按照东北财经大学出版社新的编写体例和要求，对本书进行了再次修订。

本书坚持了编写体例的新颖性、内容的连续性和知识体系的完整性，增加了专业内容的实用性，突出了理论研究的系统性。强化思政引领，认真落实党的二十大关于高等教育的各项精神，紧扣国家软实力，围绕构建中国特色哲学社会科学来做文章；强化应用导向，根据新发展阶段的新要求，在教材课后练习中注重实践和团队合作能力培养；强化风险教育，紧盯社会现实需求，坚持以美育人、以文化人，注重理性、客观科学精神的培养。

除了对上一版内容进行查缺补漏、更新数据与案例，本次修订还具有以下特点：一是深化了课程思政与专业教育的有机融合，例如，"课程思政与专业教育融合思维导图"系统介绍了全书课程思政的逻辑脉络，揭示了课程思政与专业知识的内在逻辑关系。二是补充了大量的"启智增慧"二维码，内容既包括专业知识，又包括思政元素，从而应用数字技术帮助学生拓维升级。三是在章后增加了"即测即评"和"综合训练参考答案"二维码，方便学生在课堂开展即时互动后，课后进行延时互动的自我学习。

全书共分4篇17章：第1篇共4章（第1章~第4章），为工具篇，主要介绍了各种证券投资工具；第2篇共4章（第5章~第8章），为市场篇，主要研究了证券市场运行结构及股票价格指数；第3篇共7章（第9章~第15章），为分析篇，主要研究了证券投资分析理论、技术分析指标、组合分析、资本资产定价模型以及证券市场效率与业绩评价等；第4篇共2章（第16章和第17章），为市场监管篇，主要对发达国家证券市场监管和中国证券市场监管问题进行了专门探讨。其中，3.3、5.1、5.3和第16章内容放置于二维码中，供教师根据教学需要自行安排和学有余力的学生自学。

本书由邢天才、王玉霞主编，具体编写分工如下：绪论，第5、6、7、8、9、10、15、16、17章由邢天才教授完成；第1、2、3、4、11、12、13、14章由王玉霞教授完成。吉敏副教授负责第1～8章、杨墨竹老师负责9～13章、于小宸博士负责第14～15章、熊海芳教授负责第16～17章每章的开篇导读、本章小结及综合训练部分的编写整理工作。本书由邢天才教授负责总纂和定稿工作。

本书在编写过程中不仅得到了艾洪德教授、王广谦教授、吴晓球教授的指导与帮助，还得到了东北财经大学出版社的大力支持。在本书的编写过程中，我们参考了大量的研究文献与资料，在此一并表示衷心的感谢。

"致天下之治者在人才，成天下之才者在教化，教化之所本者在学校。"目前，我国证券市场的许多理论和实践问题还有待通过深化改革不断地探索和完善，还需要金融专业教学科研工作者孜孜不倦地研究探索。由于编写时间较短，加之作者水平有限，书中难免存在不足之处，我们欢迎各院校师生、证券业同仁和广大读者不吝赐教。

编　者
2022年11月

证券投资学
├─ 理论研读 ── 第1章 ── 马克思对股份公司制度的论证
├─ 初心使命 ── 第3章 ── 融入国家发展大局　践行服务实体初心使命
├─ 共同富裕 ┬ 第7章 ── 共同富裕企业做什么?
│   └ 第9章 ── 多样化金融工具为精准扶贫添动力
├─ 家国情怀 ┬ 第1章 ┬ 我国实行股份制改革的重大意义
│   │   └ 从国有企业改革深化历程看股份制度在中国的应用
│   └ 第2章 ── 完善制度　构建生态　直接融资迈上由量增到质变新征途
├─ 法治监管 ┬ 第4章 ┬ 《期货法》的三个重大作用
│   │   └ 证监会公布合格境外投资者可参与金融衍生品交易品种
│   ├ 第5章 ── 以统一资本市场助力统一大市场建设
│   ├ 第6章 ── 注册制意味着什么?
│   ├ 第7章 ── 上海证券交易所交易异常情况处理
│   ├ 第13章 ── "保本高收益"就是金融诈骗风险提示背后的理论逻辑
│   ├ 第15章 ── 严惩内幕交易　维护市场秩序
│   └ 第17章 ┬ 全面注册制写入今年政府工作报告　资本市场更好赋能实体经济
│   ├ 中国金融监管体系重构,双峰监管更加稳健
│   ├ 2020年新《证券法》正式施行
│   └ 关于依法从严打击证券违法活动的意见
├─ 绿色发展 ── 第6章 ── 为绿色发展完善绿色金融支撑
├─ 改革创新 ┬ 第1章 ┬ 数说中国这十年
│   │   └ 2021年沪深交易所A股累计筹资16 743亿元
│   ├ 第4章 ── 中证1 000股指期货期权上市
│   ├ 第5章 ┬ 新三板的前世今生
│   │   ├ 助力中小微企业　区域性股权市场创新发展"探营"
│   │   └ 北交所宣布设立一周年:110家企业融资超235亿元　中小企业超7成
│   ├ 第6章 ── 服务实体经济"活水"奔流　中国债券市场在平放中大发展
│   ├ 第7章 ── 服务实体经济——广州期货交易所挂牌成立
│   ├ 第9章 ── 汽车行业电动化智能化趋势明确
│   ├ 第10章 ── 把增进民生福祉落到实处
│   └ 第17章 ── 数读资本市场这十年
├─ 民族自信 ── 第8章 ── 百度成为恒生指数首家AI公司
├─ 中华优秀传统文化 ── 第10章 ── 管子的"轻重论"
├─ 时代楷模 ── 第10章 ── 薛暮桥:中国经济理论与实践创造性结合
├─ 辩证思维 ┬ 第11章 ── 不断提升资本治理效能
│   └ 第12章 ── 如何认识"理性"与"好政策"?
└─ 历史沿革 ── 第17章 ── 中国证券监督管理委员会历史沿革

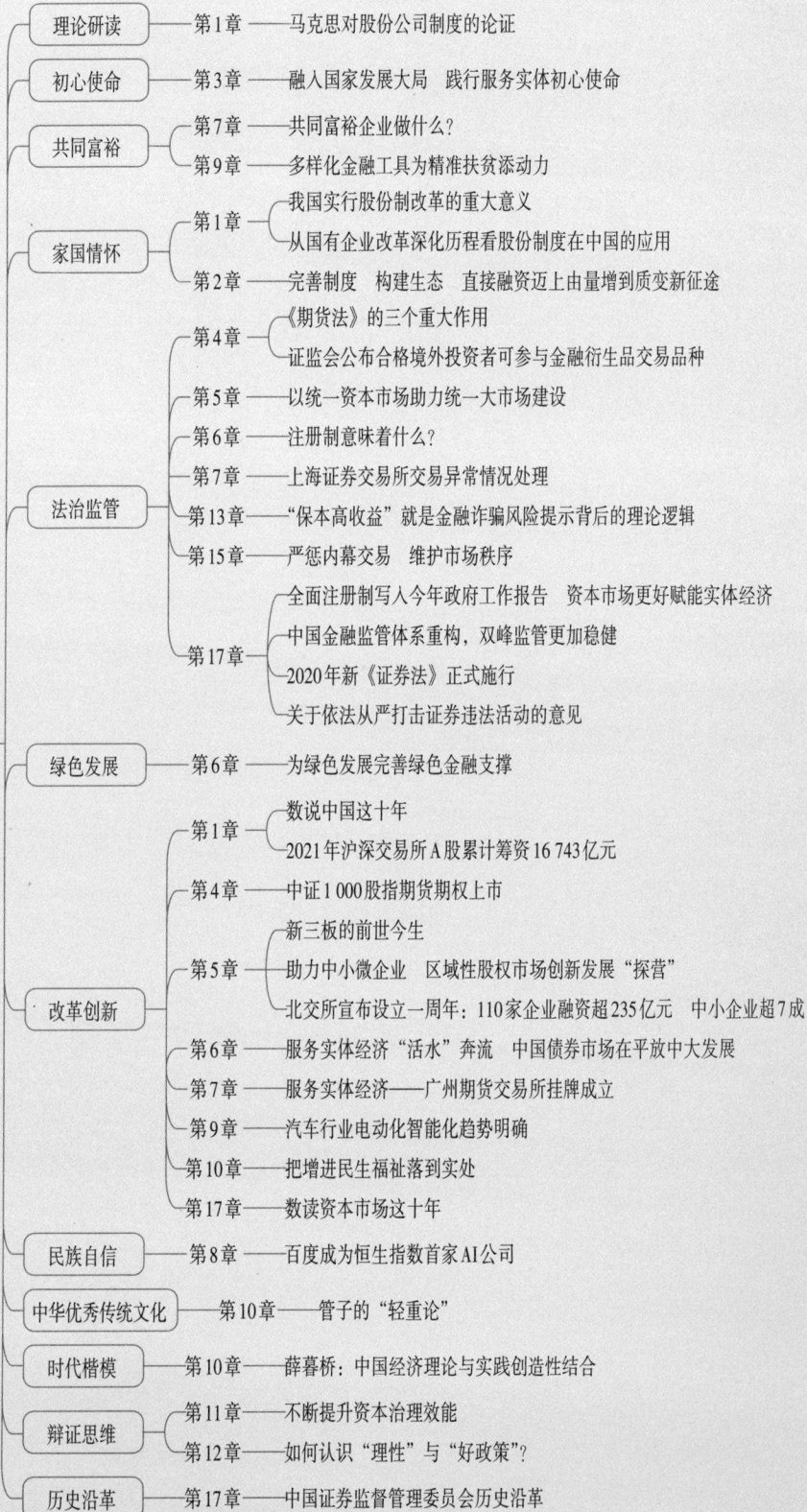

课程思政与专业教育融合思维导图

目 录

绪　论／1

第1篇　证券投资工具

第1章　股　票／9

目标引领／9

思维导图／9

开篇导读／10

1.1　股份制度／10
1.2　股　票／18
1.3　中国现行的股票类型／22

本章小结／24

关键概念／25

综合训练／25

第2章　债　券／29

目标引领／29

思维导图／29

开篇导读／30

2.1　债券及其特性／30
2.2　债券的种类／33
2.3　从发行主体看中国债券种类／37

本章小结／43

关键概念／43

综合训练 / 43

第3章 证券投资基金 / 45

目标引领 / 45

思维导图 / 45

开篇导读 / 46

3.1 证券投资基金概述 / 46
3.2 证券投资基金的类型 / 49
3.3 证券投资基金的投资运作
3.4 中国投资基金的发展 / 54

本章小结 / 56

关键概念 / 57

综合训练 / 57

第4章 衍生投资工具 / 59

目标引领 / 59

思维导图 / 59

开篇导读 / 60

4.1 可转换证券 / 60
4.2 金融期货 / 63
4.3 金融期权 / 68

本章小结 / 72

关键概念 / 72

综合训练 / 73

第2篇 证券市场

第5章 证券市场概述 / 77

目标引领 / 77

思维导图 / 77

开篇导读 / 78

5.1 证券市场的产生与发展
5.2 证券市场的重要作用 / 78
5.3 世界主要国家的证券市场
5.4 中国现代证券市场 / 80

本章小结 / 86

关键概念 / 86

综合训练 / 86

第6章 证券发行市场 / 89

目标引领 / 89

思维导图 / 89

开篇导读 / 90

6.1 股票发行市场 / 90
6.2 债券发行市场 / 98

本章小结 / 103

关键概念 / 104

综合训练 / 104

第7章 证券交易市场 / 106

目标引领 / 106

思维导图 / 106

开篇导读 / 107

7.1 证券交易市场的类型 / 108
7.2 证券上市制度 / 111
7.3 证券交易制度 / 114

本章小结 / 120

关键概念 / 121

综合训练 / 121

第8章 股票价格指数 / 122

目标引领 / 122

思维导图 / 122

开篇导读 / 123

8.1 股票价格指数概述 / 123
8.2 国际主要股票价格指数 / 126
8.3 中国股票价格指数 / 128

本章小结 / 134

关键概念 / 134

综合训练 / 134

第3篇　证券投资分析

第9章　证券投资价值分析 / 139

目标引领 / 139

思维导图 / 139

开篇导读 / 140

9.1　证券价格的确定 / 140
9.2　股票投资价值分析 / 146
9.3　债券投资价值分析 / 151
9.4　基金投资价值分析 / 158

本章小结 / 161

关键概念 / 161

综合训练 / 161

第10章　证券投资的基本分析 / 162

目标引领 / 162

思维导图 / 162

开篇导读 / 163

10.1　证券投资的宏观经济分析 / 163
10.2　证券投资的市场分析 / 170
10.3　证券投资的行业分析 / 175
10.4　上市公司的财务分析 / 177

本章小结 / 183

关键概念 / 183

综合训练 / 183

第11章　证券投资技术分析理论 / 184

目标引领 / 184

思维导图 / 184

开篇导读 / 185

11.1　道氏理论 / 185
11.2　K线理论 / 188
11.3　切线理论 / 192

11.4　形态理论 / 198

11.5　波浪理论 / 207

本章小结 / 210

关键概念 / 211

综合训练 / 211

第12章　证券投资技术分析指标 / 212

目标引领 / 212

思维导图 / 212

开篇导读 / 213

12.1　移动平均线法 / 213

12.2　相对强弱指数 / 216

12.3　随机指数 / 218

12.4　威廉指数 / 220

12.5　动向指数 / 221

12.6　乖离率 / 222

12.7　心理线 / 223

本章小结 / 224

关键概念 / 225

综合训练 / 225

第13章　证券投资组合分析 / 226

目标引领 / 226

思维导图 / 226

开篇导读 / 227

13.1　投资组合理论 / 227

13.2　投资组合的效用分析 / 232

13.3　投资组合分析 / 236

本章小结 / 246

关键概念 / 247

综合训练 / 247

第14章　资本资产定价模型 / 249

目标引领 / 249

思维导图 / 249

开篇导读 / 250

14.1 资本资产定价模型的原理 / 250
14.2 因素模型及套利定价理论 / 262

本章小结 / 266

关键概念 / 267

综合训练 / 267

第15章 证券市场效率与绩效评价 / 269

目标引领 / 269

思维导图 / 269

开篇导读 / 270

15.1 证券市场效率理论及其发展 / 270
15.2 证券市场有效性假说的检验 / 275
15.3 投资组合的绩效评价 / 279

本章小结 / 283

关键概念 / 284

综合训练 / 284

第4篇 证券市场监管

第16章 国外证券市场监管 / 287

目标引领 / 287

思维导图 / 287

开篇导读 📱

16.1 证券市场监管的一般理论 📱
16.2 证券市场的监管方式与手段 📱
16.3 证券市场的监管模式 📱
16.4 政府监管部门与自律机构 📱
16.5 证券市场监管的法律规范 📱

本章小结 / 288

关键概念 / 288

综合训练 / 288

第17章　中国证券市场监管／289

目标引领／289

思维导图／289

开篇导读／290

17.1　中国证券市场监管的历史回顾／290

17.2　中国证券市场监管的制度分析／292

17.3　中国证券市场监管体系的完善／296

本章小结／300

关键概念／300

综合训练／300

主要参考文献／302

绪　论

1）研究证券投资的意义

在平静如镜的湖面上，用贝壳打一个水漂，你可以看到那贝壳激起一圈又一圈的涟漪，逐渐地扩散、扩大，直至很远、很远……当证券和股市的贝壳打破了中国经济湖面的平静时，社会主义市场经济的发展正在进行着一场悄然的革命。

正如习近平总书记在党的二十大报告中所说的："我们以巨大的政治勇气全面深化改革，打响改革攻坚战，加强改革顶层设计，敢于突进深水区，敢于啃硬骨头，敢于涉险滩，敢于面对新矛盾新挑战，冲破思想观念束缚，突破利益固化藩篱，坚决破除各方面体制机制弊端，各领域基础性制度框架基本建立，许多领域实现历史性变革、系统性重塑、整体性重构……"

证券市场的从无到有，就是诸多领域中的一隅。我国的证券市场，从1981年恢复发行国库券算起，已有40余年的历史。沪深两个交易所成立至今，也经历了30多年的发展。30多年来，我国证券市场以惊人的速度，完成了从无到有、从小到大的能量积累和质量提升。截至2022年11月，我国上市公司已达4 950家，上市公司总市值约为82万亿元；资产管理行业规模约为68.5万亿元，债券市场余额为140.3万亿元；沪深两市投资者（包括自然人和法人）达2.10亿户。实践证明，我国证券市场的快速发展是完善社会主义市场经济体制的客观要求，对我国经济体制转轨和社会主义市场经济的建立与发展，都起到了积极的推动作用。

随着市场经济的不断发展，我国投融资渠道和方式都发生了根本性的变化。人们的投资观念由"传统"变为"现代"，投资领域也由国内走向国际。过去，证券投资在我国曾一度是相对空白的研究领域，而在西方发达国家，证券投资不仅是一项相当多的公民所热衷的经济活动，而且也是广大高等院校经济类专业必修的课程，于是，以投资学为中心的各种金融投资方面的著作和教科书大量涌现，可谓种类繁多。因此，从我国经济改革和证券市场发展的要求出发，出于教学和市场需求的双重考虑，加强对中国证券投资理论和方法的研究，对于提高证券投资者素质，发挥证券市场的投融资功能，推进我国证券市场的市场化、法治化和国际化发展，将会起到积极的作用。

2）投资与证券投资

投资是经济学的一个重要范畴。作为一种经济行为来考察，投资包含两层含义：一层含义是指各个投资主体为了在未来获得经济效益或社会效益而进行的实物资产购建活动，如国家、企业、个人出资建造工业厂房和购置生产所用的机械设备等，这也就是人们通常所说的"直接投资"；另一层含义是指企业或个人用其积累起来的货币购买股票、债券等有价证券，借以获得收益的经济行为，人们将这种行为称作"间接投资"。在我国，一般人们所讲的"投资"指的都是第一层含义，如果要专门指第二层含义，人们习惯在"投资"一词之前冠以"证券"二字，称为"证券投资"，以防与第一层含义的"投资"相混淆。其实在西方，人们谈及"投资"，恰恰指的就是"证券投资"，西方的"投资学"就是专门研究"证券投资"的。

如果予以最大程度抽象，"投资"说到底就是一种资本垫付行为，因而，证券投资天经地义地就是一种投资行为。如果我们以股份制企业作为考虑问题的基准对资本运动全过程进行考察，"证券投资"与"实物投资"是同一个投资运行过程的两个阶段，而且"证券投资"是最基本的资本垫付，对于"实物投资"具有决定性意义。因而，从道理上讲，"证券投资"应该是"投资"的最一般的含义。

但是，为了遵从人们先入为主的思维习惯，为了避免讨论问题出现概念混淆，我们还是有必要将人们习惯的"投资"与"证券投资"区别开来。这也正是本书定名为《证券投资学》而非《投资学》的缘由。

3）证券投资运行过程与证券投资学的研究对象

（1）证券投资运行过程

证券投资作为整个投资运行过程的一个相对独立阶段，有着自己一些独特的运动规律。正是这些独特的运动规律决定了证券投资学有着自己的专门研究对象，这也正是"证券投资学"作为一门独立的经济科学而存在的基础。

证券投资的运行过程是一系列经济活动的综合，这一过程的基本内容包括如下几个方面：

①进行储蓄，以筹集进行投资的资金

证券投资的第一步是进行储蓄，以便为证券投资筹措资金。当投资者确定了以购买证券的方式进行投资时，他首先面临的问题是要掌握一定数额的资金，这是参与证券投资活动的前提条件。对于大多数个人投资者来说，用于证券投资的货币资金只能是来自收入超出支出的盈余部分——储蓄，因此，积累储蓄是证券投资的首要问题。

②投资者明确自己对风险的态度

证券投资是一项高风险的经济活动，几乎在所有的证券投资场所都有着"股市有风险，投资需谨慎"的警示牌。因此，证券投资者在正式参与证券投资活动之前，要认真分析自己承受风险的能力，并明确自己对风险的态度。投资者必须在心理上准备好应付证券投资所带来的财务风险和经济风险，并且还应明确了解，对于自己来说，怎样的"风险与报酬的组合"才是可以接受的，以便为合理地进行证券投资决策做好准备。

③掌握详尽而准确的市场信息

市场信息对于证券投资是至关重要的，证券投资的成功与失败在很大程度上取决于市场信息掌握得及时、准确与否。因此，无论是在证券投资决策前，还是在进行证券投资活动之中，对于每一种证券的报酬和风险，投资者都要争取能够及时地掌握其详尽、真实的市场信息资料。在这方面，投资者可以通过大众新闻媒介的公开资料和有关部门的统计资料来进行加工、整理，也可以通过向证券投资领域的专家或长期从事证券投资活动的且富有实践经验的人咨询来获得。

④具体判断投资于何种证券

作出证券投资的决策似乎并不很困难，而作出具体投资于哪种证券的决策就困难得多了。进入证券市场，各种股票、债券品种繁多，投资者应该能够比较全面地了解这些证券及其各自的特点，最后对要投资于何种证券作出抉择。一般来说，抉择的前提应该是科学的决策分析。通过科学的决策分析来估计各个证券发行者未来的收益及其今后的发展趋势，从而判断各种证券本身的变现能力和价格的变化态势。因此，证券投资者不仅要全面了解证券投资工具，而且还要掌握一些证券投资分析的基本方法，并能够灵活运用这些方法从事证券投资活动。

⑤掌握证券市场运作的基本方法

从事证券投资活动，是以买卖证券的行为来体现的，因此证券投资者应该对证券市场运作的基本方式有所了解，掌握证券发行、证券交易的基本知识。尤其当证券投资者参与证券二级市场运作时，还必须对证券市场的交易机制、交易过程、交易规则以及证券经纪业务做到大致通晓，同时对国家、地方政府部门及其授权机关发布的各种法规也要有所了解。

⑥进行证券购买业务

在证券投资活动中，证券的购买业务在短期内就能够顺利完成，但是这却是证券投资最关键的一步。证券买卖存在着许多学问，在证券买卖的时机选择上和证券买卖的具体方法上有着许多技巧性问题，掌握这些技巧对于证券投资者进行投资有着重要的意义。

⑦组织证券投资的合理配置

证券投资是一项高收益、高风险性质的投资活动，而且不同种类的证券其收益的大小、风险的高低也是不尽相同的。因此，证券投资者在进行证券投资时，完全有必要也完全有可能选择一个较为理想的证券组合，以达到降低证券投资风险、增加证券投资收益的目的。

以上证券投资运行过程决定着证券投资学的研究对象和证券投资学的课程内容。

（2）证券投资学的研究对象与性质

任何一门独立的学科之所以能够独立存在并具有生命力，关键就在于它具有独立的研究范围和研究对象，这是人们衡量一门学科是否能够成立和存在的最基本的条件。

证券投资学的研究对象是证券投资的运行及其规律。具体地讲，就是证券投资者如何正确地选择证券投资工具；如何规范地参与证券市场运作；如何科学地进行证券投资决策分析；如何成功地运用证券投资方法与技巧；国家如何对证券投资活动进行规范管理等等。

证券投资学是一门综合性学科。证券投资的综合性学科性质主要反映在它以众多学科为基础和它涉及范围的广泛性上。首先，证券投资作为金融资产投资，是整个国民经济运行的重要组成部分，国民经济形势的好坏，对证券市场的走势具有重要的决定意义，因此，一般的经济范畴，诸如资本、利润、利率等也是证券投资学研究所经常使用的基本范畴。其次，证券市场是金融市场的一个重要组成部分。证券投资学研究的一个重要内容是证券市场运行和证券投资者如何在证券市场进行运作，因此必然涉及一些货币金融知识，需要研究货币供应、市场利率及其变化对证券市场价格以及证券投资者收益的影响。更何况证券投资活动自始至终都是与银行等金融机构联系在一起的，因此货币银行学及其理论与专业知识是证券投资学必不可少的知识基础。再次，证券投资者进行投资总是要选择具体的企业。在决定购买哪个企业的股票或债券时，总是要进行一番调查了解，掌握其经营状况及财务情况，从而作出分析、判断，决定是否向该企业进行投资。在做这些基础分析时，必须掌握一定的会计学知识，能够利用各种会计资料作出科学判断，因此会计学的一些专业知识也是证券投资学所必需的知识基础。最后，证券投资学研究问题时，除了需要进行一些定性分析外，还需要大量地采用定量分析方法，证券投资的市场分析、价值分析、技术分析、组合分析等内容都是采用数学模型进行的，因此数学方法在证券投资学中是基本的研究问题的方法。

证券投资学是一门应用性学科。证券投资学虽然也研究一些经济理论问题，但是从学科内容的主要组成部分来看，它属于应用性较强的一门学科。首先，证券投资学侧重于对经济事实、现象及经验进行分析和归纳，而不是注重概念、范畴、原理的抽象推理研究。其次，证券投资学所研究的主要内容是证券投资所需掌握的具体方法和技巧，而不是原则性的泛泛空谈。例如，如何选择证券投资工具，如何在证券市场上买卖证券，如何分析各种证券的投资价值，如何对上市公司进行财务分析，如何使用各种技术方法分析证券市场的发展变化，如何科学地构建证券投资组合等等，这些都是操作性很强的具体方法和基本技能。从这些内容也可以看出，证券投资学是一门培养应用型专业人才的学科。

证券投资学也是一门以特殊方式研究经济关系的学科。证券投资属于金融投资范畴，进行金融投资必须以各种有价证券的存在和流通为条件，因而证券投资学所研究的运动规律是建立在金融活动基础之上的。金融资产与实际资产不同，后者是现实中实际存在的资产，而前者是虚拟资产，无论是股票还是债券都是这样。马克思曾指出，这种资本……是幻想的、虚拟的资本。这种证券的资本价值也纯粹是幻想的。毫无疑问，这种金融资产的运动确实是一种虚拟资本的运动，而且这种虚拟资本的运动有着自己一定的独立性。首先，从量的角度来看，社会上金融资产量的大小取决于证券发行量的大小和证券行市，而社会实际资产数量的大小取决于社会物质财富的生产能力与价格。其次，从运动形态来看，证券投资基本是见钱不见物的，而实际投资则是以物的形式为基本要求的。但我们也应该注意到，这两种运动有着紧密的关联，因为实际资产是金融资产存在和发展的基础，金融资产的收益源于实际资产在社会再生产过程中的创造，因而金融资产的运动是以现实资产运动为根据的，由此也就决定了实际生产过程中所反映的一些生产关系必然反映在证券投资活动当中。即使就证券投资的小范围来看，证券发行所产生的债权债务关系、所有权关系、利益分配关系，证券交易过程中所形成的委托关系、购销关系、信用关系等也都包含着较为复杂的社会经济关系。

党的二十大报告指出，建设现代化产业体系，坚持把发展经济的着力点放在实体经济上，加快建设制造强国、质量强国、航天强国、交通强国、网络强国、数字中国。高质量发展是全面建设社会主义现代化国家的首要任务。支持实体经济，是金融部门义不容辞的责任。实体经济是"红花"，金融业是"绿叶"，只有把实体经济的红花浇灌得更加绚丽多彩，金融业、证券业才能实现自身的价值与成长。

总而言之，证券投资学研究证券投资的运行，不可能离开对现实社会形态中的种种社会关系的研究。

4）证券投资学的研究内容

证券投资学的研究内容主要包括证券投资的一般理论、证券市场及证券投资的运行过程与机制、证券投资决策方法以及政府进行的证券投资管理等。具体来讲，它包括如下四大组成部分：

（1）证券投资工具：主要研究股票、债券、基金等投资工具的种类及各自的特点。

（2）证券市场：主要研究证券市场包括证券发行市场和证券交易市场的功能作用、运行机制，以及人们在证券市场从事证券投资时的重要参考指标——股票价格指数。

（3）证券投资分析：主要研究证券投资如何进行决策分析以及具体的决策分析方法，包括如何分析证券价格指标，如何进行证券投资价值分析，如何进行证券投资基本分析，如何进行证券投资技术分析，如何进行证券投资组合分析以及如何评价证券市场的效率及其绩效等等。总的来看，这一部分是证券投资学的核心部分，它提供证券投资决策分析的一般理论和基本方法。

（4）证券市场监管：这一部分从两方面来说明。一方面介绍国外证券市场监管的理论、监管方式和监管体制，并进行比较与借鉴；另一方面对中国证券市场监管的现状及监管体系的完善进行分析与探讨。

应该承认，证券投资学的研究领域是十分广泛的，我们这里所确定的研究内容只能说是其中的主要部分。作为高等教育教材，本书旨在对学生进行基本理论、基本方法和基本技能的训练，所以在内容上便做了这样的取舍。

第 1 篇

证券投资工具

第1章

股　票

目标引领

☑ **价值塑造**

　　本章引导学生以马克思关于生产力与生产关系的理论为基础，体会并思考生产力的发展对股份制度形成的作用，以及股份制度又如何在现代经济社会发挥所长，促进社会生产力的进一步发展。在此基础上，引导学生体会中国股份制改革进程的曲折、艰辛与取得的成就，中国共产党人"摸着石头过河"开展社会主义市场经济改革的伟大探索精神；简要了解中国股票市场发展史，初步了解实体经济与虚拟经济在现代经济社会中的作用。

☑ **知识传授**

　　通过本章的学习，掌握股份制度的含义；理解股份制度的功能与作用；了解股份制公司的种类；掌握股票、普通股、优先股的概念及特性；了解我国现行的股票类型。

思维导图

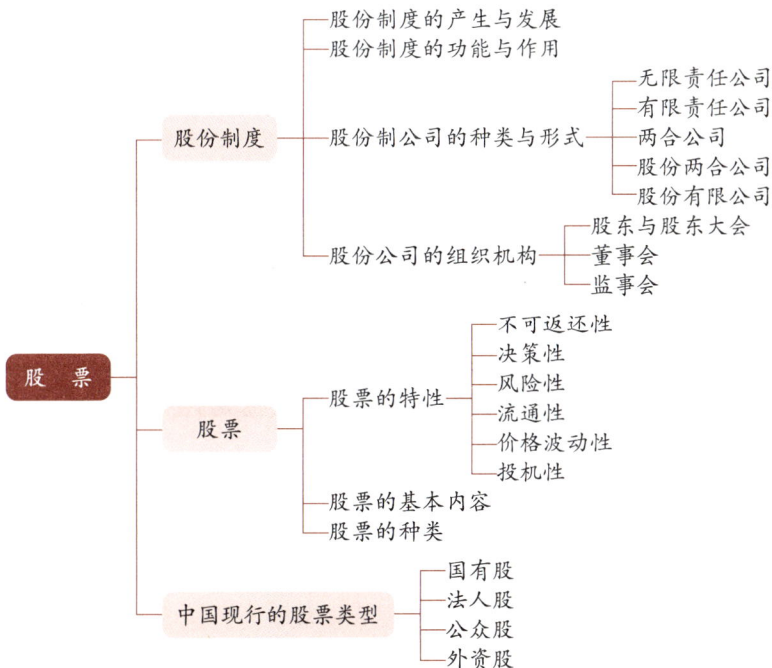

开篇导读

早在古罗马时期就有一种包税人，他们组织的股份委托公司被经济史专家认为是股份经济的先兆。从14、15世纪开始，随着商品经济的发展，在欧洲的一些采矿业中，出现了自由民之间或手工业者之间的以人、财、物各项生产要素的一项或几项为联合内容的合伙经营的经济形式。但在合伙内容、经营方式、分配办法等方面，都没有明确的规范，更没有形成严格的股份制度，这是股份经济的原始形式。当时，在德国南部、奥地利和捷克境内，有农奴和城市破产欠债的小手工业者聚集在一起，组织协作的合作社团，用简单的工具采矿，共同劳动，分享产品。后来有些商人以入股的形式参加进来，结果富裕的人把持了资产，使原来的合作发生质变。正如马克思所说："原来由合伙的劳动者构成的矿业组合，几乎到处都变成了靠雇佣工人开采的股份公司。"

15世纪至16世纪初，地理大发现，新航路的开辟，使世界贸易大为改观。西班牙、葡萄牙、荷兰、英国纷纷向海外发展，进行远航贸易，这需要较大数额的资本，在当时的经济条件下，靠单个资本家来经营是无法办到的，于是一种合股经营的叫作"康梅达"的经济组织便产生了。康梅达从事海外贸易，负责筹集资本，由专人经营，利润在集资者与经营者之间协商分配。以后，这种组织发展到内陆城市，出现了入股的城市商业组织，如意大利的"大商业公司"，入股者有商人、贵族、教授、廷臣和平民。这种股份经济一般由自由城邦组织，官方进行业务监督。资产阶级国家为了鼓励商人和资本家积累资本向海外扩张，以攫取更多的财富，不仅为股份集资提供了法律保护，并且给予商业独占权和免税优惠等特权，这为股份制的产生创造了外部条件。

股份制亦称"股份经济"，是指以入股方式把分散的属于不同人所有的生产要素集中起来，统一使用，合理经营，自负盈亏，按股分红的一种经济组织形式，也是企业财产所有制的一种形式。

股票是股份有限公司发行的一种有价证券，是用以证明投资者的股东身份和权益并据以获取股息和红利的凭证。股票还可以作为流通交易的对象进行买卖或抵押，是金融市场上最主要的长期信用工具之一。股票与股份制度有着千丝万缕的联系，因此要想了解股票，必须首先了解股份制度。

1.1 股份制度

股份制度也称股份公司制度，它是指以集资入股、共享收益、共担风险为特点的企业组织制度。股份有限公司一般以发行股票方式进行融资，所筹集到的资金称为股本。公司的股本按相等金额划分成若干单位，称为股份，然后以股票形式归各股东所有。股票投资者依据他们所提供的生产要素份额参与公司收益分配。在股份公司中，各个股东所享有的权利和义务是与他们所提供的生产要素份额相对应的。

1.1.1 股份制度的产生与发展

股份制度是随着商品经济发展而萌发出来的一种企业制度。如果追溯股份制发展历史的话，我们就会发现，早在古罗马帝国时期的股份委托公司，就是现代股份公司的最初形式。在中世纪又出现了手工业者以人、财、物等生产要素为联合内容，共同进行合伙经营的经济组织，在这种合伙经营的经济组织中，每一个参与者都占有一定比例的资产份额，并按照这种资产份额分配收益。这种合伙经营的经济组织，完全是自发产生的，组成这类经济组织的出资人之间，在合伙资格、合伙内容、合伙经营方式、收益分配等方面，并不作出受到法律认可和保障的允诺。所以，这类经济组织与现代股份制企业之间是有许多明显区别的，但是这类合伙经营的经济组织无疑是现代股份制的原始形式。

在历史上促成股份制最后发育成熟的重要因素是西方资本主义资本的原始积累。我们知道，资本原始积累是资本主义社会化大生产的前提，而资本原始积累的重要方式是海外殖民掠夺。正是这种为资本原始积累而进行的海外殖民掠夺，成了股份制迅速发展和走向成熟的一个历史契机。

15 世纪末期，美洲新大陆的发现使得世界贸易的格局发生了很大的变化，欧洲的西班牙、葡萄牙、荷兰和英国迅速成为实力强大的从事海外贸易的国家。这些海外贸易国之间相互竞争，争夺新的海外市场。在这个过程中，参与国之间的冲突和它们在殖民地遇到的各种抵抗，都是不可避免的，"单枪匹马"从事世界贸易，使世界贸易的拓展受到很大的限制，这就在客观上要求有与之相适应的新的经济组织来有效地开展世界贸易活动。这个经济组织，不能是由少数人组成和经营的，而应是由较多的人参与，并且由较多的人共同经营的。只有这样，才能具备开展世界贸易的经济实力。

追溯起来，17 世纪的荷兰东印度公司公开发行的股票可以说是世界上出现得最早的股票。当时荷兰的海运业非常兴旺繁荣，仅荷兰一个国家的商船数量就相当于英、法两国商船数量的总和。荷兰的船队在从事世界贸易活动时，把别国市场上缺少的东西运过去，再把本国市场缺少的东西运回来，其中的利润是十分可观的。但是，仅仅凭着"一叶轻舟"，要在海上航行数万里，无论前面的利润有多么可观，单是那些变化无常的狂风巨浪即给远航的贸易带来了无法回避的巨大风险。

远航带来的超额利润是所有人都希望得到的，而获取它所必须承担的巨大风险也是所有人无法逃避的，那么，有没有一种办法既能够获得足够的利润又能够把风险控制在一定程度内呢？于是，股份制公司、股票以及股票市场就在人们这种分散投资风险的需求中诞生了。股份制度由许多投资者共同投资，每一个人只分担很小的一部分风险。

1602 年，荷兰在全国以集资入股的形式筹集资金，建立了专门用船队从事荷兰和亚洲之间贸易活动的"东印度贸易公司"，发行了当时价值 650 万荷兰盾的股票，在荷兰的 6 个海港城市设立了办事处，其中最重要的一个当然就是阿姆斯特丹，在这里发行的股票数量占股票总数的 50% 以上。东印度公司基本上是以这种方式运作的：

将公司的资本分成若干股,每个人都可以持有公司的股份,公司给予持股者有公司抬头的证明,凭这种持股证明可以参与公司的利润分配;公司有60名董事。当时,几乎每一个荷兰人都去购买这家公司的股票,东印度公司从此进入了繁荣时代。

随着荷兰率先组建海外贸易公司,类似的海外贸易公司不断出现。这些通过集资入股形式而建立起来的海外贸易公司,基本上已经具备了现代股份公司的主要特征,如像现代股份公司一样,筹集资金的范围很广,股东来自社会的各个阶层,在公司的内部已经有较完备的管理机构及相应的选举办法等。只是在利益分配上与现代股份公司存在区别,比如在红利分配的同时还偿还股本,继续保持股东地位需要重新入股等。

从事海外贸易的股份公司,通过各种形式牟取暴利,从而为资本原始积累和资本主义生产方式的建立提供了大量资金,同时也为投资者带来了丰厚的收益。因而从一开始,这种企业制度形式就表现出强大的生存能力和发展潜力。

在海外贸易领域迅速发展股份公司之后,发达的欧洲国家在金融领域也开始出现了实行股份公司制度的银行。据资料记载,在英国,仅英格兰和威尔士两地,1841年股份制银行为115家,1865年已达到250家。在金融领域的竞争中,股份制银行明显占据优势,很快统治了英国的金融市场。在生产领域,股份公司的发展也很快。特别是最先在英国兴起的产业革命浪潮,为股份公司的发展创造了前所未有的社会经济条件。在产业革命中,机械大工业在规模和范围上都突破了传统生产方式的界限。发展社会大生产所要兴办的大型工程,如矿山的开采、铁路的铺筑,是单个私人资本力所不能及的,在这种情况下,能够把零散的资本集中到一起的股份公司,自然就成了一个具有生命力的企业制度。通过股份公司把分散的资本集中到一起,使兴办大型工程不受私人资本的限制。因而,我们可以说,股份公司实现的资本集中,在客观上为产业革命所创造的社会化大生产方式提供了资本保证。如果没有股份公司制度,很难想象产业革命推动社会生产力能那样高速发展。

19世纪中期,发生了比英国第一次产业革命规模更大的第二次产业革命。像第一次产业革命一样,这次产业革命极大地提高了社会分工和协作水平,促进了企业规模的迅速扩大。在此背景下,只有众多的私人资本集中起来,才能从事这些大企业的生产经营活动,于是股份公司集中资本的范围进一步扩大,集中资本数量也越来越多。在英国,1862—1886年平均每年新建的股份公司就有1 041家,仅1897年,英国就组建了4 975家股份公司。

第二次世界大战后,西方国家发生了第三次产业革命,这次产业革命比前两次产业革命的规模更大,影响更为深远。科学技术在生产领域的广泛应用,使生产经营活动和资本运用开始超越国界,新型企业跨国公司大量涌现,这就对资本的进一步集中提出了更为迫切的要求。于是,明显带有垄断特性、各类企业相混合的股份公司迅速发展起来。

经过几百年的成长和发育,股份公司在发达的西方国家已成为一种普遍存在的企业组织形式,在全部企业中占统治地位。据有关资料统计,1980年,美国已有271万家股份公司,其营业收入占美国全部企业收入的88.9%;1982年,英国已有股份公司60多万家,其生产总值占全国生产总值的51%;在日本,1983年拥有资本1 000万日元以上的股份公司达23万多家，约占同类规模企业总数的87%，拥有资本1亿日元以上的股份公司16 891家，占同类规模企业总数的99%。

伴随着股份制度的发展，有关法律制度也逐渐完善起来。在这个过程中，西方各国通过制定商法、证券法、公司法、破产法、海商法等一系列经济法律，来规范经济行为，协调经济关系，限制、克服和消除股份制度的消极因素，以利其积极作用的发挥。

在我国，股份制度最早是随着帝国主义的入侵而被带进来的，最先出现在帝国主义列强在我国开办的工商、金融企业中。例如，1862年在上海开办的美国旗昌轮船公司、1872年创立的英商太古轮船公司，都实行了股份制集资，股份多数为华商购买。1873年在上海开办的上海轮船招商总局，是由中国人自己创办的第一家股份公司。但是在民族资本企业内部，股份公司形式并不发达，股份制度始终没有占据主要地位。这主要是由旧中国腐败的社会制度所决定的，外国资本和官僚政权的压迫，以及商品经济和信用关系没有真正发达起来，使得股份制度难以发展。

通过对股份制的历史考察不难发现，商品经济和社会化大生产的发展，是股份制产生、存在和发展的根本原因。

启智增慧1-1

马克思对股份公司制度的论证

1.1.2　股份制度的功能与作用

1）股份制度的功能

一般来说，股份制度具有两大功能：一是筹集社会资金；二是改善和强化企业的经营管理。但是，从股份制度产生和发展的历史进程来看，股份制度的这两大功能并不是同时产生的，而且这两大功能在不同时期所处的地位也不相同。

（1）股份制初期的功能。无论是15世纪出现的比较原始的股份制度，还是18、19世纪普遍组建的股份有限公司，都是因为企业生产规模日益扩大，单个资本或资本单个私人所有的形式已无法满足资本日益集中的需要，从而采用向社会发行股票集资或把现有分散的单个私人所有的资本以股份形式联合起来的方式而组建起来的。正如恩格斯所言，猛烈增长的生产力对它的资本属性的这种反抗，要求承认它的社会性的这种日益增长的必要性，迫使资本家阶级在资本主义关系内部一切可能的限度内，愈来愈把生产力当作社会生产力来看……资产阶级要是不把这些有限的生产资料从个人的生产资料变为社会化的，即只能由大批人共同使用的生产资料，就不能把它们变成强大的生产力。所以，股份制度产生和发展的初级阶段所要解决的主要问题是如何把私人所有、私人占用的资本变成私人所有、社会占用的资本。也就是说，在股份制初期，筹集（或集中）资金是股份制的主要功能，这方面比较典型的例子是西方诸多国家铁路运输业的建立和发展。对此，马克思曾指出，假如必须等待积累去使某些单个资本增长到能够修筑铁路的程度，那么恐怕直到今天世界上还没有铁路。但是，通过股份公司转瞬之间就把这件事完成了。

（2）股份制成熟时期的功能。随着生产力的进一步发展，特别是17世纪第一次从法律上确认了股份公司作为独立的法人只承担有限的债务责任的地位后，股份制渐渐成为一种十分普遍的企业形式；同时股份制本身也经历了不断的演变和完善，并对企业的经营管理体制产生了深远的影响和作用，使现代企业经营管理方式发生了革命性的变革。到了20世纪，尤其是20世纪60年代后期，西方国家的股份公司普遍出现了所有权与经营权分离的现象，原来由公司所有者的法人代表公司董事会所掌握的经营管理权和部分决策权，逐渐转移到了专门从事经营管理活动并具有丰富管理经验的公司经理阶层手中，形成了西方社会中一个比较独特的企业家阶层，他们越来越成为社会经济发展不可缺少的中坚力量。股份制的这种内在完善以及由此引起的一系列企业经营管理体制的变化，如所有权和经营权的分离、经营管理活动作为专门的劳动和职业等，在一定程度上打破了所有者一定是经营者这一传统制度对企业发展的约束，避免了因所有者经营才能的局限而对企业发展可能产生的不利影响，从而使资本主义企业在不触动资本主义私人所有这一根本制度的前提下，在一定程度和范围内被注入了新的活力和生机，增强了企业的灵活性和应变能力。所以，在股份制发展的成熟时期，这种新型的股份制通过对资本主义企业传统经营管理机制的扬弃，摆脱了资本所有者因经营管理才能的局限对企业的生产及经营管理的约束。改善企业经营管理体制成为现代股份制度的一大功能。

由此可见，股份制作为一种比较完善的，同时具有改善、强化企业经营管理机制的企业组织形式，是经过一定时期的不断演变和发展而形成的。今天，现代股份制度之所以能够得以流行，除了考虑筹措资金这一因素之外，恐怕主要是想利用股份制特有的功能，也就是说，在股份制已发展到比较完善的今天，改善和强化企业的经营管理机制已成为其主要功能，而融资功能作为其固有的本能则成为次要功能。

2）股份制度的作用

股份公司产生和发展的历史也表明，股份制度是商品经济和社会化大生产的必然结果。作为一种经济文明成果，股份制对经济的发展起到了重要作用。

（1）股份制是筹集资金的一种有效形式。股份公司的建立，打破了个别资本所有权的局限性，促进了资本的集中，这是由股份公司通过发行股票集资所显示出的特点决定的。首先，股票无固定利息负担，股利的多少由企业的经营状况决定。因此，从股份公司发行股票一开始，就把投资与公司的生产经营活动联系在了一起，促使股东关心企业的命运。其次，股份公司筹集资金时，所发行的股票代表股东对企业的所有权，股东投票选出董事会，由董事会确定经营管理人员而实行对企业的控制。那些掌握小额股票的股东虽不能决定公司的经理人选并直接参与或控制企业，但他们可以通过股份出售或购买股票行使其所有者的权利，通过股票价格机制来间接影响企业的经营决策。再次，股票具有不可返还性和流通性，这样就为股票投资者提供了便利，特别是各种优先股和小额股票的发行，对广泛吸收社会闲散资金起到了积极的促进作用。

（2）股份制实现了个人资本所有权与经营权的分离，使公司的经营管理得到了优化。从西方发达国家的经济发展轨迹来看，其早期管理尚未超脱自然条件下的单个生产主体的自我管理模式，资本家一身兼任资本所有者和经营者双重职能。但是，股份制度出现后，股份公司的管理模式中的管理者与生产者是分离的，资本家个人的所有权和经营权也是单纯的。正如马克思所言，实际执行职能的资本家转化为单纯的经理，即别人的资本的管理人，而资本所有者则转化为单纯的所有者，即单纯的货币资本家。这种分离一方面使分散于社会的资本所有权，被一个强大的经营权所集中和统一；另一方面还使生产的管理由资本家的"皮鞭"变为科学的管理方式，推动了经济的迅猛发展。

（3）股份制有利于资源的合理配置。这是因为，在股份制中，若股份分散面广，则企业的经营决策和管理者无论是贯彻了还是违背了股东的意志和利益，股东都可通过购买或抛售该公司股票，以示对企业经营者的支持或反对、奖励或惩罚。对于政府的宏观决策，股东也可以通过购买或抛售股票作出反应。可以说，这是一种有效的反馈机制。这种反馈机制最终将资金转移到投资效益高的企业，而资本效益低的企业因得不到公众的支持，最终将不得不"关、停、并、转"，结果使资源包括人、财、物得到合理的配置。

（4）股份制下的股份公司实现了有限责任的承担，成为分散投资风险而又经久不衰的一种企业形式。按照股份制的要求，股份公司的股东在其所认购的股份限额内对公司担负责任，除此之外，股东不直接负有任何连带责任。股东与公司的债权人不直接发生法律关系，公司债务完全以公司财产清偿。由于公司财产的原始成分是由股东出资组成的，且公司财产又是公司清偿债务的基础，所以股东对公司债务负有一种间接有限责任。也正是由于这种有限责任原则，股份公司能够成为分散投资风险的一种良好企业形态，使得这种企业形式与社会及其经济发展相适应而经久不衰地保持下来。

1.1.3　股份制公司的种类与形式

在世界各国，股份制公司的种类与形式大致有如下 5 种：

1）无限责任公司

无限责任公司是指由两个以上股东组成，全体股东对公司债务负有连带无限责任的公司。所谓连带无限责任，是指当公司因负债过多或其他原因而破产，用公司本身的财产不足以清偿债务时，所余债务则必须由股东以自己的其他财产来偿还，他们甚至可能因清偿债务而倾家荡产。

无限责任公司的股东一般要参与管理公司事务，其所有权与经营权结合在一起。法律规定他们可以对公司财务状况保密，这是这类公司的特殊待遇。一般而言，经营管理能力强的投资者多采用这种形式，以便由自己经营。但因公司股东所负责任大、风险大，因此难以集中起大量资本，公司规模一般都比较小。

2）有限责任公司

有限责任公司是指由少数股东组成，各个股东对公司所负责任仅以出资额为限的公司。这种公司大多是中小企业，它允许股东成为公司雇员，股东大都积极参与公司的经营管理活动。

有限责任公司的主要特点是：

（1）股东一般协商确定各自的出资额，由公司出具书面的股份证书作为股东享有公司权益的凭证。公司不得邀请公众公开认购其股份，也不能发行股票。

（2）公司成员所持股份证书可以在成员之间进行转让，但不得向公司以外人员随意转让，如因特殊情况必须向外转让，要经过公司全体股东一致同意方可进行。

（3）法律允许这种公司的所有权与经营管理权结合在一起，不必分离。

启智增慧 1-2

我国实行股份制改革的重大意义

3）两合公司

两合公司是指由无限责任股东与有限责任股东结合组成的公司。这种公司至少有一名股东是无限责任股东，他们对公司债务负有连带清偿的无限责任，由他们直接经营管理公司。有限责任股东仅以出资额为限对公司负责，不参与公司的经营管理，对外不能代表公司，他们所掌握的股份，在未得到无限责任股东超过半数的同意时，不得转让他人。

以上三种股份公司虽然都是由出资人筹资组成，但其共同的特点是不采用股票形式筹集股本，即不把公司资本划分为若干平均等额的股份，并用股票来表示，当然也不发行股票。它们的出资人数较少，投资额在公司章程或联合经营的契约中有明确规定，出资者可以用现金，也可以用财产、劳务或者本人信用作为对公司的投资，所以它们并不是标准的股份公司。

4）股份两合公司

股份两合公司是指类似于两合公司，但可对外公开发行股票的股份公司。这种公司除具有上述两合公司的基本特点外，与两合公司的不同之处只在于有限责任部分的资本可分为等额股份，可以发行股票，其股东仅就其认购的股份负责。

两合公司、股份两合公司组成的主要目的是把负无限责任的经营人才与负有限责任的出资者结合在一起，发挥各自的特长。但出资者的出资一旦集中太多，将增加负无限责任者资本的危险性，因而也限制了资本的集中，限制了公司的规模。所以这两种两合公司的规模一般都不可能发展得太大。

5）股份有限公司

股份有限公司是指通过向公众发行股票筹集资本，按照法定程序组织建立的股份公司。股份有限公司是真正意义上的股份公司，一般人们所说的股份公司多是指股份有限公司。在西方，股份有限公司是最有代表性、地位最重要、采用最广泛的企业组织形式。

股份有限公司具有如下一些特点：

（1）公司的资本划分为若干等额股份，用股票形式表现股份，由股东认购股票。

（2）股票公开发行，可上市买卖，可自由转让。

（3）公司实行有限责任制，全部股东均以出资额为限承担公司清偿责任，并以所持股份取得收益。

（4）公司具有独立的法人地位，有其自身一套与所有权完全分离的经营管理机构。

（5）股东大会是公司的最高权力机构，由股东大会选举的董事会领导公司的一切活动。

（6）公司的财务状况及经营状况按照法定要求向社会大众完全公开，以便社会监督和公众选择投资。

启智增慧1-3

数说中国
这十年

1.1.4 股份公司的组织机构

在股份公司（主要是指股份有限公司）内，由股东组成的股东大会是公司的最高权力机构，由股东大会选举产生的董事会是执行机构，常设的监事会是负责财务监督的机构。

1）股东与股东大会

（1）股东是股份公司的出资人，其凭借所持股票占有公司的股份，行使其股东的权力，享受公司为其带来的利益，并承担法定的义务。

股东的权利主要表现在：①股利请求权：股东凭借所持有的股票参加公司股息、红利等利益分配的权利。②参与公司的决策权：股东在股东大会上对公司重大事项进行决策的表决权。③新股认购权：公司发行新股票时，股东，尤其是普通股股东具有购买新股票的优先权。④分配公司剩余财产权。⑤召开股东大会的请求权。

（2）股东大会是股份公司的最高权力机构，是股东表达自己意愿和要求的场所，也是行使自己权利的场所。

一般来说，公司的重要人事任免和重大决策均须得到股东大会的认可和批准方为有效。股东大会的决定董事会必须执行，但股东大会对外不能代表公司，对内不能执行业务。

股东大会的职权有：①决定公司的经营方针和投资计划；②选举和更换董事，决定有关董事的报酬事项；③选举和更换由股东代表出任的监事，决定有关监事的报酬事项；④审议批准董事会的报告；⑤审议批准监事会的报告；⑥审议批准公司的年度财务预算方案、决算方案；⑦审议批准公司的利润分配方案和弥补亏损方案；⑧对公司增加或者减少注册资本作出决议；⑨对发行公司债券作出决议；⑩对公司合并、分立、解散和清算等事项作出决议；⑪修改公司章程。

2）董事会

董事会是股份公司的常设权力机构。董事会一般由不少于5人的奇数董事组成。

公司董事由股东大会选举产生，董事可以是股东也可以不是股东，这是因为公司董事只是以股东代理人和财产受托人的身份代表公司对公司事务进行管理。股份公司的董事一般任期为3年，可连选连任。

公司董事会一般设有董事长、副董事长、常务董事、董事等职，董事长或副董事长可兼任公司经理。

董事会的职权有：①召集股东会会议，并向股东会报告工作；②执行股东会的决议；③决定公司的经营计划和投资方案；④制订公司的年度财务预算方案、决算方案；⑤制订公司的利润分配方案和弥补亏损方案；⑥制订公司增加或者减少注册资本以及发行公司债券的方案；⑦制订公司合并、分立、解散或者变更公司形式的方案；⑧决定公司内部管理机构的设置；⑨决定聘任或者解聘公司经理及其报酬事项，并根据经理的提名决定聘任或者解聘公司副经理、财务负责人及其报酬事项；⑩制定公司的基本管理制度；⑪公司章程规定的其他职权。

3）监事会

监事会是在股份公司中监督、检查公司财务及其董事会、经理人员工作的常设机构。一般来说，监事会成员不得少于3人，监事任期3年，可连选连任。但监事不得兼任公司董事、经理及其他高级管理职务。监事会一般设监事会主席，由监事会选举产生。

监事会的职权有：①检查公司财务；②对董事、高级管理人员执行公司职务的行为进行监督，对违反法律、行政法规、公司章程或者股东会决议的董事、高级管理人员提出罢免的建议；③当董事、高级管理人员的行为损害公司的利益时，要求董事、高级管理人员予以纠正；④提议召开临时股东会会议，在董事会不履行本法规定的召集和主持股东会会议职责时召集和主持股东会会议；⑤向股东会会议提出提案；⑥依照《公司法》第151条的规定，对董事、高级管理人员提起诉讼；⑦公司章程规定的其他职权。

1.2 股 票

股票是股份有限公司发行的，表示其股东按其持有的股份享受权益和承担义务的可转让的书面凭证。股票一经发行，购买股票的投资者即成为公司的股东。股票实质上作为股份有限公司的股份证明，表示其持有者在公司的地位与权利以及相应应承担的责任与风险。

1.2.1 股票的特性

股票既是一种集资工具，又是企业产权的存在形式，代表资产所有权。同时，股票作为有价证券的一种，又是投资者重要的投资工具。股票的特性主要表现在如下几个方面：

（1）不可返还性。股票投资人一旦出资购买了某个公司的股票，就再不能向发行股票的公司退还股票索回资金，同时也没有到期还本的可能。

（2）决策性。投资人一旦购买了公司的股票，就成了该公司的股东，对公司的经营管理具有一定的决策权，决策权的大小与投资者持有该公司股票份额的多少成正比。

（3）风险性。股票投资与其他证券投资相比有较大的风险性，这是因为投资者出资购买股票已不再有还本的可能，同时股息收入也是没有保证的，股票的收益要看公司经营状况的好坏，有利则分，无利不分，利多多分，利少少分。此外，股票的价格也受股市价格波动的影响，变化无常，买卖股票有赚有赔。

（4）流通性。投资人购买公司股票后，虽不能退还股本，但股票可以拿到证券市场上去转让，因此股票持有人在出现资金紧张时，可以通过出售股票而换取现金，也可将股票作为抵押品向银行贷款。由于股票有极方便的变现能力，因而股票被视作仅次于现金资产的流动性较强的资产。这种流通性和灵活性是股票的优点也是它的生命力所在。

（5）价格波动性。通常股票是有票面价格的，但股票的买卖价格一般是与股票票面价格不一致的，具有较大的波动性。影响股票交易价格的因素很多，这些因素不断变化，导致股市发展变幻莫测。人们认为，这正是股票的魅力所在。

（6）投机性。股票价格与股票面值不一致，股票价格的频繁波动，给股票买卖的投机带来了可能性，投机者可根据股票价格的涨落价差取得投机性收益。股票的投机虽然有其破坏性的一面，但股票投机对于活跃股票市场、加速资本流动也有一定的积极意义。

1.2.2　股票的基本内容

股票既是一种有价证券，又是一种股权证书，各家股票虽然样式各不相同，但都具有一定的规范内容。一般来说，股票的正面应该记载如下一些事项：①发行股票公司的名称；②批准发行股票机关的名称，股票批准发行的年、月、日及批准字号；③发行股票的总额及每股金额；④本张股票的股权数及股票面值；⑤发行日期；⑥公司印章及法定代表人签字盖章；⑦股票编号；⑧股票章程有关条款；⑨防假暗记。

在股票的背面一般印制和登记如下一些内容：①股票持有人的姓名及证明身份的证件号码；②记载股票转让、过户的登记栏；③公司认为需说明的其他事项。

1.2.3　股票的种类

随着现代股份公司制度的不断发展完善及投资者不断提出新的投资要求，股票的形式与内容也发生了很大变化。目前的股票种类纷繁复杂，按照不同的分类方法可将其分为若干种。

1）按股票持有者承担的风险和享有的权益分类

按股票持有者承担的风险和享有的权益，可将股票分为普通股、优先股和后配股。

（1）普通股（common stock）是构成股份有限公司资本基础的股份，是股份有限公司最先发行、必须发行的股票，是公司最基本、最常见和最重要的股票，也是风险最大的股票。其具备股票最一般的特性，普通股的期限与公司的期限相始终，普通股的利益与公司的利益相依存，因此普通股比其他种类股票有着更多的权利，这些权利主要表现在如下几个方面：

①投票表决权。持有普通股的股东就是发行该股票公司的所有者之一，对于公司的重大决策、经营管理，按规定每持一股就有一份投票权。

②收益分配权。普通股在公司盈利分配上位于优先股之后，普通股的股利完全取决于公司盈利情况及其分配政策。一般来说，公司盈利多，股利就高；反之则少，若公司亏损则可能分文没有。这种股利收益的不固定，正是普通股的重要特点。所以在证券投资中，投资普通股的风险最大。但若公司获得高额利润，普通股股东可获得高额股利，有权享受利润增长所带来的利益，而一般优先股就无此项权利。

③资产分配权。当公司因各种缘由而需要解散清算时，普通股股东有权按比例分得公司的剩余财产，但必须排在公司债权人、优先股股东之后。若在他们之后所剩无几，普通股股东则只能甘受损失。

④优先认股权。当公司增发新股时，普通股原有股东有按占有公司股份的原比例优先认购新股的权利。这样，原有股东就可以通过认购新股而继续维持其原有权利和收益。股东拥有新股优先认购权后，其处理权利的方式有3种：其一是行使优先权，购买新股票；其二是转让优先认股权；其三是放弃这一权利，任其过期失效。认股权可以转让，就使得它有了价格，由此派生了又一个证券投资内容——认

股权证交易。

（2）优先股（preferred stock）是相对于普通股而言的，是在股份公司中对公司利润、公司清理剩余资产享有优先分配权的股份。由于在股份公司中优先股是预先确定股息的，因而使得它既是股票的一种，又有些类似于债券，是介于普通股与债券之间的一类折中性证券。这类股票之所以称为优先股，是因为它在以下两个方面处于优先地位：

第一，领取股息优先。股份公司分配股息的顺序首先是优先股，其次才是普通股。而且无论公司经营状况好坏和利润多少，优先股都可以按照预先确定的股息率领取股息，即使普通股减少或没有股利，优先股也不能受损。但是当公司无股息可分或股东大会决定当年不分配股息时，优先股在当年也有可能分不到股息。

第二，分配剩余财产优先。当公司解散或破产清偿时，优先股有先于普通股参加公司剩余财产的分配权，但其分配顺序要排在债权人之后。

与普通股比较，优先股有它优先的一面，也有它不利的一面。首先，优先股的股息率是事先确定的，当公司经营良好，利润激增时，优先股的股息不会因此而提高，而普通股的收益却可大增。其次，优先股股东一般没有选举权和被选举权，对公司经营决策没有表决权。再次，在股份公司发行新股票时，优先股没有普通股那样的优先认购权。

优先股虽然存在着一些不利的因素，但是无论对于投资者来说，还是对于股票发行公司来说，优先股确实都有其可取之处。从投资者角度来看，购买优先股收益固定，风险小于普通股，股息一般高于债券收益，而且股份可以转让，所以比较适合于保守型的投资者和无暇参与公司管理的投资者；从筹资的股份公司角度来看，优先股股息固定，不影响公司利润的分配。此外，发行优先股可以广泛地吸收资金，也不影响普通股股东对公司的经营管理权。所以，优先股一般比较受欢迎。

优先股又因不同情况分为如下几种类型：

①累积优先股与非累积优先股。累积优先股的基本特征为：如公司本年度没有盈利因而不能分派股息，或者盈利不足以满额分派股息，那么公司可以把未分派或未满额分派的股息累积到以后年度补付。而非累积优先股则以当年公司所得盈利为限分派股息，若当年未能分派股息或未能足额分派股息则不进行累积，当然也不存在次年补付的问题。

②参加优先股与非参加优先股。参加优先股又分为两种：凡是在分配定额股息后又参加剩余盈利分配的，称为盈余参加优先股；而在公司破产时，在偿还各种债务和优先股定额股本后，有权参加其剩余财产分配的，称为资产参加优先股。总的来看，这两种参加优先股除了可以优先获得固定股息外，还能享受普通股的一些权益。至于非参加优先股，则是指除获得固定股息外，没有上述两种参加权的优先股。

③可转换优先股与不可转换优先股。按公司章程规定，能够将一定比例的票面转换成普通股的优先股，称为可转换优先股；反之，那些不能转换成普通股的优先股，称为不可转换优先股。可转换优先股只是表明一种权利，至于优先股是否真的实行转换，要看投资者的决定。

④可赎回优先股与不可赎回优先股。这两种股票在发行时股份公司就已确定。可赎回优先股是指将来公司不再需要此项资金时，公司有权按一定的价格将股份收回注销。一般来说，回购价格都定得很高，以补偿该种股票购买者因公司回购所遭受的经济损失。所谓不可赎回优先股，是指股票一经投资者认购，在任何条件下都不能由股份公司赎回。

（3）后配股。它是指那些在股息和剩余财产分配上均后于普通股的股份。股份公司发行后配股的原因是公司的发起人和经营者预计公司经营不能很快获得利润，又要迅速扩充资本，就由公司发起人自己购买后配股，以此刺激和调动广大投资者购买该公司股票的积极性；或是由股份公司作为干股赠与发起人及管理者，以此刺激和调动他们的工作积极性和责任感，故又有发起人股、管理人股之称。

2）按有否记名分类

按有否记名，股票可分为记名股票与无记名股票。

（1）记名股票是指在股票票面和股份公司的股东名册上要同时记载股东姓名的股票。

记名股票若转让，须将受让人姓名及其住所记载于股票票面和公司股东名册上，否则转让无效；只登记于股票票面而未记入股东名册上亦无效。

（2）无记名股票是指股票票面上不记载股东姓名的股票。对于无记名股票来说，凡是持有公司股票的人即为公司股东。此种股票在证券市场上频繁易手，因而股东也是不断变化的，该种股票发行时一般留有存根联，它在形式上分为两部分：一部分是股票的主体，记载了有关公司的事项；另一部分是股息票，用于进行股息结算和行使增资权利。

3）按有无面值分类

按有无面值，股票可分为有面值股票与无面值股票。

（1）有面值股票是指股票票面上记载有每股金额的股票。这一记载的金额也称为票面金额、票面价值或股票面值。股票面值为公司资本的基本单位，是股东的基础出资额。

（2）无面值股票是在股票票面上不载明股票面值，只注明它在公司总股本中所占的比例。无面值股票也称为比例股票或份额股票。

4）按收益能力、风险特征分类

按股票的收益能力、风险特征划分，西方国家还将股票分为如下几类：

（1）蓝筹股是指历史较长、信誉卓著、资金实力雄厚的大公司发行的股票。这种公司一般在本行业内占有重要的甚至是支配性的地位，具有稳定的长期盈利能力，能定期发放不菲的股息。所以蓝筹股的股票市场价格稳定、投资风险适中、股价呈上升趋势，普遍受投资者的欢迎。

（2）成长股是指由一些正处于高速发展阶段的公司发行的股票。由于发行这种股票的公司正处于上升阶段，其销售额和收益额正处于上涨态势，公司在今后有足够的实力进行大发展并能长期为股东带来投资收益。这类公司注重研发，留存大量收益进行再投资来满足发展的需要，有大展宏图之势。

（3）收入股是指当前能发放较高股利的股票。发行收入股的企业一般处于成熟阶段，不需要新的投资项目，且具有较好的盈利能力。收入股留存收益较少，大量的利润被用作股利的分配。因其收益稳定且不需要专业投资知识，这类股票一般受妇女、老年人、退休者和一些法人团体的欢迎。

（4）周期股是指那些收益随商业周期波动的股票。在西方，人们认为钢铁、机械制造、建材等行业的股票属于周期性股票。

（5）防守性股票是指在任何经济波动条件下收益都比较稳定的股票。这种股票与周期性股票正好相反，在商业条件恶化时，它的收益要比其他股票优厚并且较为稳定，如水、电和交通等公用事业公司发行的股票。

（6）投机性股票是指那些价格变化快、幅度大、发展前景很难确定的股票。这种股票是由一些盈利情况极不稳定且未来收入难以确定的公司发行的。由于这种股票价格波动大且涨落频繁，给证券投机者赚取巨额差价带来了极大的可能性，因此这种股票备受偏好高风险的证券投机者的青睐。

1.3　中国现行的股票类型

我国的股票市场建立时间比较短，尚处于新兴市场发展阶段，除了也有同发达国家股票市场同样的股票分类外，中国独特的国情使得中国的股票还有一些较为特殊的分类方法。一般而言，中国上市公司的股票按投资主体不同被分为国有股、法人股、公众股和外资股等不同类型，形成这样的股票结构是和我国的经济结构以及20世纪80年代以来的经济体制改革进程密切相关的。

1.3.1　国有股

国有股又称国家股，是国家作为企业的所有者拥有的股票，是指有权代表国家投资的部门或机构以国有资产向公司投资形成的股份，包括公司现有国有资产折算的股份。在我国企业股份制改造中，原来一些全民所有制企业改组为股份公司，从性质上讲，这些全民所有制企业的资产属于国家所有，因此在改组为股份公司时，原企业中的国有资产就折成国有股。另外，国家对新组建的股份公司进行投资，也构成了国有股。国有股由国务院授权的部门或机构持有，或根据国务院决定，由地方人民政府授权的部门或机构持有，并委派股权代表。

国有股从资金来源上看主要有3个方面：第一，现有国有企业整体改组为股份公司时所拥有的净资产。第二，现阶段有权代表国家投资的政府部门向新组建的股份公司进行的投资。第三，经授权代表国家投资的投资公司、资产经营公司、经济实体性公司等机构向新组建的投资公司的投资。

1.3.2　法人股

法人股是指企业法人或具有法人资格的事业单位和社会团体以其依法可支配的自有资产向股份有限公司非上市流通股权部分投资所形成的股份。法人持股所形成的是一种所有权关系，是法人经营自身财产的一种投资行为。法人股股票以法人记名。

如果是具有法人资格的国有企业、事业及其他单位以其依法占用的法人资产向独立于自己的股份公司出资形成或依法定程序取得的股份，则可称为国有法人股。国有法人股也属于国有股。

作为发起人的企业法人或具有法人资格的事业单位和社会团体，在认购股份时，可以用货币出资，也可以用其他形式资产，如实物、工业产权、非专利技术、土地使用权作价出资。但对其他形式资产必须进行评估作价，核实财产，不得高估或者低估作价。

法人股在互相持股方面有一定的条件。我国规定，一个公司拥有另一个公司10%以上的股份，则后者不能购买前者的股份，另外，各种法人均不得将持有的公有股份、认股权证和优先认股权转让给本法人单位的职工，不得将以集体福利基金、奖励基金、公益金购买的股份派送给职工。

1.3.3 公众股

公众股也可以称为个人股，它是指社会个人或股份有限公司内部职工以个人合法财产投入公司形成的股份。公众股有两种基本形式：公司职工股和社会公众股。

（1）公司职工股。公司职工股是指股份有限公司职工在本公司公开向社会发行股票时按发行价格所认购的股份。

（2）社会公众股。社会公众股是指股份有限公司采用募集设立方式设立时向社会公众（非公司内部职工）募集的股份。在社会募集方式下，股份有限公司发行的股份，除了由发起人认购一部分外，其余部分应该向社会公众公开发行。因此，公司内部职工以外的个人认购的股份，就构成了社会公众股。

1.3.4 外资股

外资股是指股份公司向外国和我国香港、澳门、台湾地区投资者发行的股票。这是我国股份公司吸收外资的一种方式。外资股按上市地域可以分为境内上市外资股和境外上市外资股。

（1）境内上市外资股。境内上市外资股是指股份有限公司向境外投资者募集并在我国境内上市的股票。这类股票称为B股。它与我国的A股股票有区别。在我国，对境内自然人和法人发行的股票统称为A股。A股股票以人民币标明面值，在境内上市，用人民币认购。B股股票虽然也以人民币标明股票面值，在境内上市，但它是对境外自然人和法人（包括我国香港、澳门、台湾地区的法人和自然人）发行，以外币认购、买卖的股票，故属于外资股。

（2）境外上市外资股。境外上市外资股是指股份有限公司向境外投资者募集并在境外上市的股份。它也采取记名股票形式，以人民币标明面值，以外币认购。在境外上市时，可以采取境外股票存托凭证形式或者股票的其他派生形式。在境外上市的外资股除了应符合我国的有关法规外，还须符合上市所在地国家或者地区证券交易所规定的上市条件。其中，H股是在香港特别行政区上市的外资股，因香港的英文是"Hong Kong"，所以取其字首，将在我国香港上市的外资股称为H股。以此类推，N

股为在美国纽约上市的外资股，L股为在英国伦敦上市的外资股，S股为在新加坡上市的外资股。

股票的特性、种类如图1-1所示。

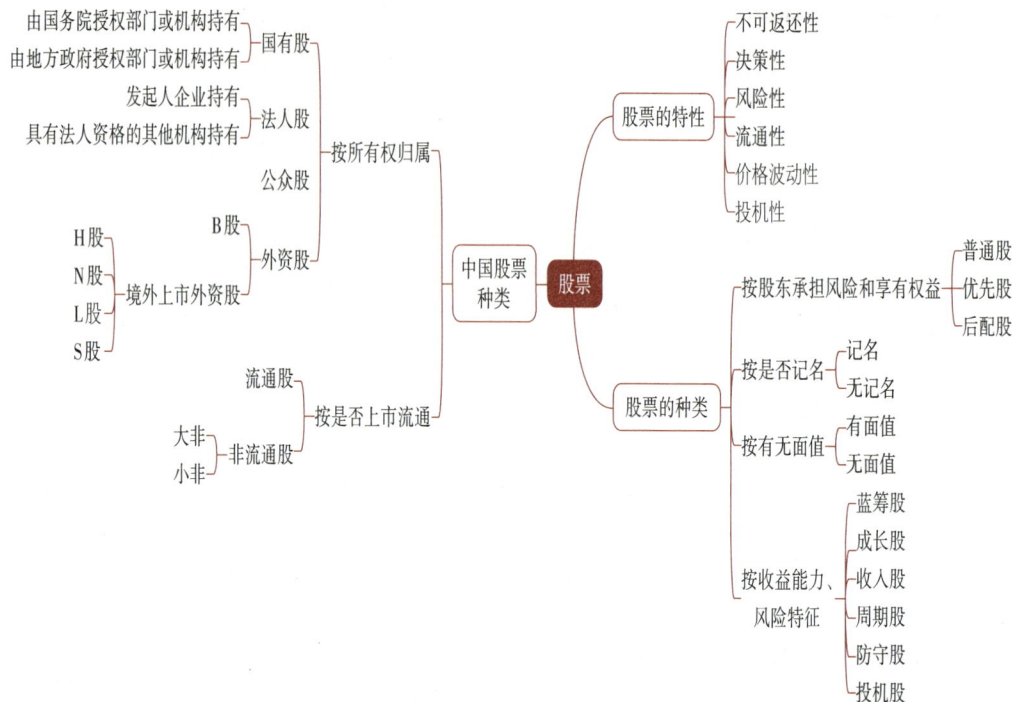

图1-1　股票的特性、种类示意图

启智增慧1-4

2021年沪深
交易所A股
累计筹资
16 743亿元

本章小结

股份制度也称股份公司制度，它是指以集资入股、共享收益、共担风险为特点的企业组织制度。商品经济和社会化大生产的发展，是股份制产生、存在和发展的根本原因。随着我国经济体制改革的不断深化，股份制改革在我国正广泛推开，推行股份制对于我国社会主义市场经济体制建立具有重大意义。

采取股份制组建公司的种类与形式大致有：无限责任公司、有限责任公司、两合公司、股份两合公司、股份有限公司。其中股份有限公司是最有代表性、地位最重要、采用最广泛的企业组织形式。在股份公司（主要是指股份有限公司）内，由股东组成的股东大会是公司的最高权力机构，由股东大会选举产生的董事会是执行机关，常设的监事会是负责财务监督的机关。

股票是股份有限公司发行的一种有价证券，是用以证明投资者的股东身份和权益并据以获取股息和红利的凭证。股票的特性包括：不可返还性、决策性、风险性、流通性、价格波动性和投机性。目前的股票种类纷繁复杂，按照不同的分类方法可将其分为若干种，普通股和优先股是股票的两种主要形式。我国股票的种类主要有：国有股、法人股、公众股和外资股等。

关键概念

股份制度 股票 普通股 优先股 蓝筹股 成长股 收入股 周期股 公众股 外资股

综合训练

✔ 理论知识回顾

1）什么是股份制度？它具有哪些主要功能？

2）股票的主要特性表现在哪些方面？

3）结合实际谈谈我国实行股份制改革的重大意义。

✔ 阅读思考和实践

从国有企业改革深化历程看股份制度在中国的应用

改革开放40多年来，国有企业实现了由国营生产单位到公司制企业的转变，完成了建立现代企业制度至建立现代产权制度的升华。中国特色社会主义进入新时代，全面深化国有企业改革开启了新征程。

第一阶段：1978—1987年，从国营生产单位到放权让利、承包经营，解决了生产经营活动行政化管理、经营活力缺乏、干部职工积极性不高的问题。

党的十一届三中全会提出要认真研究解决党政企不分、以党代企、以政代企问题。1979年4月，中央工作会议提出要扩大企业自主权。同年7月，国务院先后颁布了《关于扩大国营工业企业经营管理自主权的若干规定》等5个配套文件，在全国范围内开展企业扩权试点，1980年试点企业达到6 600家，1981年在国营工业企业中全面推行。通过扩大企业经营自主权改革，国营企业有了一定经营自主权，逐步成为独立核算经营主体，企业和职工的积极性都有所提高。

1984年10月，党的十二届三中全会通过的《中共中央关于经济体制改革的决定》提出要建立自觉运用价值规律的计划体制，发展社会主义商品经济。《决定》明确指出，"所有权同经营权是可以适当分开的"，"要使企业真正成为相对独立的经济实体，成为自主经营、自负盈亏的社会主义商品生产者和经营者，具有自我改造和自我发展的能力，成为具有一定权利和义务的法人"。强调要按照政企职责分开、简政放权的原则，各级政府部门、机构原则上不再直接经营管理企业。党的十三大报告肯定了股份制是企业财产的一种组织形式，试点可以继续实行。

价格体制改革等宏观经济体制改革与国有企业改革同步进行。1984年开始了以放开价格为主导的价格体制改革。1987年9月，国务院发布了《中华人民共和国价格管理条例》，明确规定了国家定价、国家指导价和市场调节价3种价格形式，并规定企业对一部分产品和商品的价格拥有定价权。在流通体制上，从1978年以计划管理的约400种产品（商品）到1990年年底已经逐渐减少为9种商品。同时，改革原来生产资料不能成为商品的现状，将近850种生产资料，由国家统一计划调拨方式转变为市场调控，生产资料正式成为商品，有力支撑了国有企业改革推进。在投融资体制

即测即评1

综合训练
参考答案1

上，自1985年1月1日起，国家建设项目投融资体制从拨款改为贷款，不再向新建企业投入资本金。

第二阶段：1988—1993年，从承包经营到转换经营机制，由国营生产单位到全民所有制工业企业。国家与企业之间、企业与政府主管部门之间权责利关系得以厘清和明确。

1988年3月，国务院颁布《全民所有制工业企业承包经营责任制暂行条例》，规定了"包死基数，确保上交，超收多留，欠收自补"的承包经营原则。同时，全国人大颁布了《全民所有制工业企业法》，将扩权改革试点以来取得的改革成果以法律形式规定下来。承包经营改革的主要措施是实行厂长（经理）责任制，并同步推行承包经营责任制，对小型国有企业实行租赁经营，并在少数有条件的全民所有制大中型企业中实施股份制改造和企业集团化改革试点。1988年年底，实行承包经营制的国有工业企业达到95%。

在监管体制上，1988年4月，国务院设立国家国有资产管理局，代表国家统一行使国有资产所有者的代表权、监督管理权、投资和收益权以及国有资产处置权。1988年5月，武汉市企业兼并市场事务所设立，以国有产权重组转让为核心的中国产权交易市场初现雏形。

1992年7月，国务院颁布《全民所有制工业企业转换经营机制条例》，按照两权分离的思路明确了企业和政府的关系、企业经营自主权、自负盈亏责任、法律责任等问题。

第三阶段：1993—2003年，从转换经营机制到建立现代企业制度，由全民所有制工业企业到国有企业，产权制度改革成为国有企业改革的焦点。

1993年3月，八届全国人大一次会议首次在宪法中明确："国有经济，即社会主义全民所有制经济，是国民经济中的主导力量。"首次正式提出："国家实行社会主义市场经济……国有企业在法律规定的范围内有权自主经营。"

1993年11月，党的十四届三中全会通过的《中共中央关于建立社会主义市场经济体制若干问题的决定》明确：国有企业的改革方向是建立"适应市场经济要求，产权清晰、权责明确、政企分开、管理科学的现代企业制度"。要使企业成为自主经营、自负盈亏、自我发展、自我约束的法人实体和市场竞争主体。在社会主义市场经济体制框架下建立现代企业制度是国有企业改革实践具有划时代意义的重大突破。

1995年9月，党的十四届五中全会通过的《中共中央关于制定国民经济和社会发展"九五"计划和二〇一〇年远景目标的建议》明确指出："要着眼于搞好整个国有经济，通过存量资产的流动和重组，对国有企业实施战略性改组。这种改组要以市场和产业政策为导向，搞好大的，放活小的，把优化国有资产分布结构、企业组织结构同优化投资结构有机地结合起来，择优扶强，优胜劣汰。"截至1997年年底，在抓大方面，国家集中抓的1 000家重点企业，确定了分类指导的方案。在放小方面，各地采取改组、联合、兼并、股份合作、租赁、承包经营和出售等多种形式，把小企业直接推向市场，使一大批小企业机制得到转换，效益得到提高。同时，为处置国有商业银行的不良资产，国家设立长城、信达、华融、东方4家金融资产管理公司。至2000年年末，对符合条件的580户国有大中型企业实施"债转股"。

2002年11月，党的十六大决定："建立中央政府和地方政府分别代表国家履行出资人职责，享有所有者权益，权利、义务和责任相统一，管资产和管人、管事相结合的国有资产管理体制。关系国民经济命脉和国家安全的大型国有企业、基础设施和重要自然资源等，由中央政府代表国家履行出资人职责。其他国有资产由地方政府代表国家履行出资人职责。"

第四阶段：2003—2013年，从现代企业制度到建立现代产权制度，企业组织形态发生深刻变革。管资产与管人、管事相结合，权利、责任、义务相统一的新型国有资产监管体制建立。

2003年3月，国务院国有资产监督管理委员会成立，当年授权国务院国资委监管196家中央企业。各省、区、市国有资产监督管理委员会也分别成立，初步统一了管人、管事和管资产的权利和责任。同年10月，党的十六届三中全会通过的《中共中央关于完善社会主义市场经济体制若干问题的决定》强调，要"建立归属清晰、权责明确、保护严格、流转顺畅的现代产权制度"。《决定》首次明确"产权是所有制的核心和主要内容"，既是国有企业建立现代企业制度的创新突破，也是建立社会主义市场经济体制的重大举措。

2005年2月，国务院发布《关于鼓励支持和引导个体私营等非公有制经济发展的若干意见》。该政策一定程度上给予了非公有制经济更大的发展空间，为国有企业积极推进混合所有制改革提供了动力。同年4月，国务院国资委、中国证监会启动了股权分置改革试点工作。截至2006年年末，约1 000家中央和地方国有控股的上市公司完成股权分置改革，实现国有股权全流通。

2004年至2012年，国务院国资委先后针对业绩考核、产权转让、投资监管、产权登记、资产评估、境外国有产权监管等多方面研究制定了30余部国资委令，国资监管法规制度体系形成。开展了中央企业集团公司层面建立规范董事会和落实董事会职权试点，公开选聘中央企业高管人员，外派监事会实施监督检查，超过60%中央企业完成主业资产整体重组改制境内外上市，市场化、国际化和混合所有制改革取得成效。

第五阶段：2013年以来，全面深化国有企业改革迎来新时代、开启新征程。

2013年11月，党的十八届三中全会通过的《中共中央关于全面深化改革若干重大问题的决定》明确指出：必须毫不动摇巩固和发展公有制经济，坚持公有制主体地位，发挥国有经济主导作用，不断增强国有经济活力、控制力、影响力。必须毫不动摇鼓励、支持、引导非公有制经济发展，激发非公有制经济活力和创造力。要完善产权保护制度。《决定》指出：要积极发展混合所有制经济。国有资本、集体资本、非公有资本等交叉持股、相互融合的混合所有制经济，是基本经济制度的重要实现形式，有利于国有资本放大功能、保值增值、提高竞争力。鼓励非公有制企业参与国有企业改革，鼓励发展非公有资本控股的混合所有制企业。

《决定》首次提出：以管资本为主加强国有资产监管，改革国有资本授权经营体制，组建若干国有资本运营公司，支持有条件的国有企业改组为国有资本投资公司。首次明确：划转部分国有资本充实社会保障基金。提高国有资本收益上缴公共财政比例，2020年提到30%，更多用于保障和改善民生。

2015年8月，中共中央、国务院《关于深化国有企业改革的指导意见》颁布，提出到2020年，形成更加符合我国基本经济制度和社会主义市场经济发展要求的国有资产管理体制、现代企业制度、市场化经营机制，国有资本布局结构更趋合理，造就一大批德才兼备、善于经营、充满活力的优秀企业家，培育一大批具有创新能力和国际竞争力的国有骨干企业，国有经济活力、控制力、影响力、抗风险能力明显增强。随后20余项深化国有企业改革配套政策法规相继出台。

2017年4月27日，国务院办公厅印发《关于转发国务院国资委以管资本为主推进职能转变方案的通知》，明确了国资委以权力清单和责任清单为主要手段的授权管理方法，重点管好国有资本布局、规范资本运作、提高资本回报、维护资本安全。同年12月，国务院国资委监管的98家中央企业集团母公司及其各级子企业基本完成公司制改造，各省、区、市国资委所监管企业公司制改制面约97%，国有企业转型为《公司法》规范的有限责任公司和股份有限公司。

2018年3月，中共中央印发了《深化党和国家机构改革方案》。方案称：为加强党中央对涉及党和国家事业全局的重大工作的集中统一领导，强化决策和统筹协调职责，将中央全面深化改革领导小组、中央网络安全和信息化领导小组、中央财经领导小组、中央外事工作领导小组分别改为中央全面深化改革委员会、中央网络安全和信息化委员会、中央财经委员会、中央外事工作委员会，负责相关领域重大工作的顶层设计、总体布局、统筹协调、整体推进、督促落实。

2020年6月30日，中央全面深化改革委员会第十四次会议审议通过了《国企改革三年行动方案（2020—2022年）》（以下简称《行动方案》），肯定了国有企业在应对新冠肺炎疫情过程中发挥的重要作用，明确了未来三年国企改革的基本原则、工作思路和改革目标，为加快推进国企改革提供了行动指南。在国企改革的关键历史阶段，中央专门出台国企改革行动方案，对巩固提升国资国企改革综合成效具有重要意义。

截至2021年年底，中国国有企业公司制改革基本完成，中央党政机关和直属事业单位所管理企业中公司制企业占比97.7%，地方国有企业中公司制企业占比99.9%，实现了历史性突破。

思考和分析：运用办公软件，制作国有企业深化改革历程流程图并做分组展示。

第2章

债　券

目标引领

☑ 价值塑造

　　本章引导学生认识古老又现代的投融资工具——债券；明白债务融资与权益融资在社会经济发展中的作用；充分理解并熟练掌握中国现行债券种类与新发展。在此基础上，理解债券市场发展对中小微企业融资的意义。

☑ 知识传授

　　通过本章的学习，掌握债券的定义及特性；理解股票与债券的主要区别；了解债券的基本分类。

思维导图

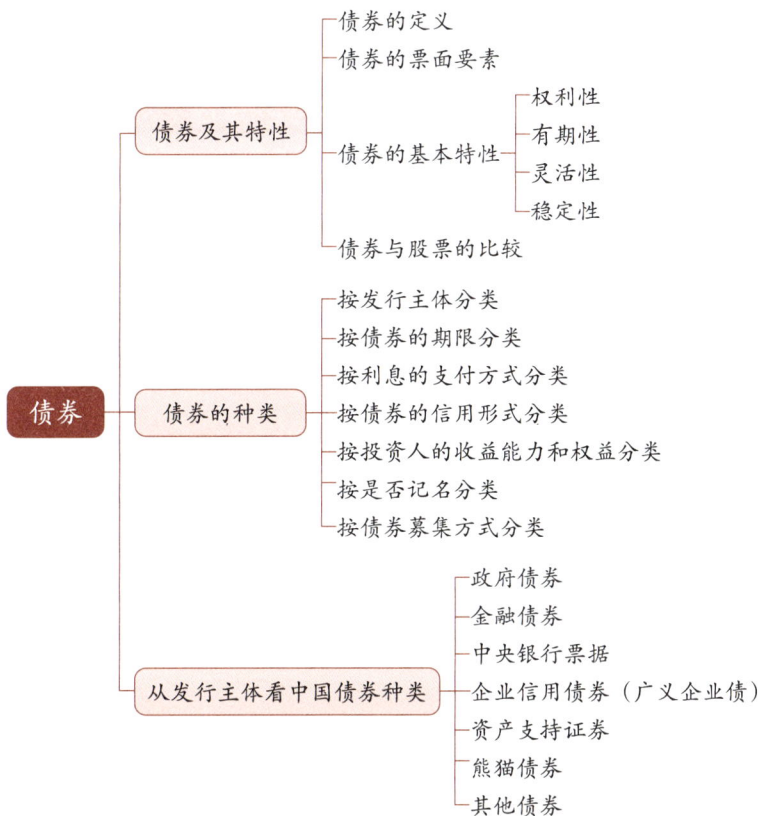

在证券中，债券的历史比股票要悠久，其中最早的债券形式就是在奴隶制时期产生的公债券。据文献记载，希腊和罗马在公元前4世纪就开始出现国家向商人、高利贷者和寺院借债的情况。许多封建主、帝王和共和国每当遇到财政困难，特别是发生战争时便发行公债。在1600年设立的东印度公司，是历史上最古老的股份公司，它除了发行股票之外，还发行短期债券，并进行买卖交易。

债券属于固定收益的金融产品，债券在本质上也是借钱与还钱，但其与贷款的根本区别在于债券可以公开交易。贷款除非债券化，否则是不能进行公开交易的。

债券在最早是由向多方贷款逐渐延伸，即提供资金的人数多到一定程度，从而产生交易的需求，最后从发行时便设计出公开市场交易的机制，再分化出来的固定收益产品的一支。债券市场产品按种类分有国家债、公司债。而按成熟期分有短期债券、中期债券和长期债券。公司债则可以分为高质债和低质债，后者又称垃圾债。

在现代社会中，债券是重要的投融资工具。社会主体之间债权债务关系的存在、不同层次投融资的需求、不同投资主体的风险偏好差异，都使得债券成为证券市场中非常重要的一员。特别是在中国证券市场发展的过程中，债券这一品种，发挥了比肩股票甚至超越股票的作用。

2.1 债券及其特性

2.1.1 债券的定义

债券（bond）是发行者依照法定程序发行，并约定在一定期限内还本付息的有价证券，是表明投资者与筹资者之间债权债务关系的书面债务凭证。债券持有人有权在约定的期限内要求发行人按照约定的条件还本付息，债券属于确定请求权有价证券。

在现实生活中，书面债务凭证有很多，但它们不一定都是债券。通常，要使一张书面债务凭证成为债券，必须具备以下3个条件：第一，必须可以按照同一权益和同一票面记载事项，同时向众多的投资者发行；第二，它必须在一定期限内偿还本金，并定期支付利息；第三，在国家金融政策允许的条件下，它必须能够按照持券人的需要自由转让。

2.1.2 债券的票面要素

债券作为证明债权债务关系的凭证，一般都要求以一定格式的票面形式明确记载一些事项。这些事项主要包括：

（1）发行单位的名称。债券票面应该明确记载发行单位的名称，发行单位的名称须写全称，不能简写，以便投资者了解发行单位的状况。同时，这一要素指明了该债券的债务主体，也为债权人到期追索本金和利息提供依据，同时也起到区别不同债券的作用。

（2）发行单位的地址。除众所周知的单位外，其他单位发行的债券都应该明确记载发行单位住所地址，以便于投资者与发行者之间进行联系和核实。

（3）债券的票面金额。债券的票面金额代表投资者购买债券的本金数额，它是到期偿还本金和计算利息的基本依据。因此，债券票面都必须载明票面金额，否则，债权人的权益将无法得到保障。

（4）债券的票面利率和计息方法。不同的债券有不同的票面利率和计息方法，它直接影响到投资者的利益，因此，债券应明确记载其票面利率和计息方法。

（5）还本付息的期限和还本方式。债券票面应明确记载其还本期限和还本方式，它将直接决定债券的名义利息额，对投资者利益有重大影响。

（6）债券的发行日期。债券的发行日期是确定其计息时间的基础，是影响投资者权益的重要因素。因此，债券票面必须载明其发行日期。

（7）发行单位的印记。发行单位的印记是证明债券发行者的重要依据，因此，任何债券都必须载明发行单位的印记。

（8）债券号码。债券票面应载明其发行序号。

以上是债券的基本记载事项，除此之外，债券发行机关还应根据具体情况在票面上记载其他一些需要明确的有关事项。

2.1.3　债券的基本特性

债券和股票是有价证券的两个基本构成要素，它们有许多共同点。但债券也有其自身的特性，这些特性主要表现在债券的权利性、有期性、灵活性和稳定性上。

1）债券的权利性

债券的权利性与股票的权利性不同，债券代表的是债权。当某投资者持有某机构发行的债券时，就成为该机构的债权人。通常，债权人有以下几项基本权利：

（1）利息请求权

利息请求权是指债权人在一定条件下，有请求债券发行单位支付利息的权利。一般来说，债券发行单位在发行债券时，就确定了债券的券面利率、计息方法、利息支付方式和利息支付时间。在符合上述要求的条件下，债权人就有权请求债券发行单位按规定支付利息。通常，债券的利息支付主要有息票支付方式和非息票支付方式两种。

息票支付方式是对息票债券而言的，一般无记名债券多为息票债券，这种债券在其下端附有利息券。债权人在规定的付息期间，剪下利息券，即可凭利息券领取债券利息。采用非息票支付方式的债券，则只能凭债券本身在规定的付息时间，到指定地点领取利息。

（2）偿还本金请求权

偿还本金请求权是指债权人在一定条件下，有请求债券发行单位偿还债券本金的权利。一般来讲，债券发行单位在发行债券时，都明确规定了债券本金的偿还期和偿还方法。在偿还债权人本金时，凡无记名债券，债权人须交出债券；对记名公司债券，则不一定要求债权人交出债券，但在偿还本金之后，债券发行单位可提示债权人交还债券。

（3）财产索取权

财产索取权是指债权人在一定条件下，有向债券发行单位索取其拥有的财产的权利。一般当发生债务人因故拖延还债，且将其财产清理出售时，债权人有权向债券发行单位索取其财产或财产销售收入。

（4）其他权利

除上述权利之外，如果债券发行单位超过其规定数额发行债券，影响现有债权人利益时，债权人还有维护其利益的权利。在利息支付年度还享有优先支付利息的权利，在债券发行单位经营状况不佳，出现财务困难时，有要求法律部门对其进行清理等权利。

2）债券的有期性

债券与股票的性质不同，债券是债权的代表。在债券的偿还期内，债权人只是将资金借给发行单位使用，无权过问发行单位的其他业务。发行单位的财务状况也与债权人无关，无论其财务状况如何，债权人都只能取得固定利息。因此，债权人与债券发行单位之间只是一种债权债务关系，是一种借贷关系。而借贷是不能没有期限的，否则也就失去了借贷的意义。

3）债券的灵活性

由于债券不代表发行单位的资产所有权，因此对债券发行单位的限制，就不像股票或其他证券那样严格。债券的发行人既可以是股份公司，也可以是非股份公司；既可以是以营利为目的的经济组织，也可以是不以营利为目的的非经济组织。只要具有偿还能力，任何单位都可能是债券发行者。债券的灵活性不仅包括其发行单位的灵活性，还包括其发行决策的灵活性。

4）债券的稳定性

债券的稳定性主要是通过债券收益和债券价格的稳定性体现出来的。在正常的条件下，由于票面利率一般都接近市场利率，货币本身价值也不会有较大的变化，因此债券的收益很难发生大的变化，也因此债券价格很难出现较大的波动。它既不会在发行单位财务状况不佳时出现大跌，更不会在发行单位财务状况较好时出现大涨。这样就使债券收益和债券价格具有相对的稳定性，从而使债券投资的风险性较小。

当然，债券投资也有风险，这种风险主要来自3个方面：①因债务人破产不能全部收回债券本息所遭受的损失；②因市场利率上升导致债券价格下降所遭受的损失；③通货膨胀风险，即由于债券利率固定，在出现通货膨胀时，实际利息收入将下降。但债券投资的这些风险与股票投资的风险相比，仍然较低。

2.1.4　债券与股票的比较

债券与股票一样，都属于有价证券，都是虚拟资本，它们本身无价值，但又都是真实资本的代表；持有债券或股票都拥有取得发行单位一定收益的权利，并伴有权利的发生、行使和流通转让活动；两者都是企业筹措资金的手段。但两者也存在着以下不同点：

（1）从性质上看，股票表示的是对公司的所有权，而债券所表示的只是一种债权；股票投资者有参与公司经营管理的权利，而债券投资者则没有参与经营管理的权利。

（2）从发行目的上看，发行股票是股份公司筹集自有资本的需要；发行债券是追加资金的需要。发行股票所筹措的资金列入公司资本；发行债券所筹措的资金列入公司负债。

（3）从期限上看，股票通常是不能偿还的，没有到期日，股东把资本交给公司后，资本即归公司支配，非到停业清理或解散，资本是不能退还给股东的，因此，股票是一种无期投资，或称永久投资。债券有到期日，期满时债务人必须按时归还本金，因此，债券是一种有期投资。

（4）从投资风险的大小上看，股票大于债券。这是因为：第一，从报酬支付顺序上看，债券获得报酬优先于股票。第二，倘若公司破产，清算资产有余额偿还时，债券偿付在前，股票偿付在后。第三，在二级市场上，债券因其利率固定，期限固定，因此，市场价格也较稳定，投机性很小。而股票无固定的期限和利率，受各种宏观因素和微观因素的影响，市场价格波动频繁，有时猛涨、有时暴跌，投机性很强。

（5）从流通性上看，股票和债券都具有很强的流通性，但程度有明显差别。一般情况下，债券因有期限，流通性远不如股票。

（6）从发行单位看，债券的发行单位多于股票的发行单位。股票仅限于股份公司发行；而除股份公司外，其他各类公司、金融机构、中央和地方政府等都可发行债券。

2.2　债券的种类

债券是一种重要的筹资工具，由于它的发行不受发行单位经济性质的限制，再加之适应了债券投资者的需要，因此债券的种类非常多。

债券不仅种类繁多，并且在不同的国家和地区，其分类方法也不一致，其基本分类方法主要有以下几种。

2.2.1　按发行主体分类

根据债券发行单位的性质不同，可将其分为政府公债券、金融债券、企业债券和国际债券几大类。

（1）政府公债券

政府公债券是政府或政府代理机构为弥补预算赤字，筹集建设资金及归还旧债本息等而发行的债券。它又可具体分为国家债券、政府机构债券、地方债券等。

①国家债券是指由中央政府或财政部门发行的债券，如美国的国库券、日本的国债、英国的金边债券等。

②政府机构债券是指各国政府有关机构发行的债券。它一般由中央政府担保，具有准国债的性质，有较高的信誉，如美国的联邦政府代理机构债券、日本的政府保证债券等，也是债券投资者的重要投资对象。

③地方债券是指由市、县、镇等地方公共机关，为进行经济开发、公共设施建设等发行的债券，如美国的市政债券、日本的地方债券、英国的地方当局债券等。

（2）金融债券

金融债券是银行或其他金融机构为筹措中长期信用资金而发行的债券。它是商业银行或专业银行除通过发行股票、发行大额可转让存单等方式吸收资金外，经过特别批准后的又一种资金筹措方式，因此其利率往往介于两种债券利率之间，也是很受欢迎的一种较好的投资工具。其可具体分为全国性金融债券和地方性金融债券。

①全国性金融债券是由全国性金融机构在全国范围内发行的金融债券，其安全性较强，也有较好的流动性。

②地方性金融债券是由地方性金融机构在本地区范围内发行的金融债券，其安全性和流动性均低于全国性金融债券。

（3）企业债券

企业债券是企业为筹集投资资金而发行的债券。企业债券多为长期债券，同政府公债券相比，其风险性相对较大，因此利率也较高。通常，国家为保护投资者利益，对企业债券在发行数额、发行时间、债券期限、利率等方面都有较严格的规定。企业对公众发行债券，要经有关部门审查批准。企业债券又可具体分为公司债券和非公司企业债券两大类。需要注意的是，非公司企业债券是指不具有独立法人地位的非公司企业发行的债券。

（4）国际债券

国际债券是指各主权国家政府、信誉好的大公司以及国际机构等，在本国以外的国际金融市场上发行的债券。国际债券是一种跨越国界发行的债券，发行国际债券的主要目的是：弥补发行国政府的国际收支逆差；弥补发行国政府的国内预算赤字；实施国际金融组织的经济开发计划；增加大型工商企业或跨国公司的营运资金，扩大经营范围。其主要特点是，发行者属于某一国家，发行地点属于另一国家，并且债券面额不以发行国货币计值，而是以外国货币或其他货币计值。国际债券目前又可具体分为外国债券、欧洲债券和龙债券等。

2.2.2　按债券的期限分类

债券根据其偿还期限的长短，可分为短期债券、中期债券和长期债券。

（1）短期债券，是指偿还本金的期限在1年以下的债券，如美国的国库券、英国的国库券、日本的短期国债等。当然，在现实生活中，由于不同国家、不同地区、不同性质的债券有不同的特点和划分习惯，因此其期限划分标准也不完全一致。但一般情况下，短期债券的期限多在1年以下。

（2）中期债券，是指本金偿还期限在1年以上10年以下的债券，如美国的中期国家债券、日本的中期附息国家债券和贴现国家债券等。

（3）长期债券，是指本金偿还期限在10年以上的债券，如美国的长期国家债券、日本的长期附息国家债券等。

2.2.3　按利息的支付方式分类

债券的利息支付方式与债券的形态、期限等有关，通常可分为一般付息债券、附息票债券和贴现债券。

（1）一般付息债券，是指债券利息按票面利率计算，债券到期后一次还本付息的债券。这种利息支付方式一般适用于中短期债券，多数采取债券到期后，一次偿还本金支付利息的方法，是现实生活中常见的债券形式。

（2）附息票债券，是指债券上附有各期领取利息凭证，每年在付息日以息票领取利息的债券。在利息到期时，将息票剪下来，凭此领取本期的利息。

（3）贴现债券，是指以面额为基础，将债券利息用贴现的方式先行扣除，采用低于面额的价格发行，到期后按面额偿还的债券。这种债券的利息是预先支付的，债券发行价格与其面额的差额即为利息。这种利息支付方式主要适用于中短期债券。

2.2.4　按债券的信用形式分类

债券按其信用形式分为信用债券、抵押债券、担保债券三大类。

（1）信用债券。信用债券是指仅凭债券发行单位的信用作保证而发行的，没有抵押品作担保的债券。一般政府公债券、地方债券和金融债券都属于信用债券。当然，一些信誉较高的企业也可以发行信用债券，但为保证投资者利益，对发行信用债券的企业有许多约束，如企业不得随意增加其债务，在信用债券未偿清前，股东分红须有限制等。

（2）抵押债券。抵押债券是指本金和利息的支付有抵押品作保证的债券。它又具体分为抵押债券、抵押信托债券。抵押债券是指为保证本金的偿还，而以土地、设备、房屋等不动产作为抵押品而发行的债券。抵押信托债券（质押债券）是指以自己拥有的其他单位债券或股票等证券作为抵押品而发行的债券。

（3）担保债券。担保债券（保证债券）是指由第三方担保偿还本息的债券。发行这种债券的担保人可以是政府、银行、其他企业等。它可以提高债券信誉，扩大销路，减轻发行单位的利息负担。

2.2.5　按投资人的收益能力和权益分类

按投资人收益的多少和形式可以将债券分为固定利率债券、浮动利率债券、累进利率债券、参加债券、收益债券、免税债券、附新股认购权债券和可转换债券等。

（1）固定利率债券。固定利率债券是在发行时就已经明确规定了固定不变利率的债券。这种债券的偿还分两种形式：一种是到期一次支付本金和利息；另一种是分期偿还本金和支付利息。

（2）浮动利率债券。浮动利率债券是利率可随市场利率的变动做相应调整的债券。这种债券一般在发行时规定，在一定条件下，利率可随市场利率浮动，有的还规定有浮动的上、下限，它一般适用于中长期债券。

（3）累进利率债券。累进利率债券是指根据实际债券持有期限的长短执行不同利率等级的债券。这种债券有利于调动投资者的投资积极性，刺激投资者长期持有债券，它一般适用于中长期债券。

（4）参加债券（分红债券）。参加债券是指在债券发行时规定，债权人除可得到利息收入外，当公司盈余超过应付利息时，还可以参加公司红利分配的债券。一般这种债券与其他债券相比利率较低，但在分红时可望获得更多的收益。

（5）收益债券。收益债券是指利息支付完全根据公司盈亏情况而定，但到期必须偿还本金的债券，即有盈余则付利息，无盈余则不付利息的债券。它一般是在公司重新整顿时发行的一种债券。

（6）免税债券。免税债券是指政府不向债券持有人征收益税的债券。免税债券多为政府公债券或地方政府发行的债券。另外，一些公司债券经过特准，也可以免税。

（7）附新股认购权债券。附新股认购权债券是发行单位规定，认购此种债券即可享有公司新股份认购权的债券。它又分为分离型和非分离型两种。分离型的，要在本债券之外，另外发行新股份认购权证券，后者可作为证券独立转让；非分离型的，则不允许单独转让新股份认购权。

（8）可转换债券。可转换债券是指债券发行单位在发行债券时规定，在特定条件下，可请求将其兑换成某种股票或其他债券，或可以继续持有，在到期日偿还本息。可转换债券具有二重性，它既是固定利率债券，又是潜在的股本。购买这种债券多付出的代价是这种债券与无转换权债券在同等条件下的收益差额。

2.2.6　按是否记名分类

债券按是否需要记名分为记名债券、无记名债券和交换债券。

（1）记名债券。记名债券是券面需要记载债权人姓名的债券。这种债券在领取本息时，除需凭债券本身外，还需凭持有人印鉴。转让时要重新登记，流动性较差。

（2）无记名债券。无记名债券是券面无须记载债权人姓名的债券。这种债券可凭债券本身或息票领取利息，转让时无须重新登记，流动性较好。

（3）交换债券。交换债券是指在公司同时发行记名债券和无记名债券时，债权人可随时提出将记名债券转换成无记名债券，或将无记名债券转换成记名债券的债券。

2.2.7　按债券募集方式分类

债券按其是否公开募集可分为私募债券和公募债券。

（1）私募债券。私募债券是指仅向发行单位内部或与发行单位有特殊关系的投资人发售的债券。私募债券发行的范围较小，不需要公开申报，债券的转让也受到一定限制，流动性较差。

（2）公募债券。公募债券是指向社会公开销售的债券。这种债券不是向指定的少数投资者出售，而是向社会所有可能的投资者出售。因此，必须遵守信息公开制度，以保护投资者利益。一般发行时要请有关部门审批，并须经公认的资信评价机构评级。

2.3 从发行主体看中国债券种类

中华人民共和国成立后已发行过许多债券，根据中国证监会、中央国债登记结算有限责任公司、沪深北三家证券交易所统计口径，参考《中国债券市场概览（2021年版）》，中国债券按发行主体大致分为政府债券、金融债券、企业信用债券、资产支持证券等。

2.3.1 政府债券

政府债券包括中央政府和地方政府为弥补财政赤字、筹集建设资金而发行的国库券、国家建设债券、地方债券等。从实物形态上看，有实物券式、凭证式、记账式债券等。

1）中央政府债券

我国国债主要品种包括记账式国债和储蓄国债，理论上说，储蓄国债又分为传统凭证式国债（简称凭证式国债）和电子凭证式国债。通常所说的储蓄国债多指电子凭证式国债。

记账式国债由财政部通过无纸化方式发行、以电脑记账方式记录并可以上市交易。银行间市场发行的记账式国债只针对机构投资者，而个人投资者只可以购买交易所市场和跨市场发行的记账式国债。

储蓄国债是政府面向个人投资者发行的，用以吸收个人储蓄资金满足国家长期投资需求的国债品种。不可以流通转让，但可以提前兑取。

国债是我国债券市场的基石，国债收益率是我国无风险利率的代表。

目前，国债的期限品种有91天、182天、273天、1年、2年、3年、5年、7年、10年、20年、30年和50年12种。目前贴现国债有91天、182天、273天3个品种，附息国债有1年、2年、3年、5年、7年、10年、20年、30年期等品种。

不同期限国债发行的数量也并不均衡，还需进一步完善。

2）地方政府债券

地方政府债券也被称为"市政债券"，曾于1990年前后被明文禁止，到2009年得以重启，2011年首只地方政府债券在交易所上市，2014年得到大规模发展。地方政府债券按照地方政府资金用途与偿还资金的来源分为一般债券和专项债券，前者往往用于没有收益的公益性商业发展的支出，后者一般用于有收益的公益性事业支出，发行量更多，广泛应用在各级地方土地储备、收费公路棚户区改造等地方项目上。

地方政府债券绝大多数在银行间债券市场发行和交易，少量在沪深北交易所买卖。截至2022年9月末，全国地方政府债务余额约34.7万亿元，控制在全国人大批准的限额之内。其中，一般债务约14.5万亿元，专项债务约20.2万亿元。

启智增慧2-1

地方债券中的
地方专项债

3）政府支持机构债券

中央汇金债，发行主体为中央汇金投资有限责任公司，经人民银行批准发行；铁道债，发行主体为中国国家铁路集团有限公司（前身为铁道部），由国家发改委注册发行。

2.3.2　金融债券

金融债券是各类金融机构作为发行主体，为筹集资金而发行的债券，主要有政策性金融债券、商业银行债券和非银行金融债券。

1）政策性金融债券

政策性金融债券的发行主体为开发性金融机构（国家开发银行）和政策性银行（中国进出口银行、中国农业发展银行）。近年来，政策性金融债券加大创新力度，推出扶贫专项金融债券、"债券通"绿色金融债券等品种，试点弹性招标发行。政策性金融债券已在商业银行柜台交易，其中，国开债在柜台已实现常规化发行。

启智增慧2-2

债券通

2）商业银行债券

商业银行债券分为一般金融债券、小微企业贷款专项债券、"三农"专项金融债券、次级债券、二级资本债券、无固定期限资本债券等品种，其发行主体为境内设立的商业银行法人。

3）非银行金融债券

非银行金融债券包括财务公司债券、金融租赁公司债券、证券公司债券、保险公司金融债券和保险公司次级债券，其发行主体为境内设立的非银行金融机构法人。

2.3.3　中央银行票据

中央银行票据是为调节货币供应量面向商业银行（一级交易商）发行的债务凭证。其发行主体为中国人民银行，期限一般不超过1年，但也有长至3年的品种。中央银行票据通过央行公开市场操作系统发行，在中央结算公司托管。

启智增慧2-3

中央银行票据
是政府债券还
是金融债券？

2.3.4　企业信用债券（广义企业债）

我国非金融机构发行债券，多数是从1985年和1986年开始的，目前我国的企业信用债券主要有三大类：第一类是企业债券（狭义企业债）；第二类是非金融企业债务融资工具；第三类是公司债券；第四类是可转换公司债券；第五类是中小企业私募债券。

1）企业债券

企业债券经国家发改委注册后发行，其发行主体为企业。国家发改委[①]指定相关机构负责企业债券的受理、审核，其中，中央结算公司为受理机构，中央结算公司、中国银行间市场交易商协会为审核机构。企业债券通过中央结算公司发行系统，面向银行间市场和交易所市场发行，在中央结算公司总登记托管。其主要包括

---

① 现已改为中国证监会。

以下几种：

（1）中小企业集合债券。由牵头人组织，发债主体为多个中小企业所构成的集合。发行企业各自确定发行额度分别负债，使用统一的债券名称，统收统付。期限一般为 3~5 年。

（2）项目收益债券。发行主体为项目实施主体或其实际控制人，债券募集资金用于特定项目的投资与建设，本息偿还资金完全或主要来源于项目建成后的运营收益。

（3）可续期债券。无固定期限，嵌入发行人续期选择权，具有混合资本属性。

（4）专项企业债券。针对重点行业产业推出，已推出的品种包括：城市地下综合管廊建设专项债券、战略性新兴产业专项债券、养老产业专项债券、城市停车场建设专项债券、双创孵化专项债券、配电网建设改造专项债券、市场化银行债权转股权专项债券、政府和社会资本合作（PPP）项目专项债券、农村产业融合发展专项债券、社会领域产业专项债券、县城新型城镇化建设专项企业债券等。

2）非金融企业债务融资工具

在交易商协会注册发行，发行主体为具有法人资格的非金融企业，在上海银行间市场清算所登记托管。

目前我国的非金融企业债务融资工具见表 2-1。

表2-1　　　　　　　　**目前我国非金融企业债务融资工具一览表**

类型	短期融资券（CP）	超短期融资券（SCP）	中期票据（MTN）	中小企业集合票据（SMECN）	资产支持票据（APN）	中小企业区域集优票据	定向工具（PPN）
发行主体	具有法人资格的非金融企业	具有法人资格、信用评级较高的非金融企业	具有法人资格的非金融企业	2个（含）以上、10个（含）以下具有法人资格的中小非金融企业	非金融企业	一定区域内具有核心技术、产品具有良好市场前景的中小非金融企业	具有法人资格的非金融企业
发行市场	银行间市场						银行间市场特定机构投资人
特点	1年内还本付息	期限在270天以内	按照计划分期发行的，约定在一定期限还本付息	统一产品设计、统一券种冠名、统一信用增进、统一发行注册方式共同发行的，约定在一定期限还本付息	由基础资产所产生的现金流作为还款支持的，约定在一定期限内还本付息	通过政府专项风险缓释措施的支持，在银行间市场发行	向银行间市场特定机构投资人发行，在特定机构投资人范围内流通转让
资金用途	企业生产经营活动	流动资金需要，不得用于长期投资	企业生产经营活动	企业生产经营活动		企业生产经营活动	

资料来源　根据中国银行间市场交易商协会官网相关信息整理所得。

启智增慧 2-4

公司债与企业
债的区别

3）公司债券

公司债券在中证登登记托管，其发行主体为上市公司或非上市公众公司。

4）可转换公司债券

可转换公司债券在一定期间内依据约定条件可以转换成股份，在中证登登记托管，其发行主体为境内上市公司。

5）中小企业私募债券

中小企业私募债券在中证登登记托管，其发行主体为境内中小微型企业。

2.3.5　资产支持证券

1）信贷资产支持证券

信贷资产支持证券代表特定目的信托的信托受益权份额，其发行主体为特定目的信托受托机构（信托公司）。受托机构以因承诺信托而取得的银行业金融机构的信贷资产（信托财产）为限，向投资机构支付资产支持证券收益。信贷资产支持证券在中央结算公司登记托管。

2）企业资产支持证券

企业资产支持证券以券商集合理财计划形式出现，基础资产为信贷资产以外的其他资产、收费权等，在中证登登记托管。其发行主体为券商。

2.3.6　熊猫债券

熊猫债券是境外机构在中国境内发行的人民币债券，其发行主体包括主权类机构、国际开发机构、金融机构和非金融企业等。

2.3.7　其他债券

1）绿色债券

绿色债券是指募集资金专门用于支持符合规定条件的绿色产业、绿色项目或绿色经济活动，依照法定程序发行并按约定还本付息的有价证券。按照募集资金投向领域，绿色债券分为募集资金投向可持续型海洋经济领域的蓝色债券、募集资金专项用于实现碳减排目标的碳中和债券等。2021年，境内主体发行"投向绿"债券约13 289亿元。其中，贴标绿色债券发行规模约6 041亿元，包含在岸贴标绿色债券5 592亿元、离岸贴标绿色债券449亿元；非贴标绿色债券发行规模为7 248亿元。截至2021年年末，我国累计发行贴标绿色债券2.1万亿元，规模位居全球第二。

2）社会效应债券

社会效应债券是将募集资金用于社会公共服务领域的有情怀的债券，注重用市场化手段解决社会性问题。2016年，中国首单社会效应债券——山东省沂南县扶贫社会效应债券在中国银行间市场交易商协会完成注册，募集资金5亿元，用于当地的扶贫工作。

3）疫情防控债券

为应对新冠病毒感染疫情，支持企业复工复产，中央和地方纷纷出台扶持政策，资本市场也加大对疫情防控领域的支持力度，疫情防控债券应运而生。具体品种包括抗疫特别国债，以及募集资金用于受疫情影响较大的行业、企业或为疫情防控领域相关项目而发行的金融债、公司债、资产支持证券、债务融资工具等。

4）ESG 主题债券

近年来，环境、社会和治理（ESG）问题日益成为全球关注的热点话题，ESG 主题债券应运而生，即募集资金投向 ESG 相关领域的债券。ESG 主题债券主要包括绿色债券、社会责任债券、可持续发展债券、可持续发展挂钩债券等。ESG 债券市场发展以绿色债券为主体，其余品类债券正在积极探索，增势强劲。

表 2-2 是沪深交易所 2022 年 11 月 16 日债券成交概览。交易所以债券交易的类别结合债券发行主体特征作为统计口径。

表2-2　　　　　　　沪深交易所2022年11月16日债券成交概览

	类型	成交金额（万元）	类型	成交金额（万元）
	上海证券交易所		深圳证券交易所	
债券现货	记账式国债	373 278.75	国债	75 267.28
	地方政府债券	50 874.39	地方政府债券	39.74
	金融债券	4 356.59	政策性金融债券	0
	企业债券	371 042.61	政府支持债券	0
	可转换债券	1 641 835.29	企业债券	20 228.76
	公开发行公司债券	3 295 371.06	可转换债券	5 380 974.61
	非公开发行公司债券	4 619 506.04	公司债券	562 732.32
	中小企业私募债券	0	可交换公司债券	0
	可交换公司债券	17 556.78	非公开发行公司债券	426 778.91
	分离债券	0	非公开发行可交换公司债券	11 183.77
			证券公司次级债券	3 008.37
债券回购	三方回购	9 500.00	通用质押式回购	19 925 040.30
	通用质押式回购	152 407 067.30		
	报价回购	2 537 745.80	质押式协议回购	38 876.90
	协议回购	2 125 724.40	质押式三方回购	0
ABS	企业资产支持证券	290 556.16	企业资产支持证券	90 316.38
	信贷资产支持证券	0	不动产投资信托	1 006.25

资料来源　沪深证券交易所官网2022年11月16日债券成交数据。

债券的特性、种类与中国债券如图 2-1 所示。

记账式
凭证式 ─── 中央政府债券
储蓄国债
电子凭证式
一般债券 ─── 地方政府债券 ─── 政府债券
专项债券
中央汇金债
铁道债 ─── 政府支持机构债券

政策性金融债券
商业银行一般债券
小微企业贷款专项债券
"三农"专项债券
次级债券 ─── 商业银行债券 ─── 金融债券
二级资本债券
无固定期限资本债券
财务公司债券
金融租赁公司债券
证券公司债券 ─── 非银行金融债券
保险公司金融债券
保险公司次级债券

中央银行票据 ─── 中国债券按发行主体分类 ─── 债券

中小企业集合债券
项目收益债券
可续期债券 ─── 企业债券
专项企业债券

短期融资券
超短期融资券
中期票据
中小企业集合票据 ─── 非金融企业债务融资工具 ─── 企业信用债券
资产支持票据
中小企业区域集优票据
定向工具

公司债券
可转换公司债券
中小企业私募债券
信贷资产支持证券 ─── 资产支持证券
企业资产支持证券
熊猫债券

绿色债券
社会效应债券
疫情防控债券 ─── 其他债券
ESG主题债券

债券
├── 定义及特性
│   ├── 定义
│   ├── 票面要素
│   ├── 基本特性
│   └── 与股票比较
└── 种类
    ├── 按发行主体划分
    ├── 按期限划分
    ├── 按利息支付方式划分
    ├── 按债券信用形式划分
    ├── 按投资人收益能力和权益划分
    ├── 按是否记名划分
    └── 按募集方式划分

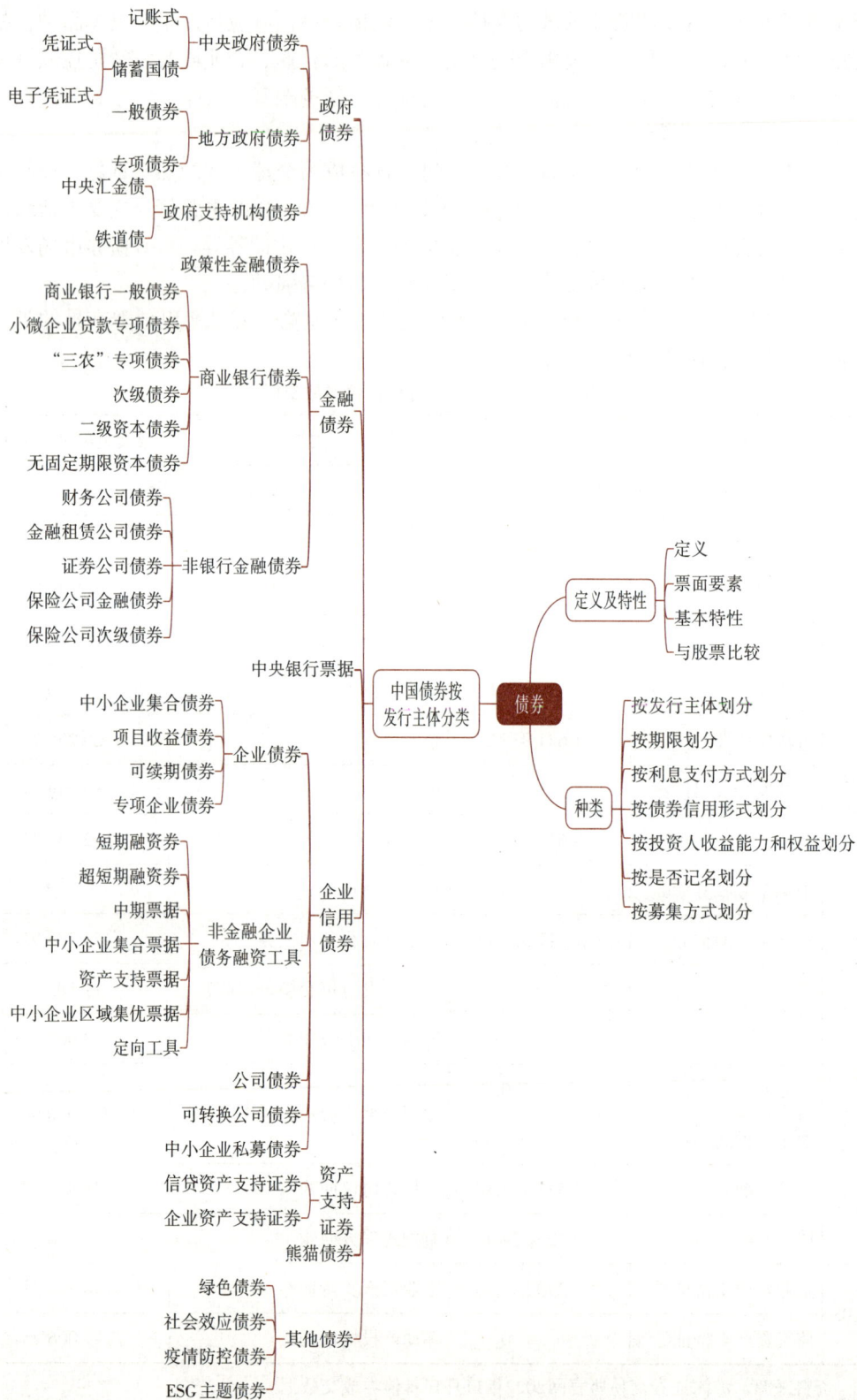

图2-1 债券的特性、种类与中国债券

本章小结

债券是发行者依照法定程序发行，并约定在一定期限内还本付息的有价证券，是表明投资者与筹资者之间债权债务关系的书面债务凭证。

债券是一种稳健的证券投资工具。它具有不同于股票的特性，其特性主要表现在债券的权利性、有期性、灵活性和稳定性上。

债券的票面要素主要包括：发行单位的名称、发行单位的地址、债券的票面金额、债券的票面利率和计息方法、还本付息的期限和还本方式、债券的发行日期、发行单位的印记、债券的号码等。

债券有多种分类，其中，政府公债券、金融债券、企业债券和国际债券是最常见也是最重要的品种。

我国已发行过许多债券，主要包括政府债券、金融债券和企业信用债券、资产支持债券等。债券市场的发展，对于促进我国经济建设和证券市场的稳定发展以及证券投资工具创新起到了重要作用。

关键概念

债券 附息票债券 贴现债券 固定利率债券

综合训练

✓ 理论知识回顾

1）债券与股票的区别与联系是什么？
2）债券按照发行主体分类共有哪几种？
3）外国债券和欧洲债券的区别与联系如何？

✓ 阅读思考和实践

完善制度 构建生态 直接融资迈上由量增到质变新征途

2022年前10个月，全市场新增上市公司335家，首发募集资金超5 100亿元，同比增长约23%；科创板和创业板首发募资额合计约3 766亿元，主板首发募资额约1 289亿元；截至10月底，我国直接融资存量超100万亿元，占社会融资规模存量的比例逼近30%……

从党的十九大报告提出"提高直接融资比重，促进多层次资本市场健康发展"到党的二十大报告强调"健全资本市场功能，提高直接融资比重"，资本市场在新时代的战略方位和历史使命愈发清晰。

蓝图绘就，奋楫争先。业界预期，锚定服务实体经济，资本市场将进一步强化制度建设，深化市场改革，健全市场体系，发挥市场功能，引领更多企业利用直接融资实现高质量发展。在此背景下，全面实行股票发行注册制、推动提高上市公司质量、大力推动长期资金入市等重点工作有望取得新进展。

"借助上市后资本市场带来的资金和品牌优势，公司顺利完成部分战略转型，实

即测即评2

综合训练
参考答案2

现快速发展。"汇川技术董秘宋君恩介绍，公司于2010年在深交所创业板上市，当年实现营业收入3.04亿元、净利润1.03亿元。2021年，这两项指标分别达到179.43亿元、35.73亿元，期间分别增长逾58倍、逾33倍。

资本市场是发展直接融资的重要渠道。近年来我国资本市场改革发展明显加速，设立科创板并试点注册制成功落地，创业板、新三板等一批重大改革相继推出，对外开放持续深化，直接融资呈现加快发展的积极态势。

截至2022年10月底，直接融资存量逾100万亿元，占社会融资规模存量近30%。其中，企业债券余额31.65万亿元，政府债券余额59.25万亿元，非金融企业境内股票余额10.41万亿元。相比2017年1月，直接融资存量扩大1.17倍，占比提高4.33个百分点。

但与海外成熟市场相比，我国直接融资比重还有提升空间，特别是股权融资方面。"当前，我国社会融资规模中各类贷款仍是大头儿，直接融资占比依然较低。在直接融资中，债券融资占大头儿，股权融资占比较低。"中国人民大学中国资本市场研究院联席院长赵锡军直言，发展资本市场，提高直接融资比重，优化融资结构，需要在发展好债券融资的同时扩大股权融资规模。

直接融资的发展根植于实体经济。我国实体经济发展潜力大，宏观环境总体向好，居民财富管理需求更加旺盛，资本市场的国际吸引力不断增强……这些为提高直接融资比重提供了宝贵的战略机遇。

当前如何进一步提高直接融资比重？证监会主席易会满曾介绍提高直接融资比重有六大重点任务，即：全面实行股票发行注册制、健全中国特色多层次资本市场体系、推动提高上市公司质量、深入推进债券市场创新发展、加快发展私募股权基金、大力推动长期资金入市。

提高直接融资比重，"量"很重要，"质"更关键。我国正处在新一轮科技革命、产业变革与转变发展方式的历史交汇期，大力促进要素资源向科技创新等重点领域集聚，将是今后一个时期发挥直接融资作用和资本市场功能的重要体现。

资料来源 佚名.完善制度 构建生态 直接融资迈上由量增到质变新征途［N］.中国证券报，2022-11-18.

思考和分析：（1）分析债券类金融产品在企业融资方式中的作用。

（2）根据不同的企业类别与规模，分组进行融资推介场景展示，熟悉我国现有债券种类。

第3章

证券投资基金

目标引领

☑ 价值塑造

社会经济的发展，催生新的金融需求，在社会化大分工的背景下，专业的投资理财、资产管理机构应运而生。本章引导学生认识社会分工专业化在现代金融发展中的实践，了解中国证券投资基金业的主要发展历程；体会证券投资基金在大资管时代的基础作用。

☑ 知识传授

通过本章的学习，掌握证券投资基金的含义；了解证券投资基金的主要特征；理解证券投资基金同股票、债券等投资工具的关系；了解证券投资基金的种类；掌握封闭型基金与开放型基金的区别。

思维导图

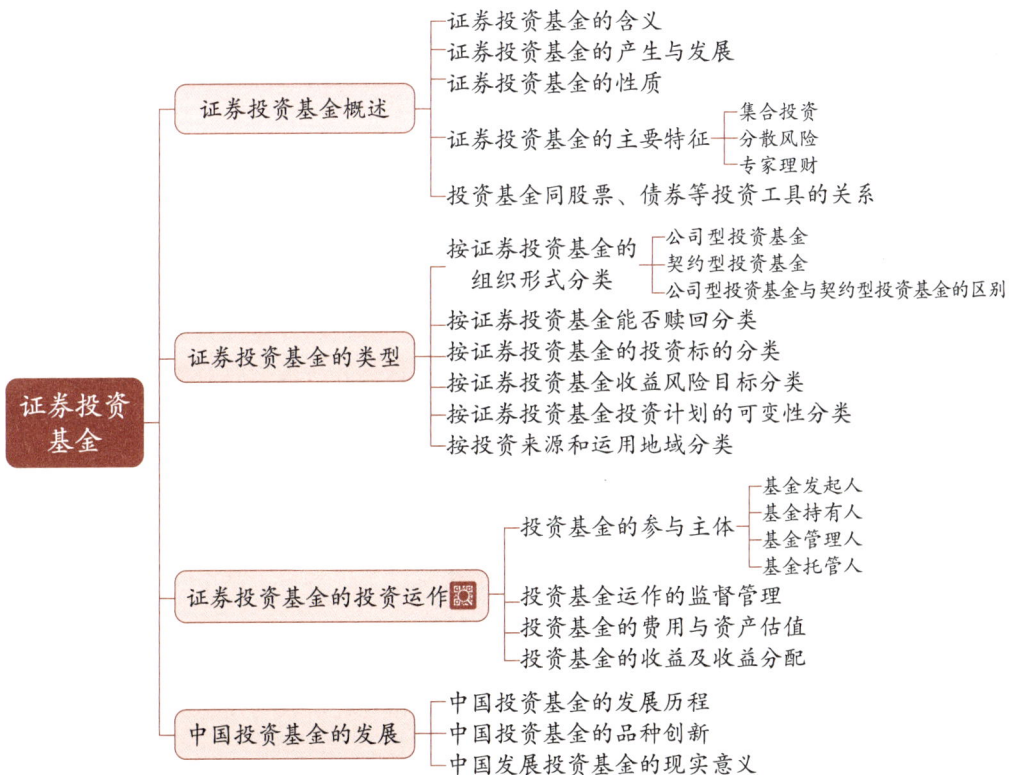

开篇导读

投资基金作为一种信托业务历史悠久，起源最早可追溯到19世纪初的荷兰。投资基金正式产生于英国，发展于美国，第二次世界大战后迅速进入日本、德国、法国，以及中国香港和东南亚等地，在全球范围内蓬勃发展。投资基金作为社会化的理财工具，真正起源于英国。1868年，英国经过第一次产业革命后，生产力得到极大发展，殖民地和贸易遍及世界各地，社会和个人财富迅速增长。但由于国内资金积累过多，投资成本日益升高，促使许多商人纷纷将个人财产和资金转移到海外。由于投资者本身缺乏国际投资知识，对海外投资环境缺乏了解，于是萌发了集合众多投资者的资金委托专人经营和管理的想法。这一想法得到了英国政府的支持，于是由政府出面组成投资公司，委托具有专门知识的理财专家代为投资，让中小投资者可以分享国际投资的丰厚收益，并分散风险。于是，早期的投资信托公司便应运而生。正是因为投资基金是一种稳健的投资工具并且在证券市场中发挥着重要作用，才受到投资者如此青睐。

当股票、债券作为最基本的工具逐渐蓬勃发展起来后，它们两者之间的各种组合就成为可能。证券投资基金作为集合投资的最初形态，可以起到降低投资门槛、吸引更多资金、充分实现规模效应等作用。特别是在社会分工越来越精细的现代社会，证券投资基金的优势也愈加突出。

3.1　证券投资基金概述

3.1.1　证券投资基金的含义

启智增慧3-1

视频：央视财经《基金》纪录片——《因何而来》（片段）

证券投资基金（securities investment fund）是指一种利益共享、风险共担的集合证券投资方式，即专门的投资机构通过公开发行基金股份或基金受益凭证的方式、集中投资者的资金汇集成基金，然后交由基金托管人托管，由专业性投资机构（基金管理人）管理和运作，从事股票、债券等金融工具投资，并将投资收益按基金投资者的投资比例进行分配的一种间接投资方式。作为一种大众化的信托投资工具，各国和地区对基金的称谓有所不同。美国称之为"共同基金"、英国及我国香港称之为"单位信托基金"，日本和我国台湾称之为"证券投资信托基金"，其他国家和地区有称之为"互助基金""互惠基金""投资基金"的，也有称之为"基金"的。虽然称谓不同，但内容及操作却有很多共性，在本书中，我们统称之为证券投资基金。

3.1.2　证券投资基金的产生与发展

从投资基金的发展历史来看，投资基金产生于市场经济较为发达的资本主义发展时期。

1）证券投资基金的起源

18 世纪的产业革命与海外扩张为英国积累了大量的社会财富，使得其国民收入大幅增加，居民储蓄迅猛增长，国内资金出现过剩的局面。同时，国内存贷款利率较低，投资收益率不断下降，迫使剩余资金在海外寻求投资出路，以实现资本的保值与增值，投资基金因此在英国社会经济发展的全盛时期产生。1863 年，伦敦金融联合会和国际金融会社成立了第一批私人投资信托；1867 年，苏格兰成立的投资信托向股东提供贷款基金，投资于全球各稳步发展的企业所发行的有价证券；1868 年的英国 "海外和殖民地政府信托" 是第一个公众投资信托基金，它以投资于国外殖民地的公司债为主，总额达 48 万英镑，信托期限为 24 年，从该基金的实际运作情况来看，投资者得到的实际回报率达 7% 以上，远远高于当时 3.3% 的英国政府债券利率。

19 世纪 70 年代，受当时债务危机的刺激，英国出现了依据 1879 年《英国股份有限公司法》建立起来的公司型基金，此外，设立的投资基金也取消了对投资者支付事先确定股利的条款。

2）证券投资基金在美国的迅速发展

虽然美国在 1893 年成立了第一家封闭式基金——"波士顿个人投资信托"，但美国基金业的真正发展是在第一次世界大战后。自 1924 年组建了第一家开放式互惠基金——"马萨诸塞投资信托" 后，美国基金迅猛发展，1929 年基金资产高达 70 亿美元，为 1926 年的 7 倍多。20 世纪 30 年代，基金发展受 "大萧条" 的影响陷入低谷。1933 年，美国颁布了《联邦证券法》，1934 年颁布了《联邦证券交易法》，尤其是 1940 年颁布的《联邦投资公司法》，详细地规范了共同基金的组成及管理要件，为基金投资者提供了完整的法律保护，从而奠定了美国共同基金规范发展的基础。第二次世界大战之后，美国的共同基金因此出现了高速增长的势头。

3）证券投资基金扩散到世界各地

投资基金专业管理、分散投资的优势在二战后很快扩散到世界各地。其中，日本 1948 年颁布了《证券投资公司法》，并于 1951 年颁布了《证券信托法案》，联邦德国于 1957 年颁布了《投资公司法案》。20 世纪 60 年代，很多发展中国家开始借鉴发达国家基金发展的经验，基金在发展中国家迅速普及。

3.1.3　证券投资基金的性质

证券投资基金属于金融信托的一种，反映了投资者与基金管理人、基金托管人之间的委托-代理关系。

证券投资基金在证券市场上具有多重身份。首先，它是投资客体，供投资者选择，并以此为手段获取收益；其次，它是投资主体，将筹集的资金投资于股票、债券等有价证券，成为证券市场上重要的机构投资者；最后，它又是专业的投资中介，接受投资者的委托，代理证券投资事宜，并取得相应费用，成为连接社会公众投资者和筹资者的桥梁。

3.1.4　证券投资基金的主要特征

投资基金既有别于直接投资又区别于间接投资，既区别于金融机构贷款投资又区别于一般信托投资，既不同于股票，又不同于债券的一种独具特色的集诸多优点于一身的投资信托方式。它有如下特点：

（1）集合投资。中小投资者用于证券投资的资金比较小，从几千元到几十万元不等，这样小的资金在庞大的证券市场上犹如一盘散沙，难以抗击市场风险的狂风巨浪。投资基金的特点是将众多的、分散的小额资金，主要是中小投资者的小额资金汇集起来，形成规模巨大的基金，这样就可以分散投资于数十种甚至数百种有价证券，投资者就可以将风险更大程度地分散。投资基金设定的最低投资额不高，投资者可以根据自己的经济实力决定购买数量，从而解决中小投资者"钱不多、入市难"的问题。

（2）分散风险。分散风险主要是分散投资，通过投资组合来降低投资风险。多元化投资是投资运作的一个重要策略，但是，要实现投资资产的多元化，需要一定的资金实力。对小额投资者而言，由于资金所限，很难做到这一点。而投资基金则可以凭借其聚集而来的巨额资金，分别投资于各类证券品种或其他项目，实现资产组合的多元化，真正做到风险分散，提高投资的安全性和收益性。

（3）专家理财。投资基金是间接投资，就等于聘请了专业的投资专家，投资基金把大量大小不一的资金汇集起来后，就委托具有丰富的证券投资知识和经验的专家来经营管理，这样可以节约交易成本，提高投资收益。投资者付出合理的价钱便可享有专业性的投资管理服务。

当然，投资基金也有其局限性：

（1）投资基金只是进入证券市场众多方式之一，它只对中小投资者具有吸引力。

（2）投资者面对不同的基金也有个选择的问题，因不同的基金的盈利率是有差别的，所以投资于不同的基金其收益亦不相同。

（3）投资基金的投资者与经营者之间既有一荣俱荣、一损俱损的一致性，又有利益上此消彼长的对立性。

3.1.5　投资基金同股票、债券等投资工具的关系

在发达的金融市场上，常见的金融工具有五大类：一是股票；二是债券；三是组合金融工具；四是衍生金融工具；五是实物金融工具。投资基金属于组合金融工具，它与股票、债券的关系较密切。但投资基金又是一种新的金融组织形式，它的特点是有一套完整的募集、保管制度，由专业管理人士直接管理。这些特点使得投资基金的功能、作用和市场地位都不同于股票、债券。

（1）从性质上看，三者反映的经济关系不一样，股票表示的是对公司的所有权，是一种所有权关系；债券所表示的只是一种债权，是一种债权债务关系；契约型基金反映的是一种信托投资关系，并不涉及所有权的转移。

（2）从发行目的上看，发行股票是股份公司筹集资本的需要，发行股票所筹集的资金列入公司资本；发行债券是公司追加资金的需要，发行债券所筹措的资金列入公司负债；而发行基金股份或受益证券是为了形成一个以分散组合投资为特色，以降低风险从而达到资产增值为目的的基金组织，基金组织是一个标准的投资人，发行基金所筹集的资金构成基金的组成单位。

（3）从发行者上看，股票发行者是股份公司，债券发行者是政府、金融机构、公司企业等，而基金的发行者是一个比较松散的组织。

（4）从操作上看，股票、债券是一种融资工具，投资面向实业；基金是一种信托工具，投资面向其他证券。如果说股票、债券是一次投资范畴，基金则属于再投资或二次投资的范畴。

（5）从期限上看，债券是债权的反映，债券的性质决定了债券要在一定时期内还本付息；股票是公司的所有权的反映，没有到期日；基金较灵活，可有期、可无期，有期限的，到期时经基金证券持有人大会同意、主管机关批准还可以延期。

（6）从风险和收益大小上看，债券反映债权债务关系，其特点是事先双方约定借贷的利率与时间，债务人对债权人的这种承诺是无条件执行的，因此债权人风险较小、债务人风险较大。与之相比，股票投资者在其投资时没有定期取得收入的任何保证，股票收益要看公司经营的盈亏而定，且没有到期日，不能赎回，只能在二级市场上通过交易获得现金，有可能出现亏损，所以股票投资风险大。基金与股票的相同点是基金投资者在其投资时并不能得到一个确定的利率，也没有定期取得收入的任何保证，投资者必须承担一定的风险。但基金主要投资于有价证券，专业性投资机构对投资者资金的运用能实现稳定收益，且有可能获得比债券更高的收益；基金的组合投资也避免了投资一般股票的高风险，所以基金的风险介于股票和债券之间。

（7）从返还性上看，债券到期必须还本付息；而股票投资人一旦出资购买了某公司的股票，投资者就再不能向发行股票的公司退还股票索回资金，具有不可返还性，但可以在二级市场上通过交易换回现金；基金则较灵活，在基金的存续期内封闭式基金同股票一样不能赎回，但可以在二级市场上通过交易换回现金，开放式基金则可以自由赎回。

（8）从投机性上看，债券一般只是单纯的投资对象，投机性很小；而股票则不但是投资对象，还有很强的投机性，股票价格的频繁波动，就给股票的买卖投机带来了可能性。基金是一种中长期信托投资工具，不能当作股票来炒，但基金又不同于债券，基金的价格是随着投资的经营效益的高低而发生变化的，具有波动性，所以基金的投机性介于股票、债券二者之间。

3.2　证券投资基金的类型

证券投资基金在世界范围内经过100多年的发展，其种类较为繁杂，按照不同的分类方法可将证券投资基金分为若干种类。

3.2.1　按证券投资基金的组织形式分类

按照证券投资基金的组织形式，可将基金划分为公司型投资基金和契约型投资基金。

1）公司型投资基金

公司型投资基金是由具有共同投资目标的投资者依据公司法组成的以营利为目的

的，投资于特定对象（如货币市场、有价证券市场）的股份制投资公司。公司型投资基金在组织结构上与股份有限公司有些类似。公司型投资基金发行普通股份，投资者可以购买公司的股份成为公司的股东，基金将集中的资金用于证券市场的投资，投资者从这些投资中获取收益。从法律意义上说，公司的资产为公司的股东所持有，股东选举产生董事会来负责公司的管理和运作。公司型基金成立后通常委托专业的基金管理公司管理基金资产，同时还会委任第三者来保管基金资产，各当事人之间的权利和义务由公司的章程来规范。在公司型基金的运作中，主要的当事人有：

（1）投资者和发起人。持有基金份额的投资者是基金公司的股东，享受股东所享有的一切权利。同其他股份公司一样，基金公司是由发起人创立的。发起人一般由投资银行、信托公司、保险公司和基金管理公司充当，发起人负责向主管部门申请基金的审批并负责向社会公众募集基金份额，在基金未能成立时应承担相应的责任。基金公司的发起人一般通过控制基金公司的董事会来取得基金公司的实际控制权。

（2）董事会。基金公司的董事会是基金的常设管理机构，负责基金公司的管理业务。基金公司的董事一般由发起人或其他投资者担任，但是在有些国家，为了保证董事会的公正，要求公司董事会有一定数量的独立董事。

（3）基金管理人。基金管理人受董事会的聘请负责运用基金资产进行投资并负责管理基金资产。基金每年按一定的比例支付管理费给基金管理人。

（4）基金托管人。按照各国法律的规定，基金公司应将基金资产存放于独立的托管人处，由托管人负责基金资产的安全保管。基金托管人一般由较大的金融机构担任。

以公司型投资基金为主体的代表国家是美国。

2）契约型投资基金

契约型投资基金也称信托型投资基金，是依据一定的信托契约通过发行受益凭证而组建的投资基金。该类基金一般由投资者、基金托管人、基金管理人签订信托契约，通过发行受益凭证组成信托资产，基金管理人负责运用信托资产进行投资，基金托管人负责保管基金的资产。在契约型投资基金的运作中，主要的当事人是基金投资者、基金托管人和基金管理人三方。投资者通过购买受益凭证来参与基金投资，获取投资收益。基金管理人和基金托管人的职责与公司型投资基金中管理人和托管人的职责基本相同。英国、日本和我国的香港特别行政区、台湾地区多是契约型投资基金。

3）公司型投资基金与契约型投资基金的区别

（1）法律依据不同。公司型投资基金是依据公司法建立的，基金本身具备法人资格。而契约型投资基金是依据基金契约组建的，信托法是契约型投资基金设立的依据，契约型投资基金不具备法人资格。

（2）投资者地位不同。契约型投资基金的投资者作为基金契约的受益人，对基金的重要投资决策并没有发言权。而公司型投资基金的投资者是公司的股东，有权对公司的重大决策进行审批。

（3）基金运营不同。公司型投资基金像一般的股份公司一样，除非依据公司法破产、清算，否则公司一般都具有永久性。而契约型投资基金依据基金契约进行运作，契约期满后，基金运营随之终止。另外，公司型投资基金作为法人在运用债务杠杆方

启智增慧3-2
普通合伙企业与有限合伙企业的区别

面具有更大的空间和灵活性。

3.2.2 按证券投资基金能否赎回分类

按投资基金设定后能否追加投资份额或赎回投资份额，可以将投资基金分为封闭式和开放式（或称固定型和追加型）投资基金。

（1）封闭式投资基金（close-end funds）。封闭式投资基金是相对于开放式投资基金而言的，它是指基金资本总额及发行份数在未发行之前就已确定下来，在发行期满后，基金就封闭起来，总量不再增减的投资基金，因此也称为固定型投资基金。封闭式投资基金受益凭证在封闭期间内不能追加认购或赎回，但投资者可以在证券交易所等二级市场上交易。

（2）开放式投资基金（open-end funds）。开放式投资基金是指基金的发行总额是变动的，可以随时根据市场供求状况发行新份额或被投资人赎回的投资基金。但它追加购买或赎回的价格不同于原始发行价，而是以基金当时的净资产价值为基础加以确定。投资者可以按投资基金的报价在国家规定的营业场所申购或者赎回投资基金单位。

（3）封闭式投资基金与开放式投资基金的区别：

①发行规模限制不同。封闭式投资基金的份额数量是固定的，在封闭期内未经法定程序认可不能增加发行。开放式投资基金的份额是不固定的，没有发行规模限制，投资者可随时提出申购或赎回申请，基金规模随之增加或减少。

②期限不同。封闭式投资基金有固定的封闭期，通常在5年以上，一般是10年或15年。开放式投资基金没有固定期限，投资者可随时向基金管理人赎回基金单位，若大量赎回甚至会导致清盘。

③基金份额交易方式不同。封闭式投资基金在证券交易所进行交易，即持有人在封闭期内不能赎回基金份额，只能在证券交易所出售给第三者，基金交易是在基金投资者之间完成。开放式投资基金一般是在基金管理公司或托管人（商业银行）柜台进行交易，即投资者可随时向基金管理人或代理人提出申购或赎回申请，基金交易是在投资者与基金管理人或其代理人之间进行。

④基金份额的交易价格计算标准不同。封闭式投资基金和开放式投资基金的基金份额除了首次发行价都是按面值加一定百分比的购买费计算外，以后的交易计价方式不同。封闭式投资基金的交易价格是由市场供求关系决定的，常出现溢价或折价现象。开放式投资基金的交易价格则取决于每一基金份额净资产值的大小，不直接受市场供求关系影响，一般申购价是基金份额净资产加一定的申购费，赎回价是基金份额净资产减去一定的赎回费。

⑤交易费用不同。封闭式投资基金份额的买卖是在基金价格之外支付手续费；开放式投资基金是支付申购费和赎回费。

⑥基金份额资产净值公布的时间不同。封闭式投资基金一般每周或更长时间公布一次；开放式投资基金一般在每个交易日结束后都要连续公布。

⑦投资策略不同。封闭式投资基金在存续期内不得要求赎回，故信托资产稳定，基金资产的投资组合能有效地在预定计划内进行，可进行长期投资，便于基金管理人

稳定运作基金。开放式投资基金的单位总数是变动的，它随时面临投资者赎回的压力，使得基金资产相对封闭式投资基金来说不稳定。开放式投资基金的管理人为应付投资者随时赎回兑现的需要，往往要保留较大份额的流动性和变现性较强的资产，且投资理念相对短期化。

⑧投资风险不同。封闭式投资基金的投资风险较大，当基金业绩好时，投资者可享受超过净资产价值的证券收益；若有亏损，则投资者最先遭受损失。开放式投资基金每日公布份额净资产值，透明性强，便于投资者控制风险。

世界投资基金的发展历程基本上遵循了由封闭式投资基金逐渐转向开放式投资基金的发展规律。在投资基金业兴起之初，封闭式投资基金是基金的主要形式。但是，由于允许投资者随时以基金净资产值购买或赎回基金单位，与封闭式投资基金相比，开放式投资基金具有3个方面的优势：其一，基金投资人通过赎回基金单位的方式能"用脚投票"，对基金管理人形成直接的监督约束机制；其二，投资人手中的增量资金流向业绩优良的基金能推动基金市场优胜劣汰的进程，形成对基金管理人的激励机制（基金管理人的报酬与基金净资产挂钩）；其三，基金随时公布净资产值并以净资产值为基础进行交易，提高了基金运作的透明度，有助于基金的规范运作。因此，随着金融市场的成熟与金融自由化的深入，开放式投资基金在二战以后逐渐成为基金业发展的主流。

3.2.3 按证券投资基金的投资标的分类

按投资基金的投资标的的不同，投资基金可分为股票基金、债券基金、货币市场基金、指数基金、不动产基金、创业基金、贵金属基金、期货基金、期权基金和对冲基金等。

（1）股票基金。股票基金是投资基金中最常见的一种，其投资对象是股票，包括优先股股票和普通股股票。

（2）债券基金。债券基金是基金市场的重要组成部分，其规模仅次于股票基金，它主要以政府公债、市政债券、公司债券等债券品种为投资对象。

（3）货币市场基金。货币市场基金是指在全球的货币市场上从事短期有价证券投资的一种基金。它的主要投资对象包括：国库券、银行可转让大额存单、商业票据、银行承兑汇票、同业拆借及回购协议等。

（4）指数基金。指数基金是指通过复制所跟踪指数中的股票而形成的基金。简单地说，就是基金跟踪的指数中有哪些股票，基金就主要购买哪些股票，且指数基金中每只股票配置的比例大致与指数中每只股票在指数中占的比例相同。

（5）不动产基金。不动产基金也称不动产投资信托，是指主要在房地产公司发行的证券或在与房地产抵押有关公司的股票上从事投资的一种基金。

（6）创业基金。创业基金又称置业基金或风险基金，是以股权投资方式，主要投资于未上市公司的基金。它是为支持一些盈利前景看好的新兴产业而设立的基金，其经营方针是在高风险中追求高回报。

（7）贵金属基金。贵金属基金主要是以全球黄金、白银及其他与贵金属矿产相关的工业股票为主要投资标的的投资基金。

（8）期货基金。期货基金是以期货合约为主要投资对象的投资基金。

（9）期权基金。期权基金是以期权合约为主要投资对象的投资基金。

（10）对冲基金。它利用期货、期权等金融衍生产品以及对相关联的不同股票进行空买空卖、风险对冲等操作，以规避和化解证券投资风险。

以上后4种基金都属于衍生工具基金，风险较大，但也有可能获得较高回报。衍生工具的具体内容将在第4章讲解。

基金按投资对象进行细分，一方面推动了专业分工的深入，从而提高了整个基金业的投资回报率，降低了投资风险；另一方面也给投资者提供了越来越丰富的投资选择，满足了不同投资风格和风险偏好的投资者多样化的投资需求。

3.2.4 按证券投资基金收益风险目标分类

根据投资基金收益风险目标来分类，投资基金的类别更多，大致有：

（1）积极成长型基金。积极成长型基金的投资目标是追求最高的资本增值，经常收入不是其考虑的重要因素，它是以高风险获取高收益的一种投资基金。通常将基金的资产投资于有高成长潜力的某些新兴行业领域内的刚创建的小公司股票，或者目前经营状况不佳，但前景看好的公司的股票。

（2）成长型基金。成长型基金的投资目标是追求资本的长期增值，也注重投资的经常收益，是投资基金中为数最多的一种。为实现长期成长目标，基金资产主要投资于信誉好、长期有稳定盈余的公司的普通股股票，或是有长期升值潜力的公司的普通股股票。

（3）成长收入型基金。成长收入型基金的投资目标既兼顾经常收入又兼顾长期的资本增长，但稍偏重成长型，投资策略比成长型基金略为保守，通常以股息记录优良，尤其是股息逐年增加的有成长潜力的股票为投资对象。

（4）平衡型基金。平衡型基金的投资目标是追求基金资产净值的稳定、可观的经常性收入和适度的长期增长。为兼顾以上3个目标，它通常会把一半的资金投资于债券，另一半的资金投资于股票，因而投资基金的收益不会有明显的涨跌。

（5）收入型基金。收入型基金以获取最大的经常性收入为投资目标。投资对象通常为股息比较优厚、红利水平较高的绩优股票，资信度高的政府债券、公司债券和可转换债券，以获取稳定的股息或债息。

3.2.5 按证券投资基金投资计划的可变性分类

根据投资基金投资计划可变性的大小，投资基金有如下分类：

（1）固定型投资基金。它是指投资基金按投资计划投资，其投资的证券资产经编定后，不论其价格如何变化，除非发行公司合并或撤销，投资基金管理公司不得通过出卖等方式任意改变已编入的证券资产。

（2）融通型投资基金。该基金是英国证券投资信托的传统方式。基金经理公司可根据市场情况，自由决定其投资证券的对象，出售并变更基金所编入的证券资产的内容和结构，以有效地防止受益凭证价格的下跌。

（3）半固定型投资基金。该基金介于固定型投资基金与融通型投资基金之间，即基金投资的证券资产经编定后，其投资经理在一定的条件和范围内（如事先赋予在特定证券资产中有选择权），可变更投资基金的资产内容。

目前，世界各国的投资基金大部分是融通型的或类似于融通型的，如日本的证券投资信托公司只要遵守信托条款的规定，便可享有相当程度可变更投资证券资产的自由。

3.2.6　按投资来源和运用地域分类

根据投资来源和运用地域不同，投资基金有如下分类：

（1）国内基金。国内基金是指资金全部来自国内投资者并投资于国内金融市场的一种投资基金。一般而言，国内基金在一国基金市场上应占主导地位。

（2）国际基金。国际基金是指资金来源于国内但投资于境外金融市场的投资基金。

（3）离岸基金。离岸基金是指资金从国外筹集并投资于国外金融市场的基金。

（4）海外基金。海外基金是指从国外筹集资金并投资于国内金融市场的基金。

除了上述几种类型的基金，证券投资基金还可按是否收费将其划分为收费基金和不收费基金；根据投资币种不同，将其划分为美元基金、英镑基金、日元基金、欧元基金等，以及投资于其他基金的基金中基金等等。

3.3　证券投资基金的投资运作

3.4　中国投资基金的发展

3.4.1　中国投资基金的发展历程

我国投资基金市场依附于证券市场的发展而起源。1987年中国银行和中国国际信托投资公司首创中国基金投资业务，它标志着中国投资基金市场的诞生。进入20世纪90年代，基金业务进入实质性阶段，依主管机关管辖权力的过渡可分为两个阶段：

第一阶段是1992—1997年的摸索阶段。该阶段为中国人民银行作为主管机关的阶段。起初在沪深交易所上市的基金有25只，在大连、武汉、天津证券交易中心联网交易的基金数量达28只，但此时基金规模很小，运作也很不规范，而且专业性基金管理公司也很少，不足10家，俗称"老基金"。

1991年，中国人民银行珠海市分行批准设立了全国第一家基金——珠信基金，资产规模6 930万元。1992年是"老基金"设立最多的一年。该年设立的各类基金达57只，各类基金的发行主要集中在广东、黑龙江、湖南、江西、沈阳、大连等省市。之后，中国人民银行深圳经济特区分行颁布《深圳市投资信托基金管理暂行规定》，这是当时唯一一部有关投资基金监管的地方性法规。1993年，中国人民银行深圳经济特区分行批准天骥基金、蓝天基金作为首批基金在深圳证券交易所上市；同年，中国人民银行批准淄博乡镇企业投资基金在上海证券交易所上市，这标志着我国全国性投资基金市场的诞生。其后，上交所和深交所又陆续上市了几只基金，并与其他证券交易中心的基金市场进行市场联网交易，全国性的基金交易市场初步形成。1996 年 3 月 18 日，深圳基金指数开始编制，基金指数为 1 000 点，这是中国国内基金市场发展历史中的一个重大事件。

第二阶段是 1997 年之后的规范化发展阶段。1997 年 11 月 14 日，《证券投资基金管理暂行办法》[①] 正式颁布，1998 年 3 月，按照新法规定，分别以国泰证券和南方证券为主发起人的基金金泰和基金开元招股说明书在各大证券报刊公布，从而拉开了中国证券投资基金业的新纪元。当年发行了 5 只基金，净值 107.40 亿元。1999 年 3 月，中国证券监督管理委员会发出了对原有投资基金进行清理规范的通知，各证券交易中心交易的基金逐步摘牌，对交易所上市基金也进行了清理与规范。全国的原有投资基金的运作逐步纳入规范化发展轨道，清理规范工作于 2000 年 6 月底以前完成。

1999 年是基金业大发展的一年，基金迅速增加到 22 只，资产规模跃升为 484.20 亿元；2001 年开始开放式投资基金的试点，诞生了 3 只开放式投资基金，基金总数增加为 51 只，资产规模 818 亿元；2002 年基金增加到 71 只，其中封闭式 54 只，开放式 17 只，基金资产净值 1 330 亿元，占两市流通 A 股总市值的 10.50%；2003 年 10 月 28 日第十届全国人民代表大会常务委员会第五次会议通过了《中华人民共和国证券投资基金法》（2012 年 12 月 28 日第十一届全国人民代表大会常务委员会第三十次会议修订），由此，基金规模快速增长，2003 年年底达 102 只，基金资产规模已达 1 782 亿元。

在基金规模快速增长的同时，基金品种创新也呈加速趋势。一方面，开放式基金后来者居上，逐渐成为基金设立的主流形式；另一方面，基金产品差异化日益明显，基金的投资风格也趋于多样化，除传统的成长型、混合型基金以外，债券型基金、收益型基金、价值型基金、指数型基金、行业基金、保本基金、消费基金、货币市场基金等纷纷问世。中外合资投资基金也从无到有，数量逐渐增加，中国基金业对外开放的步伐越来越快，中国的基金业呈现一片繁荣景象。

启智增慧3-3

个人系公募基金产品差异化布局

根据中国基金业协会、沪深证券交易所公布的数据显示，截至 2022 年 11 月，我国公募证券投资基金管理公司已达 140 家，取得公募基金管理资格的证券公司或证券公司资产管理子公司有 12 家，保险资产管理公司有 2 家，管理基金产品 1.01 万只，基金规模达 27.06 万亿元；私募证券投资基金管理公司达 9 069 家，管理基金产品 7.68 万只，基金规模达 6.12 万亿元。

3.4.2　中国投资基金的品种创新

我国的新基金品种相对单一，因此，政府积极鼓励新的基金品种的开发，及时批设不同品种的基金。上海证券交易所和深圳证券交易所适应形势发展的需要，分别在基金产品和交易方式方面进行了创新，目前已分别推出如下基金新品：

（1）LOF（listed open-ended fund）投资基金。LOF 投资基金是指上市型开放式基金（简称 LOF），即开放式基金发行结束后，投资者既可以在指定网点申购赎回基金份额，也可以在交易所买卖该基金，是开放式基金在交易方式上的创新。2004 年 8 月

---

① 现已废止。

18 日，深圳证券交易所公布了《深圳证券交易所上市开放式基金业务规则》，这标志着 LOF 投资基金已在我国生根发芽。

（2）ETF（exchange traded fund）投资基金。ETF 投资基金是指交易所交易的开放式指数基金（简称 ETF），同 LOF 投资基金一样也是基金发行结束后，投资者既可以在指定网点申购与赎回基金份额，也可以在交易所买卖该基金。但 ETF 投资基金是以复制和追踪某一市场指数为目标，通过充分分散化的投资策略降低非系统风险、通过消极管理方式最大限度地降低交易成本而取得市场平均收益水平的一种金融衍生产品。上海证券交易所于 2004 年推出了上证 50ETF 投资基金，它是开放式基金在产品上的创新。2012 年 2 月初，中国证监会同意深圳前海率先开展港股组合 ETF 业务试点，标志着我国投资基金市场进入了新的阶段。

3.4.3　中国发展投资基金的现实意义

发展我国的投资基金业具有重要的现实意义：

（1）为中小投资者拓宽了投资渠道。对中小投资者来说，存款或买债券较为稳妥，但收益率较低；投资于股票有可能获得较高收益，但风险较大。投资基金作为一种新型的投资工具，把众多投资者的小额资金汇集起来进行组合投资，由专家来管理和运作，经营稳定，收益可观，为中小投资者提供了较为理想的间接投资工具，大大拓宽了中小投资者的投资渠道。

（2）有利于证券市场的稳定。一个成熟的证券市场应该是一个以机构投资者为主的市场，而不是一个以中小投资者为主的市场。通过发展证券投资基金，可以将广大中小投资者分散的资金转变为由专门机构持有的大额资金。而大的机构投资者由于熟悉业务，富有经验，能够进行理性投资，因而能够减少投机性炒作，从而有利于证券市场的稳定。

（3）有利于证券市场的发展。证券市场的发展既要规范，又要扩大规模。扩大规模就需要有更多的资金进入证券市场。而通过发行基金就可以使许多未能投资于证券市场的资金进入证券市场，从而扩大证券市场规模。

启智增慧 3-4

融入国家发展大局　践行服务实体初心使命

本章小结

证券投资基金是指一种利益共享、风险共担的集合证券投资方式，作为一种大众化的信托投资工具，反映了投资者与基金管理人、基金托管人之间的委托-代理关系。

投资基金是既区别于直接投资又区别于间接投资，既区别于金融机构贷款投资又区别于一般信托投资，既不同于股票又不同于债券的一种独具特色的集诸多优点于一身的投资信托方式。

证券投资基金的种类较为繁杂，按照不同的分类方法可将证券投资基金分为若干种类。其中主要有 3 种分类：按照证券投资基金的组织形式，可将基金划分为公司型投资基金和契约型投资基金；按照投资基金设定后能否追加投资份额或赎回投资份额，可以将投资基金分为封闭式和开放式（或称固定型和追加型）投资基金；按照投资基金的投资标的，投资基金可分为股票基金、债券基金、货币市场基金、指数基金、不动产基金、创业基金、贵金属基金、期货基金、期权基金、对冲基金等。

我国投资基金市场依附于证券市场的发展而起源，其发展历程经历了 1992—1997 年的摸索阶段，1997 年之后的规范化发展阶段。近年来，政府积极鼓励新的基金品种的开发，及时批设不同品种的基金。上海证券交易所和深圳证券交易所适应形势发展的需要，分别在基金产品和交易方式方面进行了创新，目前已分别推出基金新品：LOF 投资基金和 ETF 投资基金。2012 年 2 月初，中国证监会同意深圳前海率先开展港股组合 ETF 业务试点，标志着我国投资基金市场进入了新的阶段。

从实践来看，发展我国的投资基金业具有重要的现实意义：一是为中小投资者拓宽了投资渠道；二是有利于证券市场的稳定，促进市场健康发展；三是通过发行基金可以使许多未能投资于证券市场的资金进入证券市场，从而扩大证券市场规模。

关键概念

证券投资基金　公司型投资基金　契约型投资基金　封闭式投资基金　开放式投资基金　基金资产净值　LOF 投资基金　ETF 投资基金

综合训练

✔ 理论知识回顾

1）什么是证券投资基金？它有哪些特点？
2）证券投资基金与股票、债券投资工具有何不同？
3）LOF 基金与 ETF 基金有何异同？

即测即评 3

✔ 阅读思考和实践

股票 ETF 已成市场风向标

近年来，在投资需求和政策鼓励的双重驱动下，公募基金大力布局 ETF 产品线，各类权益类 ETF 新品密集涌现。

综合训练
参考答案 3

中信证券最新研报显示，截至 2022 年 10 月底，沪深两市已成立的 ETF 数目增至746 只，规模增至 15 553 亿元。其中，A 股 ETF 数量较 9 月末增加 3 只至 561 只，规模增加 54 亿元至 9 227 亿元。10 月，全市场 ETF 日均成交额达 1 099 亿元，较 9 月增长19%。

中信证券研报认为："从申赎情况看，10 月 A 股宽基 ETF 资金净流入 230 亿元，A 股行业与主题 ETF 资金净流入 25 亿元。"

东方财富 Choice 数据显示，截至 11 月 15 日，今年以来股票 ETF 份额增长1 899.77 亿份。其中，科创 50ETF、医药 ETF 和医疗 ETF 份额分别增长 245.52 亿份、167.73 亿份、145.99 亿份。按照区间成交均价计算，上述 3 只 ETF 今年以来分别获得273.53 亿元、83 亿元和 76.96 亿元资金净流入。此外，半导体 ETF、芯片 ETF、券商ETF、酒 ETF 等的份额今年以来均增长了 50 亿份以上。

银河证券基金研究中心报告认为："近年来，股票 ETF 基金作为二级市场交投活

跃的品种越来越受到关注。这些数据说明，作为重要配置工具，在股市波动期间，股票 ETF 基金的份额和资产净值不仅没有减少，反而大幅上升。"

A 股 ETF 份额近年来爆发式增长是全球 ETF 规模不断扩容的缩影。据统计，全球 ETF 市场规模已从 2010 年的 1.3 万亿美元增至 2021 年的 10 万亿美元，年均复合增长率为 20%。

早在 2020 年，摩根资管 ETF 业务亚太总监兼亚太区直销及数字化业务总监司马非就乐观预测，到 2025 年，A 股 ETF 规模可能达到 5 000 亿美元。

中国的股票和债券市场规模已经大到不容忽视，全球投资者正在不断涌入中国市场。随着 MSCI 和彭博巴克莱将中国市场纳入全球性指数，更多资金将流入中国市场。

资料来源　王彭. 持股市值占比创新高 股票 ETF 已成市场风向标 [N]. 上海证券报，2022-11-16.

思考和分析：（1）什么 ETF 基金？为何近年来，ETF 基金受到市场追捧？

（2）搜集并整理上市 ETF 基金的有关资料，制作成表格，以小组为单位做 ETF 产品推介展示。

第4章

衍生投资工具

目标引领

☑ 价值塑造

　　老子曰："道生一，一生二，二生三，三生万物。"蓬勃高速发展的经济需要更丰富的金融产品，中国多层次资本市场的主要内容之一即交易品种的多样化。本章引导学生了解衍生品交易在我国证券市场中的作用、在现代经济社会的重要性以及如何管理好衍生品交易。

☑ 知识传授

　　通过本章的学习，掌握可转换证券、金融期货、股指期货及金融期权的概念；了解可转换公司债券的基本要素；掌握期货套期保值的基本操作方法；掌握股票指数期货交易的特点；了解期权的基本类型。

思维导图

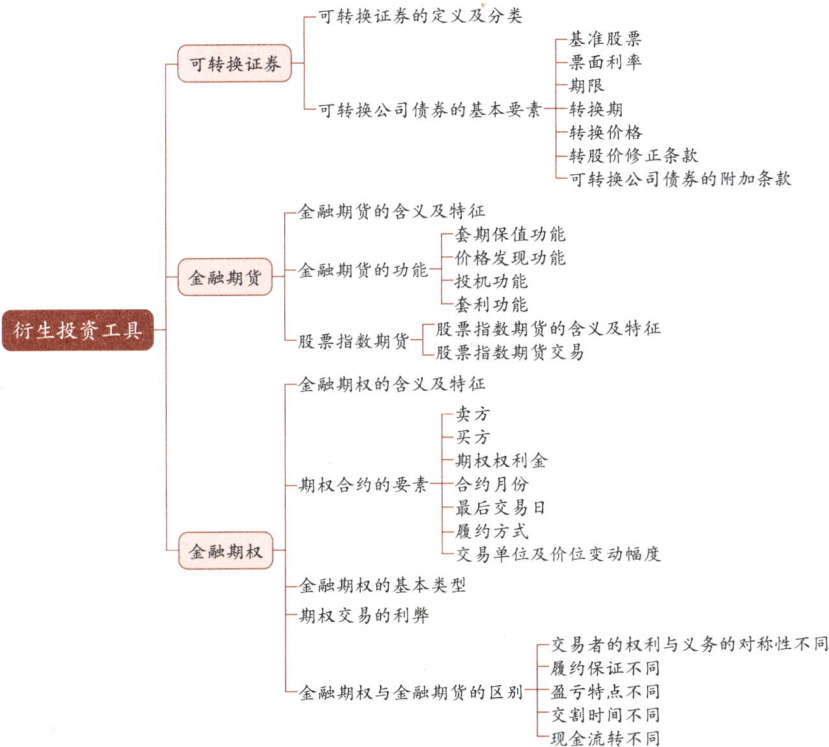

开篇导读

　　青山集团，从事镍矿开采、镍铁不锈钢冶炼、连铸坯生产及板材、棒线材加工，生产的原材料、中间品亦应用于新能源车电池领域，具备优质镍现货产能，在LME拥有较大的镍空头套期保值仓位，可以对远期货价和利润进行锁定。

　　近年来全球新能源车产业发展支撑全球镍需求增长，而疫情下供给不稳定等因素客观存在，镍价从2020年相对低点1.1万美元/吨快速上涨。与此同时，伴随空头投机头寸占比收窄、商业套保头寸增长。2022年3月，俄乌冲突加剧，镍价上涨，7日，LME镍从2.9万美元/吨大幅上涨，最高达5.5万美元/吨，8日，LME镍价继续上涨，最高达10万美元/吨以上。青山集团作为LME镍空头方，其套保仓位面临一定金额的盘面损失，需陆续对仓位平仓处理、补缴保证金，或利用LME规定的现货标准品进行交割。由于LME镍期货交割标准不同，青山或无法直接用自产资源交割，自此青山集团面临巨额亏损。

　　危机发生后LME交易所取消极端行情交易，2022年3月15日，青山集团公告，与由期货银行债权人组成的银团达成了一项静默协议。在静默期内，青山和银团将进行备用、有担保的流动性授信，以用于镍持仓保证金及结算需求，各参团期货银行则不对青山的持仓进行平仓，或对已有持仓要求增加保证金。至此，青山集团由空头期货市场极端行情带来的损失相对可控，但衍生品交易带来的重大风险应引起各方重视。

　　只要有金融活动，就会产生现金流，就会对现期的交易有影响。现时现刻的金融活动，也会产生未来的现金流，对未来的交易有影响。自从有了金融衍生工具，金融活动和金融研究都进入了全新的时代。随着人们投资偏好的变化和预防风险意识的增强，产生了可转换证券、金融期货、金融期权等金融创新产品。

4.1　可转换证券

4.1.1　可转换证券的定义及分类

　　可转换证券（convertible securities）是指发行人依法定程序发行，持有人在一定时间内依据约定的条件可以转换成一定数量的另一类证券的证券，通常是转换成普通股股票。因此，它实际上是一种长期的普通股股票的看涨期权。可转换证券主要分为两类：一类是可转换公司债券，即将公司债券转换成公司的普通股股票；另一类是可转换优先股股票，即将优先股股票转换成公司的普通股股票。由于两者在性质、原理、原则上基本相同，所以在下面的讲解内容中仅以可转换公司债券为例。

4.1.2　可转换公司债券的基本要素

　　可转换公司债券是公司债券与看涨期权的结合体，具有债权加看涨期权的性质，

启智增慧4-1

公司发行可转换证券的主要原因及意义

因此，可转换公司债券的要素设计必然包含公司债券与期权的设计。具体来讲，公司债券设计条款包含发行额度、债券期限、利率水平、付息方式等基本要素。期权设计条款较复杂，由基本条款和附加条款组成。基本条款包括基准股票、转换期、转换价格、转股价修正条款等基本要素；附加条款指赎回条件、回售条件、强制性转股条件等。

1）基准股票

基准股票（又称正股），是指可转换公司债券持有人可将所持有的转换债券转换成发行公司的普通股股票。

2）票面利率

票面利率主要是由当前市场利率水平、公司债券资信等级、可转债的组合要素决定的。

3）期限

可转换公司债券的期限（又称存续期）与一般债券的期限内涵相同。所不同的是，可转换公司债券的期限与投资价值成正相关关系，期限越长，股票变动和升值的可能性越大，可转换公司债券的投资价值就越大。

4）转换期

转换期是指可转换公司债券可以转换为股票的起始日至结束日的期限。在整个转换期内，投资者可视股价的变动情况逢高价时转换，也可以选择将债券转让出售。

转换期一般依据发行公司的经营方针来确定，主要有两种方法：

（1）发行公司制定一个特定的转换期限，一般有以下几种：①发行日起至公司债偿还期日；②发行日或其稍后起至公司债偿还期日；③发行日或其稍后起的数年间；④发行日起的几年后至公司债偿还期日。

（2）发行公司不制定具体期限。不限制转换具体期限的可转债，其转换期为可转债上市日至到期停止交易日，如果是未上市公司发行的可转债，则为未上市公司股票上市日至可转债到期停止交易日。

5）转换价格

转换价格是指可转换公司债券转换为公司每股股份所支付的价格。转换价格的确定，反映了公司现有股东和债权人双方利益预期的某种均衡。制定转换价格要和债券期限、票面利率相互配合起来，具体来说，决定转换价格高低的因素很多，主要有：

（1）公司股票的市场价格（即正股市价），这是最为重要的影响因素。股票的市场价格和价格走势直接主导着转换价格的确定，股价越高，转换价格也越高。制定转换价格一般是以发行前一段时期的公司正股市价的均价为基础，上浮一定幅度作为转换价格，通常上浮5%～30%。

（2）债券期限。可转换公司债券的期限越长，相应的转换价格也越高；期限越短，则转换价格越低。

（3）票面利率。一般来说，可转换公司债券的票面利率高则转换价格也高；利率低，则转换价格也低。

6）转股价修正条款

当公司在发行可转换公司债券后，由于公司的送股、配股、增发股票、分立、合并、拆细及其他原因导致发行人股份发生变动，股本扩大引起公司股票名义价格下降时，转股价格应作出相应的调整。转换价格修正条款是可转换公司债券设计中至关重要的保护可转换公司债券投资者利益的条款，因此，也称为转换权保护条款。

$$修正后转换价格=修正前转换价格×\frac{已发行股数 + \dfrac{新发行股数 × 每股认股价}{股票市价}}{已发行股数 + 新发行股数} \quad\quad (4-1)$$

启智增慧4-2

可转债期权条款设计与影响分析（节选）

7）可转换公司债券的附加条款

（1）赎回条款

赎回是指发行人在发行一段时期后，可以按照赎回条款生效的条件提前购回其未到期的发行在外的可转换公司债券。赎回行为通常发生在公司正股市场价格持续一段时间高于转股价格达到某一幅度时（国际上通常把正股市场价格达到或超过转股价格100%～150%作为涨幅界限，同时要求以该涨幅持续30个交易日作为赎回条件），公司按事先约定的价格买回未转换的债券。赎回价格一般高于面值，一般规定为可转债面值的103%～106%，越接近转债到期日，赎回价格越低。设计赎回条款的主要目的是：①避免市场利率下调给发行人带来利率损失。当市场利率下降或贴现率下调幅度较大时，对发行人来说，赎回已有的可转换公司债券，比再组织新的融资活动更为合算。②加速转股过程、避免转换受阻的风险。可转换公司债券上市后，其市场价格同股票价格保持着密切的关联，而且，可转换公司债券的市场价格所对应的实际转股价格同市场股票价格保持着一定的溢价水平，也就是说，在实际交易中，当时购买的可转换公司债券立即转股不可能即刻获利。这种情形下，可转换公司债券的持有人没有必要也没有理由把可转换公司债券转换成股票，转股的目的就难以实现。为此，发行人通过设计赎回条款促使转债持有人转股以减轻发行人到期兑付可转债本息的压力。

可转换债券一般有4种偿还方法：到期偿还、到期前偿还、赎回条件下偿还和回售条件下偿还。赎回是属于到期前强制性偿还的一种特定方法。

（2）回售条款

回售一般是指公司正股市价在一段时间内连续低于转股价格达到某一幅度时，可转换公司债券持有人按事先约定的价格将所持可转换公司债券卖回给发行人的行为。也有的回售条款是承诺某个条件，如公司股票在未来时间要达到上市目标，一旦达不到，则履行回售条款。设计回售条款的主要目的是发行人为使可转换公司债券发行顺利和筹资成功而设定的有利于投资人、增加可转债吸引力的条款。如果订立回售条款，可转换公司债券的票面利率可定得更低。包括回售条款的可转换公司债券对投资者更具吸引力。

回售条款主要包括以下几个因素：①回售价格：是以面值加上一定回售利率为形式。回售利率是事先规定的，一般比市场利率稍低，但高于可转换公司债券的票面利率。②回售时间：是事先约定的，一般定在可转换公司债券整个期限的1/2～2/3时间段处，具体的回售时间少则数天，多则月余。③回售选择权：发行人承诺达到回售时间时，如果正股市价不能如期达到所约的价格，致使转换无法实现，则投资人享有按照约定利率回售可转债给发行人的权利，发行人须无条件接受可转换公司债券。

赎回条款和回售条款是可转换公司债券不同于其他金融产品的重要特征。设立科学合理的赎回条款和回售条款对债券的成功发行和转股有着重要的意义。

（3）强制性转股条款

强制性转股条款是发行人约定在一定条件下，要求投资人务必将持有的可转换公司债券转换为公司股份的条款。国际上，发行强制性可转换公司债券的公司总是与非上市公司相联系。大多数非上市公司在发行可转换公司债券时，就已经考虑了本次发行是公司的资本扩张。发行人为减轻公司的还本压力而使用强制性转股条款，以利于公司稳定经营和控制财务风险。

强制性转股的类型有3种：

①到期无条件强制性转股。在转换期内未转换成股票的可转换公司债券，在债券到期日时将自动强制性转股。

②转换期内有条件强制性转股。这是指发行人的股票价格在转换期限内的一段时间里连续高于转股价格达到一定的幅度后，发行人有权选择未转换的债券以事先确定的转股价格强制性地全部或部分转换为公司股票。

③转换期内有条件强制性转股及到期强制性转股。这是指发行人在转换期内按照约定的条件将投资人的可转债强制性转换为发行人的普通股，并于到期日将未转换的债券强制性转换为公司股票。设置了强制性转股条款的可转债，其类股性较强，而其债券的特征相对较少，尤其是到期无条件强制性转股的可转债，其投资者丧失了到期收回本息这一债券的基本权利。

4.2　金融期货

4.2.1　金融期货的含义及特征

金融期货是指买卖双方支付一定数量的保证金，通过期货交易所进行的以将来的特定日作为交割日，按成交时约定的价格交割一定数量的某种特定商品的标准化协议。期货交易相对于现货交易而言，是一种远期交易，是一种"未来买卖"。在期货交易中买卖双方先签订买卖合同，就买卖商品的种类、数量、成交价格以及交割时间、交割地点达成协议，买卖双方等到合同规定的交割日期才办理正式的交割手续。期货主要有两大类：一是商品期货，如大豆、石油等期货交易；二是金融期货，主要有外汇期货、利率期货、股票指数期货等。

金融期货交易一般具有以下特点：

（1）交易对象是金融工具的标准化合约，即金融期货合约是由期货交易所为进行期货交易而设计的对指定金融工具（如外汇、债券、股票、股票价格指数）的种类、价格、数量、交收月份、交收地点都作出统一规定，具有固定格式和内容的标准化书面协议书。其实就是实行标准化管理，只有合约的交易价格是可变的，因而便于市场流通转让，又可避免发生纠纷。所以，就期货合约而言，它具有标准化和流动性强的特点。

（2）对冲交易多，实物交割少，具有明显的投机性。金融工具现货交易的目的是筹资或投资，即为生产和经营筹集必要的资金，或为暂时闲置的货币资金寻找生息获利的投资机会。金融期货交易的主要目的是套期保值，即为不愿承担价格风险的生产经营者提供稳定成本的条件，从而保证生产经营活动的正常进行。因此，在金融期货交易中，金融工具的销售者不一定卖出金融工具，金融工具的购买者也不一定真的要买入金融工具，真正需要履约进行现货交割的是极少数，据统计只约占合约的1%～2%，绝大部分交易都在合约到期前通过做相反交易实现对冲买卖而了结，只进行现金差额结算，减少或免除金融工具实物的交换。

（3）采用有形市场形式，实行保证金交易和逐日盯市制度，交易安全可靠。期货交易所采用会员制，只有交易所会员才有资格进场交易，且为防止交易者毁约，实行保证金制度，一般按成交金额的10%交纳，每天收盘时，要按市价重新核算需交纳的保证金数额，实行多退少补。这种交易方式的实质是买空和卖空，即投资者只需支付少量的保证金，就可以买卖大额证券。

（4）交易者众多，交易活跃，流动性好。参与金融期货的交易者不仅有套期保值者，更有跨期套利者，使交易趋于活跃，风险得以分散。

4.2.2　金融期货的功能

金融期货交易是证券市场的创新，它源于商品期货交易。金融期货具有4项基本功能：套期保值功能、价格发现功能、投机功能和套利功能。金融期货所具有的功能就决定了参与金融期货交易的主要有两类人：一类是套期保值者；另一类是投机者。

1）套期保值功能

套期保值就是利用期货合约为现货市场上的证券买卖交易进行保值。套期保值的基本做法是在期货市场上买进（或卖出）与现货市场上的证券数量相同的该证券的期货合约，以期在未来的某一时间在现货市场上卖出（或买进）证券时，能通过在期货市场上卖出（或买进）相同数量的该证券的期货合约来补偿和冲抵因现货市场上价格变动所带来的实际价格风险，以一个市场上的盈利来弥补另一个市场上的损失。

期货套期保值的基本原理在于某一特定商品或金融工具的期货价格和现货价格受相同经济因素的制约和影响，从而它们的变动趋势大致相同。而且，现货价格与期货价格在走势上具有收敛性，即当期货合约临近到期日时，现货价格与期货价格将逐渐趋同。因此，期货套期保值就是利用两个市场——现货市场和期货市场同时存在的条件，利用期货合约在期货市场上可以随时进行"对冲"的特点，通过在期货市场上持有一个与将来在现货市场上准备交易的现货具有相同数量和交易时点（位置）的期货合约，来避免未来价格波动可能给入市者带来的损失，达到保值的目的。

期货套期保值的基本做法：

（1）空头套期保值。空头套期保值用于防止金融工具将来的市价下跌，是指持有现货多头的交易者担心未来现货价格下跌，在期货市场卖出期货合约（建立期货空头），所以也称之为出售套期保值，当现货价格下跌时，以期货市场的盈利来弥补现货市场的损失。通过出售合约，套利者锁定了金融工具将的市价，把价格风险转给了期货合约的买者（期货多头）。

（2）多头套期保值。多头套期保值用于防止金融工具将来的市价上涨，是指持有现货空头的交易者，担心将来价格上涨而给自己造成经济损失，于是买入期货合约（建立期货多头），所以也称之为购买套期保值。若未来现货价格果真上涨，则持有期货头寸所获得的盈利正好可以弥补现货头寸的损失。多头套利的基本做法是：在期货市场上买入将要在现货市场上买入的数量相等、到期日相同或相近的该金融工具的期货合约，之后，在现货市场上买入该现货金融工具的同时，再在期货市场上卖出与原先买入期货合约数量相等、到期日相同的该金融期货合约。

2）价格发现功能

价格发现功能是指在一个公开、公平、高效、竞争的期货市场中，通过集中竞价形成期货价格的功能。期货价格具有预期性、连续性和权威性的特点，能够比较准确地反映出未来商品价格的变动趋势。期货价格之所以具有价格发现功能，是因为期货市场将众多影响供求关系的因素集中于交易所内，通过买卖双方公开竞价，集中转化为一个统一的交易价格。这一价格一旦形成，立即向世界各地传播，并影响供求关系，从而形成新的价格。如此循环往复，使价格不断趋于合理。

由于期货价格与现货价格基本一致并逐渐趋同，所以，今天的期货价格可能就是未来的现货价格，这一关系使世界各地的套期保值者和现货经营者都利用期货价格来衡量相关现货商品的远、近期价格发展趋势，利用期货价格和传播的市场信息来制定各自的经营决策。这样，期货价格成了世界各地现货成交价的基础，比较真实地反映了一定时期世界范围内供求关系影响下的商品或金融工具的价格水平。

3）投机功能

如果入市者在金融市场上基于对金融工具价格未来变化趋势的判断，只买入或只卖出，没有现货市场上的对应行为，那么，这个入市者就是一位期货合约的投机者，他的买卖行为就是投机行为，他在预计价格上涨时买入期货合约、建立期货多头，在预计价格下跌时卖出期货合约、建立期货空头，如果他的判断正确，他将获利，如果他的判断失误，他将遭受损失，他是期货市场上的风险承担者。

金融期货投机的原理就是对期货未来价格变化趋势的一种预期，判断正确，就会实现贱买贵卖或贵卖贱买，投机就将获利；判断错误，就可能出现贱买不能贵卖、贵卖不能贱买，甚至是贵买贱卖或贱卖贵买，投机将会遭受损失。投机者的存在对维持市场流动性具有重大意义，当然，过度的投机必须受到限制。

4）套利功能

套利的理论基础在于经济学中所谓的"一价定律"。严格意义上的期货套利是指利用同一合约在不同市场上可能存在的短暂价格差异进行买卖，赚取差价，成为"跨市场套利"。行业内通常也根据不同品种、不同期限合约之间的比价关系进行双向操作，分别称为"跨品种套利"和"跨期限套利"，对于股价指数等品种，还有"指数套利"等。期货套利机制的存在对于提高金融市场的有效性具有重要意义。

启智增慧4-3

《期货法》的
三个重大作用

4.2.3　股票指数期货

1）股票指数期货的含义及特征

股票指数期货是金融期货中最晚产生的一个品种，是20世纪80年代金融创新中最重要、最成功的金融工具之一。股票指数期货是指期货交易所同期货买卖者签订买卖股票价格指数合约，并在将来指定日期用现金办理交割的一种期货交易方式。

股票指数期货合约的价格，是以现货指数的某一倍数为基准，这种倍数通常为500，也有用100的。例如，美国规定每份合约的价格为指数数字的500倍，即指数每升或降一点，指数期货价格就增或减500美元。合约买卖初始保证金最低为合约价值的10%。

股票指数期货是为了适应人们管理股市风险，尤其是系统性风险的需要而产生的。严格地讲，股票指数期货交易与股票期货交易都是转移股票价格风险的手段，不同之处在于，股票期货交易转移的是某只股票价格涨落的风险，而股票指数期货交易转移的则是所有的主要股票价格涨落的风险。因此，股票期货交易的对象是某只股票，而股票指数期货交易的对象是股票价格指数。

股票指数期货合约是一种多功能的金融票据，股价指数期货交易是期货交易最复杂和技巧性最强的一种交易形式。其交易目标是一种无形的数字，而不是有形的商品，这种交易也是买空卖空的最好表现。同其他期货交易一样，其参与者可以利用期货交易转移风险，也有投机者利用其在承担风险的前提下赚取利润。

具体来说，股票指数期货交易买进卖出的都是股票指数期货合同。这种合同订立以后，要在规定的日期履行交易双方约定的事项，双方就买卖之间的差额用现金交割。大部分合同在到期时用相反的买卖合同来对冲。

股票价格指数是用"点"来表示的，股票指数期货合约的价格也以"点"为基础来计算，股指每上升或下降一个点，股票指数期货合约的价格就上升或下降500元。例如，当股票指数为100时，一个期货合约的价格为50 000元，指数升到102，价格就升到51 000元。显然，股票价格指数不同，股票指数期货合约的价格也不同。

目前，美国股票指数期货市场上使用3种指数：一是芝加哥商品交易所的标准普尔500种股票价格综合指数；二是纽约期货交易所的纽约证券交易所综合指数；三是堪萨斯农产品交易所的价值线综合指数。

分析股票指数期货交易，可以发现它有几个显著特点：

（1）交易对象是经过统计处理的股票综合指数，而不是股票。一般来说，投资者在购买股票时所遇到的一个最大难题就是已知整个股市的走势，但对选择哪种股票却难以作出决策。而股指期货交易正好解决了此难题，从事一笔交易便可以达到参与整个股市的目的，而不必考虑选择购买哪一种股票。

（2）采用现金结算，不用实物交割。因为指数代表的是若干种股票当期价格与基期价格变动的情况，而不是若干数量的某种股票，因此，只能用现金进行股票指数期货合同的清算。这与一般期货交易有较大区别，使投资者无须持有股票就可以涉足股票市场。

（3）把正常交易先买后卖的程序颠倒过来，当投资者预计市场趋势是下降时，可以先卖出，到指数下降时，再买进一个合约来对冲。指数期货和保证金信用交易的卖空行为不同。卖空者只有在市场趋势是向上时才能做交易，在出售时虽然还没持有股票，但要向证券商借股票交割，同时还要交保证金。股票指数期货买卖的是一份合约，不限于市场趋势上升时才能卖出。一般保证金只按合约价值的 10% 交付，从而可以用较小的资金获取较大的利润，这是指数期货最吸引人的地方。

（4）可以进行套期保值，这是基于股票价格和股票价格指数变动趋势是同方向、同幅度的原理。因为股票价格指数是一组股票价格变动情况的指数，所以在股票的现货市场与股票指数期货市场进行反向操作就可以抵消出现的风险。例如，手中拥有股票想保存或将要卖出者，为避免或减少股票价格下跌带来的风险损失，应在期货市场上做空头，即卖出指数期货；将要购买股票者，为防止股票价格上涨的不测风险，应做多头，即买入指数期货。

2）股票指数期货交易

实际上，股票指数期货交易主要是用来套期保值。

例如，在股票市场总趋势下降时，如果投资者持有股票，就会担心股票价格下跌，这时投资者若不愿立即出售，就可以用股票指数期货交易的办法来避免股票价格下跌的风险，尽量减少损失。假如你持有 1 000 股甲公司股票，在 2021 年 3 月 1 日这一天股票价格指数为 117，甲公司股票每股价格为 45 元，所以投资者持有的股票价值为 45 000 元。为防止股价下跌造成损失，投资者可以在 2021 年 3 月 1 日这一天，在股票指数期货市场上卖出一个 6 月 1 日到期的股票指数期货合同，其价值为 58 500 元（117×500）。果然，股价如投资者所料下跌，在 6 月 1 日股票价格指数降为 112，甲公司股票每股降为 43 元，那么，投资者手里股票价值降为 43 000 元，损失 2 000 元。但是，这时在股票指数期货市场，投资者按指数 112 买进一个股票指数期货合约，其价值为 56 000 元（112×500），与前面卖出的那个合约对冲，投资者可以获取差价 2 500 元（58 500-56 000），这样，既抵消了现货损失，投资者还可赚 500 元。具体操作过程见表 4-1。

表 4-1　　　　　　　　　**股票指数期货交易操作表（一）**

现货市场	股票指数期货市场
2021 年 3 月 1 日： 　　股票每股市价 45 元 　　买入 1 000 股 　　股票价值 45×1 000=45 000（元）	2021 年 3 月 1 日： 　　股票价格指数 117 　　卖出股票指数期货，价值 58 500 元
2021 年 6 月 1 日： 　　股票每股市价 43 元 　　股票价值 43×1 000=43 000（元）	2021 年 6 月 1 日： 　　股票价格指数 112 　　买进股票指数期货，价值 56 000 元
投资结果： 　　由于股价下跌，损失 2 000 元	对冲结果： 　　股指期货交易产生 2 500 元利润

再如，在股票市场价格总趋势上升时，投资者可以改变原来在期货市场上先卖后买的做法，采取先买后卖方式进行套期保值，具体说来就是：投资者预计在3个月后可以有一笔45 000元的收入，按目前市价能买入1 000股股票，但由于股价上升，投资者担心在收到款项时股票会涨价，就买不到1 000股股票了，这时投资者就买进一个股票指数期货合约，价值58 500元（117×500）。假如3个月后，股价确实上扬了，该公司股票每股涨到50元，股票价格指数上升到127点，那么，投资者可以在股票指数期货市场上卖出一个股票指数期货合约，价值63 500元（127×500），进行对冲。这样，股票指数期货市场上的交易，使投资者获得5 000元的利润，恰好可以用来加到45 000元的预期收入中来购买1 000股股票。其具体操作过程见表4-2。

表4-2　　　　　　　　　　　　　　股票指数期货交易操作表（二）

现货市场	股票指数期货市场
2021年3月1日：	2021年3月1日：
投资者预计6月1日可取得45 000元收入，现货市场按当时股价可买入1 000股股票	投资者买进股票指数期货合约价值117×500=58 500（元）
2021年6月1日：	2021年6月1日：
投资者用50 000元买入价格50元的股票1 000股	投资者卖出股票指数期货合同价值127×500=63 500（元）
计算结果：	计算结果：
由于股价上扬，投资者发生了5 000元的机会损失	股指期货交易产生5 000元利润

此例说明，只要预测准确，便可获利丰厚，至少也可以减少损失。但事实往往并非如此，因为证券市场上都是通过喊价竞争成交的，想买进必须要有人卖出才能成交，想卖出也必须有人买进，缺一不可。因此，把市场作为一个总体，买进的合约必须等于卖出的合约，总盈余必然等于总亏损，也就是说，有赚钱的必然有赔钱的，总数是相等的。

4.3　金融期权

金融期权合约是近30年发展起来的一种新型金融工具，它最早出现在金融市场最为发达的美国。1982年10月芝加哥期货交易所首次推出了"政府长期国库券"期货合约的期权交易业务。除美国以外，英国伦敦金属交易所、澳大利亚悉尼股票交易所等都开办了期权交易业务，目前有股票期权、股票指数期权、利率期权、货币期权、金融期货合约期权等品种。随着金融期权的日益发展，金融期权的基础资产还有日益增多的趋势，不少金融期货无法交易的资产均可作为金融期权的基础资产，甚至连金融期权合约本身也成了金融期权的基础资产，即所谓复合期权。

4.3.1 金融期权的含义及特征

金融期权交易又称选择权交易，相对于现货交易而言，它也是一种远期交易。确切地说，它是指证券投资者事先支付一定的费用，取得一种可按既定价格买卖某种证券的权利。

期权交易实质上是一种权利的单方面有偿让渡。购买期权者以支付一定数量的期权费为代价，得到一种权利。这种权利使他可以在期限内的任何时候行使这个权利，买进或卖出证券，也可以到期不执行这一权利，任其作废，而对于出售期权的专门的证券交易商来说，在收取了一定数量的期权费后，在一定时间内必须无条件服从买方的选择并履行成交时的允诺，按规定出售或购进证券，而没有选择的权利。

4.3.2 期权合约的要素

一份标准期权合约的形成必须具备以下几个要素：

（1）卖方。卖方是指卖出期权，并承担由买方选择决定所发生的执行合约的交割责任方。卖方卖出期权收取期权转让费后得到权利金。与期货合约交易一样，期权交易的卖方不直接与买方发生联系，而是通过交易所的交易系统撮合成交，并由交易所的清算机构在期权合约履行后，立即转换卖方和买方在期权市场中的交易部位。

（2）买方。买方是指按一定价格买进期权合约的一方。买方买进期权后付出权利金，可以随时决定是否再进行相关期货合约交易。同样，买方只是通过交易所与期权合同的卖方间接发生交易，并通过清算所的交割改变买方的交易部位。由于交易所的内在机制的运行，使交易所成为所有交易者的卖方或买方，但这里的买方和卖方是指期权交易中的参与者，通过交易所的传导，他们不断在改变期权所有者地位和期权交易的部位。一个期权合约的卖者则可能成为另一期权合约的买者；相反，一个期权合约的买者则可能成为该合约或一个其他期权合约的卖者。从交易部位来看，买方和卖方的地位在结算所交割后对称性地改变（见表4-3）。

表4-3　　　　　　　　　　　　**买卖双方履约后的交易部位**

承担方	看涨期权	看跌期权
买方承担	多头部位	空头部位
卖方承担	空头部位	多头部位

（3）期权权利金。期权权利金又称期权价格或保险费，是期权买方向卖方支付的获得这一权利而付出的价格，因而实际上是期权交易中的成交价。付出权利金后，买方就得到了放弃的权利，在期权合约的有效期内可以任意行使这一权利。在标准期权合约中，期权权利金是唯一的变量，是买卖双方说合成交的基本依据，必须是交易所通过公开竞价形成，期权权利金的最后确定要受整个期权合约、期权合约到期月份、

履约价格等的影响。

（4）合约月份。合约月份是期权合约进入市场以后的若干月份数，有时是连续的，有时是一年中的间隔月份。

（5）最后交易日。最后交易日是指期权合约在市场内进行有效交易的最后的选择日，它可能与相关期权合约相同，也可能有另外的安排。

（6）履约方式。履约方式是指在期权到期日内的交易时间内履约，并将卖方、买方分别指定进入期货交易的相应部位具体化。看涨期权买方进入获利期货合约交易的多头部位，而卖方则进入相关的空头交易部位；看跌期权买方进入获利期货合约交易中的空头部位，而卖方则进入相关多头交易部位。

（7）交易单位及价位变动幅度。交易单位是交易所对每标准期权合约单位作出的规范；价位变动幅度包括价位最小变动幅度和价位最大变动幅度。前者为了便于期权交易开展而通常事先规定，比较稳定；后者则是为了保证期权市场的相对稳定而采取的限制性措施，通常不事先规定，而以当日交易情势决定停板交易的价位最大波动限制幅度。

4.3.3　金融期权的基本类型

金融期权交易因买卖关系不同可分为看涨期权和看跌期权两大类，二者都需要委托期权交易的经纪人进行。

（1）看涨期权（买入期权）是指依据买卖双方签订的契约，买方（持票人）在协定期内有权按照双方协定价格向卖方（出票人）买进一定数量的指定证券。例如，某人认为某种股票行情看涨，那么，他就购入100股某种股票的看涨期权，当时每股的市场价格为48元，协议价格定为50元，每股期权权利金为2元，100股共计为200元，协定期为3个月。假设在3个月内（合同期内）该种股票的市价涨到每股55元，这时期权购买者就可依据契约用50元的协议价格购得100股该种股票，同时按市价55元将这些股票出售，获利价差500元，扣除200元的期权权利金，再假设经纪人佣金为100元，那么，净获利200元。但是，如果购进看涨期权后，股票价格在合同期限内没有上涨反而有所下降，那么，就只能放弃购进股票的权利，损失300元。有时，也可能不赔不赚。假如在合同期限内，股价上升到每股53元，那么在股票价格上获利300元，扣除200元期权权利金和100元佣金，收支相抵，不赔也不赚。

（2）看跌期权（卖出期权）是指依据买卖双方签订的契约，买方（持票人）在协定期内有权按照双方协定价格向卖方（出票人）卖出一定数量的指定证券。例如，某人对某种股票行市看跌，那么，他就可以支付期权权利金，购买在合同期限内按预定的价格销售一定数量某种股票的看跌期权。假如他以每股2元的期权保险费购买了约定价格每股50元的某种股票100股的看跌期权，而该种股票价格果然下跌至45元，这样，他在股票价格上获利500元，扣除200元期权权利金和100元佣金，净盈利200元。当然，在股价下跌到47元时，他就不赔不赚。但是，如果估计错误，在合同期限内，股价非但没有下跌反而上涨，那么，他实施看跌期权就变得毫无意义，只能放弃按预定50元的价格销售股票的权利，损失了200元的期权权利金和 100 元佣金。

目前，美国股票市场上十分盛行期权交易，在纽约股票交易所，期权交易量占全部交易量的比例高达 50% ~ 60%。究其原因，主要是因为这种交易形式有利于限制风险损失，利用成本利润杠杆功能，获取较大利润。股票期权交易的迅速发展带动并促进了整个金融期权市场的迅速发展，新的交易所不断出现，新的期权合约不断推出，目前，交易比较活跃的期权品种除股票期权外，还有债券期权、外汇期权、股价指数期权以及各种金融期货期权。

4.3.4　期权交易的利弊

对于期权的买方来说，期权交易的优点是：①风险是有限的，并且是已知的（这里所说的风险，即为购买期权所付出的权利金）。②处于变化无常的市场情况下，使用期权交易可防止由于交易时机判断错误而造成的更大损失。即使市场情况发展对期权购买者不利，他只要放弃期权即可退出市场，从而避免进一步的损失。③购买期权的费用（即保险费）在购买时就已确定并一次性付清，因此与套期保值交易所付的保证金不同，在市场情况不利时，不必担心追加价格变动保证金。

对于期权的卖方来说，期权交易的优点是：卖出期权所收入的保险费可用于冲减库存成本。期权交易的缺陷是：①处于变化无常的市场情况下，出售期权的人可能会两面吃亏，即当库存成本增加时，所收入的权利金入不敷出；当市场情况有利于卖方时，由于期权已售出而失去良机。②最大收益仅局限于收入的权利金。

4.3.5　金融期权与金融期货的区别

金融期权交易与金融期货交易有相似之处，但它们毕竟是不同的，主要表现在：

（1）交易者的权利与义务的对称性不同。期权交易对象不是证券本身而是一种权利。期货交易对象是证券，只是把订约和履约的时间分离开来。期权是一种权利，而不是一种义务，这是期权交易吸引人的关键所在。期权的购买者只有权利没有义务，所以只有当其肯定获利时，他才会执行期权。期货交易则不然。我们知道，期货合同一旦签订，买方或卖方不仅有权利买进或卖出，而且也有义务买进或卖出，否则，就违反了期货交易的规则，从而受到惩罚。期权合同签订后，期权持有人可以买进或卖出，也可以不买进或不卖出，买进或卖出的实施与否，完全是期权持有人的权利，而不是必须履行的义务。因此，也可以说，期权合同属于单向合同，期货合同属于双向合同。

（2）履约保证不同。金融期货交易双方均需开立保证金账户并按规定缴纳履约保证金，如果发生亏损，还要追加保证金。期权交易中，只有期权出售者，尤其是无担保期权的出售者才需要开立保证金账户并按规定缴纳保证金，以保证其履约的义务。至于期权购买者，因期权合约未规定其义务，无须开立保证金账户，也无须缴纳保证金。

（3）盈亏特点不同。金融期货双方都无权违约，也无权要求提前交割或推后交割，合同到期要求合同双方签订人必须执行，如果在规定时间内不执行，那么由此而引起的损失由违约方承担。因此，从理论上说，金融期货交易中双方潜在的盈利和亏损都是无限的。而期权交易中，由于期权购买者与出售者在权利和义务上具有不对称性，他们在交易中的盈亏也具有不对称性。由于期权是一种权利合同，所以，这种权利就有严格而明确的期限，一般为 3 ~ 12 个月，如果在权利期限内市场行情对权利购买方有利，他就去执行这个权利；如果期权持有人在规定期限内不行使这种权利，一旦期满，这种权利便自动失效，而无须办理什么特别的手续。因此，从理论上说，期权购买者在交易中的潜在亏损是有限的，仅限于他所支付的权利金，而他可能取得的盈利却是无限的。相反，期权出售者在交易中取得的盈利是有限的，仅限于他所收取的权利金，而他可能遭受的损失却是无限的。

（4）交割时间不同。期权持有人可以在合同期限内的任何一天执行合同，而期货合同则往往规定特定的合同执行时间，提前或推后都不行。

（5）现金流转不同。金融期货交易双方在成交时不发生现金收付关系，但在成交后，由于实行逐日结算制度，交易双方将因市场价格的变动而每日都可能发生保证金账户的现金流转。金融期权交易中，在成交时，期权购买者必须向期权出售者支付一定的权利金以取得期权合约所赋予的权利，除了到期履约外，交易双方在整个合约有效期内将不发生任何现金流转。

启智增慧4-4

证监会公布合格境外投资者可参与金融衍生品交易品种

本章小结

衍生投资工具是指从原生资产（underlying assets）派生出来的金融工具。近二三十年随着证券市场的不断发展完善和人们投资偏好的变化和预防风险意识的增强，除股票、债券、基金等交易工具外，又产生了可转换证券、金融期货交易、金融期权交易、股票指数期货交易等交易形式。

可转换证券又称转股证券等。可转换证券主要分为两类：一类是可转换公司债券，即将公司债券转换成公司的普通股股票；另一类是可转换优先股股票，即将优先股股票转换成公司的普通股股票。

期货是指买卖双方支付一定数量的保证金，通过期货交易所进行的以将来的特定日作为交割日，按成交时约定的价格交割一定数量的某种特定商品的标准化协议。期货主要有两大类：一类是商品期货，如大豆、石油等期货交易；另一类是金融期货，主要有外汇期货、利率期货、股票指数期货等。股票指数期货是指期货交易所同期货买卖者签订买卖股票价格指数合约，并在将来指定日期用现金办理交割的一种期货交易方式。

金融期权交易又称选择权交易，相对于现货交易而言，它也是一种远期交易。确切地说，它是指证券投资者事先支付一定的费用，取得一种可按既定价格买卖某种证券的权利。

关键概念

可转换证券　金融期货　套期保值　股票指数期货　金融期权交易　看涨期权
看跌期权

综合训练

✓ 理论知识回顾

1）股票指数期货的概念及交易特点是什么？

2）什么是金融期货和金融期权？二者有何区别？

3）什么是金融期货的套期保值功能？如何制订一套套期保值计划？

4）什么是期权合约？标准化的期权合约一般都包括哪些内容？

即测即评 4

✓ 阅读思考和实践

中证 1 000 股指期货期权上市

中证 1 000 股指期货和期权 2022 年 7 月 22 日上市，交易首周中证 1 000 股指期货日均成交 34 016 手，日均持仓 37 517 手；中证 1 000 股指期权日均成交 27 760 手，日均持仓 16 400 手。

股指期货与期权的本质是风险管理工具，最突出的作用就是与现货对冲风险。中证 1 000 指数由市值排名在沪深 300 指数、中证 500 指数成份股之后的 A 股中相对靠前且流动性较好的 1 000 只股票作为样本股编制而成，是综合反映 A 股市场较小市值公司股票价格表现的指数。中证 1 000 股指期货的上市，将金融期货对股票现货市场的市值覆盖度提高 15% 左右，这是很大的进步。可以说，中金所上市中证 1 000 股指期货和股指期权，完善了金融期货的产品体系，形成了覆盖大、中、小盘股的较为完整的风险管理产品序列，可满足不同类型投资者风险管理需求。

与国际市场比较看，境内金融期货市场的产品供给相对有限。目前，A 股上市公司总数已近 5 000 家，但境内股指期货和期权标的仅覆盖 1 800 只标的指数成份股，对大量中小盘、创业板、科创板等股票尚覆盖不足，难以充分满足投资者多元化的风险管理需求。要让境外中长期资金进入境内资本市场，促进其长期稳定持股，有必要进一步增加风险管理工具供给，上市中证 1 000 股指期货与期权产品，就显得非常重要与及时。

资料来源　谢卫群.中证 1 000 股指期货期权上市：A 股市场对冲走向全覆盖［EB/OL］.［2022-08-01］.http://sh.people.com.cn/n2/2022/0801/c134768-40063065.html.

综合训练参考答案 4

思考和分析：（1）请简要说明中证 1 000 股指期货期权如何进行风险管理。

（2）请简要说明中证 1 000 股指期货期权上市的现实意义。

第**2**篇

证券市场

第5章

证券市场概述

目标引领

☑ 价值塑造

本章引导学生了解我国证券市场飞速发展的主要成就、存在的问题和未来发展蓝图，体会在经济增长从高速发展向高质量发展转变的过程中，多层次资本市场服务各类投融资主体的方式、渠道和效率也需要与时俱进地配套建设，它们都是我国金融基础设施的重要组成部分，也是组建全国统一大市场的重要基础。

☑ 知识传授

通过本章的学习，掌握证券市场的含义；理解证券市场的主要功能；了解世界主要国家证券市场的特点；了解中国证券市场的发展历程。

思维导图

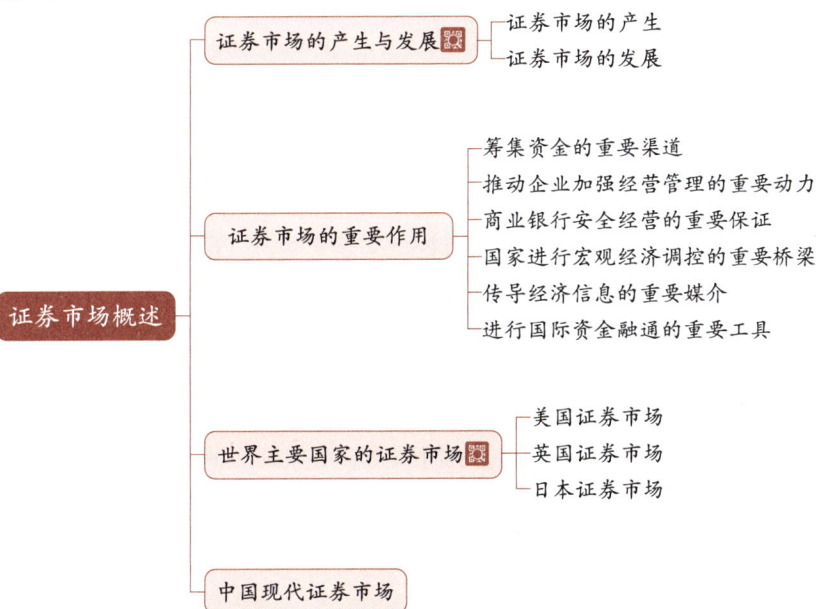

开篇导读

全球四大证券交易所

纽约泛欧交易所集团（NYSE Euronext）成立于2007年4月，由成立于1817年的纽约证券交易所与成立于2000年的泛欧证券交易所（阿姆斯特丹交易所、布鲁塞尔交易所、巴黎交易所）合并组成。该交易所可以交易股票、期货、期权、固定收益产品以及其他场内场外交易产品等，在全球拥有超过8 000只上市产品，占全球现金股票交易量的1/3，在全球化交易所集团中流动性居于首位。纽交所和泛欧证券交易所内都各有3个板块，相当于主板、中小板和创业板。

伦敦证券交易所（London Stock Exchange，LSE）是世界三大证券交易所之一，于1802年获得英国政府正式批准。作为世界上最国际化的金融中心，伦敦不仅是欧洲债券及外汇交易领域的全球领先者，还受理超过2/3的国际股票承销业务。伦敦的规模与位置，意味着它可以为世界各地的公司及投资者提供一个通往欧洲的理想门户。在保持伦敦的领先地位方面，伦敦证券交易所扮演着中心角色。伦敦证交所成为国际上最强的股票市场，其外国股票的交易超过其他任何证交所。来自63个国家和地区的大约500家外国公司在伦敦上市和交易。

东京证券交易所是全球第二大证券交易所，于1878年5月15日创立。东京证券交易所与大阪证券交易所、名古屋证券交易所并列为日本三大证券交易所，其市场规模位居世界前三，同时也是日本最重要的经济中枢，但却不是一个大的国际融资中心，在东京证交所上市的海外企业相当少，基本上以日本的企业为主。2011年11月22日，东证、大证两大证券交易所共同召开记者会，宣告两家证交所将于2013年1月1日合并，新的证交所名为"日本交易所集团"。合并后上市股票的市值总额将达280兆日元，超过美国的纳斯达克成为世界第二大证交所。

2000年，香港联合交易所有限公司（联交所）与香港期货交易所有限公司（期交所）实行股份化并与香港中央结算有限公司（香港结算）合并，组成香港交易所。香港交易所（港交所）2012年12月完成对伦敦金属交易所（LME）的收购。通过此次交易，亚洲重要的交易及结算所营运机构与世界首屈一指的基础金属交易中心合二为一。

我国的上海证券交易所和深圳证券交易所先后成立于20世纪90年代初期，和世界上大交易所相比还有较大差距，说明我国的证券市场还不够发达。

5.1 证券市场的产生与发展

从证券投资工具到证券市场，是从简到繁、由点到面的逻辑上升过程。证券市场是硬件和软件的综合体。这里既有实体场所，又有各项制度流程，还有各种行为活动。现代证券市场是一国市场体系中最为重要的、价格和竞争机制透明度最高的部分。

5.2　证券市场的重要作用

证券市场是有价证券发行与流通的场所及与此相联系的组织与管理体系的总称，证券市场包括证券发行市场和证券流通市场。

从证券市场发展历史的角度来看，证券市场对股份公司的创立、对西方资本主义国家的工业革命，都曾起到重要的推动作用，但是就全面的理论分析来看，证券市场的作用远不止这些。

1）证券市场是筹集资金的重要渠道

社会上企、事业的闲散资金以及人们在生活中的结余资金一般都是以存款或储蓄的方式存入银行，银行将这些分散的资金集中起来，再以放款的方式投放于生产。存款者除了从银行得到存款利息外，与企业经营的好坏没有直接的关系，也不承担企业风险，这是一种间接融资方式；而另一种融资方式则是由企业通过向社会发行股票或债券来进行，人们用结余的资金通过在证券市场上购买股票、债券来进行直接融资。以购买股票方式直接融资，投资者虽然承担一定的风险，但可以从企业利润中分得红利，而且投资者可以根据自己的意愿与企业的经营状况选择投资对象，并且可以通过证券市场买卖证券进行投资转移。如果以债券形式进行融资，投资者不仅不需承担什么经营风险，而且还可以获得比银行存款高得多的利息。由此可见，通过证券市场进行融资更符合大众的投资心理，有着更大的吸引力，证券市场是对社会资金进行集中和再分配的较好途径。

2）证券市场是推动企业加强经营管理的重要动力

大众对企业进行证券投资，是寄希望于与企业一同获得较高的经济收益，因此，人们在进行投资之前，必然持十分审慎的态度选择好投资对象。证券市场时时刻刻都在通过证券的买卖来进行这样的资金再分配，这也就是证券市场推动企业加强经营管理的动力所在。在证券市场的压力下，企业要想在竞争激烈的商品社会中立于不败之地，就必须努力改进生产技术，完善经营管理，提高经济效益，只有这样才能赢得广大投资者的信任，否则就会被人们所淘汰。

3）证券市场是商业银行安全经营的重要保证

商业银行的经营要讲究盈利性、流动性和安全性的统一，因此需要审时度势，将资金有效地用好、用活。银行的资产主要有三大类：一是贷款；二是证券；三是现金。这三类资产中，贷款的盈利性最强，但风险性最大，流动性最差；而现金流动性最强，安全性最高，但基本没有什么盈利可言；证券介于贷款和现金之间，它既有一定的盈利性，又有较好的流动性。一般来说，人们将现金资产称为银行的“第一储备”，而将证券称为银行的“第二储备”。对于商业银行来讲，它的经营目标是获得最大的经营利润，因此它必须尽量增加资产当中的贷款比例，在资产管理中维持一个较高的杠率。但是也应看到，贷款是有较大风险的，而且贷款一般通过契约形式事先确定好还本付息时间，银行不能随时随地把资金抽回来。银行所面对的现实是复杂多变的，银行不得不时时保证有充裕的支付能力，以确保自身经营的安全性。证券与证券市场给银行的安全经营提供了重要保证，证券不仅有着较好的盈利性，而且有着较强的变现能力，当银行现金紧张、发生支付困难时，可以把持有的证券拿到证券市场去转让，能够很快地换回现金用于支付。由此可见，在较为发达的证券市场条件下，银行如能掌握一定数额的证券，它就可以实现在较高盈利水平上的安全经营。

4）证券市场是国家进行宏观经济调控的重要桥梁

中央银行是国家进行金融调控的主要部门，它从事国家宏观经济调控的一个重要方面就是参与公开市场业务。所谓公开市场业务就是指中央银行在金融市场上公开买卖有价证券来增加或减少金融市场上的借贷资金量，调节信用规模，从而达到调节社会总供给与社会总需求平衡关系的目的。具体来讲，当社会总需求大于社会总供给时，中央银行向证券市场抛售一定量的证券，以回笼货币，减少市场实际货币流通量，降低社会总需求水平，实现其与社会总供给的平衡；当社会总供给大于社会总需求时，中央银行从证券市场上购进适当的证券，以增加市场的货币流通量，提高社会总需求水平，使社会总供求大体趋于平衡。中央银行公开市场业务，除了向证券市场抛售或购进证券来直接调节社会总供求的作用以外，它还能够影响金融市场的借贷利率，通过这种利率的变化间接调节社会总供求。因为中央银行出售有价证券，则市场实际货币流通量必然减少。这样，在资金市场上就会出现资金供应紧张、市场利率上升、借贷需求减少的情况，从而使社会总需求水平下降；反之，中央银行从证券市场上购进证券，则市场实际货币流通量增多，当资金市场上资金供应充裕时，利率必然下降，导致资金需求增加，从而使社会总需求水平提高。

5）证券市场是传导经济信息的重要媒介

证券投资者总是需要及时、全面地了解和掌握经济情况与市场动态，以便能够及时采取措施保障其投资的安全性或抓住机会买卖证券增加所得。由于证券市场是由证券买卖者、经纪人、证券公司以及证券交易所等组成的，这些参与人与机构从不同行业、不同部门、不同地区、不同单位聚集到一起，从不同角度对政治、经济及市场形势进行调查研究，并把他们所获得的信息在证券市场上进行传播，于是证券市场就自然成为经济信息产生和传播的重要场所。证券市场可以说是能够反映一定时期国家金融形势乃至整个国民经济形势的晴雨表、温度计。

6）证券市场是进行国际资金融通的重要工具

证券市场不仅是吸收本国资金的重要渠道，而且也是吸收外国资金的重要渠道。企业以发行股票和债券的形式筹集资金，既可以在国内发行，也可以拿到国外证券市场上去发行。企业或个人如要进行证券投资，既可以购买本国的股票或债券，也可以通过国外证券市场购买外国的股票或债券向国外企业投资。这样就形成了与国际资金的联系，实现了国际长期资金的融通。可以说，证券市场的建立与发展，对国际资金融通和促进国际经济合作发挥了重要作用。

5.3 世界主要国家的证券市场

5.4　中国现代证券市场

进入20世纪80年代以后，伴随着我国社会主义市场经济体制的建立，证券市场作为市场经济所特有的经济范畴在我国又重新兴起。特别是进入20世纪90年代以后，随着经济的持续高速发展，中国的证券市场正向着真正现代化、国际化的证券市场方向发展。

5.4.1　改革开放后我国证券市场发展经历的3个阶段

1）20世纪80年代的起步阶段（1983—1992年）

从1981年我国恢复了国库券发行工作，并采用行政分配的发行方式开始，证券市场拉开了发展的序幕。1982 年 1 月，中国国际信托投资公司以私募方式在日本东京发行了 100 亿日元的日本武士债券，标志着我国开始进入国际证券市场。1983 年 7 月，中国出现了第一只股票，即深圳宝安县联合投资公司作为第一家股份制企业在深圳首次发行的股份证；1984 年 9 月，北京天桥股份有限公司成立并首次面向社会发行股票；1985 年 1 月，上海爱使电子设备公司成立，发行股票 30 万元，这是首次出现的规范化股票；同月，上海延中实业公司成立并全部以股票形式向社会筹资；1987 年 5 月，深圳发展银行首次以公募方式发行股票 79.5 万股。随着越来越多的股份制企业向社会公开发行股票，股票发行在发行设计、发行方式、承销方式和市场管理方面都有了很大进步，股票发行市场开始向规范化方向发展。1986 年 9 月，经上海市人民银行批准，中国工商银行上海信托投资公司静安业务部开办代理股票买卖业务。与此同时，全国各地逐步建立了 30 多家证券公司，有近 400 家信托投资公司在证券市场上设立了证券交易柜台，从事证券业务的中介机构已形成专营、兼营、代理 3 个层次，证券交易品种以债券为主。1990 年 3 月，国务院确定上海、深圳作为股份制改革和公开发行股票试点城市，我国的两个区域性证券市场逐步形成。

1990 年 11 月 26 日上海证券交易所成立，1990 年 12 月 1 日深圳证券交易所成立，这两家交易所的成立是中国证券市场发展历程中的一个重要里程碑，它标志着证券交易由场外分散交易阶段进入场内集中交易阶段。1990 年 12 月 5 日，我国第一个全国性的证券交易自动报价系统投入运行，投资者可通过电脑同步交易网络参与沪深两地的交易，证券交易品种也由过去的以债券为主转为以股票为主。

在这一时期，我国证券市场规模较小，至 1992 年年底，股票发行额仅为 116.59 亿元，交易也相对冷淡，但已呈现出良好的发展态势。

2）20 世纪 90 年代的迅速发展阶段（1993—1998 年）

党的十四大明确指出建立社会主义市场经济体制，企业将被推向市场，参与竞争，这为股份制企业和证券市场的发展提供了政策支持并奠定了必要的基础。以此为契机，中国证券市场进入了一个迅猛发展的阶段。

这一时期股票的一级市场发行规模不断变化，总的趋势是稳中有升；发行方式从"申购抽签"到"存款预缴、比例配售""上网竞价""上网定价"，发行方式不断改进；股票发行种类从 A 股、B 股到 H 股、N 股、红筹股和 ADR（美国股票存托凭证），逐渐丰富；发行市场走向国际化。二级市场也发展迅速，1992—1998 年，深圳、上海股票交易所的上市公司市价总值从 1 648 亿元增加到 19 506 亿元，短短 7 年增加了近 12 倍。两市上市公司总数达 851 家，总股本达 2 345 亿股，筹资总额达 3 557.98 亿元。

投资基金发行市场重现生机。随着《证券投资基金管理暂行办法》①正式出台，1998 年，金泰、开元、兴华、安信、裕阳和普惠等 6 家大型证券投资基金先后发行上市，总规模 120 亿元。

可转换公司债券再次推出。南宁化工 1.5 亿元可转换公司债券和吴江丝绸 2 亿元可转换公司债券分别在上交所和深交所发行。这次可转换公司债券的再次推出，吸取了 20 世纪 90 年代一些可转换公司债券的教训，在可转换公司债券的设计等方面有了

---

① 现已废止。

符合中国特色的创意。从此，我国证券市场在股票、投资基金、国债、企业债、金融债之外又增加了一个崭新的品种。

国债发行大幅增长，二级市场成交活跃。1998年共发行国债3 891亿元（不含向四大商业银行发行的2 700亿元特别国债），比1997年多发1 396.7亿元，增长56%。年末，国债余额达7 765.7亿元，比1997年同期增长40%。另外，为提高国有商业银行资本充足率，向四大商业银行发行特别国债2 700亿元。当年深沪两市国债成交21 600.8亿元、201 510万手；日均成交85亿元、793万手，日均比1997年增长30.6%、24.3%。

政策性金融债券开始市场化发行。政策性金融债券从1998年三季度开始市场化发行，发行范围由原来的商业银行扩大到保险公司和商业银行。全年共发行政策性金融债券1 950.2亿元，比1997年增加514.5亿元，增长35.8%。年末政策性金融债券余额达5 121.1亿元，增长46.65%。此外，1998年还发行了特别金融债券9亿元，企业债券（含短期融资券）146.9亿元。

中介机构稳步发展。1998年年底，证券公司已有90家，兼营证券业务的信托公司237家，从事证券业的会计师事务所103家，律师事务所322家，资产评估机构116家，证券评级机构2家。

但我国证券市场的发展并不是一帆风顺的。股市几次出现大幅波动并造成了重大影响。究其原因，主要是因为中国证券市场仍然是一个新兴的不成熟的市场，调控监管手段落后，缺少成熟的机构投资者，广大中小投资者的风险意识缺乏。

3）20世纪末至21世纪的规范发展阶段（1999年至今）

1999年对于中国证券市场来说是不平凡的一年，以1999年7月1日《中华人民共和国证券法》（以下简称《证券法》）实施为标志，中国投资者迎来了证券市场规范发展的新阶段。

《证券法》的出台是中国证券市场法制建设的一件大事，是证券市场发展过程中的又一个重要里程碑。

1998年国务院正式明确，中国证监会为全国证券期货市场的主管部门。这样，一方面地方政府对地方证管机构的领导权上交给了证监会，从而实现了对证券市场的垂直管理；另一方面，中国人民银行对证券机构的设立审批职能也移交给了证监会，从而实现了对证券市场的集中管理。证券管理体制实现了由分散向集中统一过渡的重大突破。这将有利于证券市场的规范和健康发展，对于有效防范和化解风险具有重要意义。

1999年证券投资基金从数量和规模上都得到了较大发展。全年先后发行了18只"新基金"，其中包括长阳（景阳）、巨博（景博）、湘证（裕元）3只"老基金"改制上市，使"新基金"达到23家，总规模已从1998年的100亿元增加到507亿元。到2006年，基金业走过了市场的风风雨雨，管理资产规模约7 500亿元，占整个A股市场流通市值的比例超过3成。这在一年前是不可想象的。2006年也成为中国基金史上基金发行最多的一年，全年基金首募达到4 000亿元的水平，超过中国开放式基金2005年年底的总规模。2006年是"封转开"元年，最先到期的基金兴业已经完成"封转开"全部程序，还新募集了18亿份；随后到期的基金同智和基金景业"封转开"方案也相继顺利获得持有人大会通过。"封转开"方案在实践中逐渐完善。证券投资基金的规模不断增大。

与此同时，债券市场也得到了发展，国债、企业债券、可转换债券等筹资工具在证券市场上的筹资作用得到发挥。与此相适应，证券市场建设进一步完善，出台了《上市公司发行可转换公司债券实施办法》[①]和《基金从业人员资格管理暂行规定》[②]，一级市场股票发行由审批制改为核准制，建立了股票特别转让制度。为激活B股市场，管理层放宽了对投资人的限制，为吸引境外资金，中国证监会、人民银行颁布了《合格境外机构投资者境内证券投资管理暂行办法》，QFII可以投资在交易所市场挂牌上市的国债、企业债券和可转换债券等。

2007年6月20日，《合格境内机构投资者境外证券投资管理试行办法》颁布，允许基金管理公司、证券公司等为境内居民提供境外理财服务。南方基金和华夏基金成为首批获得QDII业务资格的基金公司。

证券市场的发展变化，对加强资本市场法制建设提出了更高要求。现行的证券市场法律主要包括《证券法》《证券投资基金法》《公司法》《刑法》等。此外，《民法典》《反洗钱法》《企业破产法》等法律也与资本市场有着密切的联系。现行的证券行政法规中，与证券经营机构业务密切相关的有《证券、期货投资咨询管理暂行办法》以及2008年4月23日由国务院颁布的《证券公司监督管理条例》和《证券公司风险处置条例》。部门规章及规范性文件由中国证监会根据法律和国务院行政法规制定，其法律效力次于法律和行政法规。其主要包括《证券发行与承销管理办法》《首次公开发行股票并在创业板上市管理暂行办法》《上市公司信息披露管理办法》《证券市场禁入规定》。

表5-1 **中国证券市场现行法律法规一览表**

性质	名称
法律	《证券法》《公司法》《刑法》《证券投资基金法》《信托法》《民法典》《反洗钱法》
行政法规	《证券公司监督管理条例》《证券公司风险处置条例》《证券、期货投资咨询管理暂行办法》《证券交易所风险基金管理暂行办法》《期货交易管理条例》《企业债券管理条例》
部门规章	《证券公司和证券投资基金管理公司合规管理办法》《证券期货投资者适当性管理办法》《证券投资基金管理公司管理办法》《私募投资基金监督管理暂行办法》《证券公司风险控制指标管理办法》《内地与香港股票市场交易互联互通机制若干规定》
规范性文件	《证券公司融资融券业务试点内部控制指引》《证券公司分支机构监管规定》等
行业自律规则	证券交易所：《上海证券交易所交易规则》《深圳证券交易所交易规则》《上海证券交易所会员管理规则》《深圳证券交易所会员管理规则》《上海证券交易所股票上市规则》《深圳证券交易所股票上市规则》等。 证券业协会：《中国证券业协会会员管理办法》《证券公司合规管理实施指引》《证券公司柜台交易业务规范》《证券公司另类投资子公司管理规范》《证券公司私募投资基金子公司管理规范》《发布证券研究报告执业规范》等。 证券登记结算有限公司：《中国证券登记结算有限责任公司开户代理机构管理业务指南》《中国证券登记结算有限责任公司特殊机构及产品证券账户业务指南》等。

① 现已废止。
② 现已废止。

5.4.2　我国证券市场体系

1）沪深两市

上海证券交易所于1990年11月26日成立，同年12月19日正式营业。深圳证券交易所于1990年12月1日成立并开始试运作。沪深两市是我国证券市场场内交易的主体部分。

自2004年5月起，深交所正式在主板市场内设立"中小企业板块"，2004—2005年期间，分别有38家和12家中小企业公司上市。2021年4月，深交所主板和中小板合并。

2019年6月13日，上海证券交易所新设科创板，是独立于现有主板市场的新设板块，在该板块内实行注册制试点，主要服务于符合国家战略、突破关键核心技术、市场认可度高的科技创新企业，推动互联网、云计算、人工智能和制造业深度融合。

截至2022年11月，上海证券交易所A股共计1 665只、B股44只，深圳证券交易所A股1 499只、B股42只，构成股票主板市场。深圳证券交易所创业板有股票1 213只，是二板市场。科创板则有485只股票。

与此同时，沪深两市也是我国重要的债券和基金产品的发行交易场所。

2）银行间市场

银行间市场是指依托中国外汇交易中心暨全国银行间同业拆借中心（简称同业中心）和中央国债登记结算有限责任公司、银行间市场清算所股份有限公司，包括商业银行、农村信用联社、保险公司、证券公司等金融机构进行金融产品买卖和回购的市场。

经过近几年的迅速发展，银行间市场目前已成为我国证券市场中规模较大的场外交易市场，大部分记账式国债、政策性金融债券、利率互换、外汇互换和远期协议都在该市场发行并上市交易，也是货币政策影响金融市场的重要传导机制。

3）衍生品市场

随着金融现货市场的不断发展和完善，投资者迫切需要利用期货、期权等金融衍生品来进行风险对冲和套期保值。在吸收和借鉴其他国家衍生品市场建设经验的基础上，我国先后建立了以三大商品交易所外加中国金融期货交易所为组成部分的金融衍生品市场。在此基础上，根据经济结构调整、发展方式转换等，又不断推出新的金融交易品种，形成了我国目前相对完整的大宗商品和主要金融现货产品的衍生品市场。

4）新三板市场

全国中小企业股份转让系统（简称"全国股转系统"，俗称"新三板"）是2013年年底，经国务院批准，依据证券法设立的继上交所、深交所之后第三家全国性证券交易场所，也是我国第一家公司制运营的证券交易场所，是我国证券市场场内交易的重要组成部分。全国中小企业股份转让系统有限责任公司（简称"全国股转公司"）为其运营机构，为新三板市场提供场所和设施，组织新三板市场的具体运营，监督和管理新三板市场。市场采取分层制度，由基础层、创新层和精选层构成。

在此基础上，2021年9月，国务院批准设立北京证券交易所，将新三板精选层作为基础，总体平移精选层各项基础制度，并同步试点证券发行注册制，与创新层、基础层一起组成"升级版"的"新三板"。截至2022年11月，股转系统中有1 707家普通股挂牌企业、46家优先股企业、145家原两网及退市公司。北京证券交易所现有122只个股、少量国债和地方政府债券。

启智增慧5-1

新三板的前世今生

5）区域性股权市场

2012年8月，证监会发布《关于规范证券公司参与区域性股权交易市场的指导意见》，届时全国范围内有条件的部分省份，开始筹划和建设地方性股权、产权交易中心或交易所，成为我国证券市场场外交易的重要组成，业内俗称"新四板"。

经过近几年的不断完善和建设，目前，我国共有35家区域性股权市场运营机构，服务范围覆盖32个省级行政区，基本形成了"一省一市场"的格局。

中国证券市场全貌如图5-3所示。

启智增慧5-2

助力中小微企业　区域性股权市场创新发展"探营"

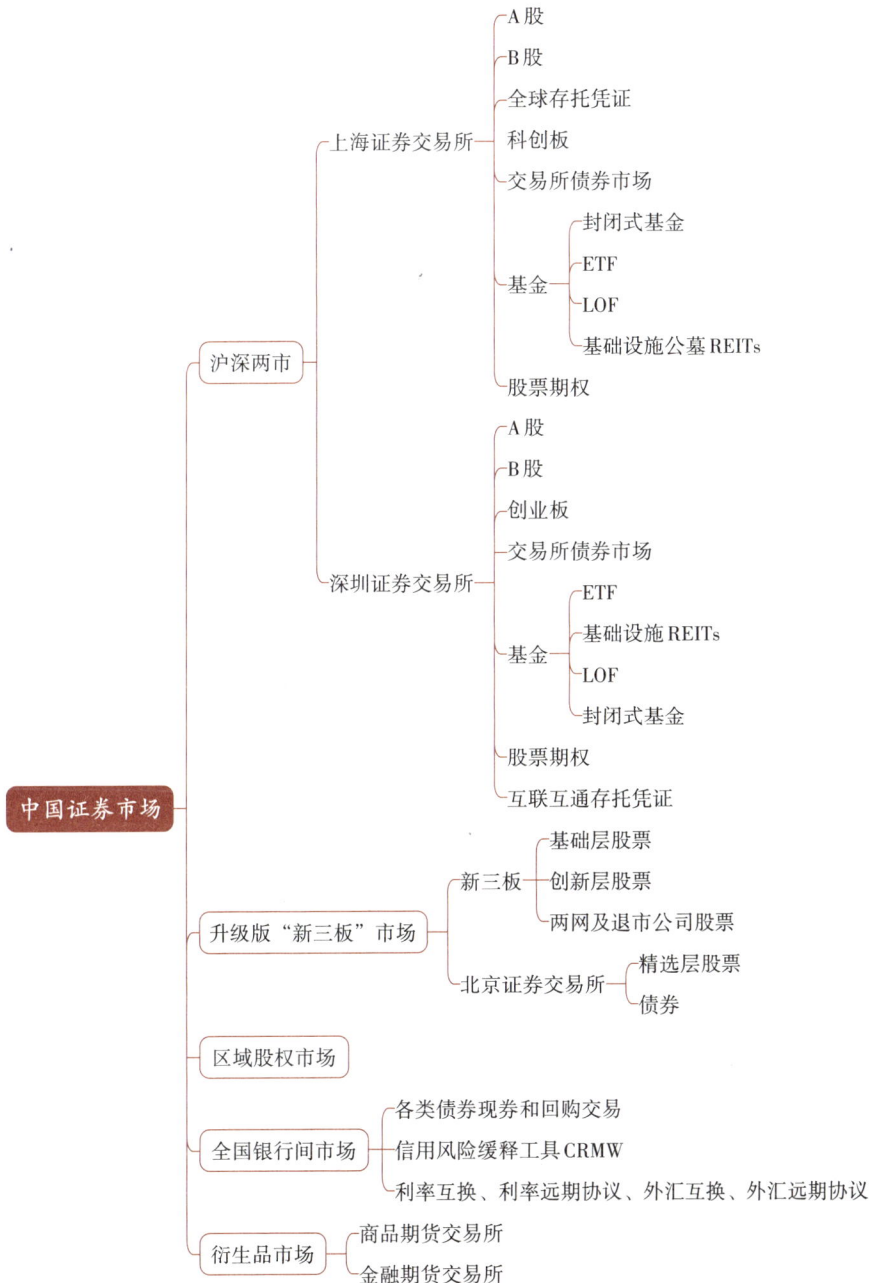

图5-3　中国证券市场全貌图

本章小结

证券市场是有价证券发行与流通的场所及与此相联系的组织与管理体系的总称。证券市场包括证券发行市场和证券流通市场。证券市场是长期资金市场，投资者通过证券市场买卖有价证券向企业提供资金，进行直接投资；企业通过证券市场筹集资金，用于生产和建设，实现直接融资。在现代发达的商品经济中，证券市场是完整的市场体系的重要组成部分。

证券市场的形成与股份公司的产生相联系，证券市场的发展与市场经济相伴随。现代证券市场已经形成了一个较为规范、完整和现代化的市场体系，主要表现在：第一，证券品种多样化，筹资技术日新月异；第二，证券交易的现代化与信息化；第三，证券市场的国际化。

证券市场是筹集资金的重要渠道，是推动企业加强经营管理的重要动力，是商业银行安全经营的重要保证，是国家进行宏观经济调控的重要桥梁，是传导经济信息的重要媒介，也是进行国际资金融通的重要工具。

目前在中国，基本形成了以沪深两市和银行间债券市场为主体、新三板和北交所为两翼、区域股权市场为补充的多层次资本市场体系，基本实现了场内交易与场外交易相结合，现货与期货相对应，主板、创业板、新三板相贯通的投融资渠道，基本具备了为不同投融资主体提供有差别的金融供给服务的能力。

启智增慧5-3

以统一资本市场助力统一大市场建设

关键概念

证券市场　纳斯达克（NASDAQ）

综合训练

即测即评5

综合训练参考答案5

✓ 理论知识回顾

1）现代证券市场具有哪些特点？

2）现代中国证券市场经历了哪几个发展阶段？

✓ 阅读思考和实践

北交所宣布设立一周年：110家企业融资超235亿元 中小企业超7成

2021年9月2日，北交所宣布设立，至今已满一周年。一年来，北交所平稳运行，打造服务创新型中小企业主阵地取得初步成效。

记者从北交所获悉，截至2022年9月2日，北交所上市公司已达110家，其中中小企业占比77%，民营企业占比90%；上市公司公开发行累计融资超235亿元，平均每家2.1亿元；合格投资者数量超513万户，是宣布设立前的近3倍；500余只公募基金布局，持仓市值稳步增加。

110家企业亮相北交所 "专精特新"中小企业领衔

这一年，北交所支持了一批创新型中小企业发展。数据显示，北交所110家上市公司中，中小企业占比 77%，民营企业占比 90%，战略性新兴产业、先进制造业等占比超 8 成，覆盖工业材料、信息技术、医药健康、"双碳"和消费等多元细分创新领域。

目前，北交所上市的 23 家公司为国家级专精特新"小巨人"企业（不含尚未正式公布的第四批企业），2 家获得国家科技进步奖，平均研发强度达 4.6%，是规模以上企业的 3.3 倍。

北交所上市公司公开发行累计融资超 235 亿元，平均每家 2.1 亿元，有效助力企业提高技术、提升核心竞争力，支持企业持续创新发展。截至 9 月 2 日收盘，北交所公司总市值已达 1 879 亿元，贝特瑞、吉林碳谷、连城数控 3 家市值超百亿。

自 2021 年 11 月 15 日正式开市以来，北交所共迎来 32 家新上市公司，主要来自高端装备制造、新一代信息技术、新材料、新能源产业。从创新情况看，有 8 家为国家级专精特新"小巨人"企业，新上市公司 2021 年平均研发强度 4.65%，单家公司研发规模最大达 1.61 亿元。

新上市公司中同样不乏市场认可度高的细分行业龙头。例如，惠丰钻石的人造金刚石微粉被确定为第六批制造业单项冠军产品，2020 年全球市占率约 11.5%，2021 年国内市占率高达 15.9% 且增速高达 22.3%。

从经营情况看，去年北交所公司营业收入、净利润分别增长 32% 和 25%，净利润 5 000 万元以上的公司超 4 成。新上市公司处于营收规模快速增长、净利润质量不断提升的阶段，2021 年营业收入合计 161.54 亿元，平均增速 29.50%，最大增速 92.91%；净利润合计 13.54 亿元，平均增速 23.93%，最大增速 139.58%。

北交所 IPO 平均用时 140 余天 百家企业正在排队中

依托新三板一体发展优势，北交所发行上市更为便捷顺畅。据悉，北交所 IPO 从受理到完成注册平均用时 140 余天，目前有企业从受理到过会最短用时仅 37 天。

同时，融资机制按需灵活。除公开发行外，上市公司在新三板挂牌阶段平均进行 2 次定向发行融资，单次融资 5 000 万元左右，上市后已有 5 家启动再融资。北交所相关负责人介绍，这种按需、小额、多次的接续融资机制，降低了中小企业融资成本，缓解了疫情期间中小企业现金流压力。

一系列制度安排也使得企业申报发行上市的积极性不断提高。数据显示，2022 年上半年，北交所累计受理 115 家企业。截至 8 月 25 日，北交所共有在审企业 127 家，其中 5 家已提交证监会注册，4 家已通过挂牌委审议待报会注册。

据了解，在审企业主要集中在软件信息技术和设备制造行业，专精特新"小巨人"企业有 22 家，占比 17.32%。

此外，北交所目前在辅企业 288 家，其中 86 家为今年新进入创新层公司。从创新属性看，有 81 家在辅企业为专精特新"小巨人"企业。

具体到四川来看，已有长虹能源、秉扬科技、梓橦宫、中寰股份、优机股份 5 家企业在北交所上市，公开发行募资累计 9.72 亿元。此外，倍益康、东方水利、科志股份 3 家川企正在排队中。

目前，新三板累计服务 371 家四川省挂牌企业，存量挂牌公司 192 家，共 208 家公司定增342次、融资270.53亿元。未来，或将有更多川企登陆北交所。

资料来源　熊英英. 北交所宣布设立一周年：110家企业融资超235亿元 中小企业超7成 〔EB/OL〕.〔2022-09-02〕. https：//baijiahao.baidu.com/s？id=1742849162731095130&wfr=spider&for=pc.

思考和分析：（1）简述北京证券交易所与沪深两市的差异。

（2）简述我国多层次资本市场体系的基本架构，分组展示。

第6章

证券发行市场

目标引领

☑ 价值塑造

"工欲善其事，必先利其器。"本章带领学生了解品种丰富、功能各异的金融产品进入市场流通领域的过程和中国证券发行制度顺应社会经济发展需要而不断推进改革的漫长历程以及注册制对于中国证券市场的意义。

☑ 知识传授

通过本章的学习，掌握证券发行市场的定义；了解股票发行市场的构成；了解股票发行的目的及种类；掌握股票增资发行的主要方式；掌握股票的发行价格及其影响因素；了解股票的发行程序；了解债券的发行方式与程序；掌握债券信用评级的概念、内容及方法。

思维导图

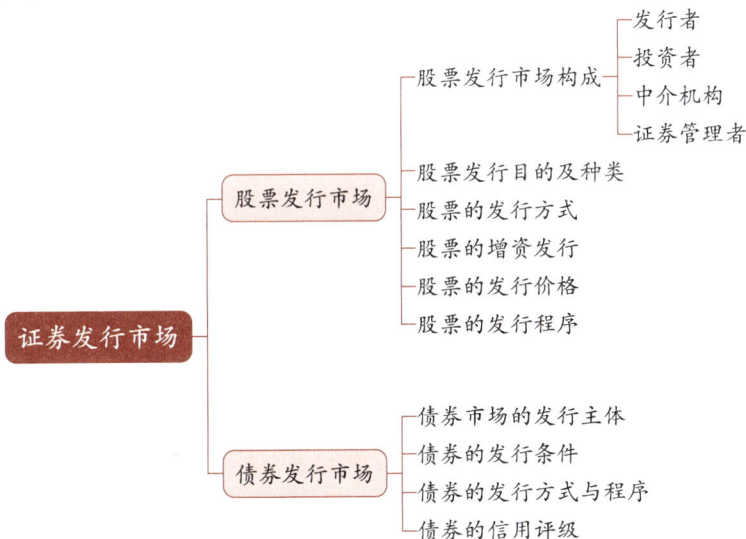

开篇导读

2020 年 3 月 1 日，修订后的《中华人民共和国证券法》正式实施。这次修订是颁布以来的第二次大修，此前还经历过 2005 年的一次大修和 2004、2013、2014 年的三次小修。修订完成后的这部证券法，被称作"新证券法"，不仅仅因为修订幅度之大（修订前 240 条，修订后 226 条，修改变动的条文超过 100 条）、修订过程之长（总共经过两届全国人大常委会的四次审议，历时 4 年多），更重要的是在整体上确立了证券发行注册制。那么，注册制对于中国证券市场到底意味着什么呢？

证券发行市场又称"初级市场"或"一级市场"，是指各发行主体及中介机构发售各种证券所形成的市场，一般是无形的。证券发行市场，使政府、金融机构及企业公开发行的新证券（股票或债券）第一次销售给投资者，成为资金需求者筹措资金的重要渠道，同时又为资金供给者提供投资及争取获得收益的机会。

6.1 股票发行市场

6.1.1 股票发行市场构成

股票是股票发行的客体，即发行的对象。股票的发行主体，主要是指股票的发行者，即股份公司。此外，初始投资者、承销者及管理者对股票的发行主体具有重要作用，他们互相依赖并相互联系，共同构成股票发行市场。

1）发行者

发行者即股票发行公司，是指在股票发行市场上公开发行股票的股份公司，简称发行公司。作为发行市场的主体，它是股票发行市场的第一参加者。发行者的多少、发行规模的大小、发行股票的种类和质量决定着股票发行市场的活跃程度。

（1）发行者的分类

发行者一般分为两类：一类是只办理公开发行股票手续，但未申请上市的发行公司；另一类是为公开发行股票办理了上市手续的公司，亦称为上市公司。

（2）发行者的特点

①股权公开。公开发行股票的公司在登记后，即应将董事、监事、经理人以及持有股份额占股份总额达 5% 以上的股东所持有的本公司股票的种类、股数和票面金额，向主管部门申报并公告。

②财务公开。根据《公司法》和《上市公司信息披露管理办法》的规定，发行公司必须定期公开财务状况，及时准确向主管部门申报并公告。对上市的公司，还须按季公告。

（3）发行者的资格审查

为正确评价发行股票的质量，必须对发行公司进行评估，以审查发行公司的资格。审查的主要内容包括：①发行公司的效益；②发行公司的经营管理水平；③发行公司的经营规模；④发行公司的营运能力；⑤发行公司的资本结构。

2）投资者

投资者即缴纳资金购买股票的应募者，这些投资者可分为私人投资者和机构投资者两大类。

（1）私人投资者包括国内和国外的以个人身份购买股票的参加者。

（2）机构投资者的种类较多，主要有以下几种：①以法人为代表的各种企业。②各类金融机构。③各种非营利性团体。④外国公司、外国金融机构以及国际性的机构和团体等。⑤投资基金。

一般而言，股票发行市场的股票消化量会受到投资者人数的多少、购买能力的强弱、资产的数量、收益要求以及承担风险的愿望等的制约。

3）中介机构

在证券发行市场上，中介机构主要包括证券承销商、审计机构、律师事务所、资产评估机构等。它们是证券发行人和投资者之间的中介，在证券发行市场上占有重要地位。

（1）证券承销商。它是经营证券承销业务的中介机构。

（2）审计机构。它是对股份公司的财务报表、盈利情况等进行审计、验资、盈利预测审核的会计师事务所、审计师事务所。

（3）律师事务所。股份有限公司在股票发行阶段应聘请法律顾问为证券的发行、上市和进行交易出具法律意见书。

（4）资产评估机构。股份有限公司在股票发行阶段，必须聘请资产评估机构对拟投入股份有限公司的资产进行评估作价。

4）证券管理者

证券管理者是证券发行市场正常运行的重要保证。国际上证券市场的管理主体除了国家财政部门为管理主体、中央银行为管理主体外，还有自律管理等。在我国，股票发行市场由中国证监会实施监管。

6.1.2 股票发行目的及种类

1）股票的一般发行目的及种类

股票的一般发行目的是筹集资金以满足企业发展需要。为筹资而发行股票又分为两种情况：一是为设立新公司首次发行股票；二是为发展已有公司的资本规模而发行增资股票。

（1）新公司首次发行股票——设立发行

通过发行股票设立新公司，一般又分为发起设立和招股设立两种方式。发起设立是公司发起人在公司设立时，必须足额认购首次发行的全部股票，无须向社会筹资。在这种情况下，股份有限公司创建时的资金来源，就只是发起人认购股票所缴资金，这样每个发起人就都是公司的原始股东。发起人在认购股份后，可以一次缴足认购款，也可以分期交纳，期限由发起人共同议定。认股款可以用现金支付，也可以按事先协议用设备、房屋、地产等实物资产，经作价后抵缴股款。发起设立方式比较简便，只要注册申请，经过批准，即可开始新公司的营业活动。

招股设立是发起人在公司设立时只认购一部分股票，其余部分必须向社会公开招股，使之达到预定的资本总额。为此，发起人应先向主管机关申请，经核准后，公布招股书。其主要内容是：公司的基本情况（名称、营业范围、股份总额等）、发起人认购情况、认购开始和结束的时间、股金交付方式、期限以及代收股金的金融机构等。公众认购股票时，需填写认股书，包括认购股数、金额、通信地址等。股票发行结束后，发起人应通知所有股东参加公司创立大会，讨论公司章程，选举董事会，之后公司宣告成立，开始营业。

（2）老公司发行增资股票——增资发行

为发展已有公司即老公司的资本规模而发行增资股票，这种股票的发行，一般要比前一种情况复杂一些。

老公司为扩大经营规模，扩充资本总量，以加强其市场竞争力，再度发行股票是最有效的途径。老公司发行新股时，仍要向主管部门申请变更登记。申请书应包括：原定股份总额、已发行股份额、公司财产及承销人的情况等。申请获准后，要先由公司职工优先认购一部分，然后再由原股东按原有股份比例认购，最后余下部分转给承销者面向社会出售。

老公司发行增资股票，主要是为了扩大本公司的生产经营。增资或者是为了筹措设备资本，即增加设备投资，购买新的机器和扩建厂房；或者为了筹措营运资本，即增加流动资本，特别是在银根紧缩，难以通过银行贷款解决流动资金需要时；或者为了筹措偿还债务的资本。增资偿债虽从表面上看是偿债，实际上往往是为了公司的资金周转，也有的是为改善公司财务结构，总之是为了解决营运资本的需要。

2）为改善企业财务结构而发行股票

当公司负债率过高时，为提高公司信用，可通过发行股票增加公司的资本，可以有效地降低公司负债比率，改善公司财务结构。

3）为某种特定目的而发行股票

（1）转换证券。公司发行在外的可转换债券或其他类型的证券需要转换时，即公司要向债权人发行公司股票。

（2）股份的分割与合并。股份的分割又称拆股（股份的拆细），要向原股东换发拆细后的股票。公司的合并是指原公司（两个或两个以上）都宣告解散或成立一个新的公司或形成一个新的主体，新设的公司要给解散公司的股东换发新公司的股票。原有公司的股东则因取得新股票而成为新设公司的股东。

（3）公司兼并。公司可以向目标企业发行本公司的股票，目标企业以其资产作为出资缴纳股款，由此完成对目标企业的兼并。

（4）公司缩股。公司因资本过剩或亏损严重需要减资时，重新发行股票。

（5）证券交易所提高股票上市基准，为此需要公司增加资本时公司发行股票。

6.1.3　股票的发行方式

（1）公开发行与内部发行。公开发行是指发行公司的股票向社会公众和法人公开发售，同时也可在规定比例内，向公司内部职工发售。

（2）直接发行与间接发行。直接发行是指由发行公司自己办理公司股票的发行业务；间接发行是指发行公司的股票由发行市场上的中介机构承销。

（3）代销与包销。承销包括代销和包销两种形式。代销是由发行者委托承销者代为向社会销售股票。包销又分为余额包销和全额包销两种情况：余额包销是由承销者按照已定的发行额和发行条件，在约定期限内面向社会推销股票，到了销售截止日期，未出售的余额由承销者负责认购，承销者要按照约定时间向发行者支付全部股票款项。全额包销是由承销者先将股票全部认购下来，并马上向发行者支付全部股票款项，然后再按照市场条件转售给投资者。采用全额包销这种方式，承销者要承担全部发行风险，保证发行者及早得到所需的资金。

6.1.4　股票的增资发行

按认购股票的代价，股票的增资发行方式可划分为有偿增资发行和无偿增资发行两种形式。

1）有偿增资发行方式

有偿增资发行是一种旨在筹集资金的增资发行，认股人必须支付现款，股票发行与公司资本同时增加。它是最典型的股票发行方式，可分为股东分摊、第三者分摊和公开招股 3 种形式，其中以公开招股形式发行的股票量最大。

股东分摊形式，是给股东优先认购新股权的发行方式。新股认购权就是在新股发行时，股东优先认购新股的权利，是给股东的一种优待，股东按原有持股比例分配新股的股数，予以优先认购。

第三者分摊形式，是给股东以外的本公司的管理人员、一般职员和往来客户等与本公司有特殊关系的特定者以新股认购权的方式。这种发行方式是为了解决某些重要问题，诸如公司经营不善、资本筹措困难，或是有些公司破产力图重建等。当不同公司进行业务合作时也可能采用第三者分摊的形式。这时，新股的发行价格低于时价，第三者可获得价格上的优惠，但发行价格与时价不能相差过大，否则将会损害原来以时价购进股票的股东的利益。

公开招股形式又称一般募集方式，是以不特定的多数投资者为发行对象，由应募者认购新发行的股票。采用这种方式，既能扩大资金的筹集量，增强股票的流通性，又可避免股票过分集中，一般以时价为基础确定发行价格。

2）无偿增资发行方式

这种方式是指股东无须缴付股款而取得新股的增资方法。通常此种股票的发行一般是赠送给原来的老股东，其目的并非直接筹资，而是为调整资本结构或把积累资本化。无偿增资发行又可以分为无偿交付、股票分红、股份分割和债券股票化 4 种形式。

无偿交付是股份公司将资本准备金并入资本金时，将准备金折成股票无偿地分发给股东。股票分红是股份公司以股票形式代替现金对股东进行分配的方式。股份分割是为了便于股票流通，股份公司将大额股份分成小额股份，只是增加了股份公司的股份数额，而资本数额并没有增加，是无偿发行的一种特殊形式。债券股票化是一种将股份公司已发行的债券转化为股票的形式。债券股票化可以使股份资本增加，却不能使实际资本增加。

此外，除上述有偿增资发行方式和无偿增资发行方式外，还有把二者结合起来的有偿无偿配合增资发行方式。

6.1.5 股票的发行价格

1）股票发行价格的种类

股票发行的价格是指发行股票时的股票行市。一般而言，股票的发行价格有如下几种：

（1）平价发行。平价发行又称面值发行或等价发行，是指股票的发行价格与面额相等。例如，股票面额为1元，则发行价格也为1元。这种发行价格一般不能被实力雄厚的公司采用，因为这样会减少公司的资本收益，但是按这种价格发行，发行工作会顺利得多。

（2）溢价发行。股票以高于其票面金额的价格在发行市场上销售，称为溢价发行。股票首次发行时，根据公司的实际情况一般有平价发行和溢价发行两种。但在发行增资股票时，一般根据公司原发行股票内在价值的增值，考虑溢价发行。溢价发行股票应考虑的主要因素有：当前股市总水平、本公司实际盈利能力、每股资产净值、类似公司股价水平、大众承受心理等。股票溢价发行与时价发行的主要区别在于：前者注重考虑资产增值；后者既考虑资产增值，又考虑该股票在流通市场上的价格。

（3）时价发行。时价发行是指发行价格以股票在流通市场上的价格为基准来确定，通常股票的时价要高于股票的面额价格。时价发行在股票实行公开招股和配股给第三者时采用，一般有两种情况：一是按超过面值的价格发行面额股票；二是按时价发行无面额股票。时价发行时的具体价格，一般会低于市场价格的5%~10%。

（4）折价发行。折价发行是以低于面值的价格发行，这个折扣打多少，由发行公司与承销商双方协商。一般发行公司声誉高、业绩好的，折扣自然小些；如果发行公司的业绩一般，或是一个新成立的公司，这个折扣就要打得大一些。

2）影响发行价格的因素

（1）净资产。经资产评估机构评估确认的每股净资产可作为定价的重要参考。

（2）经营业绩。公司的经营业绩特别是税后利润水平直接反映了一个公司的经营能力和上市时的价值，每股税后利润的高低直接关系到股票发行价格。

（3）发展潜力。公司经营的增长率（特别是盈利的增长率）和盈利预测是关系股票发行价格的又一重要因素。在总股本和税后利润量既定的前提下，公司的发展潜力越大，未来盈利趋势越确定，市场所接受的发行市盈率也就越高，发行价格也就越高。

（4）发行数量。不考虑资金需求量，单从发行数量上考虑，若本次股票发行的数量较大，为了能保证销售期内顺利地将股票全部出售，取得预定金额的资金，价格应适当定得低一些；若发行量小，考虑到供求关系，价格可定得高一些。

（5）行业特点。发行公司所处行业的发展前景会影响到公众对本公司发展前景的预期，同行业已经上市企业的股票价格水平，剔除不可比因素以后，也可以客观地反映本公司与其他公司相比的优劣程度。如果本公司各方面均优于已经上市的同行业公司，则发行价格可定高一些；反之，则应定低一些。此外，不同行业的不同特点也是决定股票发行价格的因素。

（6）股市状态。二级市场的股票价格水平直接关系到一级市场的发行价格。在制定发行价格时，要考虑到二级市场股票价格水平在发行期内的变动情况。若股市处于"熊市"，定价太高则无人问津，使股票销售困难，因此，要定得低一些；若股市处于"牛市"，价格太低会使发行公司受损，股票发行后易出现投机现象，因此，可以定得高一些。同时，发行价格的确定要给二级市场的运作留有适当的余地，以免股票上市后在二级市场上的定位发生困难，影响公司的声誉。

3）确定发行价格的方法

（1）市盈率法

市盈率又称本益比（P/E），是指股票市场价格与每股收益的比率。其计算公式为：

$$市盈率 = \frac{股票市价}{每股收益} \tag{6-1}$$

通过市盈率法确定股票发行价格，首先应根据注册会计师审核后的盈利预测计算出发行人的每股收益；然后可根据二级市场的平均市盈率、发行人的行业情况（同类行业公司股票的市盈率）、发行人的经营状况及成长性等拟订发行市盈率；最后依发行市盈率与每股收益之乘积确定发行价。

按市盈率法确定发行价格的计算公式为：

$$发行价 = 每股收益 \times 发行市盈率 \tag{6-2}$$

$$每股收益 = \frac{税后利润}{发行前总股本数} \tag{6-3}$$

确定每股税后利润有两种方法：一种为完全摊薄法，即用发行当年预测全部税后利润除以总股本，直接得出每股税后利润；另一种是加权平均法。不同的方法得到不同的发行价格，每股税后利润确定采用加权平均法较为合理。因股票发行的时间不同，资金实际到位的先后对企业效益影响较大，同时投资者在购股后才能享受应有的权益。

加权平均法计算公式为：

$$\begin{aligned}股票发行价格 &= \frac{发行当年预测利润}{发行当年加权平均股本数} \times 市盈率 \\ &= \frac{发行当年预测利润}{发行前总股本数 + \dfrac{本次公开发行股本数 \times (12 - 发行月份)}{12}} \times 市盈率\end{aligned} \tag{6-4}$$

（2）竞价确定法

投资者在指定时间内通过证券交易场所交易网络，以不低于发行底价的价格并按限购比例或数量进行认购委托，申购期满后，由交易场所的交易系统将所有有效申购按照"价格优先、同价位申报时间优先"的原则，将投资者的认购委托由高价位向低价位排队，并由高价位到低价位累计有效认购数量，当累计数量恰好达到或超过本次发行数量的价格，即为本次发行的价格。

如果在发行底价上仍不能满足本次发行股票的数量，则底价为发行价。发行底价由发行人和承销商根据发行人的经营业绩、盈利预测、项目投资的规模、市盈率、发行市场与股票交易市场上同类股票的价格及影响发行价格的其他因素共同研究协商确定。

（3）净资产倍率法

净资产倍率法又称资产净值法，是指通过资产评估（物业评估）和相关会计手段确定发行人拟募股资产的每股净资产值，然后根据证券市场的状况将每股净资产值乘以一定的倍率，以此确定股票发行价格的方法。其公式是：

发行价格=每股净资产值×溢价倍率   （6-5）

净资产倍率法在国外常用于房地产公司或资产现值重于商业利益的公司的股票发行，但在国内一直未采用。以此种方式确定每股发行价格不仅应考虑公平市值，还须考虑市场所能接受的溢价倍数。

（4）现金流量折现法

现金流量折现法通过预测公司未来盈利能力，据此计算出公司净现值，并按一定的折扣率折算，从而确定股票发行价格。该方法首先是用市场接受的会计手段预测公司每个项目未来若干年内每年的净现金流量，再按照市场公允的折现率，分别计算出每个项目未来的净现金流量的净现值。公司的净现值除以公司股份数，即为每股净现值。由于未来收益存在不确定性，发行价格通常要对上述每股净现值折让20%～30%。

国际主要股票市场对新上市公路、港口、桥梁、电厂等公司的估值和发行定价一般采用现金流量折现法。这类公司的特点是前期投资大，初期回报不高，上市时的利润一般偏低，如果采用市盈率法发行，定价则会低估其真实价值，而对公司未来收益（现金流量）的分析和预测能比较准确地反映公司的整体和长远价值。用现金流量折现法定价的公司，其市盈率往往远高于市场平均水平，但这类公司发行上市时套算出来的市盈率与一般公司发行上市的市盈率之间不具有可比性。

6.1.6 股票的发行程序

股票的发行一般包括发行前期的准备阶段、发行的申报和审批阶段、发行与承销的实施阶段三大过程。下面以公开发行股票方式为例，介绍股票发行的一般程序。

1）股票发行前期的准备阶段

股票发行前期的准备工作，对于能否取得发行资格、能否顺利发行股票都具有重要意义。这一阶段的工作内容主要包括以下几个方面：

（1）研究和分析发行市场情况。企业进入证券市场发行证券，必须首先充分了解证券市场，包括发行市场现状、规模、供需关系及投资者心理承受能力等。并且还要对发行手续、发行成本、发行数额、发行期限、发行时机、税收等方面有全面了解，从而为拟订发行方案打好基础。

（2）拟订股票发行方案，形成股票发行决议。为了保证股票发行工作的顺利进行，发行公司需要认真拟订发行方案。方案的内容主要有：①确定发行目标和规模；②对发行目标和规模进行可行性研究；③拟订发行股票的种类和价格；④确定股票发行的时间和方式。公司董事会依据法定程序，通知召开股东大会，就股票发行方案作出决议，决议通过方可进行下一步的工作。

（3）聘请中介机构进行评估工作，准备申报材料。向社会公开发行证券的企业，应聘请会计师事务所、资产评估机构、信誉评估机构、律师事务所等专业性机构对其资信、资产、财务状况进行审定、评估和就有关事项出具法律意见书。企业依据上述报告，认真起草发行证券所需要的各项申报材料，包括发行证券的申请书、章程、可行性研究报告等，为正式申请做好准备。

2）股票发行的申报和审批阶段

（1）提出发行申请，报送有关文件。发行企业按照隶属关系分别向省、自治区、直辖市、计划单列市人民政府或中央企业主管部门提出公开发行股票的申请，同时应报送有关文件，主要包括股票发行申请书、章程、可行性研究报告、招募说明书及具有资格的中介机构提供的各种文件等。经批准后，再向中国证监会报送有关材料。

（2）证券主管机关审批。发行企业提出申请并根据规定呈报全部有关文件后，政府主管部门和证券管理机构便开始进行发行资格与条件的审查。在我国企业申请发行股票，须由政府主管部门对企业的发行申请进行审批，被批准的发行申请送证监会审核，审核同意后申请人即向证券交易所上市委员会提出申请，经上市委员会同意后便可发行股票。

值得注意的是，上述申报和审核是在"核准制"发行制度下拟上市公司的流程。核准制，又称实质审查制或实质管理制，对拟发行证券进行实质上和形式上的双重审查。其优点是获准发行的证券投资价值有一定的保障，可以有效防止不良证券进入市场、提高证券市场的整体质量水平。其缺点是证券的发行效率受到约束，影响证券市场的资源配置效率，严格而漫长的实质性审查也不利于发展新兴事业，一些具有潜力和风险性较高的公司可能因一时不具备较高的发行条件而被排斥在外。

为支持中小企业创新发展、构建金融发展新格局、推动经济高质量发展，以上海证券交易所科创板和北京证券交易所创立为契机，中国开始试点并推行"注册制"。

注册制，又称申报制、登记制，是指发行人在发行证券时，应当而且只需依法全面、准确地将投资者作出决策所需的重要资料予以充分、完全地披露；监管机构不负实质审查义务，仅审查资料的全面性、真实性、准确性和及时性。其优点是能够简化审核程序、减轻审核负担，有利于具有发展潜力的企业通过证券市场及时募集到所需资金。其缺点是可能会使一些质量较差的企业进入证券市场。

3）股票发行与承销的实施阶段

（1）承销前的准备工作。发行公司与承销商举行各种承销前的会议，讨论解决需要筹措资金的数额及发行价格、承销方式等。除此之外，还要解决承销合同的条款问题。

从承销商与发行公司商讨承销合同时起，承销商就开始对发行人进行非常严格、全面的承销前调查，这关系到承销商能否顺利地销售其承销的股票和获得应得的利润，也关系到承销商的信誉。

发行人在承销前的准备工作期间须做如下工作：由会计师编制上市申请书；聘请律师就有关发行股票的法律问题进行分析和解释；起草承销合同，并由发行公司承销人共同修改，从而在除发行价格外的其他方面达成一致的意见等。

（2）组织承销集团、签订股票分销协议。当发行股票数量大到远远超过一个承销商的承受能力时，多数承销商往往联合起来组成承销集团。这样不仅能迅速筹集巨额资金（它们通常向商业银行借款），而且还能使股票价格下跌的风险分散。在法律意义上，承销集团是一个以契约为基础的临时组织，最初的承销人一般为该集团的管理人，各成员仅对各自未出售的证券负责，集团本身对此不负任何责任。

（3）向社会公告。发行公司与承销商协商确定具体承销证券事宜后，必须在正式发行前采用适当的方式在指定的报刊或电台、电视台向公众公告，发布公司章程和招募说明书及评估机构的验证报告书等。

（4）发售股票。发布招募公告后，在约定的日期由承销机构负责具体的操作，向社会公众公开发售股票，进行股款缴纳、股份交收工作。

（5）股东登记与承销报告。股东名册上登记的股东资料是证明股东身份和股东权利的有效法律文件，同时也是保证股东所持股票顺利上市交易的重要依据。所以，在股份交收的同时，应由承销机构协同发行人及时、准确汇总全部股东资料，制成股东名册。

在发售结束后的规定时间内，承销机构应及时向证券主管机关报送股票销售情况报告书。至此，股票发行工作便告结束。

启智增慧6-1

注册制意味
着什么？

6.2　债券发行市场

6.2.1　债券市场的发行主体

债券发行是将债券由发行者手中转移到投资者手中的过程。债券的发行主体主要是债券的发行者，具体包括政府（包括中央政府和地方政府）、金融机构（包括银行及非银行性质的金融机构（如信托投资公司、证券公司等）、股份公司以及企业等。

6.2.2　债券的发行条件

确定发行条件是发行债券过程中一项至关重要的工作。合理确定债券的发行条件，对发行者来说直接关系到筹资成本的高低，对投资者来说是作出投资判断的基本依据。只有制定出合理的发行条件，才能保证债券发行的成功。发行条件主要是由发行额、票面利率、发行价格、票面金额、债券的期限等内容构成。

（1）发行额。发行额是一次发行债券所筹集的资金总额。

（2）票面利率。票面利率又称名义利率，是债券票面所载明的利率。

（3）发行价格。发行价格是相对票面金额而言的，习惯上以对票面金额的百分比来表示。

（4）票面金额。票面金额是债券券面所表示的金额。

（5）债券的期限。债券的期限是指从债券发行日起到偿清本息日止这段时间。

6.2.3　债券的发行方式与程序

1）债券的发行方式

债券发行者根据各自的不同需要采用不同方式发行债券。我们可以从不同的角度对这些发行方式加以分类比较。

（1）按债券募集对象分类

按债券募集对象的范围，可以把债券的发行方式分为私募发行和公募发行两类。

①私募发行是以少数与发行者有密切业务往来的投资者为对象发行债券。

②公募发行是以广泛的、不特定的投资者为对象发行债券。

（2）按债券活动有无中介人分类

从债券发行活动有无中介人来看，债券发行可分为直接发行和间接发行两类。

①直接发行是发行者自己办理有关发行的一切手续，并直接向投资者发行债券的方式。

②间接发行是发行者通过发行市场的中介人即承销者办理债券的发行手续和销售事务。

2）债券的发行程序

债券的发行必须按照政府有关法律和规则进行。下面以公司债券为例，说明其发行程序。

（1）制订发行方案。发行方案主要包括债券发行金额、资金用途、期限、利率、发行范围、发行方式、公司现有资产、收益分配状况、筹资项目的可行性研究或经济效益预测、还本资金来源等。

（2）董事会决议。发行公司债券，需经董事会通过决议，且要由2/3以上董事出席以及超过半数的出席董事通过方为有效。董事会的决议，决定公司债券发行的总额、票面金额、发行价格、利率、发行日、偿还期限和偿还方式等内容。必须在公司债券发行前形成董事会的决议。

（3）发行审核。申请发行债券的公司，应向政府主管部门报送下列文件：①发行公司债券的申请书；②营业执照；③公司董事会决议文件；④准予进行公司固定资产投资的批准文件；⑤发行公司债券的章程或者办法；⑥公司财务报表；⑦政府主管部门要求提供的其他文件。政府主管部门根据上述文件对发行公司债券的申请进行审批。

目前我国债券市场的发行审核制度主要有4种常见类型：审批制、核准制、注册制和备案制。不同的债券品种使用不同的发行制度，具体见表6-1。

表6-1   **我国现行主要债券品种及其发行审核制度**

发行审核制度	债券品种
审批制	国债、地方政府债券
核准制	金融机构债券
备案制	非公开发行公司债券
注册制	短期融资券、超短期融资券、中期票据等债务融资工具；非金融企业债券、企业债券、公开发行公司债券

启智增慧 6-2

服务实体经济"活水"奔流 中国债券市场在开放中大发展

对比股票发行，相同之处在于审批制和核准制体现实质管理原则，企业能否发行债券更多取决于审核者的实质判断。备案制和注册制并不等于不审核，而是更多体现公开原则，企业能否发行债券主要取决于市场主体对企业风险和债券价值的判断。

从审核的严格程度来看，审批制>核准制>备案制>注册制；从信息披露要求程度来看，审批制<核准制<备案制<注册制。

与股票发行不同的是，债券产品的品种和期限更为丰富，标准化与非标准化产品并存且相当，不同债券产品在发行条件、发行制度、主管部门等方面存在较大差异。比如，注册制的监管受理机构有中央国债登记结算有限责任公司和中国银行间市场交易商协会，私募公司债券、资产支持证券则向交易所报形式审查，向证券业协会报事后备案。

（4）签订承销协议。这是由发行公司和承销者之间签订的协议。协议主要规定承销者所承担的责任和义务、承销者报酬、承销者缴款日期等。

（5）订立承销团协议。承销团协议是参加承销团的所有成员必须签订并履行的。协议内容包括：承销团承销债券的数量、承销报酬；承销团各成员分担的份额。协议还应对承销团各成员不得自行做主降低价格出售债券及保证其推销份额的完成等加以规定。

（6）签订信托合同。在发行抵押公司债券的情况下，发行公司必须和受托公司签订信托合同。信托合同中主要规定受托人的权利和义务，根据信托合同，受托公司取得抵押权。

（7）制作认购申请书、债券和债权者名簿。认购申请书上载有认购金额、认购者住所、签书、盖章等栏目。认购申请书实际上是交易合同，投资者有按所填写金额缴款的义务。

债券的制作通常由募集者代办。债券的内容是法定的，券面上应记载下列内容：公司名称、地点；债券的票面金额、利率、利息支付方式、发行日期和编号、偿还期限和方式；发行公司的印章、公司法定代表签章和政府主管部门批准发行的文号、日期。

发行记名公司债券时，发行公司应备有债权者名簿。债权者名簿在债权转让时，要做相应的更改。

（8）发出募集公告。发行公司或募集者以公告形式公布发行内容，募集投资者。公告内容主要有公司经营管理简况、公司财务状况、发行计划、发行债券目的、债券总金额、发行条件、还本付息方式、募集期限等。

（9）正式募集。在募集期间，由申请认购者填写认购申请书，其后在交割日缴纳价款，领取债券。

（10）呈报发行情况。债券募足后，董事会应在一定时间内（一般为15天内）向政府主管部门呈报发行情况。

6.2.4 债券的信用评级

1）债券信用评级的概念

债券信用评级是指债券评级机构对债券发行者的信誉及其所发行的特定债券的质量进行评估的综合表述。从本质上说，信用评级评估和计量了信用风险，即发生不利于债权事件的可能性。它对债券发行者、投资者和证券交易者都很重要，因为只有通过比较各种债券的级别，才能保证投资和交易的质量，降低投资风险。

世界上最早的债券评级制度诞生于美国，目前世界上最著名、最具权威性的评级机构是美国的穆迪投资者服务公司和标准普尔公司，此外，还有日本投资服务公司、日本评级研究所以及艾克斯特尔统计服务公司等。它们大都是为社会公众所承认的、具有很高声誉的民间债券评级机构。

2）债券信用级别的划分及含义

国外债券等级的划分，有的是"四类十级制"，即A、B、C各分三级，另加D级；有的是"三类九级制"，即A、B、C各分三级；还有的是"二类六级制"，即A、B各分三级。一般采用"三类九级制"的比较多。我国目前的债券信用评级就采用这种等级划分方法，即将债券的等级划分为：AAA、AA、A，BBB、BB、B，CCC、CC、C。

关于债券等级的划分及含义，世界各国尚不完全统一。下面以美国标准普尔公司和穆迪投资者服务公司为例，说明其等级的划分及含义（见表6-2）。

表6-2 债券等级划分表

标准普尔公司	穆迪公司	性质	级别	说明
AAA	Aaa	投资性	最高级	信誉最高，债券本息支付无问题
AA	Aa		高 级	有很强的支付本息的能力
A	A		中上级	仍有很强的支付能力，但当在经济形势发生逆转时，较为敏感
BBB	Baa		中 级	有一定支付能力，但当经济发生逆转时，较上述级别更易受影响
BB	Ba	投机性	中下级	有投机因素，但投机程度较低
B	B		投机级	投机的
CCC ~ CC	Caa			可能不还
C	Ca			不还，但可以收回很少一点
DDD ~ D	C			无收回的可能

3）证券评级的原则

在证券评级工作中，一般应坚持如下几条原则：

（1）权威性原则。这一原则主要体现在以下3个方面：①信用评级机构的评级范围要广泛，不但在系统内适应，而且在系统外也要适应，不但在当地适应，在外地也要适应；②评级机构的人员要由专家、学者或实践经验丰富的"老银行"担任；③评级机构要有代表性，有独立行使证券信用评级的权力。

（2）科学性原则。债券的评级是一项繁杂的工作，具有较高的要求，因此，各债券评级机构对于信用评级的方法、评级指标体系的建立以及评级手段要具有科学性，评估依据要全面，指标要完整。

（3）责、权、利相结合的原则。在责任上，债券评级机构对本次债券评级应本着对企业负责和对投资者负责的精神，并对在评级中的失误所造成的影响承担相应责任；在权利上，评级机构有权按照国家制定的规定办法进行评级，也有对评级办法的解释权，其他机构、人员不得进行干扰；在利益上，评级机构也应讲求盈利，根据评级规定，收取评级费用。

（4）公正原则。在证券信用评级过程中，评级机构不能搞人情评级，也不能由"长官"意志决定，而要站在公正立场上，客观地判断与分析，使评级机构本身经得起社会的检验。

4）债券评级的程序

在国外，债券评级一般经过如下几个过程：

（1）提出评级申请

债券评级首先由发行单位或其代理人向评级机构提出评级申请，并为接受评级审查准备资料。评级机构审查同意受理后，开始组织负责这项评级的工作小组。小组由两人组成，一名为研究产业情况的专家，另一名是财务分析专家。如果债券发行者是外国企业，还要找一名研究该产业情况的专家参加该小组。

债券发行者须向评级机构提交下列资料：①本次债券发行概要；②发行债券的具体用途；③长期债券与自有资本的内容；④企业的基本状况；⑤企业财务情况；⑥发行条件的要点说明。

（2）讨论确定

评级机构根据发行者提交的有关资料，要用一至两周时间进行讨论，之后评级小组与债券发行者一起座谈，弄清有关问题，并进行认真分析，最后拟出评级草案，提交评级委员会讨论。评级委员会由5~7名成员组成，通过投票评定出债券的级别，并同发行者联系征求意见。如果发行者同意，则此级就被确定下来了；如果发行者不同意评级机构的评定，可申明理由提请重评更改级别。这种要求重评的申请只限一次，第二次决定的级别是不能再更改的。

（3）跟踪检查

评级机构对评定级别后的发行者，要对从开始发行到还清债券为止的整个过程进行追踪，并且做定期检查，以确定是否有必要重新修正债券的级别。如果认为有必要更改，评级机构将作出新的评定，将评定的结果通知发行者并予以公开。债券等级重新评定的程序与初次评级的程序完全相同。

在我国，债券评级的程序大致经过以下几个具体步骤：①企业提出评级申请；②评级机构与企业签订委托信用评级合同书；③评级专家小组提出评级报告；④专家评审委员会审查评级报告；⑤评级机构通知委托人评级结果；⑥公布评级结果。

5）债券信用评级的内容与方法

各国债券评级机构关于债券评级的内容规定尚不一致，下面以美国穆迪公司和标准普尔公司为例，简要介绍其评级的主要内容与方法：

（1）资产流动性分析

资产流动性分析主要是从资金周转的角度衡量企业的偿债能力和生产经营能力。它主要包括以下8项指标：①流动资产与流动负债比率；②迅速变现资产比例；③现金和视同现金比例；④库存与全部流动资产比例；⑤库存周转率；⑥应收账款流动比率；⑦固定资产周转比率；⑧全部资产周转比率。

（2）负债比率分析

负债比率分析主要是从公司负债总量和负债结构的角度，衡量其偿债能力和盈利水平。在分析过程中主要考虑以下8项指标：①总负债率；②流动负债与全部负债比例；③全部负债占公司全部自有资本比例；④纯资产对非流动负债比例；⑤非流动负债占公司全部自有资本比例；⑥优先股占纯资产比率；⑦普通股占纯资产比率；⑧非流动负债占总负债比率。

（3）金融风险分析

金融风险分析主要是衡量和考察筹资者的筹资风险和投资者投资风险的大小，也有8项指标：①纯资产与债券发行额的比例；②次纯资产与优先股的比例；③再次纯资产与普通股的比例；④毛利对债券利息的比率；⑤当年毛收入对债券本息的比率；⑥纯盈利对优先股分红比率；⑦普通股分红比率；⑧纯盈利对全部股份的比率。

（4）资本效益分析

资本效益分析主要是从经济效益的角度衡量企业的偿债能力和生产营运能力，主要有以下5项指标：①销售毛利率；②销售成本率；③销售纯盈利率；④总资产税前收益率；⑤总资产税后收益率。

在我国，1992年由中国信誉评级协会筹备组制定了《债券信用评级办法》，规定评级的内容主要包括企业素质、财务质量、建设项目、发展前景和偿债能力5个方面。随着我国评级工作的不断探索和实践，债券评级的指标体系和评价方法将会进一步得到完善。

本章小结

证券发行市场又称"初级市场"或"一级市场"，是指各发行主体及中介机构发售各种证券所形成的市场。本章详细介绍了股票和债券的发行市场构成、发行方式和发行价格等主要内容。

股票发行市场由发行者、投资者、中介机构和证券管理者构成；股票发行目的包括一般目的、改善财务结构和某种特定目的等。

股票的增资发行可划分为有偿增资发行方式和无偿增资发行方式两种。有偿增资发行又包括股东分摊、第三者分摊和公开招股3种形式。无偿增资发行又可以分为无偿交付、股票分红、股份分割和债券股票化4种形式。

股票的发行价格有平价发行、溢价发行、时价发行和折价发行等。其中，股票首次发行时，一般采用平价发行和溢价发行两种。影响股票发行价格的因素很多，包括公司净资产、经营业绩、发展潜力、发行数量、行业特点、股市状态等。

股票的发行一般包括发行前期的准备阶段、申报和审批阶段和具体实施阶段三大过程。

债券的发行方式，按照债券募集对象的范围，分为私募发行和公募发行；按有无中介人，分为直接发行和间接发行。

关键概念

证券发行市场　发起设立　招股设立　公开发行　直接发行　间接发行　平价发行　溢价发行　时价发行　折价发行　市盈率　债券信用评级

综合训练

即测即评6

综合训练参考答案6

✔ **理论知识回顾**

1）影响股票发行价格的因素有哪些？

2）股票的发行程序与债券的发行程序有何不同？

3）我国债券发行审核制度有哪些？

✔ **阅读思考和实践**

为绿色发展完善绿色金融支撑

发展绿色金融，是实现绿色发展的重要措施，也是支持绿色产业和经济社会可持续发展的重要举措。习近平总书记在主持召开中央财经委员会第九次会议时强调："要完善绿色低碳政策和市场体系，完善能源'双控'制度，完善有利于绿色低碳发展的财税、价格、金融、土地、政府采购等政策，加快推进碳排放权交易，积极发展绿色金融。"

绿色金融可引导和激励更多社会资本投入绿色产业，同时有效抑制污染性投资，不仅有助于加快我国经济绿色转型，也有利于促进环保、新能源、节能等领域的技术进步，提升经济增长潜力，主要表现为三大功能：一是资源配置的功能，通过政策制度激励，引导和撬动更多的金融资源向低碳项目、绿色转型项目、碳捕集与封存等绿色创新项目倾斜。二是风险管理的功能，通过气候风险压力测试、环境和气候风险分析、绿色和棕色资产风险权重调整等工具，增强金融体系管理气候变化相关风险的能力。三是市场定价的功能，推动建设全国碳排放权交易市场，发展碳期货等衍生产品，通过交易为排碳合理定价。

为绿色发展构建和完善绿色金融体系，需进一步完善绿色金融发展的支撑体系，探索创新发展绿色金融的新路径。

绿色金融政策体系。围绕"碳达峰""碳中和"的目标和经济社会绿色低碳发展的总体要求，加强低碳绿色金融的顶层设计，完善绿色低碳发展的法律保障和政策体系，特别是加强货币政策、财政政策、监管政策和产业政策对绿色金融领域的支持配合，进一步丰富绿色金融支持政策工具箱，协调出台更多重点支持绿色低碳发展的优惠政策，引导金融机构增加绿色资产配置、强化环境风险管理，提升金融业支持绿色低碳发展的能力。

绿色金融标准体系。遵循"国内统一、国际接轨"原则，重点聚焦气候变化、污染治理和节能减排三大领域，不断完善绿色金融标准体系，为规范绿色金融业务、确保绿色金融实现商业可持续性、推动经济社会绿色发展提供重要保障。

绿色金融产品服务体系。通过加强政策激励、鼓励产品创新、完善发行制度、规范交易流程、提升透明度等方式，大力推进绿色信贷、绿色证券、绿色保险、绿色担保、绿色基金等业务创新，完善多层次绿色金融产品和市场体系，为绿色低碳发展提供更多更优金融产品和服务。强化现代数字化手段的运用，大力发展数字绿色金融。

绿色金融基础设施体系。积极推动建设全国碳排放权交易市场，发展碳期货等衍生产品，通过交易为排碳合理定价。积极培育排污权、用能权、用水权交易市场，丰富交易产品，扩大交易量。建立绿色金融综合服务平台、绿色金融信用信息共享平台，畅通融资供需对接，提升服务效率和融资成功率。鼓励金融机构积极稳妥参与碳市场建设，提升交易市场的定价权威性和交易效率。

绿色金融风险防范体系。持续推动金融机构、证券发行人、公共部门分类提升环境信息披露的强制性和规范性。利用金融科技推动环境信息披露与共享，降低金融机构与绿色主体之间的信息不对称。建立完善金融机构环境风险压力测试体系，有效覆盖极端天气引发的"实体风险"和传统经济向绿色低碳转型的"转型风险"。鼓励金融机构引进国际先进绿色金融发展与管理理念，积极创造条件宣布采纳负责任银行原则、负责任保险原则、负责任投资原则，主动参与碳中和行动。

资料来源　谢宁.为绿色发展完善绿色金融支撑［N］.学习时报，2021-07-14.

思考和分析：根据本章讲授内容，查阅有关资料，思考并分组讨论如何深化证券发行改革，助力绿色金融高质量发展。

第7章

证券交易市场

目标引领

☑ **价值塑造**

  本章引导学生理解不同投资者的禀赋、交易规则、交易效率都会影响证券交易的进展；充分理解"万变不离其宗"，交易市场的价值创造离不开实体经济这一根基，金融的本源是服务实体经济这一重中之重；体会中国证券交易市场的不断发展壮大与逐步完善是中国经济高速发展的缩影，异质性的各个交易所满足不同的投融资需求。

☑ **知识传授**

  通过本章的学习，认识证券发行市场与交易市场的关系；了解证券交易市场的类型；掌握柜台交易市场的特点；了解证券上市的利与弊；了解证券交易的基本方法；掌握网上证券交易的几种运作模式。

思维导图

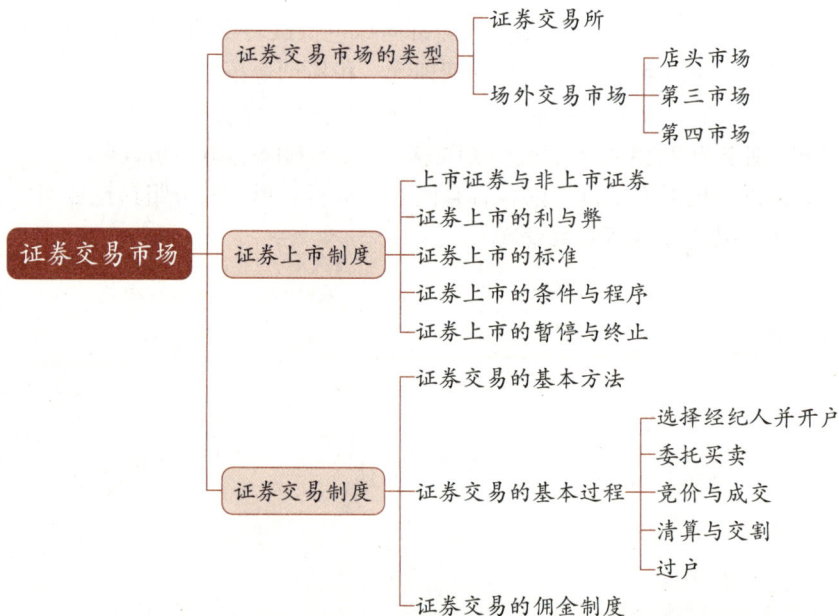

开篇导读

交易所全球并购重组

欧美国家率先完成内部整合。1973年，伦敦证券交易所与设在英国格拉斯哥、利物浦、曼彻斯特、伯明翰和都柏林等地的交易所合并成大不列颠及爱尔兰证券交易所，成为现在伦敦证券交易所的前身；伦敦国际金融期货期权交易所1992年与伦敦期权交易市场合并，1996年收购伦敦商品交易所；2006年10月，美国芝加哥商业交易所（CME）和芝加哥期货交易所（CBOT）宣布合并成全球最大的衍生品交易所——芝加哥商业交易所集团（CME Group），并于2008年并购了纽约商业交易所控股公司。

新兴市场纷纷效仿加紧并购。1999年12月，新加坡证券交易所（SES）与新加坡国际金融交易所（SIMEX）合并，成立了目前的新加坡交易所；为提高香港的竞争力和迎接市场全球化所带来的挑战，2000年6月，香港联合交易所有限公司（联交所）与香港期货交易所有限公司（期交所）实行股份化并与香港中央结算有限公司（香港结算）合并，由单一控股公司香港交易所拥有；2013年，东京证券交易所集团与大阪证券交易所合并，组建日本交易所集团。

跨国跨洲并购愈演愈烈。2000年阿姆斯特丹交易所、布鲁塞尔交易所、巴黎交易所合并为泛欧交易所，随后又并购了葡萄牙证券交易所；2006年纽约证券交易所与泛欧证券交易所合并，组成横跨大西洋的纽约泛欧证交所公司（NYSE Euronext）；2007年美国纳斯达克证券交易所与北欧证券交易商瑞典OMX公司并购后的新集团（NASDAQ OMX）宣布成立；2012年11月，香港交易及结算所有限公司成功并购了伦敦金属交易所；在德国交易所集团收购纽约泛欧交易所集团被监管部门阻止后，2012年12月，美国洲际交易所成功将纽约泛欧交易所集团收入囊中。

证券交易市场是对已发行证券进行转让、买卖的场所，因此它又被称为证券流通市场、二级市场或次级市场。证券发行市场与证券流通市场是证券市场正常运行的两个车轮，二者缺一不可。证券发行市场体现了证券由发行主体流向投资者的市场关系，它通过一种纵向关系将证券发行者和投资者联系起来。而流通市场则通过一种横向关系将同是证券投资者的证券买卖双方联系起来。从证券交易的结果上看，证券发行市场交易的结果是社会长期资金的增加，形成股票、债券绝对数量的上升，越来越多的资金通过证券的买卖被投入生产经营或其他方面。证券流通市场买卖的结果只是资金所有权和证券所有权的易位，社会长期资金的总数不会因此而增加，股票、债券等虚拟资本也并不能膨胀。

因此，证券发行市场是整个证券市场的基础环节。假设没有证券发行市场，筹资者就无法通过发行各种证券来筹集资金，投资者也无法购买到各种证券来进行证券投资，当然也就不可能有证券交易市场的存在了。可见，证券发行市场的存在是证券交易市场存在的前提条件。但是，我们也应该注意，证券交易市场又是证券发行市场的保证。这是因为：证券的变现能力以及所反映的资产流动性是人们选择证券投资的重要标准之一，如果没有证券交易市场，投资者购买证券后就不能随时转让卖出，就不能在需要的时候及时变现，也不能追随经济效益有效地调整投资目标，投资者就无法灵活地运用资金，由此也就决定了人们不愿购买证券或持有证券，这样势必会反过来影响证券发行市场的正常运行。因此，证券交易市场对证券发行市场也起着积极的推动作用。所以，只有当证券交易市场与证券发行市场相互配合，协调、高效率地运转，才能形成一个具有生机和活力并能稳定发展的证券市场。

7.1 证券交易市场的类型

证券交易市场可分为集中交易市场即证券交易所和场外交易市场两种类型。

7.1.1 证券交易所

证券交易所是证券交易市场中有组织、有固定地点，并能够使证券集中、公开、规范交易的场所，是证券流通市场的主体与核心。

1）证券交易所的特点

证券交易所作为各种证券公开买卖的场所，作为有组织、有固定地点的证券交易市场，它一般具有如下 3 个特点：

（1）证券交易所本身既不持有证券，也不买卖证券，更不能决定各种证券的价格。它只是为证券的买卖双方的证券交易提供服务、创造条件，并对双方的交易行为进行监督。证券交易价格是证券买卖双方以公开竞价方式决定的。

（2）证券交易所是证券买卖完全公开的市场。它要求所有申请上市的证券发行者必须定期地、真实地公开其经营情况和财务情况。它自身也定期公布各种证券的行情表和统计表，以使投资者迅速选择投资目标，使证券持有者决定保留还是转让证券。交易所还随时公布股票价格指数，据此预测证券市场行情的发展趋势。

（3）证券交易所具有严格的组织性，它有专门的立法和规章制度。各国都明确规定，只有证券经纪人才能代理买卖双方进入交易所参加交易，一般投资人不能直接进场交易。交易所对成交价格、成交单位、成交后的结算都有严格的规定，并且对交易所内部的人员也严加约束，如遇有利用内部情报操纵价格等行为和事件发生，也有相应的规定予以严厉制裁。

2）证券交易所的组织类型

证券交易所的组织形式一般分为公司制和会员制两种。

公司制证券交易所是一个按照股份制原则设立的，由股东出资组成的组织，是以营利为目的的法人团体。公司制交易所的特点是：证券交易所本身不参加证券买卖，只为证券经纪商提供交易场地、设施和服务，以便证券交易顺利完成。公司制证券交易所的最高决策管理机构是董事会，董事和监事由股东大会选举产生。交易所由注册合格的证券商进场买卖证券，证券商与交易所签订合同，并缴纳营业保证金，同时交易所收取证券成交的佣金。公司制证券交易所的优点是：既能提供比较完善的设备和服务，又能保证证券交易的公正性。因为在采取公司制的证券交易所中，交易所本身不允许参加证券交易，这就为证券交易价格的公正性提供了基本保证。公司制证券交易所的缺点是：由于交易所的设立是以营利为目的的，交易所的收入主要是按证券成交价格一定百分比收取佣金，而且一般收费较高，所以对于证券交易者来说，费用成本较高。

会员制的证券交易所是一个由会员自愿出资共同组成的、不以营利为目的的法人团体。会员制交易所的会员必须是出资的证券经纪人或自营商，只有会员才有资格进场参加证券交易。会员制证券交易所由会员来共同经营，会员与交易所不是合同关系，而是自治和自律关系，这是会员制证券交易所与公司制证券交易所的最大区别。会员制证券交易所的最高决策管理机构是理事会，理事会成员由会员选举产生。会员制交易所的会员要遵照交易所制定的规章制度在所内参加交易，对于违反法令或内部规定者，交易所将给予严厉惩罚。会员制交易所的优点是：首先，由于会员制交易所不是以营利为目的的，收取的证券交易成交佣金一般都比较低；其次，会员制证券交易所内部实行自律，各个会员要严格约束自己，而且还要相互约束，会员责任感一般都比较强。其缺点是：因在会员制证券交易所内买卖双方须自负交易责任，不能取得交易所的赔偿，故风险较大。

目前，西方大多数国家都是采用会员制建立证券交易所，如美国的纽约证券交易所就是比较典型的会员制证券交易所。在我国，证券交易所也是采取会员制形式建立的，如目前的上海、深圳两家证券交易所就是采用会员制形式建立起来的。

3）证券交易所经纪人

证券交易所进场交易的经纪人基本可分为两种：一种是证券经纪商；另一种是自营商。主要从事代客买卖的证券商称为经纪商，而主要从事自行买卖证券的证券商称为自营商。

经纪商又可分为佣金经纪商、大厅经纪商和专家经纪商3种。

第一种经纪商是佣金经纪商。他们是证券交易所会员公司派在交易大厅内专门为顾客代理买卖的经纪商，交易完成由他们收取佣金。他们就是通常人们所说的"证券商"。

第二种经纪商是大厅经纪商。他们是以私人身份在证券交易所取得会员席位，不属于任何会员公司的经纪商。大厅经纪商在证券交易所大厅内专门接受其他经纪商的委托代为买卖，成交后从中收取佣金。

第三种经纪商是专家经纪商，或称为专业经纪商、特殊经纪商。这种经纪商同时具有经纪商和自营商双重身份，他们既可以代客买卖证券，又可以自营买卖证券。

在证券交易所从事证券交易的自营商也可分为零股自营商和大厅自营商两种。

在证券交易中，不足一个交易单位的零散股一般被称为零股。例如，一个交易单位为100股，零股就是指不足100股的股票交易。在证券交易所中交易柜台一般不经营零股交易，而专门由一部分证券商经营零股交易，这部分经营零股交易的证券商就被称为零股自营商。

大厅自营商主要从事短期性的证券买卖，通过价差获取利润，而不参与具有较大风险的长期交易。由于大厅自营商所从事的证券买卖有着很强的投机性，因而人们通常将大厅自营商所进行的交易活动称为"抢帽子"交易。

4）证券交易所市场层次

证券交易所按上市证券符合的标准不同分为两种：一种是主板市场；另一种是二板市场。

主板市场，市场的功能定位是为大型企业服务，上市"入门"台阶较高，一般要求上市时企业已达到相当的规模，企业发展速度相对稳定，要求企业在上市前若干年连续盈利，投资者进行投资判断时有往绩可循。

现阶段，上海证券交易所A股市场与并入中小企业板的深圳证券交易所A股市场是我国的主板市场，均是场内交易市场。

二板市场，也称创业板市场，市场的功能定位是为有潜质的发展中的中小型企业服务，上市"入门"台阶较低，一般仅要求有明确的主营业务和上市前有两年活跃业务记录即可，主要是为风险投资提供退出之路。成功地在创业板上市须以优质的资产、优秀的管理层、潜在的行业和地区以及未来的高增长前景作保障。

深圳证券交易所创业板市场是我国的二板市场，也是场内交易市场。

上海证券交易所科创板市场是实行注册制的场内交易市场。

7.1.2　场外交易市场

场外交易市场英文简称"OTC"，是证券交易所以外证券交易市场的总称，是分散的、非组织化的市场。场外交易市场包括店头市场、第三市场和第四市场。

1）店头市场

店头市场又称"证券商柜台买卖市场"，是证券市场的一种独特形式，其基本含义是证券经纪人或证券自营商不通过证券交易所把未上市的证券，有时也包括部分已上市的证券直接同顾客进行买卖的市场。店头市场一般具有如下几个特点：

（1）从设施上看，店头市场没有大型证券交易所设立的中央市场，但个别店头市场也有不小的规模和门面。例如美国，规模大小不等的店头市场遍布于全国各地，规模大的店头市场经营证券多达数百种，同全国3 000多家证券自营商建有业务联系，并装有现代化的电子通信设备。而规模小的店头市场只有一两间门面，营业人员只有几人。

（2）从价格形成方式上看，它不像证券交易所那样通过充分竞价方式得出证券行市，并根据买卖交易情况不断变化。店头市场只提供协议价格，也就是证券自营商买卖双方之间或客户与自营商买卖之间协商的价格。

（3）从价格水平上看，一般按净价基础进行交易。所谓净价就是指不包括佣金的证券价格。但这并不意味着证券商不赚钱，因为他卖出证券的价格一般都高于进价，而他买进的价格一般也略低于卖价。

现阶段，全国银行间市场（金融机构开展同业拆借、债券回购、利率外汇远期和互换业务的场所），是我国规模最大的场外交易市场。

2）第三市场

第三市场是指那些已经在证券交易所上市交易的证券却在证券交易所以外进行交易而形成的市场。它实际上是上市证券的场外交易市场。

现阶段，新三板与北京证券交易所扮演和发挥着第三市场角色和职能。

3）第四市场

第四市场是指证券交易不通过经纪人进行，而是通过计算机网络直接进行大宗证券交易的场外交易市场。这是近年来在美国出现的场外交易形式。第四市场通常只涉及买卖双方，尽管有时也有帮助安排交易的第三者，但他不直接卷入交易过程。第四市场的经纪人不需要向政府有关当局注册，也不公开其交易情况，佣金也比其他市场低。

现阶段，我国各级地方或区域股权交易中心（所）是名义上的第四市场。

7.2　证券上市制度

证券上市是指上市公司的有价证券在证券交易所自由、公开地买卖。换言之，证券上市是指证券交易所承认并接纳其证券在交易所市场上交易。

7.2.1　上市证券与非上市证券

上市证券是指在证券交易所内采用集中竞价方式挂牌买卖的证券。一般来说，一个公司的证券要想在某一证券交易所公开上市买卖，它必须首先向证券交易所提出上市申请。各个证券交易所对证券的上市都有一些要求，只有符合条件的证券才能在交易所公开上市。

与上市证券相对应的是非上市证券。非上市证券是指那些不在证券交易所挂牌买卖的证券，它们的交易通常只能在场外进行。一般情况下，非上市证券总是比上市证券多，其中绝大多数是因为它们不符合证券上市条件，如那些较小公司的股票就往往只能在场外进行交易。

7.2.2　证券上市的利与弊

对于证券的上市，人们历来有着不同的认识，有些公司热衷于自己证券的公开上市，有些公司则并不希望自己的证券公开上市。这都有一些道理。

1）从有利的方面来看

（1）证券的公开上市有利于公司扩大资金来源，筹集巨额资金，满足生产经营发展之需。由于证券上市（尤其是股票上市）有严格的条件，所以上市后往往能卖出较好的价格，筹集到大大超过其发行面额的资金，从而更好地扩大经营规模，实现公司的各项发展目标。

（2）证券的公开上市有利于提高股票、债券的流动性，增加对投资者的吸引力，人们对它的关心将有利于上市公司继续向公众集资，当企业再次发行新的证券时使之能够选择有利的发售方式，降低发行成本。

（3）证券的公开上市有利于提高公司的信誉和知名度。企业证券的公开上市可以说是企业发展史上的一个里程碑，它标志着企业的进步和发展水平。哪个企业的证券能够在证券市场上公开上市，说明该企业的生产力水平和经营、管理水平已经达到相当高的程度，这样将会大大提高企业的社会知名度。此外，哪个企业的证券能够公开上市，它们的名字就将经常出现在各种宣传媒介上，这本身就有一定的广告效应，从而有利于公司产品的推销与市场拓展。

启智增慧 7-1

共同富裕企
业做什么？

（4）企业证券的公开上市，增加了企业生产经营的透明度，而且社会上广大民众时刻都在注视着企业的生产与发展情况，并根据企业的生产与发展情况以及他们对企业前途的预测来决定证券的买入和抛出。社会民众对企业的普遍关注，必然形成对企业的巨大压力，促进企业不断加强经营管理，努力提高经济效益，增强竞争力。

2）从不利的方面来看

（1）证券公开上市后，公司的约束与压力会加大。上市公司要接受证券交易所的监督和交易所规定的约束，还要直接接受股东的监督，从而加大了公司经营管理上的压力。

（2）证券公开上市后，不利于保守公司经营秘密。企业要定期向大众公布企业的内部情况，这样一来，透明度的增加也必然使企业的许多秘密被泄漏出去，而在高度竞争的现代经济社会中，不能不说这对企业的发展和经营是非常不利的。

（3）证券公开上市后，公司证券可能成为投机对象。市场价格的频繁波动会给企业的经营带来消极影响。通常人们总是认为股市价格能够非常灵敏地反映企业的发展变化和经营水平，因而企业的经营者不得不为维持和提高本企业股票的市场价格而大伤脑筋。其实有些时候股市行情对企业经营状况的反映并不是非常真实的，而扭曲的证券行市还会影响企业的信誉和形象，给企业带来诸多危害。

（4）证券公开上市后，企业控股权将会因此而更加分散，这样，一方面会因为股票经常易手、股东经常易人给企业的经营与发展带来不利影响，另一方面股权的极度分散和股东的经常变化也给企业的经营决策带来诸多困难，影响企业决策的及时性与灵活性。由此势必造成许多情况下非上市公司可以做的事上市公司却不能做，或非上市公司很快能够做到的事而上市公司不能很快做到。

（5）加大了公司的成本开支。上市公司每年要向证券交易所支付上市费用。

7.2.3　证券上市的标准

启智增慧 7-2

什么是公司
高级管理
人员？

上市证券必须符合一定的标准，这是各个国家对于证券上市的基本要求。但是，目前世界各国对于证券上市并没有一个统一的标准，因此要想了解世界上证券的上市标准，只能从思考问题的基本方法上去把握。目前，世界上确定证券上市标准的基本方法有如下几种：

（1）规模标准。人们一般把公司证券发行量、公司资本额作为规模标准。例如，东京证券交易所规定，在东京地区营业的公司，其发行股票在1 000万股以上，并且资本额在5亿日元以上的公司可上市。对证券上市之所以规定规模标准，主要是考虑如果公司规模小或上市证券少，不仅给管理工作带来许多困难，而且证券行市也易于波动，而资本雄厚的公司不易破产，证券的安全性高。

（2）证券持有分布标准。一般来看，证券持有分布越广，对证券市场越有利。但证券发行中，有一部分证券是直接由证券发行者或与证券发行者有某些特殊关系的人所持有的，如果这些人持有的证券比例很大，即使证券的发行量特别大，潜在的交易量也不会太大。因此有的证券交易所规定，浮动股东必须在2 000人以上，浮动股必须占全部股数的8%以上，公司股票方可上市。

（3）经营基础标准。上市证券发行者必须具备一定的成立年限和一定数额的净资产额。这些反映发行者经营收益及稳定性的指标是保证证券投资安全性的重要标准。例如，东京证券交易所规定，公司成立年限必须在5年以上，并持续进行营业活动，净资产额达到15亿日元以上等。

（4）其他标准。除了以上标准外，有的证券交易所还规定了一些其他标准，如前三年的财务报表中没有虚假记载，财务报表经会计师认证，制作证券符合法定要求，没有证券转让限制等。

7.2.4 证券上市的条件与程序

证券的公开上市条件在各个国家中很不一致，甚至在同一国家中各个证券交易所要求的条件也有很大差异。但从保护投资者乃至筹资者的合法权益出发，考虑到要维护证券交易所的声誉和地位，保证证券交易的正常运行，能够获准在交易所上市的必须是那些具有相当强的经济实力、经济效益较高、资信状况良好的公司的证券。就此而言，各国证券交易所规定的上市条件与标准大体又是一致的，一般包括：①公司已经经营一定年限，且能保持以后经营的连续性，以维持达到一定的上市时间；②公司在同业竞争中应有较高的地位；③公司有形资产达到一定规模；④公司拥有的证券价值应达到一定数量；⑤股东持有股票情况应确保股权分散良好；⑥公司有较强的获利能力，确保股息红利的分配等。

证券上市的程序有广义和狭义之分，广义的证券上市是指从上市公司有上市的意向并决定上市开始到公司股票开始在证券交易所买卖为止的一个过程。狭义的证券上市是指从上市公司有上市的意向到证券交易所和发行公司发布上市公告为止的一个过程。这里我们讨论的是广义的证券上市程序。

证券的发行制度一般分为核准制和注册制，不同的证券发行制度所采用的发行上市程序也有所不同。

1）核准制下的发行上市程序

核准制是一种严格的实质审核制度，比较适合处于初级发展阶段的证券市场。实质审核制度要求：股票发行上市既要充分公开公司的真实情况，同时还必须符合有关法律和证券管理机构规定的必备条件。证券管理机构的审核往往从6个方面进行：第一，发行公司的营业性质、管理人员的资格能力；第二，发行公司的资本结构；第三，发行人员所得报酬是否合理；第四，发行公司各类证券的权利、义务及出资的公开程度；第五，披露信息资料是否充分、真实；第六，发行公司的发展前景。实行核准制的主要有大陆法系国家、美国部分州，以及韩国、中国台湾等大多数发展中国家和地区。

2）注册制下的发行上市程序

注册制实行公开管理原则，要求发行公司在申请发行证券时，依法完全、准确地公开各种资料，并向证券主管机关呈报、申请。注册制并不限定证券的质量和风险，而只要求足够高的透明度。申请公司能否在证券交易所挂牌交易由该证券交易所决定。注册制分为他律型与自律型两类。他律型以政府管理为主，而自律型则以行业和交易市场自我约束为主。

（1）他律型证券市场的发行上市程序。他律型证券市场以美国为代表，美国证券交易委员会在发行上市程序中扮演主要角色，它要求发行公司填报信息披露表格并登记，最后由美国证券交易委员会发布信息披露表格。其主要程序包括：公司与承销商草拟承销协议；填制招股说明书并向证券交易所递交申请，送证交会登记；编制并分发初步募股书；证交会提出修改意见；确定发行价格和数量，签订承销协议；注册报表通过后，由证交会宣布生效；巡回路演；挂牌交易。

（2）自律型证券市场的发行上市程序。在自律型证券市场上，证券交易所在证券发行上市的过程中占主导地位。证券交易所管理有关发行上市审查等一系列的全部事宜。即使该证券市场存在其他证券监管机构，该机构一般也把注册登记的权力授予证券交易所。

传统上，英国是典型的自律型证券市场国家，但1998年成立金融服务管理局后，英国逐渐向自律他律相结合的模式转变。其主要程序包括：发行公司及其承销商向证券交易所提交草稿文件；证券交易所审核并通过；公司注册招股说明书；公司向证券交易所申请上市；发布招股说明书并举行新闻和分析师招待会；证券交易所接受上市申请；上市生效，新股开始挂牌交易。

7.2.5　证券上市的暂停与终止

证券上市后，上市公司应当一直遵守交易所的有关规定，符合上市的标准，否则，证券交易所可以根据有关法令和上市契约的规定，呈报证券主管机关核准后，暂停或终止某种证券的上市交易，即予以停牌或取消上市资格。

上市公司被暂停或终止上市的原因可能有以下几种：①公司违反上市契约的规定，如不能按要求公开其财务状况，或对财务会计报告作虚假记载等；②上市公司经营管理不善，税前盈利大大下降，已无偿债能力，达不到持续上市的最低标准；③公司有严重违法行为；④公司破产或被兼并；⑤公司行为影响市场秩序或损害公共利益；⑥公司连年亏损，严重影响股东权益而在一定期间内未有改观等。

证券交易所在对上市证券作出暂停或终止上市的决定之前，为慎重起见，一般要进行仔细调查，并举行听证会。若调查或听证结果证明该公司证券不能持续上市，则正式通知该公司予以暂停或终止上市。

7.3　证券交易制度

7.3.1　证券交易的基本方法

在世界各国的证券交易业务中，证券交易的方法可以说是多种多样的。

1）按照证券价格形成的方式划分

（1）相对买卖。相对买卖是指买卖双方一对一地当面讨价还价的交易方式。这种交易方式在商务交易中多被采用，但是在证券交易所中运用较少，而大量地被运用在场外交易市场中。

（2）拍卖标购。拍卖标购是指一个买主对多个卖主或一个卖主对多个买主的交易方式。在这种交易方式下，不仅存在着买主与卖主之间的竞争，而且存在着买主内部之间或卖主内部之间的竞争。

（3）竞价买卖。竞价买卖是指多个买主对多个卖主的交易方式。它是证券交易所中采用最为普遍的一种证券买卖方式。

2）按照买卖订约和清算期限划分

（1）现货交易。证券的现货交易是指证券买卖成交后即时履行合同的交易方式。

（2）期货交易。证券的期货交易是指已成交的证券在未来某一日按照合同规定进行清算和交割的证券交易方式。

（3）期权交易。证券的期权交易又称选择权交易，它是指证券投资者事先支付一定的费用，取得一种可按既定价格买卖某种证券的权利。

（4）信用交易。证券的信用交易又称垫头交易，它是指证券买卖者通过交付一定数量的保证金来得到经纪人的信任而进行证券买卖的行为。

（5）回购交易。回购交易是指证券买卖双方在成交同时就约定于未来某一时间以某一价格双方再行反向成交。其实质是一种以有价证券为抵押品拆借资金的信用行为。

7.3.2　证券交易的基本过程

证券的交易过程包括选择经纪人并开户、委托买卖、竞价与成交、清算与交割以及过户等。

1）选择经纪人并开户

证券投资者在证券交易市场上买卖证券，由于不能直接进入证券交易所内自己亲自从事证券买卖活动，因而必须委托经纪人来进行。

（1）选择经纪人。选择经纪人可以通过别人介绍，也可以自己到证券经纪公司去聘请。对于证券投资者来说，选择一位可靠的经纪人是非常重要的，这对于证券投资者的投资成功与否具有决定意义。

（2）进行委托登记。证券投资者确定了经纪人后，就要与经纪人进行委托登记。属于个人投资者，登记内容除了姓名、地址外，还应留存印鉴或签名样卡，如有委托代理人，还必须留存书面授权文件。属于法人投资者，登记的内容包括企事业单位的名称、地址及法人代表的姓名等，同时还要留存法定代表人授权证券交易执行人的书面授权文件。

（3）开户。在证券商处完成委托登记后，一般要在该证券公司申请开户，即在证券公司的营业部正式开立委托买卖账户，进行注册登记。投资者开立的账户一般分为证券账户和资金账户。证券商对要求开立账户的投资者要进行资信等状况调查，由申请人填写开户登记表，填入申请者的各种有关情况，包括姓名、身份证号码、单位、联系电话、联络方式及申请开立的账户种类等。

2）委托买卖

投资者开立账户后即可委托证券商代理证券的买卖。当投资者准备买卖某种证券

启智增慧7-3

中债登、中证登与上清所介绍

时可对证券商发出委托指令，证券商即向其交易所内的经纪人传达客户指令，经纪人按指令要求进行买卖，通过竞价成交后，由证券商代理投资人办理清算、交割和过户手续。委托指令的下达是从投资者填写委托单开始的。委托单要填入委托人姓名、证券账号、委托日期，写明证券名称、买卖数量、委托价格、委托方式及委托的有效期限等内容。

根据投资者委托的不同内容，证券委托可有不同的分类。

从委托买卖证券的数量来看，有整数委托与零数委托之分。整数委托是指投资者委托证券商买进或卖出的证券数量以一个交易单位为起点或是一个交易单位的整数倍。零数委托是指委托买卖的证券数量不足一个交易单位。

从委托价格来看，有市价委托和限价委托之分。市价委托是指投资者向证券商发出委托指令时，只规定某种证券的名称、数量，而价格由经纪人随行就市，不作限定。限价委托即由投资者在发出委托指令时，提出买入或卖出某种证券的价格范围，经纪人在执行时必须按限定的最低价格或高于最低价格卖出，或按限定的最高价格或低于最高价格买进。

从委托方式来看，有当面委托、电话委托、电报委托、传真委托、信函委托与自助委托之分。其他如电报委托、传真委托、信函委托等与当面委托的内容大体一样，只是分别通过电报、传真、信函的形式发出委托指令。

从委托有效期来看，有不定期委托与定期委托之分。不定期委托也称有效委托，即投资者发出委托指令时不规定指令的有效期限，只要不宣布撤销委托，则指令一直有效。定期委托也称限时委托，是指投资者发出委托买卖指令时，对交易的时间有一定的限制，超过时限则委托指令自动失效，而不论买卖是否成交。若投资者仍有买卖意向，则需重新提出委托。我国证券交易中的有效期限分为当日有效和5日内有效两种。

3）竞价与成交

证券商接受投资者委托后，即通知其在交易所内的经纪人按照投资者指令进行申报竞价，然后拍板成交。

（1）证券交易的竞价原则

由于证券交易所采用复数成交价格的竞价买卖方式成交，在经纪人以竞价方式成交时，往往会出现多个买方（或卖方）经纪人同时叫价的情形。在这种情况下，到底哪个经纪人有优先购买（或出卖）证券的权利呢？证券交易所对此均按照以下优先原则执行：

第一，价格优先原则。它是指谁的出价（或递价）越低（或越高），谁就有优先出卖（或购买）的权利。在证券交易所里，一般出价最低的与递价最高的买卖双方能达成交易。

第二，时间优先原则。它是在经纪人的出价（或递价）都一样时，谁最先出价（或递价）谁最先成交的原则。

此外还有顾客委托优先原则、数量优先原则、市价优先原则等。我国上海证券交易所按价格优先、时间优先的原则竞价成交，深圳证券交易所按价格优先、时间优先、顾客委托优先的原则竞价成交。

（2）竞价方式

在证券交易所中，证券买卖的价格是通过竞价方式确定的。目前竞价的方式有如下3种：

①口头竞价。口头竞价是指证券商在规定的交易台前或划定的区域内相互以口头喊价的方法讨价还价直至达成交易的方法。其具体步骤和方法为：证券商接受委托后到交易所指定的区域内进行竞价，一般情况下，他要首先对拟订买卖的证券进行询价，以便较为准确地申报价格；而后他要按照委托人的具体要求以最有利于委托人且能够成交的价格喊价。如果有其他证券商愿意接受这一喊价的话，就与其达成口头成交协议，然后共同在成交单上签字，同时及时通知委托人进行复盘。

②书面竞价。书面竞价是指证券买卖通过书面形式达成交易价格的方法。书面竞价要经过申报、撮合和最后成交等环节。首先，证券商要将拟订买卖的证券及其具体要求记录在"证券买卖记录单"上，并按照证券交易所的要求将其中的一联交给交易所的中介经纪人。其次，中介经纪人接到"证券买卖记录单"后，按照价格和时间序列记录到"证券买卖申请记录表"上，然后按照"优先原则"进行撮合。最后，当中介经纪人撮合成交后，迅速通知买卖双方证券商交易员，由双方在"场内成交单"上签字盖章，履行成交手续，并通知委托人复盘。

③电脑竞价。电脑竞价是指证券商利用计算机联网系统进行证券交易达成交易价格的方法。电脑竞价要经过申报输入、撮合成交和成交信息反馈等环节。申报输入过程是指证券商将买卖证券的有关指令输入计算机终端，然后经计算机网络将申报指令传给交易所，交易所的计算机主机接到申报指令便发回已接受的通知，并由证券商打印"买卖申报回报单"。撮合成交过程就是证券交易所计算机主机按各个证券商发来的指令进行自动搜寻，选择最佳匹配组合方案，从而使之撮合成交。成交信息反馈是指证券交易所计算机主机在撮合成交时同时向成交双方证券商发出信息，通知他们成交的结果，最后由双方计算机的终端打印"成交回报单"。利用计算机进行证券交易，大大提高了证券交易的效率，促进了证券市场向现代化方向发展。

（3）竞价结果

竞价结果有3种可能：全部成交、部分成交、不成交。

①全部成交。委托买卖全部成交，证券经营商应及时通知委托人按规定的时间办理交割手续。

②部分成交。委托买卖如果未能全部成交，证券经营商在委托有效期内可继续执行，直到有效期结束。

③不成交。委托买卖如果未能成交，证券经营商在委托有效期内可继续执行，直到有效期结束。对委托人失效的委托，证券经营机构须及时将冻结的资金或证券解冻。

4）清算与交割

证券买卖成交后，买卖双方之间要进行清算和交割。证券的清算与交割是指证券买卖双方在证券交易所买卖证券成交后，通过证券交易所将证券商之间买入、卖出证券的数量和价款分别予以轧抵，然后再将其应收、应付证券和应收、应付差额款项按照一定的规则和惯例进行结算的过程。证券的清算与交割是证券交易结算过程中相互关联的两个方面，具体分析起来，证券的清算是指证券商在证券买卖成交后，对应收或应付的证券数量、价款分别同证券交易所进行轧抵和计算。通常，清算在证券买卖成交后立即进行，而证券的交割则是证券商在事先约定的时间内，按照证券清算单据上应收、应付差额，集中同证券交易所办理转账和交付，交割一般在交割日进行。

证券的交割因交割期不同分为当日交割、次日交割、例行交割、特约日交割等几种方式。

按交割者的不同身份，交割分为证券商之间的交割和证券商与投资者之间的交割两种。前者是通过清算，交付买卖数额相互轧抵后的差额，后者则需向投资者交付票款或代买的证券。

在我国上海证券交易所和深圳证券交易所的股票交易中，由于已实行了"无纸化"交易和股票集中托管制度，所以在交割过程中，并没有实物股票的出现，证券账户上的划转取代了实物交割，整个交割过程实际上只是价款的交割。

5）过户

证券按票面是否记名可分为记名证券和不记名证券。对于许多投资者而言，买卖成交办理清算交割后其证券交易过程就已经完成了，而对于购买记名证券的投资者来说，还需要办理过户手续。所谓过户，即指投资者买入记名证券后，应到证券发行公司或指定的过户机构办理所有权变更登记手续，即证券原所有者（卖方）向新所有者（买方）转移有关证券全部权利的记录手续。投资者只有办理了过户手续才能享受所有者的相应权益。

买卖股票办理过户手续时，投资者要持有原股东填写的过户申请书或转让背书证明，凭自己的身份证和印章，在原发行公司或指定的过户机构办理过户申请，填写过户申请书和股东印鉴卡，经查验无误后即可正式办理过户手续。投资者若是发行公司的老股东，则只要将新购的股票数量记入原来的账户即可。若是新股东则须开立户头，进行登记。

我国两家证券交易所的股票已经实行"无纸化"交易，通过股票账户卡可实现电脑交易过户一体化。所有的过户手续都由交易所的电脑自动过户系统一次完成，无须投资者另外办理过户手续。

7.3.3 证券交易的佣金制度

证券交易佣金最初来源于券商为投资者代理买卖证券时收取的费用，它包括交易体制成本与投资者享受服务需支付的费用。交易体制成本源于证券交易中的信息不对称与信用风险，因为最初的证券交易要求在庞杂的交易对手中寻找符合条件的投资者与转让方。随着市场规模的扩大与交易环境的日益复杂，要达成某项交易的搜寻成本越来越高，真实地了解交易对手资信状况的难度也越来越大。此外，中介机构为投资者提供服务时的成本支出，投资者利用券商的交易设施、资讯产品、交易席位等来谋求收益最大化的同时所要承担的费用，这些都是佣金存在的基础。

在不考虑证券交易税负时，佣金是证券交易的最主要的成本，其费率的高低不仅影响着投资者参与交易的积极性，也决定了整个市场的活跃程度与国际竞争力，还是券商能否取得适当利润、能否为投资者提供最佳服务的重要指标，因此受到市场参与各方的广泛关注。同时，证券交易的参与方也在根据所处社会的经济发展阶段，对佣金制度进行适当调整，以在各利益主体之间形成一个相对稳定的平衡点。

1）证券交易佣金制度的类型

我们在这里介绍两种广为世界各大证券交易所采用、对我国证券交易佣金制度改革较有借鉴意义的佣金制度。

（1）分级固定佣金制

所谓分级固定佣金制是指根据投资者的交易量、开户量等的差异，设定不同的佣金费率标准，券商在开展经纪业务时必须严格按照该标准收取佣金，不得有意（或变相）降低或提高佣金收取标准。这种制度的基本特征是：投资交易量越大、开户量越大，对其收取的佣金费率就越低。

要实施这种佣金制度，至少要满足以下几个方面的条件：

①确定分级比率，即不同的交易量应收取多少佣金。

②确定交易量的积累时间，即按单笔交易量，或按一天、一月、一季、半年、一年以及特定时间段的交易量积累，来确定佣金收取标准，以及如何结合使用。

③建立一个违规防范机制。在固定佣金制下，违规较容易被发现，但在分级佣金制下，在推进佣金改革的同时防范恶性竞争，纠正券商的违规行为，难度将会大得多。为此，需要强化交易所的职责，即券商根据其每个客户的交易量执行不同佣金费率标准时，交易所因具有清算职能可以方便地参与判断券商是否有"有意的低价倾销行为"，同时，应充分利用行业协会、中介机构参与对券商经纪业务的自律性管理，这是国际证券市场普遍采用的做法。

（2）浮动佣金制

浮动佣金制可以分为两大类：一是完全的自由浮动，即佣金自由化；二是在给定的区间内自由浮动，即"有限浮动制"。由于我国目前暂不具备佣金自由化的基础，此处所讲的浮动佣金制限定在"有限浮动制"。在有限浮动制下，券商拥有一定的自主权，可以根据不同客户的情况在限定范围内制定较为灵活的佣金收取标准。例如，有的投资者只要求得到一些大众化服务，希望承担的佣金比率低一些；有的投资者宁愿多支付一些佣金以期望得到高质量的咨询服务或个别服务。有限浮动制能满足投资者不同的需要，这一制度给券商和投资者双方都带来了较大的选择性。

2）我国现行的佣金制度

"单一固定佣金制"是我国现行的证券交易佣金制度。沪深两大交易所成立之初，在其业务规则中就明确规定，会员证券商不得任意（或变相）提高或降低佣金收取标准。但随着证券市场的扩容和交易量的不断扩大，深圳证券交易所率先调低了佣金收取标准，紧接着上海证券交易所也作出了相应的调整。目前我国股票和基金交易费用见表7-1，证券交易的佣金收取标准见表7-2。

表7-1   我国股票和基金交易费用一览表

种类	费用类别	收取方	是否可调整
股票交易 （含 ETF 基金）	印花税	交易所代财政部	否
	佣金	证券公司	是
	过户费等	交易所	否
场外基金交易	认购费	代销机构	是
	管理费	基金公司	否
	销售服务费	基金公司	否
	赎回费	持有人	否

表7-2   我国证券交易的佣金收取标准

交易品种	费率	最低收费	备注
股票	1‰ ~ 3‰	5元	根据资金量可调
融资融券佣金		5元	根据资金量可议
可转债沪市	0.05‰	无	3‰
可转债深市	0.4‰	0.1元	不足5元，按5元计收
场内基金	0.4‰	5元	无
期权	1.3元/张	无	交易所可调
北交所	6‰	无	无
港股通	1‰	无	无

启智增慧 7-4

上海证券交易所交易异常情况处理

启智增慧 7-5

什么是"融资融券"和"转融通业务"?

本章小结

本章主要阐述证券交易市场及其有关主要内容。

证券交易市场又称证券流通市场、二级市场或次级市场，它与证券发行市场共同构成完整的证券市场。

证券交易市场分为集中交易市场即证券交易所和场外交易市场两种主要类型。其中，证券交易所是证券交易市场的主体和核心。

证券交易制度是证券交易运行的规则，包括证券交易的基本方法、证券交易的基本过程等。这是本章的核心内容。

关键概念

证券交易市场　证券交易所　场外交易市场　上市证券　相对买卖　拍卖标购
竞价买卖　信用交易

综合训练

✓ 理论知识回顾

1）如何理解证券交易市场与发行市场的关系？
2）证券交易市场的类型有哪些？
3）结合实际说明证券交易的基本过程。
4）结合实际说明证券上市的利与弊。

即测即评7

✓ 阅读思考和实践

服务实体经济——广州期货交易所挂牌成立

综合训练
参考答案7

广州期货交易所（以下简称广期所）于2021年4月19日挂牌成立，是经国务院同意，由中国证监会批准设立的第五家期货交易所。广期所由上海期货交易所、郑州商品交易所、大连商品交易所、中国金融期货交易所股份有限公司、中国平安保险（集团）股份有限公司、广州金融控股集团有限公司、广东珠江投资控股集团有限公司、香港交易及结算所有限公司共同发起设立，是国内首家混合所有制交易所。设立广期所，是健全多层次资本市场体系，服务绿色发展，服务粤港澳大湾区建设，服务"一带一路"倡议的重要举措。

2021年5月，广期所两年期品种计划获中国证监会批准，明确将16个期货品种交由广期所研发上市，包括碳排放权、电力等事关国民经济基础领域和能源价格改革的重大战略品种，中证商品指数、能源化工、饲料养殖、钢厂利润等商品指数类创新型品种，工业硅、多晶硅、锂、稀土、铂、钯等与绿色低碳发展密切相关的产业特色品种，咖啡、高粱、籼米等具有粤港澳大湾区与"一带一路"特点的区域特色品种，以及国际市场产品互挂类品种。未来，广期所将不断丰富产品体系，强化市场服务能力，更好满足实体经济风险管理需要。

11月11日，广期所公布重要进展表示，为使工业硅期货和工业硅期权设计更加合理，更好服务实体经济需求，就相关合约及规则公开征求意见。

思考和分析：证券交易在"金融服务实体经济"工作中的重要作用。

第8章

股票价格指数

目标引领

☑ 价值塑造

不同历史、不同国家的股票价格指数，都在世界金融史上留下了浓重的色彩。本章引导学生理解中国股票价格指数顺应历史和经济潮流，在发展中不断变革、不断完善的过程，以及世界股票指数中的中国元素。

☑ 知识传授

通过本章的学习，掌握股票价格指数的含义；掌握股票价格指数的几种计算方法；了解世界主要股价指数及其特点；了解中国现行股价指数的种类；分析中外股价指数的共性和个性特征。

思维导图

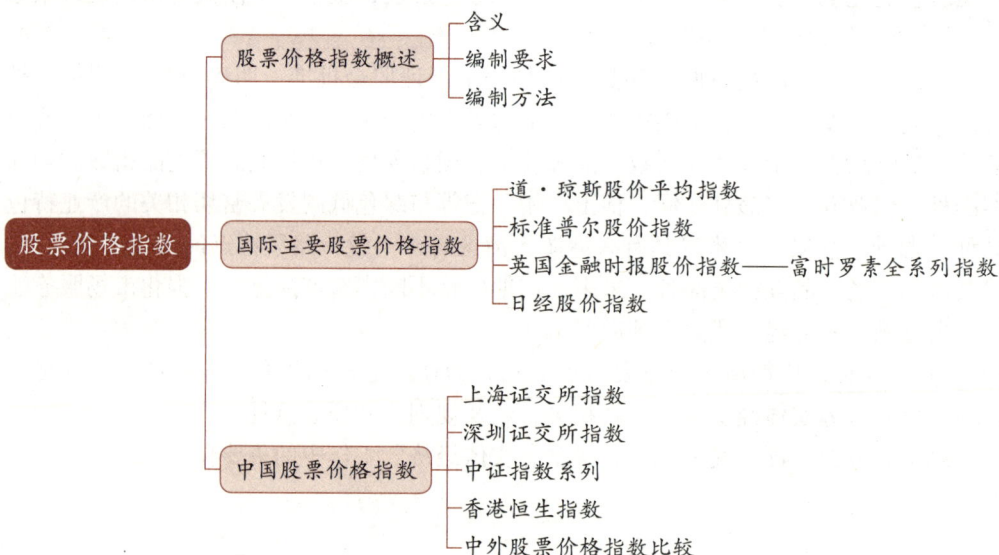

开篇导读

百度成为恒生指数首家AI公司

　　香港恒生指数有限公司日前宣布截至 2022 年 6 月 30 日的恒生指数系列季度检讨结果。百度集团、中国神华、周大福、瀚森制药 4 家公司被纳入恒生指数，恒生指数成份股将由 69 只增加至 73 只。

　　百度是全球为数不多的提供 AI 芯片、软件架构和应用程序等全栈 AI 技术的公司之一。基于压强式、马拉松式的技术研发投入，百度发展出了三大增长引擎，包括以移动生态为代表的稳健基本盘，以智能云为代表的新兴业务，以及以智能驾驶和小度为代表的前沿业务。

　　作为国内最早布局自动驾驶的企业，百度已成为全球四大自动驾驶领导者之一，也是唯一上榜的中国公司，拥有全球最多的高级别自动驾驶专利。百度萝卜快跑在北京、上海、广州、深圳等城市实现自动驾驶出行服务，订单量超 100 万，稳坐全球最大自动出行服务平台。百度智能交通方案也在全国 50 多个城市得到实践和验证，其中 AI 信控技术全球领先。

　　此外，凭借云服务与人工智能相结合的差异化优势，百度智能云从行业的关键场景切入，在工业、金融、智慧城市等重要产业打造了诸多标杆性案例。

　　如何了解并掌握某行业、某市场或某地区的整体运行状态？指数是个好帮手。有了指数，市场主体可以从指数数值变化中洞悉水平并预测趋势。不同的指数反映不同的整体状况，不同的指数有不同的用处，满足不同的需求。

8.1　股票价格指数概述

8.1.1　股票价格指数的含义

　　股票价格指数是用来表示多种股票平均价格水平及其变动情况，以衡量股市行情的指标，简称股价指数。若 A 日的股价指数大于（或小于）B 日的股价指数，就称 A 日股票市场相对 B 日上涨（或下跌）了。股价指数除了天然具有直接反映股票市场平均股价走势这一告示功能外，它还是股市人气聚散的征兆，揭示大户试图造市的动向，体现多空双方实力和心态。不仅如此，股价指数与国民经济运行紧密相关，是国民经济的"晴雨表"。它可以反映经济周期所处阶段，证券市场与借贷市场的关系，利率、汇率等经济指标是否适度等。

　　按照股市涵盖股票数量和类别的不同，可以把指数分为综合指数、成份指数和分类指数 3 类。综合指数是指在计算股价指数时将某个交易所上市的所有股票市价升跌都计算在内的指数，如纽约证交所综合指数、我国的上证综合指数等。成份指数是指在计算股价指数时仅仅选择部分具有代表性的股票市值作为标的指数。目前世界大多数的指数都是成份指数，如道·琼斯指数、标准普尔500指数、伦敦金融时报100指数、上证180指数、深成指数等。成份指数选择的股票一般具有市值大、交易量大、业绩好等特点。分类指数是指选择具有某些相同特征（如同行业）的股票作为目标股计算出来的指数，如房地产股指数、金融股指数、工业股指数等。

8.1.2 股票价格指数的编制要求

股票价格指数一般具有客观性、准确性、代表性和敏感性的特征。为反映这些特征，在编制过程中应符合如下要求：

（1）要正确选择若干种股票作为计算对象。选择的计算对象又称样本，这些采样股票必须具有典型性、普遍性或一定的影响力，才能使计算结果具有较高的代表性。因此，在选择作为计算对象的样本股票时，必须综合考虑其行业分布、市场影响力、股票等级、适当数量等因素。

（2）要采用恰当的计算方法进行科学的编制计算。对于股价平均数和股价指数的计算，其计算方法应具有高度的适应性，能对不断变化的股市行情作出相应的调整或修正，使股价指数有较强的敏感性。

（3）要有科学的计算依据和手段。对于股价指数的计算，其计算口径必须一致，一般均以交易所的收盘价为计算依据。但随着计算频率的增加，有的以每小时价格甚至更短的时间价格来计算，因此计算依据一般与计算时间间隔相适应，随着科技的发展，计算手段也需不断完善，以使股价指标能更准确、更客观地反映股市行情。

（4）选好计算股价指数的基期。在计算股价指数时需选好基期，基期应该有较好的代表性和均衡性，要能够代表正常情况下股票市场的均衡水平。基期只有定得合适才有可比性，据此计算出的股价指数才能如实地反映股市活动的全貌。

8.1.3 股票价格指数的编制方法

股票价格指数是报告期股价与某一基期股价相比较的相对变化指数，它的编制首先假定某一时点为基期，基期值为100，然后用报告期股价与基期股价相比较而得出。其计算方法主要有以下几种：

（1）简单算术平均法，即在计算出样本股票个别价格指数的基础上加总求其算术平均数。

其计算公式为：

$$P = \frac{1}{n} \sum_{i=1}^{n} \frac{P_{1i}}{P_{0i}} \times 100 \qquad (8-1)$$

式中，P——股价指数；P_{0i}（$i=1$，2，$\cdots$，n）——基期第i种股票价格；P_{1i}（$i=1$，2，$\cdots$，n）——报告期第i种股票价格；n——股票样本数。

表8-1是4种股票交易资料，计算可得股价指数 $P = \frac{1}{4} \times \left(\frac{8}{5} + \frac{12}{8} + \frac{14}{10} + \frac{18}{15} \right) \times 100 = 142.5$，说明报告期的股价比基期股价上升了42.5个百分点。

表8-1 　　　　　　　　　　　　　**4种股票交易资料**

项目 种类	股价（元）		交易量（股）	
	基期 P_0	报告期 P_1	基期 Q_0	报告期 Q_1
A	5	8	1 000	1 500
B	8	12	500	900
C	10	14	1 200	700
D	15	18	600	800

（2）综合平均法，即分别把基期和报告期的股价加总后，用报告期股价总额除以基期股价总额。其计算公式为：

$$P = \frac{\sum_{i=1}^{n} P_{1i}}{\sum_{i=1}^{n} P_{0i}} \times 100 \qquad (8\text{-}2)$$

代入表8-1数字计算，股价指数 $P = \dfrac{8 + 12 + 14 + 18}{5 + 8 + 10 + 15} \times 100 = 136.8$，说明报告期股价比基期股价上升了36.8个百分点。

从简单算术平均法和综合平均法计算股价指数看，二者都未考虑到由于各种采样股票的发行量和交易量的不相同，而对整个股市股价的影响不一样等因素，因此，计算出来的指数亦不够准确。为了使股价指数计算精确，则需要加入权数，这个权数可以是交易量，亦可以是发行量。

（3）加权综合法。根据权数不同，计算公式为：

①以基期交易量（Q_{0i}）为权数： $P = \dfrac{\sum_{i=1}^{n} P_{1i}Q_{0i}}{\sum_{i=1}^{n} P_{0i}Q_{0i}} \times 100$ 　　　　　　　(8-3)

②以报告期交易量（Q_{1i}）为权数： $P = \dfrac{\sum_{i=1}^{n} P_{1i}Q_{1i}}{\sum_{i=1}^{n} P_{0i}Q_{1i}} \times 100$ 　　　　　　　(8-4)

③以报告期发行量（W_{1i}）为权数： $P = \dfrac{\sum_{i=1}^{n} P_{1i}W_{1i}}{\sum_{i=1}^{n} P_{0i}W_{1i}} \times 100$ 　　　　　　　(8-5)

表8-1的数字按（8-4）式计算：

$$P = \frac{8 \times 1\,500 + 12 \times 900 + 14 \times 700 + 18 \times 800}{5 \times 1\,500 + 8 \times 900 + 10 \times 700 + 15 \times 800} \times 100 = 139.47$$

说明报告期比基期股价指数上升了39.47个百分点。

（4）加权几何平均法，即以交易量或发行量作为权数。其计算公式为：

$$P = \sqrt{\frac{\sum_{i=1}^{n} P_{1i}Q_{0i} \cdot \sum_{i=1}^{n} P_{1i}Q_{1i}}{\sum_{i=1}^{n} P_{0i}Q_{0i} \cdot \sum_{i=1}^{n} P_{0i}Q_{1i}}} \qquad (8\text{-}6)$$

此公式是对前几个公式的进一步修正，被称为"费雪理想公式"，其最大缺点是样本股票增资除权（用除权数去除增资时的拆股认购权）时，修正很困难。因此，世界各国大多采用前几种方法计算。

8.2　国际主要股票价格指数

8.2.1　道·琼斯股价平均指数

道·琼斯股价平均指数，简称道·琼斯指数，是世界上影响最大的股票价格指数之一。1884年，道·琼斯公司创始人查理斯开始编制道·琼斯股价平均指数并刊登在当时出版的《每日通讯》上。开始时，只选用了11种在纽约证券交易所挂牌上市的股票（几乎全是铁路公司的股票），以后逐渐增加，而且扩大到其他行业。目前这个平均指数已经变动了4次，即在1897年股票由11种增至32种，1916年增至40种，1928年增至50种，1958年定为65种，直至今天。该指数所选用的代表性公司股票涉及工业、运输业、公用事业等所有重要行业。

道·琼斯股价平均指数共分4组：

（1）道·琼斯工业平均指数（Dow Jones Industrial Average Index）。这是由美国30家最具影响的大公司的股票组成的股票价格指数，如埃克森石油公司、通用汽车公司和美国钢铁公司等。这一价格指数基本能反映股票市场价格变动情况，因而常为世界各大报刊、电台、电视台引用，是道·琼斯股价平均指数的代表。

（2）运输业平均指数。计算这个指数选用了20种有代表性的运输公司的股票，涉及铁路、航空、轮船等各个方面。这个指数大致能客观反映出运输行业股票的变化情况。

（3）公用事业平均指数。该指数选用了美国15家公用事业公司的上市股票，如美国电力公司等。

（4）平均价格综合指数。这是由前三组合计的65家公司所有股票价格计算出来的，这一指标更能反映出整个股票市场的变化情况。

道·琼斯股价平均指数在世界上享有盛名，其主要原因是：①历史悠久。从1884年开始编制到现在一个多世纪，已成为一个最古老的股价指标。②采样典型性。65种股票包括交通运输业公司、工商业公司和公用事业公司，都是著名大公司，也都是热门股票。③快捷迅速。该指数以数秒钟的速度运算每分钟的价格平均数。④由世界金融界最有影响力的《华尔街日报》详尽报道，为各股市和股票投资者所重视。

8.2.2　标准普尔股价指数

标准普尔股价指数（Standard and Poor's Composite Index，S&P500 Index）是美国最大的证券研究机构标准普尔公司编制和公布的股票价格指数。1957年标准普尔公司把最初采样的233种股票扩大为500种，包括85个工商行业的400种股票，商业银行、储贷协会、保险公司和金融公司的 40 种股票，航空公司、铁路公司和公路货运公司的 20 种股票以及公用事业的 40 种股票。目前这 500 种股票交易额占纽约股票交易所交易总额的 80% 左右，因而具有很强的代表性。

标准普尔股价指数以 1941 年至 1943 年为基期，然后将所有采样股票加权平均计算。其计算公式为：

$$P = \frac{\sum_{i=1}^{n} P_{1i} Q_{1i}}{\sum_{i=1}^{n} P_{0i} Q_{0i}} \times 100 \tag{8-7}$$

式中，P_{0i}（$i=1, 2, \cdots, n$）——基期第 i 种股票价格；P_{1i}（$i=1, 2, \cdots, n$）——报告期第 i 种股票价格；Q_{0i}（$i=1, 2, \cdots, n$）——基期第 i 种股票数量；Q_{1i}（$i=1, 2, \cdots, n$）——报告期第 i 种股票数量。

从标准普尔 500 指数与道·琼斯指数的比较看，前者更能反映股票价格变动的全貌，代表性更强、更广泛，适用于分析股价的长期走势；而后者只代表了最大的公司的股价，对股价的短期走势具有一定的敏感性。但从整体上看，二者的表现是非常接近的。

8.2.3 英国金融时报股价指数——富时罗素全系列指数

英国金融时报股价指数是由英国金融界著名报纸《金融时报》编制发布的，描述伦敦证券交易所市场行情的股价指数。这一指数包括金融时报 30 种股价指数（FT30），金融时报精算（FTA）所有股价指数和金融时报–股票交易所 100 种股价指数（FT-SE100）。

通常说的金融时报股价指数是指 FT30，它是计算主要工业股的几何平均数，最初公布于 1935 年，以 1935 年 7 月 1 日为基期，基点为 100 点。由于其仅占市值的 30%，是一种几何平均数，长期绩效并不显著，但许多投资人仍习惯用 FT30 来衡量英国股市变化状况。

FTA 所有股价指数是衡量整体市场的基准指数，1962 年引入该指数，由 700 多只成份股构成，市值占英国股市总市值的 90%，是一种以市值加权的算术平均指数，它是评价投资组合与基金经理人绩效的基准指标。

FT-SE100 是英国第一个真正的即时指数。FT-SE100 是由 100 家英国最大的上市公司股价构成的以市值加权的算术平均指数，后来演变成为大名鼎鼎的"富时 100 指数"。

1995 年，英国《金融时报》前母公司与伦敦证券交易所集团创立富时集团，该集团是英国股票市场指数和相关数据服务供应商，研发并推行了众多种类、不同应用的全球、地区、行业指数。

2015 年，富时集团与美国指数公司罗素指数合并，成立富时罗素指数公司，成为全球第二大指数服务商，进一步拓宽了旗下各项指数在全球的推广与应用，成为目前全球指数风向标。

新华富时指数有限公司（新华富时），是新华财经有限公司（新华财经旗下公

启智增慧 8-1

"FTSE ESG"
指数系列

司）及富时集团的合资企业。富时集团是国际领先的指数公司，新华财经熟悉中国市场，掌握当地数据资源。新华富时精于提供关于中国市场的创新指数，所提供的指数包含中国市场所有主要资产类别及中国股票类别，满足境内外投资者对中国市场的不同需求。

8.2.4 日经股价指数

日经股价指数（Nikkei 225 Stock Index，N225）的全称是日本经济新闻社道·琼斯股票平均价格指数，又称日经道·琼斯平均股价指数。它是由日本经济新闻社编制发布的、在日本股票市场上最具代表性的股价指数。

日经股价指数用以观察股价的长期性变动极为便利，至今仍是最常用的分析指标。但由于其完全不考虑资本金的大小，造成一部分市场流通性小的高价股票暴涨暴跌，会使平均值产生剧烈波动，还会因为个别股票价格的小幅涨跌就使日经指数大幅变动，从而给人一种价格变动剧烈的错觉。

8.3 中国股票价格指数

8.3.1 上海证交所指数

1）上证综合指数

上证综合指数全称为上海证券交易所股票价格综合指数。它是在吸取国际重要股价指数编制经验，对原有上海静安指数进行分析的基础上，以当时在交易所上市的所有股票为样本，以1990年12月19日为基期，以股票发行量为权数进行编制的。其计算公式为：

$$股价指数=\frac{现时市价总值}{基日市价总值}×100 \qquad (8-8)$$

具体计算方法是：以当时基期和计算日股票的收盘价分别乘以发行股数，相加以后再求得基期和计算日的市价总值，再相除后即得股价指数。但遇上股票增资扩股或转增（剔除）时，则须相应进行修正。其计算公式调整为：

$$股价指数=\frac{现时市价总值}{新基准市价总值}×100 \qquad (8-9)$$

$$新基准市价总值=修正前基准市价总值×\frac{修正前市价总值+市价总值变动额}{修正前市价总值} \qquad (8-10)$$

2）上证分类指数

随着上海股市的发展，上海证券交易所决定从1993年5月3日起发布上海证券交易所分类股价指数（此前编制的为上证综合股价指数）。将分类股价指数编制的基期日从原定的1990年12月19日改为1993年4月30日，并以这天上证综合收盘股价指数1 358.78点作为计算基准。

上证分类指数分别为：工业类、商业类、地产类、公用事业类和综合类。

在遇有新股上市或送配股时，分类股价指数应与上证综合指数一起作相应调整。

　　根据上海证交所规定，上证综合股价指数自2002年9月23日起新股上市首日即计入指数。新股计入指数的基准价格是以发行价来计算的。

　　从实践效果来看，由于新股上市价格普遍高于发行价格，采用新股上市当日即纳入指数计算方法，股指可望借新股上市当日的走高而受益；但与此同时，新股上市后往往会出现价格回落现象，相应地会对股指形成拖累，尤其是当遭遇超级大盘股上市且被爆炒的情形时，大盘指数可借机获得上扬动力，而反过来遮掩其他个股下挫的事实，在市场上产生"只赚指数不赚钱"的现象。2006年中国银行上市时就曾经出现股指大幅高开而个股却普跌的现象。

　　随着"新老划断"后新股发行节奏的加快以及中国工商银行、中国银行等大盘股相继登陆A股市场，上证综指的失真问题再次引起市场的关注。为进一步完善指数规则，上海证券交易所2007年1月6日宣布，自即日起，新股于上市第十一个交易日起始计入上证综合、新综指（由在上海证券交易所上市的所有完成股权分置改革的股票组成，综合反映沪市全流通股票的股价变动情况），以及相应的上证A股、上证B股、上证分类指数。因为，此时的股票价格已基本趋于平衡。可见，这一调整不仅让指数能更真实地反映市场的平均投资收益水平，同时也有利于发挥指数的投资标尺作用。

3）上证180指数

　　上证180指数是在原有的上证30指数基础上，根据国际惯例和上市公司实际情况进一步调整完善的成份指数，它以2002年6月28日上证30指数收盘点数为基点，自2002年7月1日起取代上证30指数，成为新的市场基准。

　　与原有上证30指数相比，上证180指数编制方法更为科学，成份选择代表性和公开性更强。上证180的流通市值占上海市场的50%，成交金额占47%，指数加权方法采用分级靠档加权，更科学客观地反映了上市公司的经济规模和流通规模。每半年对样本进行不超过10%的调整，体现了样本稳定性和动态跟踪的结合。行业代表性、股票规模、交易活跃度和财务状况等是样本选择的着眼点。作为成份指数的上证180指数，可以使市场参与者更加客观地认识和评价市场，也是市场走向成熟、规范和国际化的重要标志。

　　与原有的上证30指数相比，上证180指数是更加适应证券市场发展状况的指数产品。上证30指数因长期未作调整，其样本股流通市值占上海市场的比例已下降到2002年4月的10.5%，失去了应有的代表性。而上证综指以总股本加权，并且覆盖了所有上市公司，其中还包括经营不正常的股票、亏损股票以及股价被操纵从而波动异常的股票，同时新股上市基期的虚拟性也使其存在相应缺陷。所有这些，上证180指数都尽力避免了。

　　上证180指数丰富了证券市场的指数品种，为进一步推出指数衍生产品打下了基础，可以为基金等机构投资者提供权威投资方向和跟踪目标，为评价投资绩效提供客观标准，还将引导市场理念向价值理性投资转变。上证180指数遵循国际主流价值取向，聚集了市场主要的蓝筹股，开启了市场新格局，影响积极深远。

8.3.2　深圳证交所指数

1）深证综合指数

深圳证券交易所综合股价指数是1991年4月4日开始编制和发布的，以1991年4月3日为基期，基期指数为100，属于发行量加权指数，该指数以所有上市股票为样本股，将其每日收盘价分别乘以其发行量，以求出市价总值，再与基日的市价总值相除予以指数化，此种指数用于表示采样股票全体资产价值的变化，用发行量作权数，以弥补简单算术平均法及道·琼斯股价平均指数忽视股票比重的缺点。

每当有新股在深交所上市时，在其上市后的第二天则被纳入样本股计算，若采样股在交易时间内突然停牌，将取其最后成交价格按盘计算即时指数，直至收市后再进行必要调整，将其暂时剔除。其计算公式为：

$$当日即时指数=上一营业日收市指数\times\frac{当日现时总市值}{上一营业日收市总市值} \tag{8-11}$$

这是一个"每日连锁方法"计算公式。假定现有 n 种采样股，则：

$$I=I_0\times\frac{P_{11}t_1+P_{12}t_2+\cdots+P_{1n}t_n}{P_{01}t_1+P_{02}t_2+\cdots+P_{0n}t_n} \tag{8-12}$$

式中，I——当日即时指数；I_0——上一营业日收市指数；P_{11}，P_{12}，…，P_{1n}——各采样股当日市价；P_{01}，P_{02}，…，P_{0n}——各采样股上一营业日收市价；t_1，t_2，…，t_n——各采样股发行股数。

深证综合指数编制与发布存在特定历史情况，当时深圳开展柜台交易的5家公司全在深交所上市，集中交易，股票托管工作也逐步完成，编制指数只好将上市股票全部纳入计算范围，并用总股本加权，其后凡新股上市均于第二天纳入指数计算。

2）深证成份指数

深证成份指数是从所有上市公司中按一定标准选出一定数量有代表性的公司的股价编制而成的。深证成份指数的意义表现在以下几个方面：第一，它克服了深证综合指数的不足，采用流通股市值较大、交易活跃、具有行业代表性的股票作为成份股，用可流通股数加权，给投资者提供一个更合理的参考指标。第二，深证成份指数反映市场主流的大势所向。成份样本股中大多数是大盘股、一线股，在股市中的作用举足轻重，依此编制成份股指数，消除其他因素影响，有助于证券市场健康发展。第三，深证成份指数有助于交易品种的开发。国外股票指数期货期权交易大多采用成份股指数，原因是其内部结构均衡、走势稳定、能规避风险进行合理投资组合。

深证成份指数的编制主要采用有代表性公司的流通股数作为权数，利用派氏加权计算，即以计算日成份股实际可流通A股数和可流通B股数作为权数。其计算公式是：

$$即日成份股指数=\frac{即日成份股可流通总市值}{基日成份股可流通总市值}\times1\,000 \tag{8-13}$$

成份股指数及其分类指数的基日定为1994年7月20日，基日指数定为1 000点，这是基于以下考虑：深圳股市波动小，用"千分点"计量较直观，借鉴国外先例，便于指数期货运作和结算，减少期货交易中平仓与交割的结算单位。

3）深证100指数

由深圳证券信息有限公司编制的深证100指数于2003年1月3日正式对外发布。该指数以2002年12月31日为基准日，基日指数定为1 000点。作为中国证券市场第一只由中立机构编制、管理并向整个证券市场发布的股票指数，深证100指数自公告之日起就引起了市场和广大投资者的普遍关注。

深证100指数选取在深交所上市的100只A股作为成份股，以成份股的可流通A股数为权数，采用派氏综合法编制。深证100指数的编制借鉴了国际惯例，吸取了深证成份指数的编制经验，成份股选取主要考察A股上市公司流通市值和成交金额份额两项重要指标。根据市场动态跟踪和成份股稳定性的原则，深证100指数将每半年调整一次成份股。

专家们认为，与目前市场上现有的一些指数相比，深证100指数更侧重于市场交易性指标，具有结构简单、权重清晰等特点。该指数选股原则客观简明，编制方法科学公开，具有较高的权威性和较强的市场适应性，具体表现在：

（1）市场覆盖率高。深证100指数成份股的流通市值和成交金额均占深圳股票市场总流通市值和总成交金额的40%左右。成份股具有流通市值大且交易活跃的特点，市场代表性较高。

（2）具有成份股的领先性。深证100指数成份股税后利润总额占深市上市公司的61%，主营业务收入占深市上市公司的43%，平均每股收益达0.187元，比深市平均每股收益0.113元高出65%。深证100指数目前的市盈率约28倍，低于深市A股38倍的平均市盈率水平。

（3）收益性好。从指数内部试运行的结果看，无论是阶段性收益对比还是长期收益比较，深证100指数收益特征均强于深圳市场现有的指数，具有很高的可投资性。

（4）稳定性高。模拟测试数据表明，深证100指数的波动性小于深证综合指数及深证成份指数。此外，深证100指数在进行定期调整时采用样本缓冲区技术，提高了深证100指数内部结构的稳定性和指数前后的可比性。

8.3.3　中证指数系列

中证指数有限公司成立于2005年8月25日，是由上海证券交易所和深圳证券交易所共同出资发起设立的一家专业从事证券指数及指数衍生产品开发服务的公司。目前开发的指数有：中证规模指数，包括包含沪深300、中证100等，反映沪深A股市场中不同规模特征股票的整体表现；中证行业指数，反映沪深A股市场中不同行业公司股票的整体表现，为投资者提供分析工具，并为指数化产品提供新的标的指数；中证主题指数，从主题角度刻画市场，为指数化产品提供新的标的指数；中证风格指数，反映不同风格特征股票的整体表现，为投资者提供新的业绩基准和资产配置工具；中证策略指数，反映投资策略市场表现，实现投资策略的指数化。其中最著名的就是沪深300指数。

沪深300指数是沪、深证券交易所于2005年4月8日联合发布的反映A股市场整体趋势的指数。沪深300指数的编制目标是反映中国证券市场股票价格变动的概貌和运行状况，并能够作为投资业绩的评价标准，为指数化投资和指数衍生产品创新提供基础条件。中证指数有限公司成立后，沪、深证券交易所将沪深300指数的经营管理及相关权益转移至中证指数有限公司。沪深300指数以2004年12月31日为基日，以该日300只成份股的调整市值为基期，基期指数定为1 000点，自2005年4月8日起正式发布。

计算公式为：

报告期指数=报告期成份股的调整市值/基日成份股的调整市值×1 000　　　　　(8-14)

其中，调整市值=$\sum$(市价 × 调整股本数)，基日成份股的调整市值亦称为除数，调整股本数采用分级靠档的方法对成份股股本进行调整。

8.3.4 香港恒生指数

恒生指数是中国香港股票市场上历史最久的一种股价指数。它由恒生银行于1969年11月24日起每日公布，以1964年7月31日为基期，基期指数为100，采样股33种，这些有代表性的股份被称为"成份股"。成份股主要根据以下4个指标选定：公司股票在股市的重要程度、股票成交值对投资者的影响、发行股数足以应付市场旺市的需要、公司业务须以中国香港为基地。33种成份股由下列行业组成：金融业股票4种、公用事业6种、地产业9种、其他工商业包括航运及酒店14种。这些成份股分布在中国香港主要行业，都是具有代表性、经济力量雄厚的大公司。

恒生指数的计算方法是根据上述33种有代表性的上市公司股票，按其每天的收市价计算出当天这些上市公司的总市值，再与基日资本总市值相比，乘以100可得当天指数。

$$恒生指数=\frac{计算日资本总市值}{基日资本总市值}×100 \qquad (8-15)$$

8.3.5 中外股票价格指数比较

1）主要股价指数的共性比较

世界各国的股价指数，无论编制方法和依据如何，其实质都是用平均的观点来描述整个股市的变化，因此归纳起来有一些共性特征：

（1）代表性和敏感性。这是所有股价指数的必备特征。代表性主要是指采样股票，既要选出不同行业的股票，又要在各行业中选取具有鲜明特征的股票，而且成份股的选择要尽可能符合股票市场结构状态，同时成份股总市值在全部及总体的市值中又要占相当比例。敏感性是指股价指数对整个股市反映的及时性和准确性，技术的发展使股价指数在各证交所瞬时公布，提高了其可用性。代表性和敏感性是各国主要指数一致的特征。

（2）可调节性。股市运行的规律，决定了它随时反映经济状况，而全球股价指数体系也成为世界经济运行中的一个子系统，经济中的风吹草动乃至政治风云均会清晰地印证在股价指数上，因此，股价指数（或股票市场）不应放任自流、无序发展，而是要受到经济的、法律的、行政的手段的干预和调控，这在全球是普遍的，只有程度上的差异。

（3）编算的同质性。不同的股价指数编制方法各异，侧重点也不尽相同，但其反映的实质大同小异。首先确定样本股，即都有明确的对象；其次采用不同的计算方法，使计算指数适当地反映对象；最后将结果按所反映市场的要求作以调整和修正，选定基期作比较，得到报告期指数。

（4）变化的趋同性。世界经济是牵一发而动全身的，这随全球经济一体化进程的加深而得到越来越明显的印证，股价指数的编制基础是实体经济，从而使这一特点进一步放大。如美国道·琼斯指数和标准普尔500指数，虽然二者的定位、算法大不相同，反映的市场状况也有很大差异，但实际上并非如此，在1991年上半年，道·琼斯指数仅比标准普尔500指数多出5个点，整体而言，二者的表现非常接近。在每个大的政治经济事件前后全球股指的连动反应，都是变化趋同性的有力佐证。

2）主要股价指数的个性比较

（1）道·琼斯指数与标准普尔500指数。道·琼斯指数采用算术平均法计算，选用样本侧重于股票品质，反映优等股概貌，但没有考虑公司规模问题。标准普尔500指数采用市值加权法计算，选用样本交易额占绝大部分市场总额，避免了道·琼斯指数在股票拆分时调整分母的麻烦，但由于其涵盖股票很多，波动程度经常偏高，对于不熟悉美国股市的投资人来说，主要以道·琼斯指数来衡量股市表现，因此，美国股市有句俗话："最佳的指数是人们最经常使用的指数。"

（2）FT30、FTA所有股票与FT-SE100。在多年的运行趋势上，三者具有高度的一致性，而FTA所有股价指数的绩效最理想，因为它包含成长较快的中小企业，这使另外二者望尘莫及；而FT30由于其构成中大多是稳定的绩优股，它的整体走势多与英国经济长期走势相同，因此表现欠佳；FT-SE100的即时性有目共睹，而且它公布之初，即由市值最大的百种股票构成，与FTA所有股票的相关性极高，也具有极大的动态性。

（3）日经股价指数与道·琼斯指数。日经股价指数又称日经道·琼斯指数，该指数与美国道·琼斯指数相比有一定差别，因为它没有设定基期，没有基期值，是严格意义上的股价平均数，离指数化还有一定距离。

股价指数编制方法比较见表8-2。

表8-2 **股价指数编制方法比较**

编制方法	代表指数
价格算术平均，无权数	道·琼斯指数系列，日经225指数
股本派氏加权	S&P指数系列，FT-SE指数系列
股本拉氏加权	德DAX指数系列
价格算术平均和几何平均，无权数	美Value Line指数
价格调和平均	Morgan Stanley High-Tech 35指数

启智增慧8-2

海外中国概念股票指数类衍生品市场

本章小结

股票价格指数是反映股票市场行情变化的主要指标。本章主要介绍股票价格指数编制原理和计算方法、国际证券市场主要股价指数、中国现行各类股价指数等。

通常，股价指数的计算方法有4种，即简单算术平均法、综合平均法、加权综合法和加权几何平均法。

国际证券市场主要的股价指数有：道·琼斯股价平均指数、标准普尔股价指数、英国金融时报股价指数、日经股价指数等。

中国证券市场主要的股价指数分为上证指数和深证指数两个类别，主要有上证综合指数、上证分类指数、上证180指数和深证综合指数、深证成份指数、深证100指数、沪深300指数等。

关键概念

股票价格指数　道·琼斯股票价格平均指数　标准普尔股价指数　英国金融时报股价指数　日经股价指数　上证综合指数

综合训练

✔ 理论知识回顾

1）股票价格指数的计算方法有几种？各有什么特点？
2）国外具有代表性的股价指数有哪些？
3）中国现行股票市场上发布的价格指数有哪些？
4）试比较分析中外股价指数的共性与个性。

✔ 阅读思考和实践

MSCI推出全新气候行动指数

10月25日，国际指数编制公司MSCI宣布推出MSCI气候行动指数。这些指数专为寻求净零排放转型进展的投资者设计。

据悉，这一全新气候指数系列由采取可衡量措施解决排放问题的公司组成。MSCI根据全球行业分类标准（GICS）所涵盖的11个行业，从整个经济休中选出这些公司。MSCI气候行动指数系列包括MSCI ACWI气候行动指数、MSCI全球气候行动指数、MSCI新兴市场气候行动指数、MSCI美国气候行动指数和MSCI欧洲气候行动指数。

对于需要覆盖所有经济领域的指数，并青睐能够根据当前和前瞻性气候指标自下而上选择指数成份的投资者来说，这一全新指数系列是重要的参考工具。

这一指数系列还旨在帮助那些寻求遵循格拉斯哥净零排放金融联盟（GFANZ）的建议，以作出符合实体经济减排的投资决策的投资者。

MSCI表示，MSCI气候行动指数的推出扩展了MSCI广泛的ESG和气候指数的范围，使投资者能够将气候因素纳入全球和区域股票市场投资组合。除了助力实体经济

即测即评8

综合训练
参考答案8

转型的气候行动指数外，投资者还可选择旨在减少投资组合排放的MSCI低碳目标指数以及旨在与1.5°C温控目标一致的MSCI巴黎协定气候指数（适用于实施净零排放策略的投资者）。

机构投资者可将这些指数作为参考基准、用于创建包括ETF、衍生工具、结构化产品和公募基金在内的产品，以及作为积极管理策略的业绩衡量基准。

思考和分析：思考金融价格指数的意义和编制原则。

第**3**篇

证券投资分析

第9章

证券投资价值分析

目标引领

☑ 价值塑造

本章培养学生学会从投资价值角度对上市公司进行分析的同时，具备作为中华人民共和国公民的社会责任感和国家方针政策践行者的使命感。上海证券交易所2008年5月发布了《关于加强上市公司社会责任承担工作的通知》，随后于2009年推出了上证社会责任指数，其目的是鼓励和促进上市公司积极履行社会责任，同时为投资者提供新的投资标的指数，促进社会责任投资的发展。

☑ 知识传授

通过本章的学习，了解债券价格的种类及影响债券价格的因素；掌握影响股票价格的基本因素；掌握股票投资价值分析的几种模式；理解和掌握股票投资价值的评价方法；了解开放式基金的价格及其决定因素。

思维导图

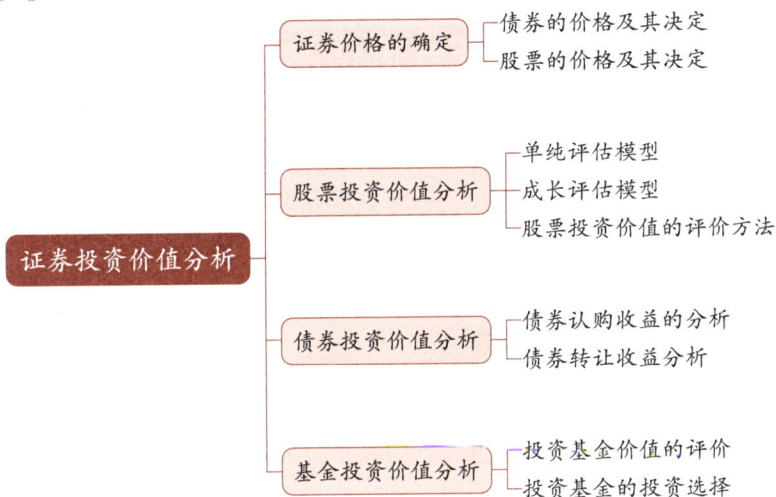

开篇导读

汽车行业电动化智能化趋势明确

“双碳”目标下汽车电动化是行业发展的必然选择。《2030年前碳达峰行动方案》明确提出，到2030年新增新能源、清洁能源动力的交通工具比例达到40%左右。2021年全年新能源汽车渗透率为13.4%，2022年3月以来，新能源汽车渗透率首次突破20%。

电动化方面，新能源汽车渗透率不断提升，市场下沉趋势明显。随着政策支持充电等基础设施的完善，新能源汽车在三四线城市快速下沉发展。2021年新能源汽车下乡车型累计销售量为106.8万辆，同比增长169.2%，比整体市场增速高约10个百分点，贡献率近30%。

智能化方面，作为智能化终端应用场景，加速推动品牌向上升级。随着5G技术应用落地，单车智能化与车路协同新基建加快推进，汽车智能化趋势逐渐加速。根据CAICV最新数据，2022年1—4月L2+级别乘用车渗透率达到31.0%，而去年同期渗透率仅为17.6%。智能化趋势为车企提供品牌向上升级的机遇，有助于全行业的估值体系重构。

资料来源 节选自海通证券策略研究报告。

市场价格分析是复杂的系统工程，想要从金融产品价格的变化中发现买进卖出机会，发掘低买高卖的空间，需要有理有据、有条不紊地合理思考。投资者也好，融资者也罢，生产资料也好，人才劳动力也罢，都在不断地追逐价值。

9.1 证券价格的确定

有价证券的价格主要取决于证券预期的收入量和当时的银行存款利息率两个因素，它同前者成正比，同后者成反比。同时，证券价格又强烈地受到市场上证券供求关系的影响。证券价格的升降变动是证券市场的“指示器”和“晴雨表”。证券价格机制则是构成证券市场的中枢机制。

9.1.1 债券的价格及其决定

1）债券的理论价格

债券价格是未来各期债券的利息收入与某年后出售（兑付）债券所得收入的现值之和。根据现值（贴现）公式：$P = F\cdot\frac{1}{(1+i)^n}$，可将债券的理论价格表示为：

$$P = \frac{C_1}{(1+i)} + \frac{C_2}{(1+i)^2} + \frac{C_3}{(1+i)^3} + \cdots + \frac{C_n}{(1+i)^n} + \frac{S}{(1+i)^{n+1}}$$
$$= \sum_{t=1}^{n}\frac{C_t}{(1+i)^t} + \frac{S}{(1+i)^{n+1}} \qquad (9\text{-}1)$$

式中，F——债券本息和；P——债券价格；C_t——第t期可以预期得到的债券利息收入；i——债券持有人要求得到的实际收益率（或称折现率）；S——第 $n + 1$ 期出售债券的预期收入。

2）债券的发行价格

债券发行一般分为平价发行、溢价发行和折价发行3种情况，下面分别介绍对不同种类债券发行价格的计算公式。

（1）附息票债券发行价格的计算（单利）

附息票债券发行价格公式（单利）是通过债券单利收益率计算公式推导得来的，其公式为：

$$债券发行价格 = \frac{1 + (票面利率 \times 偿还年限)}{1 + (年收益率 \times 偿还年限)} \times 面值 \qquad (9\text{-}2)$$

上式中，当票面利率低于年收益率时，为折价发行；二者相等时，为平价发行；前者大于后者时，则为溢价发行。

（2）附息票债券发行价格的计算（复利）

用复利计算法确定债券发行价格，是考虑了利息再投资的因素，用下式即可求得债券的发行价格：

$$债券发行价格 = \frac{N + C \cdot (1 + N)^n - C}{N \cdot (1 + N)^n} \times 票面价格 \qquad (9\text{-}3)$$

式中，N——债券收益率；C——债券的票面利率；n——债券的偿还期限。

（3）贴现债券的发行价格

由于贴现债券不支付年利息，因此同附息票债券价格的计算方法略有不同。一般情况下，1年以内的贴现债券用单利计算，超过1年的贴现债券则用复利计算。

①1年以内的贴现债券发行价格的计算方法（以日本为例）

已知年贴现率求发行价格，其计算公式为：

$$发行价格 = 票面金额 - 票面金额 \times 年贴现率 \times \frac{期限（含头尾两天）}{365} \qquad (9\text{-}4)$$

已知年收益率求发行价格，其计算公式为：

$$发行价格 = \frac{票面价值}{1 + 年收益率 \times \dfrac{期限（计算一头）}{365}} \qquad (9\text{-}5)$$

②1年以上贴现债券发行价格的计算方法

1年以上的贴现债券通常采用复利计算，其计算公式为：

$$发行价格 = \frac{票面价格}{(1 + 年收益率)^{年限}} \qquad (9\text{-}6)$$

3）债券的转让价格

（1）附息票债券转让价格的计算

在债券价格与收益计算中，对三方面因素，即债券的利息收入、资本损益和利息再投资因素都加以考虑而计算的价格或收益率，称为复利计算法。附息票债券转让价格的复利计算方法是：

设：r——复利到期收益率；C——年利息（年利率×面额）；P——购买价格（投资本金）；m——每年付息次数；n——距到期年数；R——偿还价格（面额）。

当 $m = 1$ 时（即当债券每年付息一次），假如以价格 P 买入某种债券后按复利方式计算，则：

1年后债券的价值为：

$$P_1 = P + P \cdot r = P \cdot (1 + r)$$

2年后债券的价值为：

$$P_2 = P_1 + P_1 \cdot r = P_1 \cdot (1 + r) = P \cdot (1 + r)^2$$

n年后债券的价值为：

$$P_n = P \cdot (1 + r)^n \tag{9-7}$$

再假如该债券的年利息为 C，以复利方式计算，则1年后可得利息 C；2年后可得利息 $C + C \cdot (1 + r)$；3年后可得利息 $C + C \cdot (1 + r) + C \cdot (1 + r)^2$；$n$ 年后可得利息 $C + C \cdot (1 + r) + C \cdot (1 + r)^2 + \cdots + C \cdot (1 + r)^{n-1}$。

因此，当 n 年后偿还债券时，该债券的价值应为利息与面额之和，即：

$$P_n = C \cdot (1 + r)^n - 1 + C \cdot (1 + r)^{n-2} + \cdots + C + R$$
$$= \frac{C}{r} \cdot [(1 + r)^n - 1] + R \tag{9-8}$$

由（9-7）式和（9-8）式可得：

$$P \cdot (1 + r)^n = \frac{C}{r} \cdot [(1 + r)^n - 1] + R$$

由此可得出债券市场价格公式：

$$P = \frac{C}{r} \cdot \left[\frac{(1 + r)^n - 1}{(1 + r)^n}\right] + \frac{R}{(1 + r)^n} \tag{9-9}$$

当 $m=2$ 时（即当债券每年付息两次时），美国计算方式和欧洲计算方式不同。

美国计算公式为：

$$P = \frac{C}{r} \cdot \left[\frac{(1 + \frac{r}{2})^{2n} - 1}{(1 + \frac{r}{2})^{2n}}\right] + \frac{R}{(1 + \frac{r}{2})^{2n}}$$

欧洲计算公式为：

$$P = \frac{C}{2(\sqrt{1 + r} - 1)} \cdot \left[\frac{(1 + r)^n - 1}{(1 + r)^n}\right] + \frac{R}{(1 + r)^n}$$

（2）贴现债券转让价格的计算

①美国方式的计算公式如下：

市场价格=面额－（距到期天数÷360×年贴现率）×面额 \qquad (9-10)

②日本方式的计算公式如下：

$$购买价格 = \frac{偿还价格}{(1 + 年收益率)^{剩余年数}} \tag{9-11}$$

卖出价格=购买价格+购买价格×持有期间收益率×持有年限 \qquad (9-12)

（3）一次还本付息债券转让价格的计算

当前我国的可转让债券中，除有极少数附息票债券和贴现债券外，绝大部分为到期一次还本付息的债券，如国库券、重点建设债券、国家建设债券以及大多数金融债券和地方企业债券等。这类债券实质上应属于贴现债券，因此在计算这类债券的转让价格时，应选用变通形式的贴现债券，转让价格的计算公式如下：

$$市场价格 = \frac{面额 + 利息总额}{(1 + 到期收益率)^{待偿年数}} \tag{9-13}$$

并按实际天数计算利息。

【例 9-1】 面额 100 元的 2020 年国库券，票面年利率 9%，期限 5 年（2025 年 7 月 1 日到期），到期一次还本付息，持券人于 2023 年 6 月 19 日将其卖出时，若向购券人提供 15% 的复利到期收益率，卖出价格应为多少？

距到期日还有 2 年零 12 天，则：

$$卖出价格 = \frac{100 + 100 \times 9\% \times 5}{(1 + 15\%)^{2\frac{12}{365}}}$$

$$= 109.1 （元）$$

4）影响债券行市的主要因素

债券行市是随着债券市场的供需状况不断变化的，因此，市场的供求关系对债券价格的变动有着直接的影响。当市场上的债券供过于求时，债券价格必然下跌；反之，债券价格则上涨。影响债券供求关系，从而引起债券行市变动的因素较多，除政治、战争、自然灾害等因素外，还有以下几方面的因素：

（1）利率。货币市场利率的高低与债券价格的涨跌有密切关系。当货币市场利率上升时，信贷紧缩，用于债券的投资减少，于是债券价格下跌；当货币市场利率下降时，信贷放松，可能流入债券市场的资金增多，投资需求增加，于是债券价格上涨。

（2）经济发展情况。经济发展情况的好坏，对债券市场行情有较大的影响。当经济发展呈上升趋势时，生产对资金的需求量较大，于是市场利率上升，债券价格下跌；当经济发展不景气、生产过剩时，生产企业对资金的需求急剧下降，于是市场利率下降，资金纷纷转向债券投资，债券价格也随之上涨。

（3）物价。物价的涨跌会引起债券价格的变动。当物价上涨的速度较快时，人们出于保值的目的，纷纷将资金投资于房地产或其他可以保值的物品，债券供过于求，从而会引起债券价格的下跌。

（4）中央银行的公开市场操作。中央银行具有宏观调控的重要功能，为调节货币供应量，通常在信用扩张时向市场上抛售债券，这时债券价格就会下跌；而当信用萎缩时，中央银行又从市场上买进债券，这时债券价格则会上涨。

（5）新发债券的发行量。当新发债券的发行量超过一定限度时，会打破债券市场供求的平衡，使债券价格下跌。

（6）投机操纵。在债券交易中进行人为的投机操纵，会造成债券行情的较大变动，特别是在初建证券市场的国家，由于市场规模较小，人们对债券投资还缺乏正确的认识，加之法规不够健全，因而使一些非法投机者有机可乘，以哄抬或压低价格的方式造成市场供求关系的变化，影响债券价格的涨跌，从而达到自己的目的。

（7）汇率。汇率的变动对债券市场行情的影响很大。当某种外汇升值时，就会吸引投资者购买以该种外汇标值的债券，使债券价格上涨；反之，当某种外汇贬值时，人们纷纷抛出以该种外汇标值的债券，债券价格就会下跌。

9.1.2　股票的价格及其决定

1）股票的价格及其本质

股票是一种虚拟资本，它本身没有价值，仅仅是一种凭证。它之所以有价格，是因为它具有能给持有者带来股息收入的性质。因此，买卖股票实际上就是购买或转让一种领取股息收入的凭证。

股票价格，从广义上讲，包括股票的发行价格和股票的交易价格；而狭义的股票价格，则更多的是指股票的交易价格，即股票行市。股票价格不是由人们的主观意志决定的，而是根据时常变动的供求关系形成的。我们说，股票是一种虚拟的资本商品，是因为它有三大特征：第一，股票作为一种虚拟的资本商品，其产生过程存在着风险。第二，股票作为虚拟的资本商品，其风险可以通过流通而转移。第三，股票作为虚拟的资本商品，在其风险转移的过程中会出现投机。由于股票的增值受多种因素制约，股票价格受多种因素影响，以及人们对股票的增值判断是依据他们各自对预期收入、风险大小的判断，于是出现了股票的投机。可以说，股票是最具有商品拜物教性质和投机性质的虚拟资本商品。总之，在"风险""流动""投机"三大特征中，"风险"是股票作为虚拟的资本商品的基本属性。

2）股票价格的种类

（1）股票的理论价格，是按照股票投资价值与股息收入水平、市场利率水平协变关系分析、计算出来的价格。从理论上讲，它取决于每股所取得的股息与当时的市场利率。它与预期股息收益的大小成正比，而与市场利率成反比。其公式可表示为：

$$股票理论价格 = \frac{预期股息收益}{市场利率}$$

(9-14)

（2）股票的票面价格。股票的票面价格又称股票的面额，是股份公司在发行股票时所标明的每股股票的票面金额。它表明每股占公司总资本的比例，以及该股票持有者在股利分配时所应占有的份额。股票的票面价格是确定股票发行价格的重要参考依据，也可防止那些同公司内部人员有联系的投资者以较低的价格获取新股票，同时又是新股票投资者投资的参考依据。通常，股票票面价格的高低主要取决于公司的筹资总额、公司发行股票的股数、原公司股票的票面价格等因素。

（3）股票的发行价格。股票的发行价格是指股份公司在发行股票时的出售价格。根据不同公司和发行市场的不同情况，股票的发行价格也各不相同，主要有面额发行、设定价格发行、折价发行和溢价发行4种情况。

股票虽然有许多种发行价格，但在一般情况下，同一种股票只能有一种发行价格。股票发行过程中究竟采用哪一种价格，主要取决于股票的票面形式、公司法的有关规定、公司状况及其他有关因素。

（4）股票的账面价格。股票的账面价格也称为股票的净值，是证券分析家和其他专业人员所使用的一个概念。它的含义是指股东持有的每一股份在账面上所代表的公司财产价值，它等于公司总资产与全部负债之差同总股数的比值。股票的账面价格与市场价格并不一致，一般成长股票其市场价格往往要高于其账面价格，但对于收益率取决于公司资产净值总额的股票，其账面价格和市场价格的变动却具有一致性。股票账面价格的变动主要取决于资产总额的数量、负债总额的数量等多项因素。

（5）股票的清算价格。股票的清算价格是指公司清算时，每股股票所代表的真实价格。从理论上讲，股票的清算价格是公司清算时的资产净值与公司股票股数的比值。但实际上由于清算费用、资产出售价格等原因，股票的清算价格不等于这一比

值。通常，股票的清算价格主要取决于股票的账面价格、资产出售损益、清算费用的高低等因素。

3）影响股票价格的因素

股票市场价格的形成依据是理论价格，但因为受到诸多因素的影响，股票行市经常产生波动。影响股票行市的因素很多，从性质上讲，可归结为两大类：一是基本因素；二是技术因素。所谓基本因素是指市场以外的各种因素；而技术因素是指股票市场内可影响股价的各种操作。股市的主要运动或长期趋势是由基本因素决定的（如经济周期），而技术因素则会引起股价的短期波动。

（1）影响股票价格的基本因素。

①经济因素。经济因素是影响股价的最基本的因素，它包括宏观经济因素、中观经济因素和微观经济因素。

宏观经济因素是指宏观经济环境的优劣对股价的影响，既包括商业周期波动这种单纯的经济因素，也包括政府经济政策及特定的财政金融行为等混合因素，如经济周期、财政收支状况、利率水平高低、货币政策、税收政策、物价水平等都会影响股价的变动。再如主要社会指标的变动，即国内生产总值、经济增长率、工农业生产指数等指标是对国民经济总体状况的反映，无疑会影响股票的行市。

中观经济因素指某一行业的经济状况对股票价格的影响，又称行业因素，主要包括行业寿命周期、行业经济波动等因素。

微观经济因素对股票价格的影响主要包括：股票发行公司的盈利水平、公司的股利派发政策、股份分割和无偿增发新股、公司资产质量等。

②政治因素。政治因素是指能够影响股票价格的政治事件以及政府的政策措施，如政局稳定对股市有良好影响，相反，政局不稳是导致股市下跌的重要因素。此外，战争、劳资纠纷等都将会对股价产生影响。

③其他因素。如自然灾害一旦发生，生产设备受到破坏，生产处于停顿，就会使股价下降；反之，当进入复兴阶段时，由于复兴需要大量投资，会使社会需求增加，从而使股价上升。

（2）影响股票价格的技术因素。技术因素即指市场的操作因素，它们的产生主要是投机活动的结果。由于投机活动的主要目的是获取短期收益，因此，技术因素一般只能影响股市的短期波动，而很少能对市场的长期波动趋势产生影响。

①人为的投资操作。一些投资者为获取暴利，采取不正当手段来左右股票价格，其主要表现有：转账、轮作、哄抬、轧空、公司操纵、串谋等。

②买空、卖空及大户购买。

（3）信用交易因素。信用交易使投机者可以通过大规模借入资金来购买股票或者借入股票做大宗卖出，这种情况使股价的长期波动又多了一个重要影响因素。因为信用交易除了受利率因素影响外还受交易保证金比例的影响，而交易保证金比例会对股价产生重大影响。更严格地说，是利率和保证金的综合效应对股价产生了影响。

（4）证券管理部门的限制规定。证券管理部门如果发现某些股价波动是由过度投机因素造成的，为了稳定股价，保证证券交易的秩序性及经济公平性，可以采取一些措施，如提高保证金比例或降低抵押证券的抵押率、规定信用交易贷款余额等。

9.2 股票投资价值分析

股票的投资价值集中反映在它带来收益的能力，并以具体的价格形式表现出来。因此，研究股票投资价值实际上就是分析、研究股票投资的各种收益及其变化与股票价格的关系。这里我们不妨通过一些模型来分别进行考察。

9.2.1 单纯评估模型

人们在进行股票投资价值分析时，一般都是以货币的时间价值理论为基础来计算股票的投资价值。根据这一理论，在计算股票投资价值时，就是把未来的现金收入资本化，或者说用折现的方法以时间现值计算股票的投资价值。

假设我们以 W 代表股票投资价值，以 n 代表股票持有年数，未来各期每股预期股息分别为 D_1，D_2，$\cdots$，D_n，n 年后股票卖出的价格为 S，折现率为 i，则：

$$W = \frac{D_1}{(1+i)} + \frac{D_2}{(1+i)^2} + \cdots + \frac{D_n}{(1+i)^n} + \frac{S}{(1+i)^n}$$

$$= \sum_{t=1}^{n} \frac{D_t}{(1+i)^t} + \frac{S}{(1+i)^n} \tag{9-15}$$

这是一个具有一般性的基本模型，以后对各种模型的分析都是在此基础上进行的。

现在我们假设未来各期的预期股息为一固定值 D，且持有时间等于无限长，即 $D_1 = D_2 = \cdots = D_n = D$，且 $n \to \infty$。这时，公式（9-15）则变为：

$$W = \sum_{t=1}^{\infty} \frac{D}{(1+i)^t} + \frac{S}{(1+i)^{\infty}}$$

$$= \frac{D}{(1+i)} \cdot \frac{1 - \frac{1}{(1+i)^{\infty}}}{1 - \frac{1}{(1+i)}} + \frac{S}{(1+i)^{\infty}}$$

$$= \frac{D}{i}\left[1 - \frac{1}{(1+i)^{\infty}}\right] + \frac{S}{(1+i)^{\infty}}$$

又因 $\frac{1}{(1+i)^{\infty}} \to 0$，$\frac{S}{(1+i)^{\infty}} \to 0$，

所以，以上公式可归结为：

$$W = \frac{D}{i} \tag{9-16}$$

【例9-2】某证券投资者在年初预测某种股票每年年末的股息均为0.80元，而折现率为8%，则该年初股票投资价值为：

$$W = \frac{0.80}{8\%} = 10 \text{（元）}$$

现在如果我们将折现率改为5%，年股息收益不变，则该股票的投资价值为：

$$W = \frac{0.80}{5\%} = 16 \text{（元）}$$

这里需要指出的是：公式（9-16）就是资本还原公式，一般被称为理论股价基

本公式或股票投资价值基本公式。同时，它又被称为在未来股息固定发放情况下的单纯评估模型。

9.2.2 成长评估模型

成长评估模型又分为以下两种情形：

1）**考虑股息增长**

现在我们假设，股息每年增长率为g，则：

$D_1=D$

$D_2 = D(1 + g)$

$D_3=D(1+g)^2$

$\vdots$

$D_n=D(1+g)^{n-1}$

由公式（9-15）可推导出：

$$W = \frac{D}{(1+i)} + \frac{D(1+g)}{(1+i)^2} + \frac{D(1+g)^2}{(1+i)^3} + \cdots + \frac{D(1+g)^{n-1}}{(1+i)^n} + \frac{S}{(1+i)^n}$$

$$= \sum_{t=1}^{n} \frac{D(1+g)^{t-1}}{(1+i)^t} + \frac{S}{(1+i)^n}$$

$$= \frac{D}{(1+i)} \cdot \frac{1 - \frac{(1+g)^n}{(1+i)^n}}{1 - \frac{(1+g)}{(1+i)}} + \frac{S}{(1+i)^n}$$

$$= \frac{D}{i-g} \cdot \left[1 - \frac{(1+g)^n}{(1+i)^n}\right] + \frac{S}{(1+i)^n}$$

假定$n \to \infty$，若$i > g$，则$\frac{(1+g)^n}{(1+i)^n} \to 0$

同时$\frac{S}{(1+i)^n} \to 0$，因此：

$$W = \frac{D}{i-g} \tag{9-17}$$

这便是成长评估模型。下面举例进行分析：

东方公司股票的当期股息为1元，折现率为10%，预计以后股息每年增长率为5%，则东方公司股票目前的投资价值为：

$$W=\frac{1}{0.1-0.05}=20（元）$$

一般来说，$0<g<i$，因此公式（9-17）适用于对每年收益或股息持续增长的股票进行投资价值评估。当然在实际中不一定股息每年都有增长，即g不一定大于0。当$g=0$时，$W=D/i$，这与公式（9-16）相同。当公司的股息出现负增长时，即$-1<g<0$，公式（9-17）照样可以适用，也就是说，它能够对股息逐渐减少的企业的股票进行投资价值分析，它的适用范围较公式（9-16）还要大一些。

以上我们是在股息无限期增长的条件下分析问题的，但是实际上有的企业在一段时间内股息是持续增长的，但持续增长一段时间后就不再增长了，因此我们还要针对这种情况考虑新的模型。现假定某公司股息增长期为m年，但自$m+1$年以后，股息则不再增长。其评估模型应为：

$$W=\frac{D}{(1+i)}+\frac{D(1+g)}{(1+i)^2}+\frac{D(1+g)^2}{(1+i)^3}+\cdots+\frac{D(1+g)^{m-1}}{(1+i)^m}+\frac{D(1+g)^{m-1}}{(1+i)^{m+1}}+\frac{D(1+g)^{m-1}}{(1+i)^{m+2}}+\frac{D(1+g)^{m-1}}{(1+i)^{m+3}}+\cdots+$$

$$\frac{D(1+g)^{m-1}}{(1+i)^n}+\frac{S}{(1+i)^n}$$

$$=\frac{D}{(1+i)}\cdot\frac{1-(\frac{1+g}{1+i})^m}{1-\frac{(1+g)}{(1+i)}}+\frac{1}{(1+i)^m}\cdot\left[\frac{D(1+g)^{m-1}}{(1+i)}+\frac{D(1+g)^{m-1}}{(1+i)^2}+\cdots+\frac{D(1+g)^{m-1}}{(1+i)^{n-m}}\right]+\frac{S}{(1+i)^n}$$

$$=\frac{D}{i-g}\cdot\left[1-(\frac{1+g}{1+i})^m\right]+\frac{D(1+g)^{m-1}}{(1+i)^m}\cdot\frac{1}{i}\cdot\left[1-\frac{1}{(1+i)^{n-m}}\right]+\frac{S}{(1+i)^n}$$

当 $n\rightarrow\infty$ 时，$(n-m)\rightarrow\infty$，故 $\frac{1}{(1+i)^{n-m}}\rightarrow0$，$\frac{S}{(1+i)^n}\rightarrow0$，则：

$$W=\frac{D}{i-g}\cdot\left[1-\frac{(1+g)^m}{(1+i)^m}\right]+\frac{D(1+g)^{m-1}}{(1+i)^m}\cdot\frac{1}{i} \tag{9-18}$$

下面我们举例分析：

假设东方公司股票的股息为10元，折现率为10%，预计股票购买后的前10年每年股息增长率为5%，10年以后股息将不再增长，则该股票投资价值的计算如下：

$$W=\frac{10}{0.1-0.05}\times\left[1-(\frac{1.05}{1.10})^{10}\right]+\frac{10\times(1.05)^9}{(1.10)^{10}}\times\frac{1}{0.1}=134.63（元）$$

从以上计算结果可知，公司股息是否能够长期持续增长对股票投资价值影响很大。前例中我们假定公司股息能够持续增长，则东方公司的股票投资价值为200元。其他条件不变，在后例中我们假定了10年之后公司股息将不再增长，此时计算出来的东方公司股票投资价值变成了134.2元。比较看来，公式（9-18）这一评估模型适用性更强一些，它可适用于股息成长期有限或股息在不同时期有不同增长率的情形。例如，某公司前10年股息增长率为5%；中间10年股息增长率为4%，其后股息将不再增长。

2）考虑未分配盈余

以上成长评估模型，主要都是在有股息增长情况下进行股票投资价值分析的理论模型，即都是分析股息增长对股票投资价值的影响，但未能考虑股息的来源问题。下面我们将股息来源这一因素考虑进来，从而进一步建立一些新的理论模型，来对股票投资价值进行分析。

假设某公司未来各期税后纯收益为 E_1，E_2，$\cdots$，E_n，未分配盈余占税后纯收益的比率为 b，该企业的投资获利率（就是税后纯收益与资产总额即使用总资本之比）为 r，并且假定该公司没有负债，因此获利全部属于股东。由此，存在如下公式：

$\because D_1=D=E_1(1-b)$

$E_2=E_1+rbE_1=E_1(1+rb)$

$\therefore D_2=E_2(1-b)=E_1(1+rb)(1-b)=D(1+rb)$

$E_3=E_2+rbE_2=E_2(1+rb)=E_1(1+rb)^2$

$\therefore D_3=E_3(1-b)=E_1(1+rb)^2(1-b)=D(1+rb)^2$

$E_n=E_{n-1}+rbE_{n-1}=E_{n-1}(1+rb)=E_1(1+rb)^{n-1}$

$\therefore D_n=E_n(1-b)=E_1(1+rb)^{n-1}(1-b)=D(1+rb)^{n-1}$

则：

$$W = \frac{D_1}{(1+i)} + \frac{D_2}{(1+i)^2} + \cdots + \frac{D_n}{(1+i)^n} + \frac{S}{(1+i)^n}$$

$$= \frac{D}{(1+i)} + \frac{D(1+rb)}{(1+i)^2} + \frac{D(1+rb)^2}{(1+i)^3} + \cdots + \frac{D(1+rb)^{n-1}}{(1+i)^n} + \frac{S}{(1+i)^n}$$

$$== \sum_{t=1}^{n} \frac{D(1+rb)^{t-1}}{(1+i)^t} + \frac{S}{(1+i)^n}$$

$$= \frac{D}{i-rb}\left[1 - \frac{(1+rb)^n}{(1+i)^n}\right] + \frac{S}{(1+i)^n}$$

当 $n \to \infty$，$i > rb$ 时，$\dfrac{(1+rb)^n}{(1+i)^n} \to 0$，$\dfrac{S}{(1+i)^n} \to 0$，故：

$$W = \frac{D}{i-rb} \tag{9-19}$$

下面举例进行分析：

假设东方公司股票的股息为 1 元，折现率为 10%，投资获利率为 12%，未分配盈余占税后纯收益的比率为 50%，即：$D=1$，$i=10\%$，$r=12\%$，$b=50\%$，则该股票投资价值的计算如下：

$$W = \frac{1}{10\% - 12\% \times 50\%} = 25（元）$$

透过这个算式我们可以发现，如果不考虑股息来源于未分配盈余，那么该公司股票的投资价值只有 10 元，即：

$$W = \frac{1}{10\%} = 10（元）$$

但是一旦我们把公司未分配盈余考虑进来，则该公司的股息增长率实际上就等于 6%，即 $g = r \times b = 12\% \times 50\% = 6\%$。这样该股票的投资价值就变成了 25 元，即后者是前者的 2.5 倍。这是因为，未分配盈余使每股使用的总资本增加，而这种增加又导致了下期税后纯收益的相应增加，从而又使未分配盈余进一步增加。这样，公司处于一种良性财务循环之中，股息持续地以一定比率（$g = rb$）增长，从而提高了公司股票的投资价值。

9.2.3　股票投资价值的评价方法

在股票市场上，投资者必须先对各种股票的市场价格进行分析和评价，然后才能决定其投资行为。对股票市场价格进行评价的主要方法有以下几种：

1）每股净值法

许多稳健的投资者在进行股票投资时，常分析股票的每股净值，即分析每一股股票所代表的公司的净资产有多少。股票的每股净值是从公司的财务报表中计算出来的。每股净值的计算，通常是用公司的资本总额减去公司的负债总额，得到资产净值总额，再除以普通股股数，即得每股净值。其计算公式为：

$$股票每股净值 = \frac{资产总额 - 负债总额}{普通股股数} = \frac{股东权益}{普通股股数} \tag{9-20}$$

由于净资产总额是属于股东全体所有的，因此也称为股东权益。为了充分衡量股价的合理性，一般以每股净值的倍数作为衡量的指标。其计算公式为：

$$股价净资产倍率=\frac{股票市价}{每股净资产} \tag{9-21}$$

股票市价是指在股票流通市场上，每种股票的现时交易价格。这个公式表明股票市价是股票净资产的倍数。倍数越高，表示投资价值越低；倍数越低，则表示投资价值越高。投资者一般把净资产倍率高的股票卖出，而买进净资产倍率低的股票。同时，投资者也可以计算上市股票的平均净资产倍率，对各个不同时期的平均净资产倍率进行比较，以判断现今股票市场价格是处于较高还是较低的水平，从而决定是卖出还是买进所持股票。因此，平均净资产倍率是分析股票市场股价水平的重要指标。某种股票的净资产倍率则能反映此种股票的投资价值的高低。

2）每股盈余法

这是表示每一普通股所能获得的纯收益为多少的方法。其计算公式为：

$$每股盈余=\frac{税后利润 - 特别股股利}{普通股股数} \tag{9-22}$$

为什么要计算每股盈余呢？这是因为，仅仅用收益指标还不能判断两家公司股票到底哪一个能派发更多的股息。假定在某一会计年度内，甲公司的税后利润为500万元，股本总额为5 000万元。乙公司的税后利润为100万元，股本总额为500万元。从总收益指标来看，当然是甲公司税后利润高，效益好。然而，这个结论并不一定正确。假如两家公司都决定用50%的税后利润派发股息，则：

甲公司每股股票所获股息为：

（500×50%）÷5 000=0.05（元/股）

乙公司每股股票所获股息为：

（100×50%）÷500=0.1（元/股）

因此，尽管甲公司的总收益比乙公司的总收益高几倍，但甲公司每股股票所能获取的收益，比乙公司每股股票所能获取的收益要低。因此，甲公司的股票价格要比乙公司的股票价格低得多。

利用每股盈余衡量普通股价值的方法有以下几种：

（1）将每股盈余与市盈率相乘，即为普通股的价格，这种方法简单方便。这里的市盈率指的是股票市场上的平均市盈率。如果以此方法计算出来的价格比此种股票的交易价格低，则卖出；反之，则买进。

（2）将上市公司股票的每股盈余与同行业其他公司的每股盈余相比较，若该公司每股盈余高，则表示其获利能力比其他公司更好。

（3）比较上市公司前后数年的每股盈余，如逐年增加，表示其获利能力在不断增加，则公司股票成长性较好，股价可能会不断上升；反之，则公司股票成长性下降，股价可能会不断下降。

每股盈余的多少，可以反映上市公司获利能力的高低。因此，每股盈余和上市公司股价关系密切，如能准确预测上市公司每股盈余，可以帮助投资者选择股票，获取较好的投资报酬。

3）市盈率法

市盈率表示投资者为获取每1元的盈余，必须付出多少代价，也称投资回报年数，即现在付出的投资代价，需要经过多少年才能收回。其计算公式为：

$$市盈率=\frac{股票市价}{每股盈余} \tag{9-23}$$

一般而言，市盈率越低越好。市盈率越低，表示投资价值越高。影响股票市盈率变化的因素有以下几个方面：

（1）预期上市公司获利能力的高低。如预期获利能力高，虽然上市公司目前市盈率较高，也值得投资，因为其市盈率会随获利能力的提高而不断下降。

（2）分析公司的成长能力。上市公司的成长能力越强，成长的可能性越大，则投资者就越愿意付出较高的代价，以换取未来的成长利益。

（3）投资者所获报酬率的稳定性。报酬率不稳定，表示投资风险高，市盈率则也相应提高。

（4）当利率水平变化时，市盈率也应该做相应调整。在实务操作中，常用1年期银行存款利率，作为衡量市盈率是否合理的标准。如1年期银行存款利率为10%，则合理的市盈率可为10。而当利率上升到12.5%时，则合理的市盈率应降低到8。如利率下降到8%，则合理的市盈率会上升到12.5。市盈率一直是投资者进行中长期投资的选股指标。仔细研究上市公司的市盈率，会给投资者带来丰厚的投资报酬。

9.3　债券投资价值分析

债券投资不同于股票投资，投资者投资于债券的目的在于投资期间内每年获得一定利息，并到期收回本金。相对来看，债券投资分析的侧重点在于投资买卖债券所获得的收益与其投资是怎样的比例关系，即债券收益率的高低。债券收益率可视为在一定时期内投资者支出一定本金所获收益与其本金的比率。影响债券收益率的因素有3个：名义利率、期限（包括持有期限和剩余期限）、买卖价格。上述三者任何一个发生变化，债券收益率都会发生变化。因此对债券的投资价值分析实际上就是对债券收益率的计算与分析，当然，也可以通过债券收益率来计算、分析债券的交易价格。

9.3.1　债券认购收益的分析

所谓债券的认购收益，是指投资者在债券发行时购入并持有到期满时的预期收益。决定债券认购收益的基础因素有3个，即偿还期限、利率和发行价格。其中发行价格又受多种因素的影响，可能低于、高于或等于债券的票面金额。债券的种类不同，其收益的计算方法也不相同。

1）一般债券认购收益的计算

一般来说，多数债券的面值中都不包含利息，而利息是每期或终期计付的。对于这类债券，其认购者的收益可按下列公式计算：

认购每单位债券的预期总收益=票面值−认购价格+年利息×债券期限　　　　（9-24）

年利息=票面值×债券年利息率　　　　（9-25）

$$认购每单位债券的预期年收益=\frac{票面值-认购价格}{债券期限}+年利息 \qquad (9-26)$$

$$认购债券的年收益率=\frac{年利息+(票面值-认购价格)÷债券期限}{认购价格(或发行价格)}×100\% \qquad (9-27)$$

现举例分析如下：

【例9-3】某种票面金额为100元的债券，现假定发行价格为104元，年利息率为8%，偿还期限为5年。

则该种债券的认购收益率为：

$$\frac{100×8\%+(100-104)÷5}{104}×100\%=6.92\%$$

【例9-4】某种票面金额为1 000元的债券，现假定发行价格为980元，年利息80元，偿还期限为5年。

则该种债券的认购收益率为：

$$\frac{80+(1\,000-980)÷5}{980}×100\%=8.57\%$$

上面两例中，【例9-3】的发行价格高于票面值，两者的差额称为偿还亏损，它抵销部分债息收入。而【例9-4】的发行价格低于票面值，两者之差形成债券偿还增益，是利息以外的收益。如【例9-3】中因存在偿还亏损使得认购者的收益率低于债息率，即6.92%<8%；而【例9-4】中因存在偿还增益使得认购者预期收益率高于债息率，即8.57%>8%。

2）零息债券认购收益的计算

零息债券亦称贴现债券，是以贴现方式发行的债券。零息债券的特点是利率很高，且采用逆向计算利息的方法，即贴现法。其票面价值既包括到期偿还的本金，也包括债券的全部利息。正因为零息债券的以上特点，其发行收益计算略有不同之处。

假如我们设零息债券的票面值为U，发行价格为P，债券期限为n年，则根据贴现原理存在下列公式：

$$P（1+债券认购者收益率）^n=U \qquad (9-28)$$

从上面公式可以推导出下列公式：

$$债券认购者收益率=\sqrt[n]{U/P}-1$$

$$=(\sqrt[债券期限]{\frac{债券面值}{认购价格}}-1)×100\% \qquad (9-29)$$

对于期限在1年以内的零息债券，其认购者收益率可按单利计算，即：

$$认购者收益率=\frac{债券面值-认购价格}{认购价格×期限(年)}×100\%$$

下面举例分析：

【例9-5】某种票面金额为100元的零息债券，认购价格为39.875元，期限为8年。

则该债券的认购收益率为：

$$(\sqrt[8]{100÷39.875}-1)×100\%=12.18\%$$

【例9-6】某种票面金额为1 000元的零息债券，现假定认购价格为994元，偿还期限为6个月。

则该种债券的认购收益率为：

$$\frac{1\,000 - 994}{994 \times 0.5} \times 100\% = 1.21\%$$

在实际计算零息债券的发行收益率时，为了简便，不管期限长短都可以按单利公式计算。在零息债券的名义债息率较低时，单利收益率计算公式与复利收益率计算公式的计算结果相差不大；但当名义债息率较高时，其计算结果就相差较大了，而且债息率越高，计算结果就相差越大。这是因为复利计算公式的微分近似公式就是单利公式，而微分近似公式的计算结果与复利公式计算结果的误差正是由债券的名义利率决定的。这一关系可通过下面一些公式来理解：

复利收益率计算公式的原始等式为：

债券认购价格×（1+认购者收益率）^{n}=债券面额　　　　　　　　　　　　（9-30）

上式经微分得出下面近似公式：

债券认购价格×（1+认购者收益率×n）=债券面额

即：

$$认购者收益率 = \frac{债券面额 - 债券认购价格}{债券认购价格 \times 期限} \times 100\%　　　　　（9-31）$$

实际上，对于某一债券投资者来说，使用哪一种公式计算自己的预期收益率并不需要硬性规定，只要自己理解某一公式所具有的真实含义，并能正确地同其他投资方式的收益率比较即可。

9.3.2　债券转让收益分析

债券投资者购买债券后并不一定持有到期满时兑现本息，他们可以根据证券市场的价格涨落情况及需要现金的情况，将债券转让给他人。另外，债券投资者并非一定要在债券发行时购买，可以根据需要随时购入各种已在证券市场上流通的债券。鉴于此，还应该针对债券转让各种情况进行投资分析。

1）到期一次还本付息债券转让的收益计算

目前，我国的债券绝大部分为到期一次还本付息债券。由于这类债券没有中间支付利息问题，因此，卖出者的收益就只是价差部分，其收益率的计算与债息无直接关系。而买入债券者的收益则包括全部债息及部分偿还亏损。

（1）卖出者的实际收益率或债券持有期间的收益率计算公式为：

$$持有期间收益率 = \frac{卖出价格 - 债券面额}{债券面额 \times 持有年数} \times 100\%　　　　　（9-32）$$

在债券投资者的认购价格或原购入价格不等于面额时，上面公式应转变为：

$$持有期间收益率 = \frac{卖出价格 - 认购价格或原买入价格}{认购价格或原买入价格 \times 持有年限} \times 100\%　　（9-33）$$

（2）买入者的预期收益率或到期收益率计算公式为：

$$到期收益率 = \frac{债券面额 - 购买价格 + 利息总额}{购买价格 \times 剩余还本付息年数} \times 100\%$$

利息总额=债息率×债券面额×债券期限　　　　　　　　　　　　　　（9-34）

下面举例进行分析：

【例9-7】某种面额为100元的债券，票面利率为9%，期限为1年，若期初投资者甲的认购价格为101元，在离债券到期日还有60天时，投资者甲将此债券以106元的价格转让给投资者乙，则投资者甲的持有期间收益率和投资者乙的到期收益率分别为：

$$甲持有期间收益率=\frac{106-101}{101\times(305\div365)}\times100\%=5.92\%$$

$$乙到期收益率=\frac{100-106+100\times9\%\times1}{106\times(60\div365)}\times100\%=17.22\%$$

【例9-8】投资者甲于2020年1月21日买入面额为100元的债券，到期一次还本付息，期限为3年，票面利率12%，认购价格等于面额。若2021年9月25日因急需现金，以113元的价格卖给另一投资者乙，则投资者甲的持有期间收益率和投资者乙的到期收益率分别为：

$$甲持有期间收益率=\frac{113-100}{100\times(1+247\div365)}\times100\%=7.75\%$$

$$乙到期收益率=\frac{100-113+100\times12\%\times3}{113\times(1+118\div365)}\times100\%=15.38\%$$

2）附息票债券转让收益率的计算

附息票债券的特点是每隔半年或一年支付一次利息，而不是期满一次支付。因此，转让债券时只要卖者的持有时间跨越了一个利息支付期，买者的收益中就不能包含债券的全部利息，而只能获得持有期内的债息。因此，这类债券的收益计算不同于到期一次还本付息的债券。

（1）以单利方式计算债券收益率

①到期收益率（买者最终收益率）的计算

附息票债券到期收益率应根据债券的利息收入及债券买入后的偿还损益（面额与购买价格之差）来计算。其计算公式为：

$$单利到期收益率=\frac{每年利息+\dfrac{面额-市场价格}{距到期年数}}{市场价格}\times100\% \tag{9-35}$$

有时也可以利用下面公式计算：

$$单利到期收益率=\frac{每年利息+\dfrac{面额-市场价格}{距到期年数}}{\dfrac{面额+市场价格}{2}}\times100\% \tag{9-36}$$

在上面两个公式中，"距到期年数"的计算是这样的：当年数不足一整年时，美国一般用剩余天数除以360计算，日本则用剩余天数除以365计算。

例如，某种面额为1 000元的债券，票面年利率为8%，每年支付一次利息，期限10年，若某投资者在距到期日3年零5个月时，以1 050元价格买入该债券，则其单利到期收益率为：

$$\frac{1\,000\times8\%+(1\,000-1\,050)\div(3+5\div12)}{1\,050}\times100\%=6.23\%$$

单利到期收益率又称单利最终收益率，即投资人从购入已发债券之日，到最终偿还日止这一段时间内的收益率。

②持有期间收益率的计算

与期满一次还本付息债券一样，附息票债券持有期间的收益率也是指从购入债券之日开始到卖掉之日止这段时间的收益率。不同的是，附息票债券持有人不仅获得价差收益（或亏损），而且在持有期间内也获得了利息收入。其计算公式为：

$$持有期间收益率=\frac{年利息+\dfrac{卖出价格-原买入价格}{持有年数}}{原买入价格}\times100\%\qquad(9\text{-}37)$$

例如，某一投资者于2018年1月20日以1 015美元的价格购入一张2015年发行的面额为1 000美元、票面年利率为8%的10年期附息票债券，若他在2021年1月20日以1 015美元的同样价格卖出此债券，则持有期间的收益率为：

$$\frac{1\,000\times8\%+(1\,015-1\,015)\div3}{1\,015}\times100\%=7.88\%$$

这里需要说明的是，在不同国家的证券市场上，债券的距到期年数和持有年数是根据不同的惯例计算的，除了算式分母的每年天数有365天和360天之别外，分子的天数计算也不一样，美国和日本一般按各月实际天数计算，而欧洲一些国家则按每月30天计算。

例如，有一面额为100美元的中期债券，票面年利率为10%，2018年1月28日到期，某一投资者于2021年3月15日以101美元的价格买入，如按美国计算日期方法，距到期期限为2年零329天，则单利到期收益率为：

$$\frac{100\times10\%+(100-101)\div(2+319\div360)}{101}\times100\%=9.56\%$$

以上以单利方式计算附息票债券的到期收益率和持有期间收益率都没有考虑"经过利息"问题。实际上经过利息是客观存在的，而且对收益率的计算也是有影响的。这是因为当交易日与付息日不重合时，从上次付息到交易日为止的利息（即经过利息）将不构成卖出者的利息收入，而全部转移给了债券购买者。因此，如果某个国家或地区的证券法规未能就此作出专门的法律规定，则使用上面的两个公式计算到期收益率和持有期间收益率就会存在一定的误差，因为它们都未考虑经过利息问题。若将经过利息因素考虑在内，则上面两公式应做如下修改，以便更为准确地计算：

$$到期收益率=\frac{剩余期总利息+债券面值-市场价格}{市场价格\times距到期年数}\times100\%\qquad(9\text{-}38)$$

$$持有期间收益率=\frac{已获利息总额+卖出价格-原买入价格}{原买入价格\times持有年数}\times100\%\qquad(9\text{-}39)$$

如果考虑到债券利息有的是半年兑付一次，则上面两公式还要做些调整：

$$到期收益率=\frac{债券面值\times年利率\div2\times剩余利息支付期数+面值-市场价格}{市场价格\times距到期年数}\times100\%\qquad(9\text{-}40)$$

$$持有期间收益率=\frac{债券面值\times年利率\div2\times支付期数+卖出价格-原买入价格}{原买入价格\times持有年数}\times100\%\qquad(9\text{-}41)$$

有的国家对经过利息做了明确的处理规定，如日本规定，在债券买卖交易时，买方除应支付给卖方有关价款外，还应把经过利息支付给对方，以消除利息分配的不合理现象。此时，到期收益率和持有期间收益率应按上面所列公式计算。

例如，某一面值为100元的债券，年利率为8%，期限5年，每半年支付一次利息，2018年1月1日发行，2023年1月1日到期。每年的1月1日和7月1日为付息日。若某一投资者在2018年1月1日债券发行时以100元的价格购买后，于2020年10月1日以101元的价格卖出此债券，则经过利息为：$100 \times 8\% \times \frac{3}{12} = 2$（元）。在不要求购买者向卖出者支付经过利息的条件下，买者到期收益率和卖者的持有期间收益率分别为：

$$到期收益率 = \frac{100 \times 8\% \div 2 \times 5 + 100 - 101}{101 \times (2 + 3 \div 12)} \times 100\% = 8.36\%$$

$$持有期间收益率 = \frac{100 \times 8\% \div 2 \times 5 + 101 - 100}{100 \times (2 + 9 \div 12)} \times 100\% = 7.64\%$$

（2）以复利方式计算债券到期收益率

在对债券收益率进行投资分析时，除了要考虑利息收入和资本损益外，还应考虑到债券利息再投资因素。因此，有必要计算复利到期收益率。下面分析复利到期收益率的计算方法。

假定：复利到期收益率为 r；债券年利息为 C；购买价格为 P；每年付息次数为 m；距到期年限为 n；债券面额为 R。当 $m=1$，即每年付息一次时，则：

1年后债券价值为：

$$P_1 = P + Pr = P(1 + r)$$

2年后债券价值为：

$$P_2 = P_1 + P_1 r = P_1(1 + r) = P(1 + r)^2$$

n 年后债券价值为：

$$P_n = P(1 + r)^n \tag{9-42}$$

同时，因附息票债券的利息是分年逐次支付的，因此，对持有债券者而言，利息还可继续"产生利息"，即利用债券利息计算债券的到期理论价值时，必须使用复利方法。由于每年的债息额都相同，故到期满时，按复利原则计算的总利息是：

$$C(1+r)^{n-1} + C(1+r)^{n-2} + \cdots + C$$

因此，该债券的到期价值还可表示为：

$$P_n = C(1+r)^{n-1} + C(1+r)^{n-2} + \cdots + C + R$$

即：

$$P_n = R + \frac{C}{r}[(1 + r)^n - 1] \tag{9-43}$$

联立方程（9-42）和（9-43）得：

$$P(1 + r)^n = \frac{C}{r}[(1 + r)^n - 1] + R$$

即：

$$P(1 + r)^n - \frac{C}{r}[(1 + r)^n - 1] - R = 0$$

因为要计算的是复利到期收益率 r，故暂设 r 为变量，并令：

$$Y = P(1 + r)^n - \frac{C}{r}[(1 + r)^n - 1] - R \tag{9-44}$$

先取某一复利到期收益率试验值 r_1，使对应的 Y 值大于0，即 $Y_1 > 0$；取另一试验

值 r_2，使 $Y_2<0$，则由弦切法得到到期收益率是：

$$r = r_1 + \frac{r_2 - r_1}{Y_1 - Y_2} Y_1 \qquad\qquad (9\text{-}45)$$

显然，这只是一个近似值，但是，只要多试验几次，使 r_1 及 r_2 的差别达到充分小的程度，则计算出的复利到期收益率可以达到相当精确的程度。在实际工作中，可以运用一个简单的程序，通过计算机计算出复利到期收益率。

现在分析当 $m=2$ 时的情况：

设 r 为半年收益率，C 为半年利息，此时，按美国有关规定：$r=2r$，$C=2C$。

而按欧洲的有关规定：$r=(1+r)^2-1$，$C=2C$。

按美国规定，上面的（9-44）式成为：

$$Y = P(1 + 1 \div 2r)^{2n} - \frac{C}{r} [(1 + 1 \div 2r)^{2n} - 1] - R$$

运用同样的近似方法，可求出此时的复利到期收益率。

若按欧洲规定，则上面（9-44）式转化为：

$$Y = P(1 + r)^n - \frac{C}{2(\sqrt{1+r} - 1)} [(1 + r)^n - 1] - R$$

运用弦切法，很容易求出复利到期收益率。

3）零息债券转让收益率的计算

（1）零息债券单利到期收益率的计算

零息债券到期收益率的计算有日式算法和美式算法两种，下面分别介绍：

①日式算法

$$到期收益率 = \frac{债券面值 - 购买价格}{购买价格 \times 距到期年数} \times 100\% \qquad\qquad (9\text{-}46)$$

$$距到期年数 = \frac{距到期天数}{365} \qquad\qquad (9\text{-}47)$$

②美式算法

$$到期收益率 = \frac{债券面值 - 购买价格}{购买价格 \times 距到期年数} \times 100\% \qquad\qquad (9\text{-}48)$$

$$距到期年数 = \frac{距到期天数}{360} \qquad\qquad (9\text{-}49)$$

例如，某一面值为 1 000 元的零息债券，期限为 2 年，某投资者距债券到期日 165 天时，以 950 元的价格从他人手中购入。按日式和美式算法计算的到期收益率分别为：

$$日式算法到期收益率 = \frac{1\,000 - 950}{950 \times 165 \div 365} \times 100\% = 11.64\%$$

$$美式算法到期收益率 = \frac{1\,000 - 950}{950 \times 165 \div 360} \times 100\% = 11.48\%$$

（2）持有期收益率的计算

$$持有期收益率 = \frac{卖出价格 - 原买入价格}{买入价格 \times 持有年数} \times 100\% \qquad\qquad (9\text{-}50)$$

例如，某一投资者在发行日以 350 元的价格买入一面值为 1 000 元的零息债券，期限为 6 年，在持有两年半后以 450 元的市场价格转让给别人，则原投资者的持有期收益率为：

$$\frac{450-350}{350 \times 2.5} \times 100\% = 11.43\%$$

（3）零息债券复利到期收益率的计算

按复利方式计算零息债券转让的到期收益率与按复利方式计算零息债券认购收益率的道理相同，只需将发行价格换成购买价格，将债券期限换成距到期年数即可。

$$到期收益率=\left(\sqrt[距到期年数]{\frac{债券面值}{购买价格}}-1\right) \times 100\% \tag{9-51}$$

例如，2022年3月发行的一种债券，其面值为1 000元，某一投资者在距到期日两年时，以812元的价格从他人手中购买了此债券，如按复利计算，则此投资者的到期收益率为：

$$\left(\sqrt{1\,000 \div 812}-1\right) \times 100\% = 10.97\%$$

4）直接收益率的计算

只考虑债券利息收入的收益率称为直接收益率（或称当期收益率）。当期收益率是债券利息与其市场价格的比率，其计算公式为：

$$直接收益率=\frac{年利息收入}{市场价格} \times 100\% \tag{9-52}$$

例如，某一面值为1 000元的债券，票面年利率为8%，期限为1年，某一投资者以950元的价格购入，则当期收益率为：

$$\frac{1\,000 \times 8\%}{950} \times 100\% = 8.42\%$$

9.4 基金投资价值分析

基金投资是以分散组合投资为特色，以证券投资为主要投资手段的一种为大众集合式代理的新的投资方式，它既有别于直接投资，又区别于间接投资；既区别于金融机构贷款投资，又区别于一般信托投资；既不同于股票投资，又不同于债券投资。基金投资是当今世界上一种重要的投资方式，发展十分迅速。

9.4.1 投资基金价值的评价

1）基金的资产净值

对于主要将有价证券作为投资对象的基金而言，其资产净值应该是能够比较准确地反映基金实际价值的。基金的资产净值是基金经营业绩的指示器，也是基金单位买卖价格的计算依据。基金的资产净值可用如下公式表示：

$$资产净值=\frac{基金资产的市场价值-各种费用}{基金证券数量} \tag{9-53}$$

一般而言，投资基金的净资产值与基金单位价格的变动是一致的，投资基金的净资产值越高，基金单位价格也越高；反之，基金单位价格就越低。这种正比关系在开放式基金中得到了较好体现，在封闭式基金中则不然。

2）开放式基金的价格决定

开放式基金的规模是不固定的，因经常按投资者要求赎回或者出售基金证券，所以，开放式基金的价格分为申购价格和赎回价格两种。

（1）申购价格

由于开放式基金的基金证券流通买卖是在证券交易所场外进行的。投资者买入基金证券时，除支付资产净值外，还要支付一定的销售附加费用。因此，开放式基金的申购价格公式为：

$$申购价格 = \frac{资产净值}{1 - 附加费用} \tag{9-54}$$

如果是不计费的开放式基金，则其申购价格等于资产净值。

（2）赎回价格

开放式基金承诺在任何时候都可以根据投资者的个人意愿赎回基金证券。收费型的开放式基金的赎回价格为：

$$赎回价格 = \frac{资产净值}{1 + 赎回费率} \tag{9-55}$$

对不收费的开放式基金而言，其赎回价格等于资产净值。

3）封闭式基金的价格决定

封闭式基金的价格除受到基金资产净值的影响以外，还受到市场上基金供求状况的影响。由于封闭式基金不承担购回基金证券的义务，基金证券只能在交易市场上进行交易才能转让，这使封闭式基金的交易价格如同股票的价格一样，存在着很大的波动性。封闭式基金的价格决定可以利用普通股股票的价格决定公式。

9.4.2　投资基金的投资选择

投资者准备投资基金证券时，必须在众多的基金管理公司中选择出最适合自己的基金管理公司，然后再从该公司管理的基金中选择自己最满意的基金进行投资。

1）基金管理公司的选择

投资者在选择基金管理公司时，必须从以下几个方面进行分析：

（1）基金管理公司业绩。基金管理公司业绩的好坏是投资者选择基金管理公司的重要因素，因为对于投资者而言，获利的根本保证是基金业绩表现良好，而表现良好的投资基金通常有良好的专业判断力，这样才能在不断的投资过程中给投资者赚钱，而不断盈利的前提是要有精确而有效的信息。

另外，投资者应将考察基金业绩的期限延长到3~5年，这是因为投资基金适合于长期投资，投资者不仅要看其在牛市中是否表现优良，而且更应看其在熊市中的表现。

（2）基金管理公司服务品质与收费标准。投资者购买基金，不仅是购买基金未来的增值潜力，同时还购买基金的一系列服务，而这些服务不是免费的。因此，投资者应分析基金管理公司的服务品质是否是自己所追求的，是否可以接受基金的收费标准。一般而言，投资者在基金管理公司具有一定的业绩表现及服务品质的前提下，应选择收费较低的基金管理公司。

（3）基金管理公司的市场评价。投资者应通过各种信息来分析自己所想投资的基金管理公司的市场表现。好的基金管理公司不仅在证券市场上表现良好，而且，其投资方式与分析、判断行情能力也会受到同行或投资者的肯定。因此，投资者应着重投资于市场评价良好的基金。

（4）基金管理公司的诚信度。投资者在投资前必须要考虑基金管理公司的诚信度。基金管理公司从广大投资者手中募集到资金后，如果不将投资者的利益放在第一位，而全力追求报酬与风险的平衡，那么就会危害投资者的权益。所以，投资者应分析基金管理公司的主要决策者的背景、诚信度、处事原则，确定其不会损害投资者的利益时，才可以放心地进行投资。

（5）基金管理公司的持续经营能力。投资基金是一种适合长期投资的有价证券。长期投资可以达到储蓄投资与减少风险的目的。因此，投资者应分析基金公司持续经营能力的高低，以确定公司的投资价值。判断基金公司的持续经营能力主要考虑如下几点：第一，基金的经营业绩；第二，基金的资产数量；第三，基金的规模大小及以前的成长速度；第四，基金的财务状况及主要持有者状况。

2）单个基金的选择

投资者在选择投资基金时，不要简单地选择最能赚钱的基金进行投资，因为收益高的基金往往风险也高，投资者遭受投资损失的可能性也大。投资者必须根据自身条件和需要选择最适合自己的基金。一般对单个基金的选择应考虑以下因素：

（1）基金的历史业绩。投资者分析基金的历史业绩，主要是保证自己不选择正处于衰落期的"夕阳"基金。在大多数情况下，经营状况不良的基金不会倒闭，而只是更换名称或与其他基金合并。然而，经过合并或更名的基金业绩不可能一下子变好，投资者应尽量避开这些有问题的基金，才会提高自己的投资收益并减少投资风险。

（2）基金的投资组合。投资者还要重点分析基金的投资组合是否合理，因为同样是成长型基金，有的投资于成长快、风险大的小公司；有的投资于规模大、风险较小的大公司，并且它们的持股比率与所投资公司的行业类别都不同，这都会大大影响投资基金的报酬及风险。另外，投资者还必须分析投资基金投资组合的风险分散程度，如果基金投资过分集中，风险就会很大，除非是追求高风险、高回报的投资者，否则就不要投资持股太集中的基金。

（3）基金周转率。基金周转率即换手率。在证券交易中，投资基金买卖证券所获得的收益远远大于其付出的成本，那么，基金的周转率高并没有什么不好。但考虑到基金的大额资金运作，其进出数额比较大，如果周转率过高，即短线进出过于频繁，则会使交易成本过大，从而降低长期投资的收益。因此，如果一个投资基金的周转率高于同类型基金的平均周转水平，则投资于这一基金不一定好。

（4）基金规模。对于基金而言，并非规模越大收益就越高、风险便越低。由于证券市场是经常波动的，规模大的基金投资于规模大、业绩稳定的大公司具有优势，所以大基金能做出业绩稳定、风险小。然而大基金不能及时地对证券市场的变化作出反应，但小规模基金在这方面具有优势，而且小规模的基金在投资于成长性好的小公司时具有更大的优势。

启智增慧9-1

投资价值分析报告

启智增慧9-2

多样化金融工具为精准扶贫添动力

本章小结

证券本身并没有任何使用价值，也没有真正的价值，它只是表示因资本的供求关系而产生一种权利。这种权利可以给投资者带来收益，这种权利使它可以在证券市场上进行买卖并形成了一定的价格，从而也使它具有了投资价值。证券的价格围绕证券投资价值上下波动。

债券的价格有理论价格、发行价格和转让价格。股票的价格则有理论价格、票面价格、发行价格、账面价格和清算价格，影响其变动的因素有多种。

股票投资价值分析中，主要介绍了理论上的股票单纯评估和成长评估两类模型。而在实务中，则常用每股净值法、每股盈余法、市盈率法来对市价进行评价。

债券投资价值分析中，主要介绍了债券认购和转让的收益分析，主要分不同情况下的持有期收益率和到期收益率两种。

基金投资价值分析中，主要介绍了投资基金价值的评价与投资基金的投资选择等。

关键概念

债券价格　股票的理论价格　股票的账面价格　股票的清算价格

综合训练

✓ 理论知识回顾

1）影响债券行市的主要因素有哪些？
2）影响股票价格的因素有哪些？
3）影响股票市盈率变化的因素有哪些？

✓ 阅读思考和实践

A 公司拟发行股票 3 700 万股，面值 1 元，采取溢价发行，由证券公司 B 包销。A 公司在与 B 公司确定股票的发行价格时，A 公司提出，本公司盈利能力强、产品质量好，在市场上有较强的竞争力，流通盘又小，因此认为应将股票发行价格定为 7.5 元/股为宜；B 公司认为，该股票所在行业前景不是很好，同类股票近期在二级市场上表现不理想，而且目前大盘处于疲软状况，因此提出将发行价格定为 4.8 元/股较为合适。后经双方协商，在对 A 公司现状和前景以及目前市场分析的基础上，将股票发行价格定为 5.8 元/股。

思考和分析：影响股票发行定价的因素很多，但主要因素为影响拟发行公司未来盈利状况的基本因素和股票市场给予拟发行公司股票评价的市场因素，请结合案例分析。

即测即评 9

综合训练
参考答案 9

第10章

证券投资的基本分析

目标引领

☑ 价值塑造

本章培养学生以证券的内在价值为依据，着重对影响证券价格及其走势的各项因素进行分析，培养学生家事国事事事关心的家国情怀，做好价值观与文化的传承。管仲的"轻重论"，助力齐桓公位列春秋五霸，是我国历史上最早的宏观调控和金融史案例，有利于增强学生对中华优秀文化的认同感；抗战时期应用经济学家薛暮桥的"物资本位论"，为革命斗争的胜利提供了坚实的物质保障，有利于增强学生的民族自豪感。通过古今融通，坚定"四个自信"，完善自我知识构建，经世济民。

☑ 知识传授

通过本章的学习，掌握宏观经济分析的主要方法；了解经济周期分析的主要指标；掌握财政政策、货币政策的含义；了解市场分析的主要统计指标；了解行业和市场的主要类型；掌握上市公司偿债能力、营运能力分析的主要指标。

思维导图

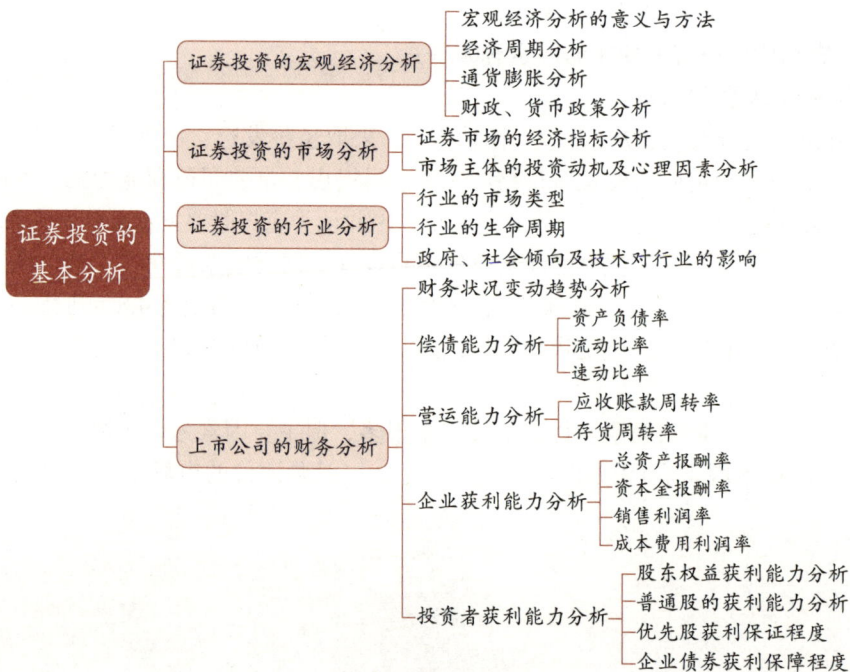

开篇导读

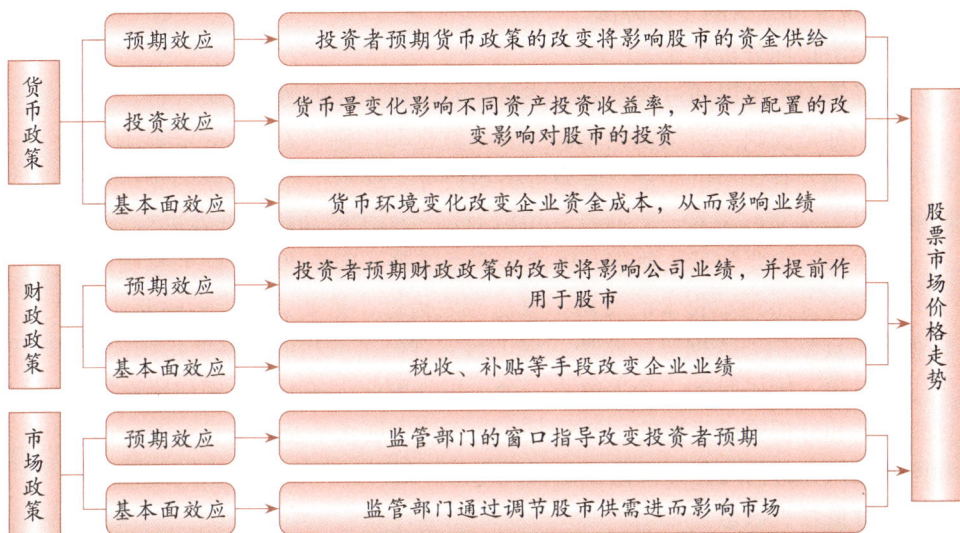

基本分析需要坚实的经济学基础知识，是经济学基本素养的集中体现。如何从错综复杂的信息中，高效率地提取出能够为我所用的有效信息，需要基础扎实才能慧眼识珠。

10.1　证券投资的宏观经济分析

10.1.1　宏观经济分析的意义与方法

1）宏观经济分析的意义

在证券投资领域中，宏观经济分析非常重要，只有把握住经济发展的大方向，才能作出正确的长期决策；只有密切关注宏观经济因素的变化，尤其是货币政策和财政政策等因素的变化，才能抓住市场时机。这些宏观因素主要包括国民经济总体状况、经济周期循环、财政与货币政策以及通货膨胀、国内资本市场因素分析等。这些宏观因素影响证券市场的特点在于波及范围广、干扰程度深。它们或是直接通过影响投资者的心理，使证券价格发生向上或向下的波动；或是通过对产业因素和企业因素的影响，间接地作用于投资者的心理，亦使证券市场价格发生波动，从而影响证券投资的收益。

证券投资与国民经济整体素质、结构变动息息相关。不同部门、不同行业与成千上万的不同企业相互影响、互相制约，共同作用于国民经济发展的速度和质量。

证券投资与国家宏观经济政策息息相关。在市场经济条件下，国家通过财政政策和货币政策来调节经济，或挤出泡沫，或促进经济增长，这些政策直接作用于企业，从而影响经济增长速度和企业效益。因此，证券投资必须认真分析宏观经济政策，无论是对投资者、投资对象，还是对证券业本身乃至整个国民经济的快速健康发展都具有非常重要的意义。

2）宏观经济分析的主要方法

（1）经济指标分析对比

宏观经济分析可以通过一系列经济指标的计算、分析和对比来进行。

经济指标是反映经济活动结果的一系列数据和比例关系。经济指标有3类：一是先行指标，主要有货币供应量、股票价格指数等，这类指标对将来的经济状况提供预示性的信息。从实践来看，先行指标可以对国民经济的高峰和低谷进行计算和预测。二是同步指标，主要包括失业率、国内生产总值等，这类指标反映的是国民经济正在发生的情况，并不预示将来的变动。三是滞后指标，主要是银行短期商业贷款利率、工商业未还贷款相关数据等。此外，在进行宏观经济分析时经常使用国内生产总值、国民生产总值、国民收入、个人收入、个人可支配收入等5个有密切联系的主要综合指标来反映和分析国民经济的主要状况，如经济发展水平及其增长状况、国内生产总值和国民收入在部门与行业间的分配情况等。

（2）计量经济模型

所谓计量经济模型，就是表示经济变量及其主要影响因素之间的函数关系，许多经济现象之间存在着相关或函数关系，建立计量经济模型并进行运算，就可以探寻经济变量间的平衡关系，分析影响平衡关系的各种因素。

计量经济模型主要有经济变量、参数以及随机误差三大要素。经济变量是反映经济变动情况的量，分为自变量和因变量。而计量经济模型中的变量又可分为内生变量和外生变量两种。内生变量是指由模型本身加以说明的变量。它们是模型方程式中的未知数，其数值可由方程式求解获得；外生变量则是指不能由模型本身加以说明的量，是方程式中的已知数，其数值不是由模型本身的方程式算得，而是由模型以外的因素产生。计量经济模型的第二大要素是参数。参数是用以求出其他变量的常数。参数一般反映出事物之间相对稳定的比例关系。在分析某种自变量的变动引起因变量的数值变化时，通常假定其他自变量保持不变，这种不变的自变量就是所说的参数。计量经济模型的第三个要素是随机误差。该误差是指那些很难预知的随机产生的误差，以及经济资料在统计、整理和综合过程中所出现的误差，正负误差最终可以抵消。

为证券投资而进行宏观经济分析，主要应运用宏观计量经济模型。所谓宏观计量经济模型是指在宏观总量水平上把握和反映经济运行的较全面的动态特征，研究主要宏观经济指标间的相互依存关系，描述国民经济各部门和社会再生产过程各环节之间的联系，并可用于宏观经济结构分析、政策模拟、决策研究以及发展预测等功能的计量经济模型。

在运用计量经济模型分析宏观经济形势时，还要注意模型的潜在变量被忽略、变量的滞后长度难确定以及引入非经济方面的变量过多等问题，以充分发挥这一分析方法的优越性。

（3）概率预测

某随机事件发生的可能性大小称为该事件发生的概率，概率论则是一门研究随机现象的数量规律的学科。目前，越来越多的概率论方法被引入到经济、金融和管理学科领域，概率论成为有力的分析工具。

在宏观经济分析中引入概率论的方法进行预测，西方国家早在20世纪初期就已开始，但到第二次世界大战后才蓬勃发展起来。这主要是由于政府调节经济、制定改革措施的需要迫切。各种宏观经济预测实践都是政府制定财政政策、货币政策、对外经济政策的重要依据。

概率预测的重要性是由宏观经济环境和该方法自身的功能决定的。要了解经济活动的规律性，必须掌握它的过去，进而预测其未来。过去的经济活动都反映在大量的统计数字和资料上，根据这些数据，运用概率预测方法，就可以推算出以后若干时期各种相关的经济变量状况。

概率预测方法运用得比较多也比较成功的是对宏观经济的短期预测。宏观经济短期预测是指对实际国内生产总值及其增长率、通货膨胀率、失业率、利率、个人收入、个人消费、企业投资、公司利润及对外贸易差额等指标下一时期水平或变动率的预测，其中最重要的是对前三项指标的预测。西方国家从事这一预测的机构很多，它们使用自己制定的预测技术或构造计量经济模型进行预测并定期公布预测数值，预测时限通常为一年或一年半。

概率预测实质上是根据过去和现在推测未来。广泛搜集经济领域的历史和现实的资料是开展经济预测的基本条件，善于处理和运用资料又是概率预测取得效果的必要手段。

10.1.2 经济周期分析

国民经济运行常表现为收缩与扩张的周期性交替。每个周期表现为4个阶段：高涨、衰退、萧条、复苏。当经济从衰退和萧条中开始复苏，继而进入又一个高涨阶段，这就是所谓的经济周期即景气循环。经济周期的变动对证券市场的影响力是十分显著的。

1）经济周期分析指标

要把握经济的周期性波动，需要借助反映经济周期性变化的一系列指标。具体包括：

（1）先行指标。它又称超前指标，是指在总体经济活动发生波动之前，先行到达顶峰或谷底的时间序列指标。先行指标一般能在总体经济活动发生变化之前6个月达到顶峰或谷底。正是由于先行指标具有这一特点，投资者采用该指标可以事先知道经济波动的转折点，从而采取恰当的投资策略。先行指标包括货币政策指标、财政政策指标、劳动生产率、消费支出、住宅建设、周工时和商品订单等。

（2）重合指标。它是指与经济活动同时达到顶峰或谷底的时间序列指标。重合指标达到顶峰或谷底的时间大致与总体经济活动变化的时间相同。投资者采用重合指标预测经济周期性变化，可以确定经济活动达到顶峰或谷底的具体时间。重合指标包括实际国内生产总值、公司利润率、工业生产指数和失业率等。

（3）后续指标。它又称滞后指标，是指在总体经济活动发生波动之后才到达顶峰或谷底的时间序列指标。后续指标一般在总体经济活动发生变化后6个月到达顶峰或谷底。后续指标主要有优惠贷款利率、存货水平、资本支出和商品零售额等。

2) 经济周期变动分析

经济的周期性波动对于证券市场具有较大的冲击力。投资者对于经济复苏来临的信心，或对于经济危机发生的恐惧，均足以改变其投资意愿。

当经济开始走出低谷时，批发商和零售商逐步扩大商品的购买，增加存货；生产企业因产品的销路扩大，开始恢复和扩大生产，增加固定资产投资，生产者对于各种生产要素的需求量也随之增加，这就会引起利率、工资、就业水平和收入的上升。在这种情况下，投资者从过分悲观的预期中走出，重新参与证券投资。生产和销售情况的好转也支撑了股息、债息和证券价格的上升。显然，此时购买证券获得较高差价收益的可能性较大。即使证券价格上升缓慢，投资者也可以从公司利润增加中分取较高的红利。

在经济从复苏、高涨到达顶峰以后，就会走向衰退。此时，由于工资和利率都已上升，生产成本增加，生产者利润开始下降；又由于产销情况的变化和利润减少，生产者逐步压缩生产规模，减少固定资产投资。结果，利率、物价、收入和就业水平都会下降，并且一直降到谷底。在这种情况下，投资者从过分乐观的预期中醒悟，抛售证券、抽回本金，证券价格不断下跌，投资者分取的股息和债息也因发行者利润的减少而下降。显然，此时参与证券投资就有可能遭受损失。

由此可见，经济的周期性波动会引起证券价格和证券投资收益的相应变化。如果投资者能够准确预测经济波动发生的具体时间，就可以在投资时机和投资对象的选择上作出相应的调查，以避免不必要的损失。

10.1.3　通货膨胀分析

通货膨胀可以表述为：因货币供应量超过了流通中对货币的客观需求量而带来的物价上涨的现象，其实质是货币的贬值。通货膨胀是纸币流通条件下的经济现象。根据通货膨胀的成因不同，可以将其区分为：需求拉上型、成本推动型和结构失调型的通货膨胀。通货膨胀对整个社会经济生活的影响是巨大的，只要出现了通货膨胀，就一定会伴随着治理通货膨胀的政策。而无论是财政政策还是货币政策，在对付通胀的问题上，都要减缓货币流通量的增加速度。其有效的调控就是使资金流入各类市场的量减少，这样，股市哪有不跌之理。所以，证券投资者在已知国民经济运行中发生了严重的通货膨胀的时候，就不要再寄希望于股市的火爆。即使不想将资金撤离股市，还希望从股市中赚取一些收益来冲抵通胀的损失的话，也必须按照市场的思维方式来控制自己的投资节奏。

通货膨胀对证券投资特别是股票投资的影响，没有一成不变的规律可循。对这些影响进行分析和比较必须从该时期通货膨胀的原因以及程度、配合当时的经济结构和形势、政府可能采取的干预措施等方面入手，其分析的结论才具有可参考性。通常情况下可以有如下基本判断：①温和的、稳定的通货膨胀对股价的影响较小；②适度的通货膨胀，而经济处于景气（扩张）阶段，此时的股价也将持续上涨；③严重的通货膨胀是很危险的，将会造成股市的恐慌；④政府往往不会长期容忍通货膨胀的存在，通常将实施某些宏观经济政策，这些政策必然会对股市运行造成影响。

从另一方面看，通货膨胀也将对证券投资产生影响。通货膨胀将损伤消费者和投资者的积极性，导致经济衰退和经济萧条，与通货膨胀一样不利于币值稳定和经济增长。通货膨胀甚至被认为是导致经济衰退的"杀手"。通常因货币紧缩带来的经济负增长，会使股票、债券及房地产价格大幅下跌，银行资产状况严重恶化，这种现象又将大大影响投资者对证券市场走势的信心。

启智增慧10-1

把增进民生福祉落到实处

10.1.4　财政、货币政策分析

1）财政政策分析

（1）财政政策的基本含义

财政是以国家为主体的，为满足社会公共需要而进行的集中性分配和再分配中形成的经济关系。财政收支是以财政方式集中社会资金和使用社会资金的全过程，国家通过组织财政收入和安排财政支出实现国家的职能。财政收支的状况对整个国民经济的影响是十分显著的，当然也是影响证券市场供求关系，进而影响市场价格及其走势的重要因素。

财政政策是政府依据客观经济规律制定的指导财政工作和处理财政关系的一系列方针、准则和措施的总称。财政政策分为长期、中期、短期财政政策。各种财政政策都是为相应时期的宏观经济控制总目标和总政策服务的。财政政策的短期目标是促进经济稳定增长，主要通过预算收支平衡或财政赤字、财政补贴和国债政策手段影响社会总需求数量，促进社会总需求和社会总供给趋向平衡。中长期政策的首要目标是资源的合理配置，总体上说，是通过对供给方面的调控来制约经济结构的形成，为社会总供求的均衡提供条件；中长期政策的另一个重要目标是收入的公平分配，如运用财政政策中的税收和转移支付手段来调节各地区和各阶层的收入差距，达到兼顾公平与效率、促进经济社会协调发展的目的。

（2）财政政策的实施及其对证券市场的影响

财政政策手段上面已涉及，它主要包括国家预算、税收、国债、财政补贴、财政管理体制、转移支付制度等。这些手段可以单独使用，也可以配合协调使用。从财政政策的运作看，它可以分为松的财政政策、紧的财政政策和中性财政政策。总的来说，紧的财政政策会使过热的经济受到控制，证券市场也将走弱，而松的财政政策将刺激经济发展，影响证券市场走强。

在实施财政政策的过程中，财政收支状况及其变化趋势，对证券市场将会产生直接影响。从财政收入来看，财政收入主要来源于国家税收，也有一部分来源于国有企业的利润和国家信用。国家财政收入在国内生产总值中所占的比重是由国家所肩负的职能决定的。在这个比例确定下来之后，财政收入的增长说明国民经济运行健康、稳步发展。如果在经济增长速度一定的情况下，财政收入增加则说明相当一部分资金由国家集中起来使用了，会影响到证券市场的资金流入量，影响证券市场的大势。

从财政支出的角度看，按使用的性质划分，可分为经常性项目支出和资本性项目支出。经常性项目支出包括非生产性基建支出、事业发展和社会保障支出、国家行政支出、价格补贴支出等。资本性项目支出包括生产性基建支出、企业挖潜改造和新产品试制费支出、支农支出等经济建设支出。分析国家财收支出在国民经济各部门的分配比例，了解经济结构变动的趋势，有助于在证券市场中选择投资行业和研判个股走势。总体来看，财政支出的增加是证券市场中的利好。

2）货币政策分析

货币政策是中央银行为实现特定的经济目标而采取的各种控制、调节货币供应量或信用的方针、政策、措施的总称。其内容主要包括执行货币政策的机构、货币政策的目标、货币政策工具和货币政策传导机制等。货币政策是一国重要的宏观经济政策，主要用于调控社会总需求。其政策目标一般有4个，即稳定物价、充分就业、经济增长和国际收支平衡。其中保持一般物价水平的正常状态，不发生剧烈的波动，是货币政策的首要目标。

货币政策按照调节货币供应量的程度可划分为3种类型：

①扩张性货币政策，是在社会总需求严重不足的情况下所采取的政策。推行此政策的主要目的是通过扩大货币供应量，改变原有货币量的供需关系，刺激社会需求的增长。

②紧缩性货币政策，是在社会总需求严重膨胀的经济状况下所采取的政策。实施此政策的目的是通过控制货币供应量，抑制社会需求的膨胀。

③均衡性货币政策，是在社会总需求与总供给基本平衡状态下所采取的政策，其目的是维持原有的货币供应量与需求量之间大体平衡的关系。

由于货币政策的类型不同，对证券市场的影响也不一样。总的来说，货币政策是通过影响证券市场资金面的状况来影响证券市场的价格的。

我国中央银行的货币政策手段主要有：法定存款准备金制度、贷款的规模控制、再贷款手段和再贴现业务、公开市场业务、逐步放开同业拆借市场使利率市场化等。

（1）存款准备金率的调整

存款准备金率是指一国金融当局规定商业银行提缴存款准备金的比率。存款准备金率是国家以法律形式加以确定的，商业银行必须执行，因而又称法定存款准备金率。中央银行调整存款准备金率，增加或减少商业银行应缴存的存款准备金，从而影响商业银行的贷款能力和派生存款能力，以达到调节货币供应量的目的。

存款准备金率的调整对于证券市场而言，其影响需要一个传导的过程。这种传导要经过两个层次：第一个层次是中央银行调整存款准备金率，影响商业银行行为，商业银行调整其经营方式；第二个层次是居民和企业对商业银行行为作出反应，相应调整投资和消费支出，影响社会需求。因此，存款准备金率的调整虽然可以影响社会货币流通量、影响社会需求，进而影响证券市场的资金供给和价格，但其时滞性较大。调整存款准备金率，最先影响的是证券投资者的投资信心，真正带来资金间的变化则要经过一段时间。所以，证券投资者在关注这一金融宏观调控政策时，切不可只注意它的即时市场反应，还要看到它对以后的实质性影响。

（2）再贴现率调整

再贴现率是指商业银行向中央银行办理再贴现时使用的利率。而再贴现则是指商业银行将贴现买入的未到期商业票据提交中央银行，由中央银行扣除再贴现利息后支付贴现款项。中央银行通过调高或调低再贴现率以影响商业银行的信用量，达到信用扩张或信用收缩的目的。如果中央银行提高再贴现率，商业银行的借入资金成本增大，就会迫使其提高贷款利率，从而起到紧缩企业的借款需求、减少贷款量和货币供应数量的作用；反之，则会刺激贷款的扩大和货币供应规模。

在我国，再贴现业务开展得并不广泛，这主要是因为再贴现业务必须以商业信用票据作为前提条件。随着商业信用票据化的推进，再贴现业务可能取代目前的再贷款，从而对证券市场产生影响。现在其作用还仅局限于有区别地对某些商业票据进行贴现。因此，它对证券市场的影响主要是通过影响某些行业的资金需求间接实现的。

（3）公开市场业务

公开市场业务是指中央银行通过买进或卖出有价证券来控制和影响市场货币供应量的一种业务。中国人民银行公开市场业务的主要方式是由人民银行总行进行公开市场业务操作，总行设立公开市场操作室，主要工具是国债和外汇。当市场银根紧时，就买进有价证券；当市场银根松时，就卖出有价证券。具体分为两类：一类是买卖双方不承担义务的；另一类是买卖双方承担一定义务的，双方订有回购和回售协议。回购，就是中央银行买进有价证券，按协议规定期限，由卖方再把证券买回去。回售，就是中央银行售出有价证券，按协议规定期限，由中央银行再买回来。公开市场业务是中央银行强有力的货币政策工具，以范围广、灵活、主动和温和的优越性为世界各经济发达国家广泛采用。

1996年4月9日，我国中央银行的公开市场业务正式启动，首选14家银行为交易对象。通过公开市场业务，调节各家商业银行的头寸，影响同业拆借市场、回购市场和国债市场的供求关系，进而影响利率水平，并通过传导机制影响证券市场的资金状况。由于现阶段可供公开市场业务调控的工具有限，只以短期国债为交易工具，所以对债券市场的影响还不大，一段时期以后其影响会逐渐增加。

（4）利率政策

利率是借贷资金的利息收入与借贷资金量的比率。利率是主要的货币政策工具，也是对证券市场影响最为直接和迅速的金融因素。一般来讲，利率下降时，证券价格就会上涨；利率上升时，证券价格就会下跌。具体影响如下：

①利率的调整，最先影响到的是存款人和贷款人的利益分配。上调利率，存款人可以从多得的利息中直接受益，因而提高了将手持货币转化为存款的积极性，从而使流通中货币量收缩，而贷款人考虑到资金成本，必然压缩对贷款的需求，其结果也是使流通中的货币量收缩；降低利率则完全相反。在这个意义上，利率调整对证券市场的影响就是影响市场资金流入量的大小。

②调整利率，通过影响上市公司业绩影响证券市场。在利率下调的情况下，企业贷款成本下降，利润相应提高。预期收益的提高是股票价格上升的促进因素。另外，由于利率下降使一些储蓄转化为现实的商品购买力，这样就会提高社会商品销售总额，使商业企业利润上升，使工业产品积压减轻，资金周转加速，效益提高。这也是促使股票价格上升的因素。利率上调，情况则完全相反。

③在利率调整中，存款利率与贷款利率调整的幅度也对证券市场中金融板块股票产生直接的影响。如果贷款利率下调的幅度没有存款利率下调的幅度大，那么商业银

行和其他金融机构就都会从中得到因调整而加大的存贷利差，有利于改善银行和其他金融机构的经营环境，其股价自然上升。但如果在利率下调的过程中，存款利率的下调幅度没有贷款利率下调的幅度大，则会对金融股构成直接的利空。

在实际经济生活中，我们可以根据所能得到的有关信息预测利率变动的方向和时机，从而取得在股市中的主动权。对利率变动方向和时机影响较大的因素有：①市场商品购销状况；②国外金融市场的利率水平；③工业企业的平均资金利润率水平等。

（5）汇率变动

汇率是指两国货币相互兑换的比率，是通过一国货币来衡量另一国货币的价格，因而又称汇价。其表示方法有两种：直接标价法，即以一定单位的外币来计算应收或应付多少本国货币；间接标价法，即一定数额的本币值多少外币。我国采用直接标价法，实行浮动汇率制度。自1994年1月1日起人民币市场汇率与官定汇率并轨，4月设在上海的中国外汇交易中心正式启用；1996年12月1日起实行人民币经常项目可兑换。影响汇率的主要因素是国际收支，1996年我国已经连续3年成为世界第二大资金流入国，外汇储备已突破1 000亿美元，形成了外汇供大于求的局面；影响汇率的内在因素是本国货币的实际购买力、通货膨胀以及国内利率的高低等。

汇率变动对证券市场的影响是复杂的，对于外向型的上市公司来讲，汇率变动对其股价影响较大。因为汇率变动会使其产品在国际市场上的竞争力和公司盈利水平受到影响。而对于以国内市场为中心的上市公司来说，汇率的影响还是通过对内资金供应量的增减来实现的。

一般来讲，汇率变动对短期资本的流动影响较大，短期资本主要是在金融市场上做投机交易，当一国汇率下降时，外国投机者为了避免损失，会竞相抛售拥有的该国金融资产，转兑外汇，而这种行为会进一步加剧该国汇率的下跌，有可能导致金融危机。现阶段，我国人民币在资本项目上尚不能自由兑换，因此不会出现上述严重的金融危机。

启智增慧10-2

管子的"轻重论"

启智增慧10-3

薛暮桥：中国经济理论与实践创造性结合

10.2 证券投资的市场分析

10.2.1 证券市场的经济指标分析

对于成长中的中国证券市场来讲，证券市场规模的扩大及其经济功能的增强，是股票的供求矛盾趋于缓和的一个重要因素，有利于股市健康而有效地发展。证券市场要发挥其诸多功能，必须具备这样一个条件，即证券发行流通量必须达到一定的数额，在长、短期资本中所占的比例达到相当的程度。那么，如何在量上反映证券市场的这些效力呢？这就需要有一系列的统计指标来衡量。这些指标包括反映证券市场经济功能的统计总量指标和统计相对指标两大方面。通过对这些指标进行纵向和横向的比较，可以发现证券市场在经济运行中的作用力度以及发展趋势。

1）统计总量指标分析

反映证券市场经济功能的统计总量指标，可由证券的发行量和交易量指标构成。证券又分为许多种类，这里只简要分析债券的发行量和交易量以及股票的发行量和交易量情况。

（1）债券的发行量和交易量

债券的发行量指标表明一国举债的规模和水平，而债券的交易量则表明债券在流通市场上的流通规模和水平。债券发行量指标的作用在于：一是用于弥补财政赤字（政府债券）；二是用于城市基础设施建设和发展专项事业；三是用于偿还旧债。

（2）股票的发行量和交易量

股票的品种数和发行量指标表明一国利用股票来筹集资金的规模和水平，而股票的交易量既是衡量投资者从事投资热情程度的标志，又是证券市场繁荣程度的反映。

2）统计相对指标分析

统计相对指标是社会经济现象中两个有关指标之比，它表明现象之间的数量对比关系。由于相对指标把社会经济现象的两个总量指标进行了抽象，因而更有利于现象之间进行对比分析。通常，反映证券市场效率的统计相对指标有以下几种：

（1）证券发行额占国内生产总值（GDP）的比例

证券发行额通过债券发行额和股票市值来反映，这个指标表明了一国利用债券和股票筹集资金在经济中的作用程度。

①债券发行额占 GDP 的比例。债券是世界各国、各地区政府、企业向大众筹资的重要手段之一。

②股票市值占 GDP 的比例。这个指标表明了一国经济中股份公司发行股票筹集资金在经济中的作用程度。一般来讲，经济发达程度与股票市值占 GDP 的比例具有正相关性。在发达国家、发展中国家和新兴地区的证券市场中，股票市值占 GDP 的比例平均在 20%，当然，发达国家远高于这个比例。

（2）企业资产、负债的证券化比例

这个指标用于测定一国企业抵御经济环境震动的能力以及用于考察对经济稳定增长缓冲的作用程度。我们可以从以下两个方面的指标来进行考察：一是银行借款占各种资金来源的比例。二是资产证券化的比例。

随着金融市场的逐步完善，各类投融资工具陆续投放，大型企业整体上市步伐逐渐加快。目前，部分经济较发达省份规模以上企业证券化比例能够达到 80% 左右，有效地发挥了证券市场直接融资、优化资源配置的功能。

（3）风险和收益的比例

在证券市场上，风险与收益指标应该呈正比例关系。在有效的证券市场上，存在着一条资本市场线，投资者会在这条线上选择自己最喜欢的风险和收益组合。资本市场线（如图 10-1 所示）的存在是证券市场有效率的标志。在资本市场线图中，无风险收益率是指短期政府债券或银行定期存款所能提供的收益率。资本市场线是一条以无风险收益率为截距向上倾斜的线，该线可以通过大量的证券组合的收益与风险进行回归分析得出。新兴的中国证券市场中的资本市场线还未形成。

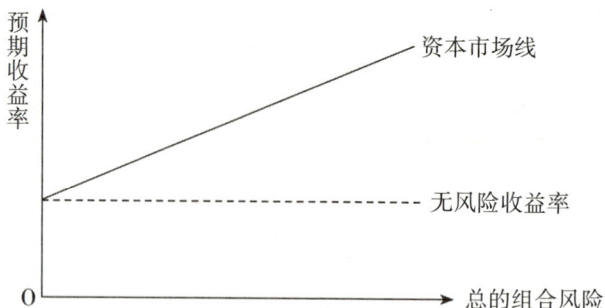

图10-1 资本市场线

10.2.2 市场主体的投资动机及心理因素分析

市场主体包括许多方面的参与者，其中最主要的是投资机构、大户、散户这几类投资者。对他们的分析是对证券市场本身进行分析的重要方面。他们的行为方式、操作手法、人格特征、心理倾向、投资动向、选股对象等，对证券市场具有直接的巨大影响。事实证明，投资者是证券市场的主体，没有投资者的参与，证券市场就没有存在的可能性。因此，对市场的分析，离不开对市场主体行为及其心理特征的分析。

1）证券投资动机分析

（1）资本增值动机

人们参与证券投资活动，最基本的动机就是获取股息或利息收入，以实现私人资本的增值。投资者在做投资决策时，一般非常注意各种证券的收益率差异，在认真分析计算的基础上，尽可能地把资金投放于股息或利息相对丰厚的证券上。

（2）灵活性动机

灵活性是指投资者在尽可能避免损失的条件下，将投资迅速转化成现金的能力。保留现金灵活性最大，但却无法实现资本的增值，银行活期存款则收益率太低；相反，动产与不动产的投资虽然一般收益率较高，但投资者将其转化成现金的成本往往太高，而且交易时间也比较长，这类投资灵活性偏低。证券投资基本上兼顾了灵活性与收益性，它既能很快地转化成现金，又能长期为投资者带来收益。因此，在保证资本增值的前提下，出于灵活性的考虑，投资者可以选择证券投资。

（3）参与决策动机

虽然广大的投资者参与决策的意识比较淡薄，但部分投资者可能为了参与发行公司的决策而购买其证券。在发达的资本主义社会，资本雄厚的投资者为了控制股份公司，有时会大量购买这一公司的股票。

（4）投机动机

许多投资者认为利用价格升降获得差价收益往往远远高于利息或股息收益。为获得股息或利息需要等上半年、一年或更长时间，不如在证券市场上短期买进卖出各类证券获得差价收益更有利。因此，出于这种投机动机的投资者，极为关注证券市场的供求关系和证券行市波动的趋势及幅度，把资本投入到价格波动有一定幅度的证券上，并频繁地买卖证券，他们宁可承担更大的风险以获取更大的收益。有的投机者甚至推波助澜，故意操纵某种股票的价格，以图获取暴利。所以说，投机活动已成为证券投资的一种普遍现象。

基于这种投机动机的投资者，在因股份公司收益持续增长或市场因素诱导而使股票价格出现上涨势头时，并不期望追求正在增长的股息收益，而是谋求从价格波动中获取差价收益。

（5）安全动机

有的投资者之所以参与证券投资，往往出于安全上的考虑，因为用现金购买证券可以防止意外灾害或被盗造成的损失，使资本更有保障。此类投资者也重视投资收益问题，他们认为把钱存入银行和购买证券的安全程度基本相等，但证券投资能提供更大收益，因此采取证券投资方式更有利。由于他们更侧重安全性问题，在投资时多把资金投放于价格波动幅度小和收益稳定的证券上，在购买证券时，他们往往要求领取寄存证而不是证券本身，以提高安全程度。

（6）选择动机

边际效用递减规律在一般商品的购买活动中的作用表现为：消费者不会把大量现金花费在一种商品上，尽管这种商品可能对他有极大的吸引力。因为，随着购买数量的增加，效用就会递减。同样，在证券购买活动中，边际效用递减规律也起作用，投资者如果只是购买一种证券会感到乏味，没有一种证券能满足投资者的全部需要。私人投资者在增加投资规模时总希望购买其他种类的证券，目的在于从各种证券的投资效益比较中获得平衡性满足。

（7）避税动机

避税动机是指高税阶层的投资者为逃避收益纳税而选择收益免税保护的证券进行投资的心理趋向。他们愿意选择可获得利息免税的市政债券进行投资，或者选择能源交通建设方面的证券投资，因为这类证券可以为投资者提供税收保护。

许多经济学家提醒投资者，除考虑税收优惠，还应同时注意考虑经济方面的因素。

2）证券投资心理分析

（1）证券投资心理的几种表现

证券投资者的心理状况对证券价格的影响，主要是通过供求关系起作用的，即心理变化引起供求关系发生变化，从而影响证券的行市。投资者的心理主要有以下几种情况：

①盲从心理。盲从就是人云亦云，人为亦为。当别人购股踊跃时，具有这种心理的投资者唯恐落后，盲目购入不明情势的股票；当抛售股票势盛时，他们则不分青红皂白地快速出手。这类投资者往往为别人抬轿而自蒙损失。

②赌博心理。此类投资者发迹心切，渴望把握住几种股票，以便摇身变成百万富翁。他们一旦在股市获得小利即欣喜若狂，甚至想把所有资本都投到股票上；而当其在股市失利时，往往失去理智，孤注一掷，最后倾家荡产。

③过度贪求心理。这种人贪得无厌，总想追求最大利润。在股市趋升时，总期望能升得更高，迟迟不愿出售自己的股票；在股价下跌时，总想还会继续下跌，等待买入更便宜的股票，以致贻误时机。

④犹豫心理。这些人虽然制订了投资计划和策略，但具体实施时却受到大众心理影响而犹豫不决，结果使计划流产。例如，已经判定手中股票市价到达波峰，决定出售，但准备出手时却被别人的乐观情绪所感染，又认为股价还要继续上涨，于是放弃行动；相反，当股票下跌已近波谷，他们已计划买入时，因见市场抛售风暴正盛，可能又停止行动。

⑤避贵求廉心理。部分投资者一心想买廉价股票，忽视股票质量与价格的紧密关系，一味追求低价。无论一种股票的前景有多好，他们都不会买入这种价格上升的股票；相反，他们对价格还没有上升或很少上升的股票却非常热衷，不管这种股票的质量有多差。显然，具有这种心理的投资者是毫无成功可能的。

投资者应尽量避免以上几种心理，理性投资。

（2）证券投资心理因素的分析

在证券投资市场，心理因素具有重要作用。经济学者除了研究影响市场的诸种客观因素外，也对心理因素十分重视。有时大众心理甚至左右证券交易市场。因此，总结分析投资的心理因素是非常必要的。

①投资心理的乘数效应。大众心理有一种极端倾向，这就是形势乐观时更加乐观，形势悲观时更加悲观。表现在证券投资市场即是行情好时加倍乐观，行情跌时加倍悲观。因此，当股市处于疲软状态时，即使某些股票仍可能提供较好的报酬，也不会有人问津；当股市处于一片繁荣时，即使某些股票前景暗淡，根本没有投资价值，人们也会毫不犹豫地购入，唯恐失去良机。

正是由于大众心理的这种乘数效应，所以一旦股市呈现涨势，就有可能迅速飙升；一旦处于跌市，则往往一发不可收拾。

②从众心理效应。虽然多数人的决定未必正确，少数人的决定未必都错，但大众却认为多数人的决定是最合理的。因此，现代政治经济社会的一个准则就是少数服从多数。

这一原则同样适用于股票市场。如果多数投资者认为行市看好，并积极购入股票，股票价格就会上涨；若多数人对股市不抱信心，并纷纷抛售，股价就会跌落。因此，股票行市是投资大众所作出决定的具体体现。服从股价涨跌的事实，就是服从大众的投资决定。

③投资偏好作用。正如人们对商品的购买会有不同的偏好一样，投资者也往往偏好某种或某几种股票。对某类股票感兴趣的投资人，往往虽几经周折，最后还去购买这种类型的股票，作为自己的投资选择。例如，有的投资者总离不开热门股票，因为他们偏爱其相对稳定的行市，而不喜欢冒险；相反，有的投资者则具有强烈的风险收益转换冲动，总难免置身于股票投机。

④犹豫心理的作用。许多投资者尽管本人可能熟悉证券投资的技巧，也有必要的经验，但一旦置身证券市场却往往犹豫不决，作出错误的决策。他们平时所做的分析可以让人非常信服，场外所做的冷静的结论足以使人赏识，但一旦走进交易市场，其行为就会与计划背道而驰。例如，他可能已经分析到股价会转升为跌，准备抛出股票，但证券交易柜前抢购的人群，可能会使他反而买进股票。一般而言，犹豫心理只会改变一些投资者的合理行为，而不能改变整个市场的轨迹。

10.3 证券投资的行业分析

证券投资的行业分析主要分析行业的市场类型、生命周期和影响行业发展的有关因素。通过分析，可以了解到处于不同市场类型和生命周期不同阶段上的行业产品生产、价格制定、竞争状况以及盈利能力等方面的信息资料，从而有利于正确地选择适当的行业进行有效的投资。

10.3.1 行业的市场类型

根据行业中企业的数量、产品性质、价格的制定和其他一些因素，各种行业基本上可分为如下 4 种市场类型：

1）完全竞争

完全竞争是指许多生产者生产同质产品的市场情形。其特点是：①生产者众多，各种生产资料可以完全流动；②生产的产品（有形与无形）是同质的，无差别的；③生产者不是价格的制定者，生产者的盈利基本上由市场对产品的需求来决定；④生产者和消费者对市场情况都非常了解，并可自由进入或退出这个市场。从上述特点可以看出，完全竞争其实质在于所有的企业都无法控制市场的价格和使产品差异化。初级产品的市场类型多与此相近似。

2）垄断竞争

垄断竞争是指许多生产者生产同种但不同质产品的市场情形。其特点是：①生产者众多，各种生产资料可以流动；②生产的产品同种但不同质，即产品之间存在着差异；③由于产品差异性的存在，生产者可借以树立自己产品的信誉，从而对其产品的价格有一定的控制能力。制成品的市场类型一般都属于这种。

3）寡头垄断

寡头垄断是指相对少量的生产者在某种产品的生产中占据极大市场份额的情形。在这个市场上通常存在着一个起领导作用的企业，其他的企业则随该企业定价与经营方式的变化而相应地进行某些调整。领头的企业不是固定不变的，它随企业实力的变化而变化。资本密集型、技术密集型产品如钢铁、汽车等，以及少数储量集中的矿产品，如石油等的市场类型多属这种。

4）完全垄断

完全垄断是指独家企业生产某种特质产品（指没有或缺少相近的替代品）的情形。完全垄断可分为政府完全垄断和私人完全垄断两种。在这种市场中，由于市场被独家企业所控制，产品又没有（或缺少）合适的替代品，因此垄断者能够根据市场的供需情况制定理想的价格和产量，在高价少销和低价多销之间进行选择，以获取最大的利润。但垄断者在制定产品的价格与生产数量方面的自由性是有限度的，它要受到反垄断法和政府管制的约束。公用事业和某些资本、技术高度密集型或稀有资源的开采等行业就属于这种完全垄断的市场类型。

10.3.2　行业的生命周期

每种行业都要经历一个由成长到衰退的发展演变过程。一般说来，行业的生命周期可分为以下4个阶段：

1）初创期

在新行业的初创期里，由于新行业刚刚诞生或初建不久，因而只有为数不多的创业公司投资于这个新兴的行业。这些创业公司财务上不但没有盈利，反而普遍亏损，同时，还面临很大的投资风险。在初创后期，随着行业生产技术的提高、生产成本的降低和市场需求的扩大，新行业便逐步由高风险、低收益的初创期转向高风险、高收益的成长期。

2）成长期

新行业生产的产品经过广泛的宣传和顾客的试用，逐渐以其自身的特点（如新用途、新设计等）赢得了大众的欢迎或偏好，市场需求开始上升，新行业也随之繁荣起来。与市场需求的变化相适应，供给方面相应出现了一系列的变化，因而新行业出现了生产厂商和产品相互激烈竞争的局面。在成长期的后期，由于行业中生产厂商与产品竞争优胜劣汰规律的作用，市场上生产厂商的数目在大幅度下降之后开始稳定下来。由于市场需求基本饱和，产品的销售增长率减小，迅速赚取大量利润的机会减少，整个行业开始进入稳定期。

3）稳定期

行业的稳定期是一个相对较长的时期。在这一时期里，在竞争中生存下来的少数大厂商垄断了整个行业的市场，每个厂商都占有一定比例的市场份额，由于彼此势均力敌，市场份额比例发生变化的程度较小。行业的利润则由于一定程度的垄断，达到了很高的水平，而风险却因市场比例比较稳定、新企业难以与老企业相竞争而下降。

4）衰退期

经过较长的稳定期后，由于新产品和大量替代品的出现，原行业的市场需求开始逐渐减少，产品的销售量也开始下降，某些厂商开始向其他更有利可图的行业转移资金，因而原行业出现了厂商数目减少、利润下降的萧条景象，至此，整个行业便进入了生命周期的最后阶段。

10.3.3　政府、社会倾向及技术对行业的影响

1）政府的影响

政府的影响作用是相当广泛的。实际上，各个行业都要受到政府的监管，只是程度不同而已。政府的监管措施可以影响到行业的经营范围、增长速度、价格政策、利润率和其他许多方面。当政府作出决策鼓励某一行业的发展，就会相应增加该行业的优惠贷款量，限制该行业国外产品的进口，降低该行业的所得税，这些措施对刺激该行业的股价上涨都起到了相应的作用。相反，如果政府要限制某一行业的发展，就会对该行业的融资进行限制，提高该行业的税收，并允许国外同类产品进口，结果该行业的股票价格便会下降。

政府实施监管的主要行业有：公用事业、运输部门和金融部门。另外，政府除了对这些关系到国计民生的重要行业进行直接管理外，通常还制定有关的反垄断法来间接地影响其他行业。

2）社会倾向的影响

现代社会的消费者和政府已经越来越强调经济行业所应负的社会责任，越来越注意工业化给社会所带来的种种影响。这种日益增强的社会意识或社会倾向对许多行业已经产生了明显的作用。近年来在公众的强烈要求和压力下，许多国家纷纷对许多行业的生产及产品作出了种种限制性规定。

防止环境污染、保持生态平衡目前已成为工业化国家一个重要的社会趋势，在发展中国家也日益受到重视。

综上所述，社会倾向对企业的经营活动、生产成本、利润收益等都会产生一定的影响。

3）技术因素的影响

目前，人类社会所处的时代正是科学技术日新月异的时代，不仅新兴学科不断涌现，而且理论科学朝实用技术的转化过程大大缩短，速度大大加快，直接而有力地推动了工业的迅速发展和水平的提高。第二次世界大战之后工业发展的一个显著特点是新技术在不断地推出新行业的同时，也在不断地淘汰旧行业。如大规模集成电路计算机代替了一般的电子计算机，通信卫星代替了海底电缆等。这些新产品在定型和大批量生产后，市场价格大幅度地下降，从而很快就能被消费者所使用。上述这些特点使得新兴行业能够很快地超过并代替旧行业，或严重地威胁原有行业的生存。

4）相关行业变动因素的影响

相关行业变动对股价的影响一般表现在3个方面：

（1）如果相关行业的产品是该行业生产的投入品，那么相关行业产品价格上升，就会造成该行业的生产成本提高，利润下降，从而股价会出现下降趋势，如钢材价格上涨，就可能会使生产汽车的公司股票价格下跌。

（2）如果相关行业的产品是该行业产品的替代产品，那么若相关行业产品价格上涨，就会提高对该行业产品的市场需求，从而使市场销售量增加，公司盈利也因此提高，股价上升；反之亦然，如茶叶价格上升，可能对经营咖啡制品的公司股票价格产生利好影响。

（3）如果相关行业的产品与该行业生产的产品是互补关系，那么相关行业产品价格上升，对该行业内部的公司股票价格将产生利淡反应。如1973年石油危机爆发后，美国消费者开始偏爱小汽车，结果对美国汽车制造业形成相当大的打击，其股价大幅下跌。

10.4　上市公司的财务分析

上市公司的财务状况及前景是影响证券价格长期波动的基本因素之一，研究证券投资必须认真做好公司财务分析工作。

10.4.1 财务状况变动趋势分析

财务状况变动趋势分析，就是要运用一定方法，根据公司一定时期的连续财务报表，比较各期有关项目的变化情况，以反映企业财务状况的变化性质及趋势。

公司的财务报表主要包括利润表、资产负债表、资本来源与运用明细表。趋势分析最常用的方法是利用连续财务报表的有关资料编制财务分析比较表。具体做法是：①计算各项目各时期之间的增减额及增减比例；②计算各时期各项目占总指标的比重，并比较各期的变化情况。通过以上分析基本上就可以把握企业财务状况的变动趋势。

1）利润表因素变动趋势分析

利润表是反映公司盈利情况的财务报表。一般而言，判断一家公司的收益状况大多以过去10年的数据为分析依据。

根据新会计制度，上市公司的管理者在选择会计政策时有较大的自由度，他们可以利用这一自由度更好地向股东反映企业的经营状况，但也有的利用这一自由度掩盖经营问题。

从构成上说，利润涉及：主营业务收入减去销售成本、期间费用；其他业务收入减去其他业务支出；投资收益；营业外收支；以前年度损益调整。

经常出现的不真实的利润数据包括：与销售额增加相关的应收账款的大幅增加，因处置长期资产而产生的巨大利润，关联交易带来的利润增加，利用会计政策、会计估值的选择与变更进行的利润调整等。

2）资产负债表因素变动趋势分析

企业的资产结构、变现能力、负债总量等问题，是企业能否稳定发展的决定因素之一。我们在对公司损益情况进行分析的基础上，还必须利用资产负债表对以上因素的变动趋势加以分析。

在利用资产负债表进行趋势分析时，还应注意调整，弄清下面几个问题：

（1）销售和利润令人满意时，是否存在固定设备掠夺运行或带病运转的情况。

（2）有无应收款过期及存货周转过慢的情况。

（3）在营业情况不佳时，有无过量举债的行为。

（4）有无经营情况良好却无法偿债的情况。

10.4.2 偿债能力分析

对企业偿债能力的分析主要是通过其资产负债率、流动比率、速动比率几个指标的计算进行的。

1）资产负债率

资产负债率是指企业负债总额占其全部资产总额的比率，是用来衡量企业利用债权人提供的资金进行经营活动的能力和反映债权程度的一个指标。

资产负债率的计算公式是：

$$资产负债率=\frac{负债总额}{资产总额} \tag{10-1}$$

这一重要比率既可以被企业的债权人用来分析企业进一步举债的潜力，也可以被证券投资者用来分析判断是否应购买或抛出该公司的股票，当然也是企业进行资金筹措决策时估计举债合理规模及融资风险的重要依据。

（1）企业负债率越低，说明企业自有资本的比例越高，偿还债务的潜在能力越强，因而其债权越安全。反之，当企业负债率超过一定水平时，企业有效偿债的潜在能力就会不足，一旦经济出现衰退或企业经营不善，将会因企业资不抵债，给债权人造成损失。因此，债权人希望负债率越低越好，对负债率已经超过极限的企业，他们一般不会再给予贷款。

（2）股东对负债率的反应不同于债权人。在股东看来，企业借债提供的资本同样能在生产经营中发挥作用，而且能扩大生产规模、增加利润。另外，债权人虽为企业提供贷款，但并不是入股投资人，因而没有对企业的决策权和控制权。这样股东实际上是利用其拥有的有限资本保持对整个企业资本的控制权。因此，企业举债实际上使股东获得双重利益。但是，如果举债规模过大，当资产负债率大于1时，说明企业已经资不抵债。

（3）企业家利用负债率制定举债决策时，就是要把握风险同利润的置换关系，保证风险因素能最合理地置换为利润。如果过分保守而不敢借款，企业就缺乏活力，没有前途；若盲目过量举债，会使企业陷入债务危机而不能自拔，降低企业利润。

2）流动比率及速动比率

流动比率及速动比率是衡量企业短期偿债能力的通用比率，其实质是反映企业在短期债务到期前用可转化为现金的资产偿债的能力。具体地讲，流动比率是衡量企业流动资产在短期债务到期前可以变为现金用于偿还流动负债能力的一个指标；速动比率是衡量企业流动资产中可以迅速变现，立即用于偿还流动负债能力的一个指标。其计算公式为：

$$流动比率=\frac{流动资产}{流动负债} \tag{10-2}$$

$$速动比率=\frac{流动资产 - 存货}{流动负债}$$

$$=\frac{速动资产}{流动负债} \tag{10-3}$$

速动比率计算公式中的速动资产仅指几乎可以立即用来偿付流动负债的那些流动资产，即现金、有价证券和应收账款。其中现金和证券本身就是货币或准货币，具有流动性较高的特点，而应收账款则需要转化成现金才能用于偿还债务。计算流动比率的流动资产除包括速动资产外还包括各种存货。由于存货转变成现金需要较长的时间，因此，速动比率更能准确地反映企业的短期偿债能力。两个公式中的流动负债均指应付账款、应付票据、短期借款、应交税费和其他流动负债等的总和。

【例 10-1】甲公司 2021 年 6 月 30 日流动资产合计 600 万元，流动负债合计 320 万元，存货为 300 万元，则：

$$流动比率 = \frac{600}{320}$$

$$= 1.88$$

$$速动比率 = \frac{600 - 300}{320}$$

$$= 0.94$$

过去许多人都认为，流动比率保持在 2.0 左右、速动比率保持在 1.0 左右比较合适。在实际中，应该根据各企业的具体情况来判断，不能一概而论。比如，有些企业可能流动比率甚高，但却是因存货大量积压造成的，这并不说明企业的短期偿债能力高，因为存货尤其是长期积压滞销的货物转化成现金的能力较差、时间较长（甚至几乎不可能），用它们来偿还债务的可能性不大。又如，企业的速动比率较高，但可能是现金过多、资金利用效率低造成的，这是企业财务的一个消极因素。

10.4.3 营运能力分析

从以上两个指标的计算看出，应收账款和存货均被作为可转化为现金的资产。但是，多长时间才能将它们转化成现金呢？这是关系到这两个比率可靠性的问题。因此，我们必须引入能够表明应收账款及存货的现金转化速度的比率，以便能更全面地反映出企业财务的流动性，正确分析企业的营运能力。

1）应收账款周转率

应收账款周转率可以通过赊销收入净额与应收账款平均余额之比来反映。其计算公式如下：

$$应收账款周转率 = \frac{赊销收入净额}{应收账款平均余额} \tag{10-4}$$

$$应收账款平均余额 = \frac{\sum 年度内每月末应收账款余额}{12} \tag{10-5}$$

公式中的应收账款包括商业应收票据，但不包括估计坏账损失。

例如，甲公司 2021 年的赊销收入净额是 2 000 万元，应收账款的平均余额经计算是 190 万元，则应收账款周转率为 10.53。这说明企业应收账款每年可以周转 10.53 次，其流动性是很强的。从这方面看，上面的速动比率比较可靠地反映了企业的短期偿债能力。

2）存货周转率

存货周转率是销货成本与存货平均余额之间的比率，它是衡量企业销售能力强弱和存货是否过量的指标，也能反映企业将存货转化为现金的快慢程度。其计算公式为：

$$存货周转率 = \frac{销货成本}{存货平均余额} \tag{10-6}$$

$$存货平均余额 = \frac{\sum 年度内每月末存货余额}{12} \tag{10-7}$$

在平均存货销售利润率一定的条件下，存货周转越快，企业的利润就会越高。但是，由于工业企业存货结构相对较复杂，故在进行流动性分析时，有必要分别按产品、在产品和原材料计算各自的周转率。

$$产成品周转率 = \frac{销售产品成本}{产成品平均存货} \qquad (10-8)$$

$$在产品周转率 = \frac{年制造总成本}{在产品平均余额} \qquad (10-9)$$

$$原材料周转率 = \frac{年耗用原材料总成本}{原材料平均库存余额} \qquad (10-10)$$

10.4.4 企业获利能力分析

企业获利能力是指企业赚取利润的能力。它不仅关系到企业所有者的利益，也是企业偿还债务的一个重要资金来源。因此，企业的债权人、所有者以及管理者都十分关心企业的获利能力。评价企业获利能力的指标主要有：总资产报酬率、资本金报酬率、销售利润率、成本费用利润率等。

1）总资产报酬率

总资产报酬率也称资产收益率或投资报酬率，是企业在一定时期内的净利润与资产总额的比率。

总资产报酬率的计算公式为：

$$总资产报酬率 = \frac{净利润}{资产总额} \qquad (10-11)$$

上式中的资产总额可用年初、年末平均数，也可用期末数。总资产报酬率主要用来衡量企业利用资产获取利润的能力，它反映了企业总资产的利用效果。如果企业的总资产报酬率偏低，说明该企业资产利用效率较低，经营管理存在问题，应该调整经营策略，加强经营管理。

2）资本金报酬率

资本金报酬率是一个时期企业的净利润与资本金总额的比率，它直接反映投资者投入企业资本金获利的能力。

资本金报酬率的计算公式为：

$$资本金报酬率 = \frac{净利润}{资本金总额} \qquad (10-12)$$

资本金报酬率是用以衡量企业运用所有资本金所获经营成效的指标。资本金报酬率越高，表明公司资本金的利用效率越高，反之则说明资本金未得到充分利用。

3）销售利润率

销售利润率衡量企业利润率水平的指标一般有毛利率、销售净利润率、销售利润率。毛利率是企业的毛利与销售收入净额的比率；销售净利润率是净利润与销售收入净额的比率；销售利润率是企业利润总额与销售收入净额的比率。销售利润率可以用来衡量企业销售收入的收益水平，是衡量企业获利能力的重要指标。其计算公式为：

$$销售利润率 = \frac{利润总额}{销售收入净额} \qquad (10-13)$$

上式中利润总额实际上是税前利润额。这一比率说明企业利润占销售收入的比例，它可用以评价企业通过销售赚取利润的能力。该比率越高，企业通过扩大销售量获取收益的能力越强。

4）成本费用利润率

成本费用利润率是企业利润总额与成本费用总额的比率。其计算公式为：

$$成本费用利润率=\frac{利润总额}{成本费用总额} \tag{10-14}$$

成本费用是企业为了取得利润而付出的代价。这一比率越高，说明企业为获取收益而付出的代价越小，企业的获利能力越强。因此，利用这一指标，不仅可以评价企业获利能力的高低，也可以评价企业对成本费用的控制能力和经营管理水平。

10.4.5 投资者获利能力分析

投资者获利能力分析不仅是企业的投资者关注的问题，也是债权人极为重视的一个问题，它直接关系到投资者的切身利益。下面将介绍有关分析投资者获利能力的指标和方法。

1）股东权益获利能力分析

股东权益获利能力分析用于分析企业自有资本的获利能力，主要运用两个指标。

$$股东权益收益率=\frac{净收益}{股东权益} \tag{10-15}$$

$$股东权益周转率=\frac{销售额}{股东权益} \tag{10-16}$$

2）普通股的获利能力分析

下面的5个指标就能从不同角度反映普通股获利能力。

$$普通股权益报酬率=\frac{净收益}{普通股权益} \tag{10-17}$$

$$普通股每股净收益=\frac{企业净收益-优先股息}{平均发行在外普通股股份数} \tag{10-18}$$

$$普通股每股净收益与市价比率=\frac{普通股每股净收益}{普通股市价} \tag{10-19}$$

$$股息发放率（股息倾向）=\frac{普通股每股股息}{普通股每股净收益} \tag{10-20}$$

$$股息与市价比率=\frac{普通股每股股息}{普通股每股市价} \tag{10-21}$$

3）优先股获利保证程度

优先股获利保证程度可用优先股获利保障系数来反映。其计算公式为：

$$优先股获利保障系数=\frac{经营利润}{利息+优先股股息} \tag{10-22}$$

4）企业债券获利保障程度

我们可以用收益对利息的保障系数来反映这一问题。其计算公式是：

$$收益对利息的保障系数=\frac{经营利润}{利息费用} \tag{10-23}$$

显然，这一指标就是已获利息倍数，其中：

$$经营利润=净利润+所得税+利息总额 \tag{10-24}$$

启智增慧10-4
解析基本分析与技术分析

启智增慧10-5
苏泊尔电器股票投资分析报告——基本分析

本章小结

证券投资的基本分析包括证券投资的宏观经济分析、市场分析、行业分析和上市公司的财务分析等方面。

在证券投资领域中，对宏观经济因素的分析主要包括国民经济总体状况、经济周期、通货膨胀以及财政与货币政策等。国民经济总体状况是判断宏观经济的发展速度、宏观经济的景气状况的重要标志；国民经济运行常表现为收缩与扩张的周期性交替，经济周期的变动对证券市场的影响力是十分显著的；通货膨胀程度、财政政策与货币政策的制定与实施对证券市场将会产生直接的影响，这是本章的重点内容。

证券投资市场分析主要是针对市场中投资主体的投资动机和心理因素进行分析。市场主体包括许多方面的参与者，其中最主要的是投资机构、大户、散户这几类投资者。对他们的分析是对证券市场本身进行分析的重要方面。

在行业分析中，主要分析行业的市场类型、生命周期和影响行业发展的有关因素。通过分析，可以了解到处于不同市场类型和生命周期不同阶段上的行业产品生产、价格制定、竞争状况，以及盈利能力等方面信息资料，从而有利于正确地选择适当的行业进行有效的投资。

上市公司的财务状况分析主要是分析上市公司财务状况的变动趋势，以及对偿债能力、营运能力、企业获利能力、投资者获利能力等进行分析。

关键概念

先行指标　重合指标　后续指标　通货膨胀　财政政策　货币政策　资产负债率　流动比率　速动比率　应收账款周转率　存货周转率　总资产报酬率　资本金报酬率　销售利润率　成本费用利润率

综合训练

✔ 理论知识回顾

1）经济周期先行指标的含义及项目是什么？

2）通货膨胀对证券投资特别是股票投资的影响有哪些？

3）行业生命周期的四个阶段及其特点是什么？

✔ 阅读思考和实践

中国人民银行 2022 年 11 月 25 日宣布，决定降低金融机构存款准备金率 0.25 个百分点，共计释放长期资金约 5 000 亿元。

思考和分析：请分析央行下调法定存款准备金率对股市行情的影响。

即测即评 10

综合训练
参考答案 10

第11章

证券投资技术分析理论

目标引领

☑ 价值塑造

本章结合趋势理论，引导学生掌握技术分析的主要理论，提升学生归纳总结演绎的能力，从市场行为的历史中推演未来市场的可能轨迹，培养学生具备一定的专业投资技能，做基础扎实、专业过硬的社会主义接班人。

☑ 知识传授

通过本章的学习，掌握道氏理论的要点及对技术分析的贡献；掌握K线的基本种类及含义；理解股价变动的趋势特征及如何确认趋势线的有效突破；理解股价支撑与阻力的含义及分析判断；理解股价的图形形态及含义；理解波浪理论的基本思想。

思维导图

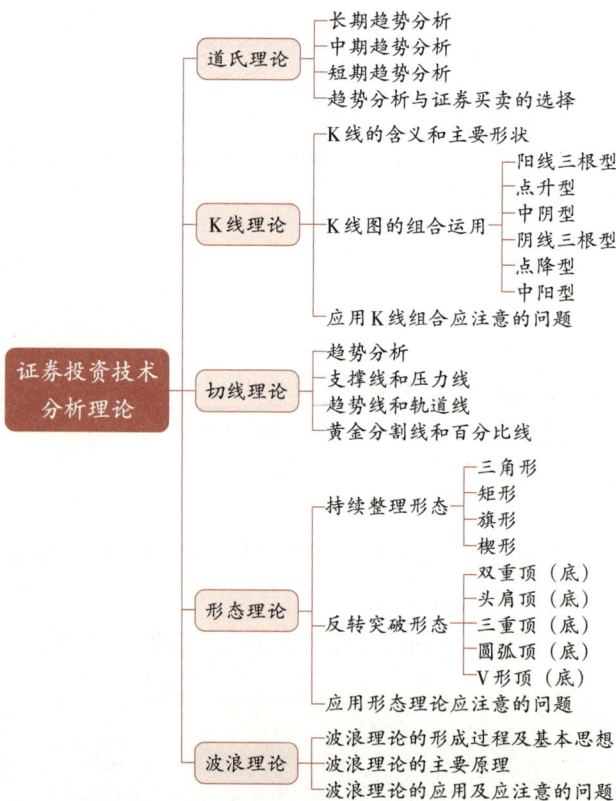

开篇导读

上证综合指数是最早发布的指数，是以上证所挂牌上市的全部股票为计算范围、以发行量为权数的加权综合股价指数。这一指数自 1991 年 7 月 15 日开始实时发布，基日定为 1990 年 12 月 19 日，基日指数定为 100 点。新上证综指发布以 2005 年 12 月 30 日为基日，以当日所有样本股票的市价总值为基期，基点为 1 000 点。新上证综指简称"新综指"，指数代码为 000017。在 32 年中，上证指数共有 19 年实现上涨，13 年出现下跌。

从上证综合指数走势可以看出，中国的股市具有明显的周期性，一定时期内有上涨或下跌的趋势性，这正契合了证券投资技术分析的基本逻辑：市场具有趋势性和周期性。一个成熟的投资者，不仅要善于进行证券投资分析，而且还应具备进行分析的技术手段。证券市场投资分析的方法有很多，但大致可分为基本分析和技术分析两大类。前者对长期投资者来说相当重要，但对短期交易的人们来说，其作用非常有限，而技术分析则对短期投资者有重要作用。

技术分析的理论基础是基于 3 项合理的市场假设：市场行为涵盖一切信息；价格沿趋势移动；历史会重演。

11.1　道氏理论

道氏理论是美国投资者预测股票市场价格涨落最常用的方法，也是最古老、最著名的技术分析理论之一，是由美国道·琼斯公司的创始人查尔斯·亨利·道在 19 世纪末期创立的。道氏理论是股市技术分析理论的鼻祖，是各种技术分析方法的理论基础。

道氏理论认为，股价变动趋势有 3 种，即长期趋势、中期趋势和短期趋势，3 种趋势同时存在，相辅相成。

11.1.1　长期趋势分析

证券市场的长期趋势是指连续 1 年或 1 年以上的证券价格的变化趋势。长期趋势包括两个相反趋势：一是上升趋势；二是下跌趋势。

1）上升趋势

证券市场的上升趋势通常包括如下 3 个阶段：

第一阶段：买方对发行证券的公司盈利情形看好，开始买进被悲观的卖方卖出的股票和债券，或者卖方由于种种原因使其卖出量减少，这一切导致了证券市场价格的徐徐上升。在这一阶段，公司公布的财务报表显示的公司财务状况尚属一般，投资者对证券买卖尚存戒心，证券市场交易不是很活跃，但交易量开始增加。

第二阶段：证券市场价格已经上升，公司盈余的增加导致证券市场交易量的增加；公司收益情况的好转已引起投资者的注意，敏感的投资者在这一阶段可能获利颇丰。

第三阶段：证券市场上各种证券的价格已经升至一个高峰，投资者争先恐后购买证券，股市一片繁荣，交易量很大；公司收益情况日进佳境的事实已为投资者熟悉与知晓；公司趁此机会大量发行新的股票和债券。

2）下跌趋势

下跌趋势通常也包括3个阶段：

第一阶段：上述的上升趋势已经结束，交易额虽然并未下降，反而略有增加，但已有减少的趋势；投资者参与交易仍然很活跃，但获得的差价利益已经大大减少，整个购买气氛已经冷却下来；敏感的投资者预感到企业的收益达到高峰，于是提前将其所持有的证券卖出以获取差价利益。

第二阶段：这是一个恐慌阶段，这时买方数目减少而卖方数目增多，证券价格急剧下跌，交易量已大幅度减少，投资者参与交易的活跃程度已大幅度下降。这一阶段过后，一般都必须经过较长时间的喘息或停滞才进入第三阶段。

第三阶段：在经历了上述的恐慌阶段以后，先前买进的投资者纷纷卖出，证券的市场价格再次急剧下跌；有关公司收益恶化的消息到处流传，加速了投资者的卖出。但各种证券市场价格的下跌程度各不一样，一流的股票与债券的市价较平稳，而投资价值较低的股票和债券下跌较为剧烈。在这个下跌趋势的最后阶段，各种坏消息弥漫整个证券市场，只有在这些坏消息消失之后，这一阶段才告结束。

11.1.2 中期趋势分析

证券市场的中期趋势是指连续3周以上、1年以下证券价格的变化趋势。证券市场的中期趋势与其长期趋势有密切的关联，这主要表现在：

第一，中期趋势的证券价格波动幅度约为长期趋势升降幅度的1/3左右。

第二，当中期趋势下跌时，若其谷底较上期谷底为高，就表明长期趋势上升；反之，当中期趋势上升时，若其波峰较上期波峰为低，就表示长期趋势下降，如图11-1所示。

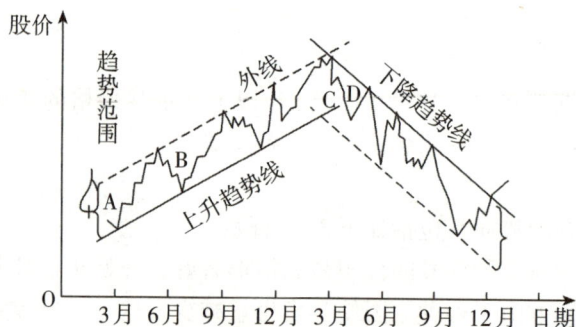

图11-1 中期趋势与长期趋势关系图

图11-1中期趋势与长期趋势关系图中左半部所表示的情形是：中期趋势不断地上升或下降，但其下降时的谷底却总是较上期的谷底为高，则意味着长期趋势上升。

图中右半部所表示的情形是：中期趋势不断地上升或下降，但其上升时的波峰却总是较上期的波峰为低，则意味着长期趋势下降。而对于投资者来说，至关重要的是寻找长期趋势从上升转为下降或从下降转为上升的转折点。

道氏理论认为，长期趋势上升与下降的转折点应根据道·琼斯工业股平均股价及铁路股平均股价的运动方向来确定。一般来说，比较连续两次的谷底高度就可以发现这种趋势。如果两次下跌的谷底，后一次高于前一次，一般可判断长期趋势为上升；反之，后一次低于前一次，一般可判断长期趋势为下降。但为了稳妥起见，此时应参考两种指数即道·琼斯工业股平均股价指数和道·琼斯铁路股平均股价指数，如果两种指数同时在某点上开始上升或下降，才可确认长期趋势改变方向，如图 11-2 和图 11-3 所示。

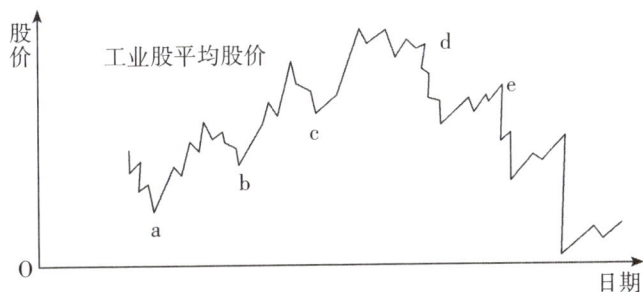

图11-2　工业股平均股价变动方向

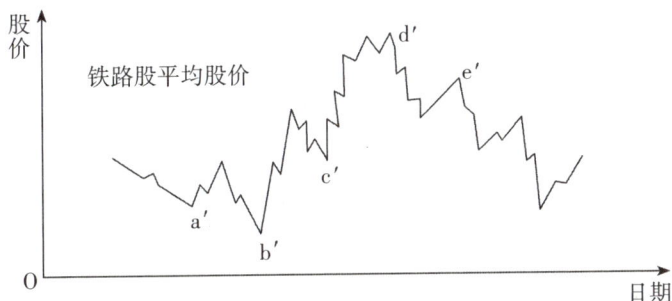

图11-3　铁路股平均股价变动方向

从图 11-2 和图 11-3 我们可以看出：工业股平均股价的中期趋势的低谷从 a 和 b 点开始便比前次谷底高，但铁路平均股价的中期趋势的谷底从 b′ 和 c′ 点开始才逐次上升，所以从 b 和 c 或从 b′ 和 c′ 点才能确认长期趋势上升的转折点；同样，下降的转折点则只有从 d 和 e 或从 d′ 和 e′ 点才能得到确认。

11.1.3　短期趋势分析

证券市场的短期趋势是指连续 6 天以内的证券交易价格变化趋势。短期趋势可能是人为操纵而形成的，这与客观反映经济动态的中长期趋势有本质的不同。鉴于此，证券市场的短期趋势一般不被人们作为重要趋势分析的对象。当然也应该承认证券市场的短期波动也是形成中期趋势和长期趋势的基础。如果把证券市场价格的运动比作海水的运动，证券市场的长期趋势犹如海潮，中期趋势好比海浪，而短期趋势就像微波。海潮既有涨潮也有退潮；海浪寄于海潮之中，即使是排空大浪也不能抗逆海潮；

微波寄于海浪之中，几股微波连在一起就可形成海浪。

11.1.4　趋势分析与证券买卖的选择

对证券市场的趋势分析对于投资者来说，其重要意义在于把握时机，通过适时买卖证券来获取利益。这里重要的问题有两点：一是要弄准证券市场的趋势是上升还是下降；二是要认清投资者自己目前所处的位置。如果长期趋势处于上升阶段，则在中期趋势上升到一个顶峰时不要急于将证券脱手，因为更好的卖出机会在后面。此时如能清楚自己的位置，静下心来等等看，证券在手中多放一段时间可能会卖出更好的价钱。同样道理，当证券市场的长期趋势处于上升而中期趋势处于下跌之势时，也不必为自己手中证券贬值而恐慌，因为不久证券市场的价格总要涨起来的。如果证券市场的长期趋势处于下跌阶段，即使中期趋势处于上升状态，甚至达到较高的顶峰，也不要盲目乐观，应抓紧时间把证券赶快出手，否则将失去一次机会，而且近期恐怕再难等到比现在更好的机会了。

11.2　K 线理论

K 线理论经过上百年的股票市场实践，应用效果良好，受到世界各国股票投资者的广泛重视。目前 K 线理论已经成为人们进行技术分析必不可少的工具之一。

11.2.1　K 线的含义和主要形状

K 线又称日本线，是将每天股价记录下来并画成图表，使人们能够根据图表看出股市的变迁与变化的形态、股市的前后关系等。若把时间拉长，也可发现股价变动的波峰与波谷及二者的形状。如果把它们分类，股价变动的形状可区分为几种类型，投资者便可以利用这些类型预测未来的股市，以便进行证券投资。但实际运用这种方法时一定要注意：前后股价变动虽属于同样类型，但由于其股价的位置、规模的大小、速度的快慢有所不同，二者的发展就会不尽相同，所以未来发展的股价形态即使跟过去类型相同，也不能轻易地依据过去同类型的股价加以预测。这就是说，依据画线预测股市变动须多次研究过去实例，广泛收集当时有关股价变动的各种情报才能有效。

学习 K 线要理解阳线、阴线、上影线、下影线的概念。所谓阳线，是指空心的矩形线（如图 11-4 所示），阳线表示收盘价较开盘价为高。所谓阴线，是指实心的矩形线（如图 11-5 所示），阴线表示收盘价较开盘价为低。阳线和阴线均采用竖向摆放，阳线和阴线是 K 线的实体。如果在当日的交易中，发生过比实体高价还要高的价格，则在实体上方画一垂直的短划线，称为上影线；如果在当日的交易中，发生过比实体低价还要低的价格，则在实体下方画一垂直的短划线，称为下影线。

【例 11-1】股票市场某日的某种股票开盘价为 107 元，收盘价为 124 元，最高价 135 元，最低价 102 元。试分析并画图表示市场情形。

分析：该种股票的开盘价低于收盘价，应用阳线表示。又因最高价高于收盘价，故应有上影线；最低价低于开盘价，故应有下影线。用图形表示如图11-4所示。

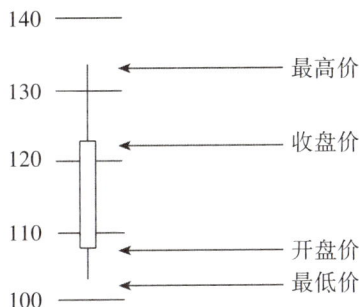

图11-4　阳线图

在 K 线图中，阳线表示上升股市，阳线的长短表示升势的大小。

【例11-2】股票市场的某种股票开盘价为120元，收盘价为112元，最高价为125元，最低价为104元。试分析并用图形表示市场的情形。

分析：该种股票的收盘价低于开盘价，故应用阴线表示。又因最高价高于开盘价，应有上影线；最低价低于收盘价，应有下影。用图形表示如图11-5所示。

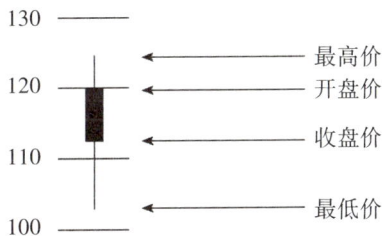

图11-5　阴线图

在 K 线图中，阴线表示下跌股市，阴线的长短表示跌势的大小。

上面两个例子中都出现了上影线、下影线，在 K 线图中，上影线表示股价达到最高价后因卖压加大，使股价回落，对阳线而言削弱其上升之势，对阴线而言则助长其跌落之势，总的来说是弱线，尤其是上影很长的阴线，更是一种凶险的图线。下影阴线和下影阳线表示股价曾一度到过最低价，但因受买盘支撑，股价又转跌为升，被视为强线。尤其当股市长期下降处于低价位时，若出现下影很长的光头小阳线或光头小阴线，也叫伞形阳线或伞形阴线，往往暗示可买入。

如果开盘价和收盘价相同，则画线的实体部分消失，其中又可分为如图11-6所示的几种情况。

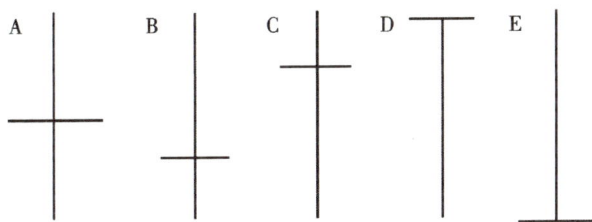

图11-6　十星图

分析：

A 型：开盘价与收盘价相同，上影与下影大致相等。说明买卖双方的势力相当。

B 型：开盘价与收盘价相同，上影大于下影。一般说明卖势强于买势。

C 型：开盘价与收盘价相同，下影大于上影。一般说明买势强于卖势。

D 型：开盘价与收盘价相同，只有下影。说明在当天出现过最低价，因此，必有买入交易发生。但收盘时价格回升，显示买方渐强，卖方渐弱。

E 型：开盘价与收盘价相同，只有上影，情况与 D 型相反。说明在交易当日出现过最高价，但又逐步回落至开盘价。

上面的例子只是描述了某种股票的一个交易日的价格变动情形，从中可以看出交易当日的股票价格变化的所有信息。如果将每天的 K 线按时间顺序排列在一起，就组成该股票自上市以来的每天的价格变动情况，这就叫日 K 线图。通过日 K 线图就可发现一定时期内股票价格运动的全部过程。

11.2.2　K线图的组合运用

K 线图将买卖双方一段时间以来实际争斗的结果用图表表示出来，从中能够看出买卖双方在争斗中力量的增强和减弱、风向的转变，以及买卖双方对争斗结果的认同程度。将两根 K 线或三根 K 线组合起来就可发现一定时期内股票价格运动的趋势。

1）阳线三根型

阳线三根型说明股价是连续上涨的。根据其上涨的速度，阳线三根型又分为 4 种：持续型、减速型、加速型和缓升型，图形构造如图 11-7 所示。

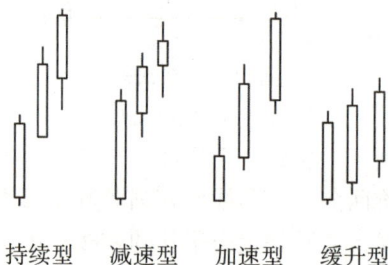

持续型　　减速型　　加速型　　缓升型

图11-7　阳线三根型图

在持续阳线三根型中，股价连续上涨，每次上涨的幅度大致相当，这种升势一般可持续较长时间；在减速阳线三根型中，股价连续上涨，但后两次的上涨幅度不如前一次大，呈现上升速度减缓的趋势，这种上涨最后是以缓慢的方式达到其顶点；在加速阳线三根型中，股价连续上涨，且上涨的幅度越来越快；在缓升阳线三根型中，股价一直在上涨，但速度较慢。

2）点升型

点升型也表示股市的上升，但其上升幅度不像阳线三根型那样明显。每次上升一点，持续上升，图形如图 11-8 所示。

这种图形一般说明股市较为平稳，虽然一直处于上升态势，但速度很慢，表示买卖双方都比较小心。这种图形最终结果一般会导致较大幅度的股市上升。因为在持续的小幅度上升过程中，买卖双方越来越看到股市上升的趋势已成定局，便会采取大胆的行动，促使股价上升，形成最后的一根大阳线。

3）中阴型

在上述两种类型中，不管是阳线三根型，还是点升型，股价一直都是向上的。但也有在上升过程中下跌的，这样，在图形中的表现就是：在以阳线为主的图形中，不时有阴线出现。这种图形称为中阴型，如图11-9所示。

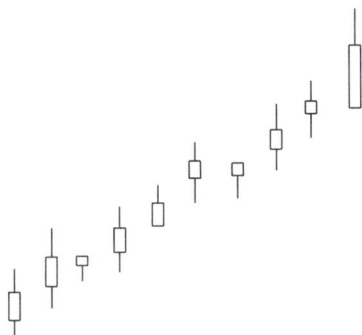

图11-8 点升型图   图11-9 中阴型图

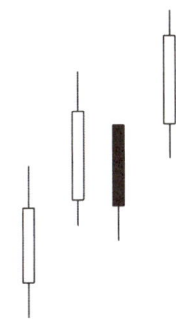

阳线表示上升，阴线表示下跌。中阴型图表示股价上升的波动性。

4）阴线三根型

如果股价不是一直上升，而是一直在下跌，便会出现阴线三根型。根据下跌的速度，阴线三根型也分为持续型、加速型、减速型和缓降型，如图11-10所示。

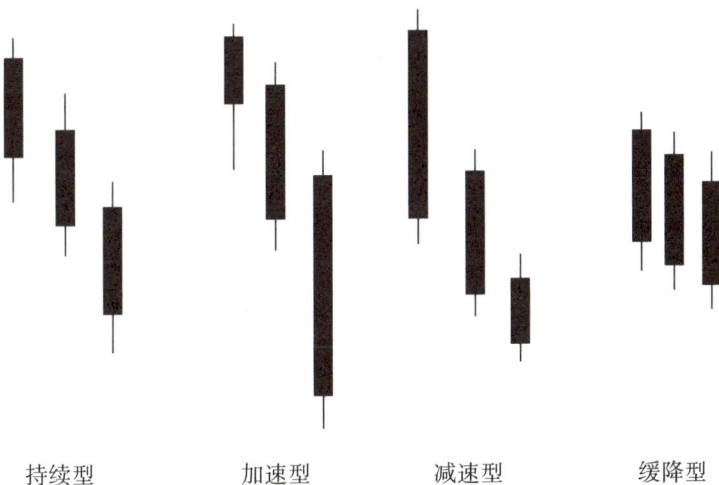

持续型   加速型   减速型   缓降型

图11-10 阴线三根型图

各种图形所说明的股价趋势与阳线三根型相似、方向相反，这里不一一解释。

5）点降型

点降型说明股价处于下跌状态，但下跌的幅度很小。但这种小幅度、长时间的下跌，最终一般会导致股价的大幅度下跌，产生一根较长的阴线。其图形如图11-11所示。

6）中阳型

在股市下跌的过程中，常常会有反复。下跌之中会有短暂的上升，使得在阴线当中夹杂了阳线，这种图形叫中阳型，如图11-12所示。

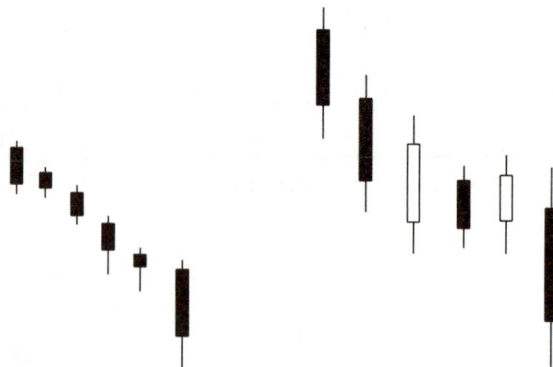

图 11-11　点降型图　　　　　图 11-12　中阳型图

11.2.3　应用K线组合应注意的问题

无论是一根K线，还是两根、三根K线以至多根K线，都是对多空双方的争斗作出的一个描述，由它们的组合得到的结论都是相对的，不是绝对的。对具体进行股票买卖的投资者而言，结论只是起一种建议作用。在应用时，有时会发现运用不同种类的组合会得到不同的结论。有时应用一种组合得到明天会下跌的结论，但是次日股价没有下跌。这个时候的一项重要原则是尽量使用根数多的K线组合的结论，将新的K线加进来重新进行分析判断。一般说来，多根K线组合得到的结果不大容易与事实相反。

11.3　切线理论

在证券市场中，要"顺势而为"，不要"逆势而动"，已经成为投资者的共识。

11.3.1　趋势分析

股价变动有一定的趋势，在长期上涨或下跌的趋势中，会有短暂的盘旋或调整，投资者应把握长期趋势，不为暂时的回调或反弹所迷惑，同时也应及时把握大势的反转。切线理论就是帮助投资者识别大势变动方向的较为实用的方法。

1）趋势的定义

简单地说，趋势就是股票价格市场运动的方向。

若确定了一段上升或下降的趋势，则股价的波动必然朝着这个方向运动。上升的行情里虽然也时有下降，但不影响上升的大方向。下跌行情里情况相反，不断出现的新低价会使投资者情绪悲观，人心涣散。

技术分析的三大假设中的第二条明确说明价格的变化是有趋势的，没有特别的理由，价格将沿着这个趋势继续运动。这一点就说明"趋势"这个概念在技术分析中占有很重要的地位。

一般说来，市场变动不是朝一个方向直来直去的，中间肯定要有曲折，从图形上看就是一条曲折蜿蜒的折线，每个折点处就形成一个峰或谷。由这些峰和谷的相对高度，我们可以看出趋势的方向。

2）趋势的方向

趋势的方向有3种：上升方向、下降方向、水平方向（也就是无趋势方向）。

如果图形中每个后面的峰和谷都高于前面的峰和谷，则趋势就是上升方向。这就是常说的，一底比一底高或底部抬高。

如果图形中每个后面的峰和谷都低于前面的峰和谷，则趋势就是下降方向。这就是常说的，一顶比一顶低或顶部降低。

如果图形中后面的峰和谷与前面的峰和谷相比，没有明显的高低之分，几乎呈水平延伸，这时的趋势就是水平方向。水平方向趋势是被大多数人忽视的一种方向，这种方向在市场上出现的机会是相当多的。就水平方向本身而言，也是极为重要的。大多数的技术分析方法，在对处于水平方向的市场进行分析时都容易出错，或者说作用不大。这是因为这时的市场正处在供需平衡的状态，股价下一步朝哪个方向走是没有规律可循的，可以向上也可以向下，而针对这样的对象去预测它朝何方运动是极为困难的，也是不明智的。

3）趋势的类型

按道氏理论的分类，趋势分为3种类型：

（1）主要趋势。主要趋势是趋势的主要方向，是股价波动的大方向，一般持续的时间比较长（这是由技术分析第二大假设所决定的）。股票投资者了解了主要趋势才能做到顺势而为。

（2）次要趋势。次要趋势是主要趋势过程中进行的调整。前面说过，趋势不会是直来直去的，总有局部的调整和回撤，次要趋势正是完成这一使命的。

（3）短暂趋势。短暂趋势是次要趋势过程中进行的调整。短暂趋势与次要趋势的关系就如同次要趋势与主要趋势的关系一样。

这3种类型的趋势最大的区别是时间的长短和波动幅度的大小。有时为了更细地划分，3种类型可能还不够用，不过这无关大局，只不过再对短暂趋势进行细分罢了。

11.3.2　支撑线和压力线

1）支撑线和压力线的含义

支撑线又称为抵抗线。当股价跌到某个价位附近时，股价停止下跌，甚至有可能回升，这是因为多方在此买入造成的。支撑线起阻止股价继续下跌的作用。这个起着阻止股价继续下跌作用的价格就是支撑线所在的位置。

压力线又称为阻力线。当股价上涨到某价位附近时，股价会停止上涨，甚至回落，这是由空方在此抛出造成的。压力线起阻止股价继续上升的作用。这个起着阻止股价继续上升作用的价位就是压力线所在的位置。

有些人往往会产生这样的误解，认为只有在下跌行情中才有支撑线，只有在上升行情中才有压力线。其实，在下跌行情中也有压力线，在上升行情中也有支撑线。但是由于在下跌行情中人们最注重的是跌到什么地方，这样关心支撑线就多一些；在上升行情中人们更注重涨到什么地方，所以关心压力线多一些。

2）支撑线和压力线的作用

如前所述，支撑线和压力线的作用是阻止或暂时阻止股价朝一个方向继续运动。我们知道股价的变动是有趋势的，要维持这种趋势，保持原来的变动方向，就必须冲破阻止其继续向前运动的障碍。比如说，要维持下跌行情，就必须突破支撑线的阻力和干扰，创造出新的低点；要维持上升行情，就必须突破上升压力线的阻力和干扰，创造出新的高点。由此可见，支撑线和压力线都有被突破的可能，它们不足以长久地阻止股价保持原来的变动方向，只不过是使它暂时停顿而已，如图11-13所示。

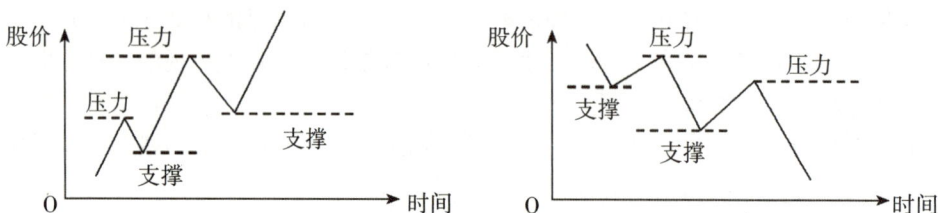

图11-13　支撑线和压力线

同时，支撑线和压力线又有彻底阻止股价按原方向变动的可能。当一个趋势终结了，它就不可能创出新的低价或新的高价，这时的支撑线和压力线就显得异常重要。

在上升趋势中，如果下一次未创新高，即未突破压力线，这个上升趋势就已经处在很关键的位置了，如果往后的股价又向下突破了这个上升趋势的支撑线，这就产生了一个趋势将变得很强烈的警告信号。通常这意味着，这一轮上涨趋势已经结束，下一步的走向是下跌的过程。

同样，在下降趋势中，如果下一次未创新低，即未突破支撑线，这个下降趋势就已经处于很关键的位置，如果下一步股价向上突破了这次下降趋势的压力线，这就发出了这个下降趋势将要结束的强烈信号，股价的下一步将是上升的趋势，参见图11-14。

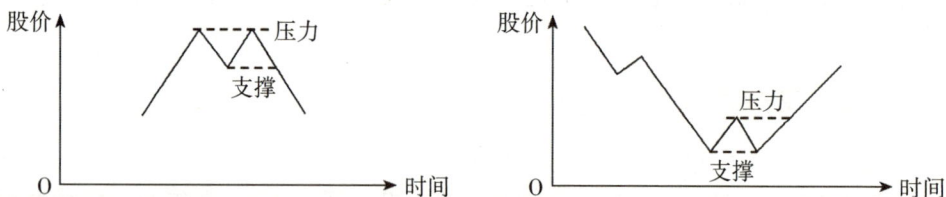

图11-14　支撑线和压力线

3）支撑线和压力线的相互转化

支撑线和压力线之所以能起支撑和压力作用，很大程度上是由于心理因素方面的原因，两者的相互转化也是如此，这就是支撑线和压力线理论上的依据。

证券市场中主要有3种人：多头、空头和旁观者。旁观者又可分为持股的和持币的。假设股价在一个区域停留了一段时间后开始向上移动，在此区域买入股票的多头们肯定认为自己对了，并对自己没有多买入而感到后悔。在该区域卖出股票的空头们这时也认识到自己判断错了，他们希望股价再跌回他们卖出的区域时，将他们原来卖出的股票补回来。而旁观者中的持股者的心情和多头相似，持币者的心情同空头相似。无论是这3种人中的哪一种，都有买入股票成为多头的愿望。

正是由于这3种人决定要在下一个买入的时机买入，所以股价稍一回落就会受到关注，他们会或早或晚地进入股市买入股票，这就使价格根本不会下降到原来的位置，上述3个新的买进大军自然又会把价格推上去，使该区域成为支撑区。在该支撑区发生的交易越多，就说明越多的股票投资者在这个支撑区有切身利益，这个支撑区就越重要。

我们再假设股价在一个支撑位置获得支撑后，停留了一段时间开始向下移动，而不是像前面假设的那样是向上移动。对于上升，由于每次回落都有更多的买入，因而产生新的支撑；而对于下降，跌破了该支撑区域，情况就截然相反。在该支撑区买入的多头都意识到自己错了，而没有买入的或卖出的空头都意识到自己对了。买入股票的多头都有抛出股票逃离目前市场的想法，而卖空者则想进一步抛空，待股价下跌伺机补回。一旦股价有些回升，尚未到达原来的支撑位，就会有一批股票抛压出来，再次将股价压低。这样，原来的支撑线就转化为压力线。

以上的分析过程对于压力线也同样适用，只不过结论正好相反。

这些分析的附带结果是支撑线和压力线地位的相互转化。如上所述，一条支撑线如果被跌破，那么这一支撑线将成为压力线；同理，一条压力线被突破，这条压力线将成为支撑线。这说明支撑线和压力线的地位不是一成不变的，而是可以改变的，条件是它被有效的、足够强大的股价变动突破，如图11-15所示。

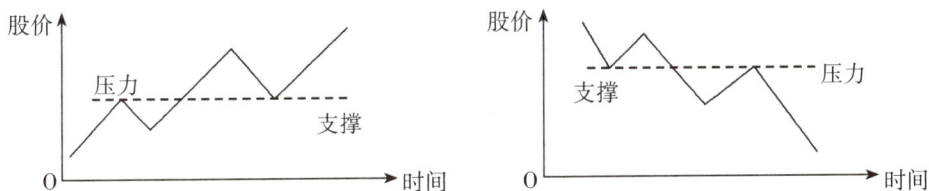

图11-15　支撑线和压力线的转化

4）支撑线和压力线的确认和修正

如前所述，每一条支撑线和压力线的确认都是人为进行的，主要是根据股价变动所画出的图表，这里面有很多的人为因素。

一般来说，一条支撑线或压力线对当前影响的重要性有3个方面：一是股价在这个区域停留时间的长短；二是股价在这个区域伴随的成交量的大小；三是这个支撑区域或压力区域发生的时间距离当前这个时期的远近。很显然，股价停留的时间越长，伴随的成交量越大，离现在越近，则这个支撑或压力区域对当前的影响就越大；反之就越小。

上述3个方面是确认一条支撑线或压力线的重要识别手段。有时，由于股价的变动，会发现原来确认的支撑线或压力线可能并不真正具有支撑或压力的作用，比如说，不完全符合上面所述的3个条件。这时，就有一个对支撑线和压力线进行调整的问题，这就是对支撑线和压力线的修正。

对支撑线和压力线的修正过程其实是对现有各个支撑线和压力线的重要性的确定。每条支撑线和压力线在人们心目中的地位都是不同的。股价到了这个区域，投资者心里清楚，它很有可能被突破，而到了另一个区域，投资者心里明白，它就不容易被突破。这为进行买卖提供了一些依据，不至于仅凭直觉进行买卖决策。

11.3.3　趋势线和轨道线

1）趋势线

趋势线是衡量价格波动方向的，由趋势线的方向可以明确地看出股价的趋势。

在上升趋势中，将两个低点连成一条直线，就得到上升趋势线。在下降趋势中，将两个高点连成一条直线，就得到下降趋势线。如图11-16中的直线L。

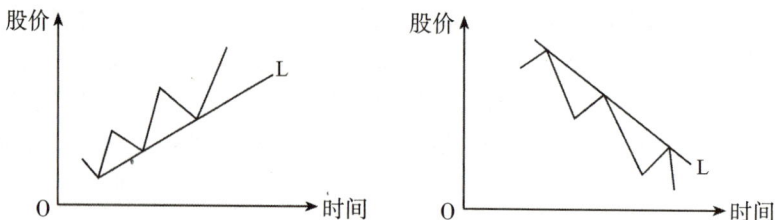

图11-16　趋势线

由图11-16可看出上升趋势线起支撑作用，下降趋势线起压力作用，也就是说，上升趋势线是支撑线的一种，下降趋势线是压力线的一种。

在图上我们很容易画出趋势线，这并不意味着趋势线已经被我们掌握了。我们画出一条直线后，有很多问题需要我们去回答。最迫切需要解决的问题是：我们画出的这条直线是否具有实用价值，以这条线作为我们今后预测股市的参考是否具有很高的准确性。解决这个问题的过程实际上就是对用各种方法画出的趋势线进行挑选评判，最终保留一些确实有效的趋势线。

要得到一条真正起作用的趋势线，要经多方面的验证才能最终确认，不符合条件的一般应删除。首先，必须确实有趋势存在。也就是说，在上升趋势中，必须确认出两个依次上升的低点，在下降趋势中，必须确认两个依次下降的高点，才能确认趋势的存在，连接两个点的直线才有可能成为趋势线。其次，画出直线后，还应得到第三个点的验证才能确认这条趋势线是有效的。一般说来，所画出的直线被触及的次数越多，其作为趋势线的有效性越被得到确认，用它进行预测越准确有效。另外，这条直线延续的时间越长，就越具有有效性。

一般来说，趋势线有两种作用：

（1）对价格今后的变动起约束作用，使价格总保持在这条趋势线的上方（上升趋势线）或下方（下降趋势线），实际上，就是起支撑和压力作用。

（2）趋势线被突破后，就说明股价下一步的走势将要反转。越重要、越有效的趋势线被突破，其转势的信号越强烈。被突破的趋势线原来所起的支撑和压力作用，现在将相互交换角色，如图11-17所示。

2）轨道线

轨道线又称通道线或管道线，是基于趋势线的一种分析方法。在已经得到了趋势线后，通过第一个峰和谷可以作出这条趋势线的平行线，这条平行线就是轨道线，如图11-18中的虚线。

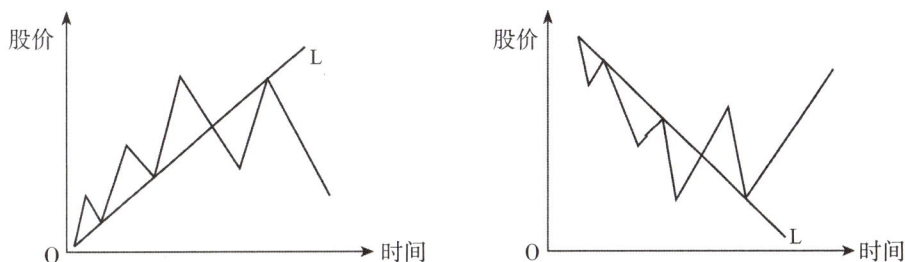

图 11-17　趋势线被突破之后起相反作用

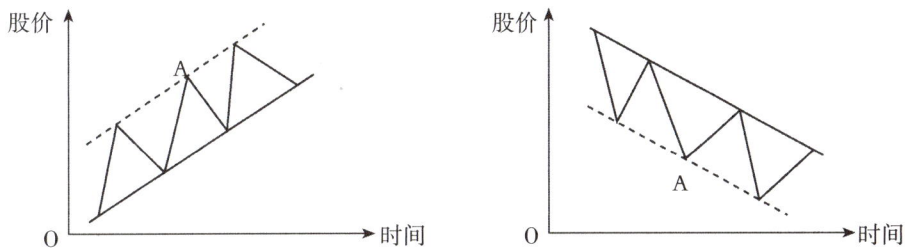

图 11-18　轨道线

两条平行线组成一个轨道，这就是常说的上升和下降轨道线。轨道的作用是限制股价的变动范围，让它不能变得太离谱。一个轨道一旦得到确认，那么价格将在这个轨道里变动。对上面的或下面的直线的突破将意味着有一个大的变化。

与突破趋势线不同，对轨道线的突破并不是趋势反转的开始，而是趋势加速的开始，原来的趋势线的斜率将会增加，趋势线的方向将会更加陡峭，如图 11-19 所示。

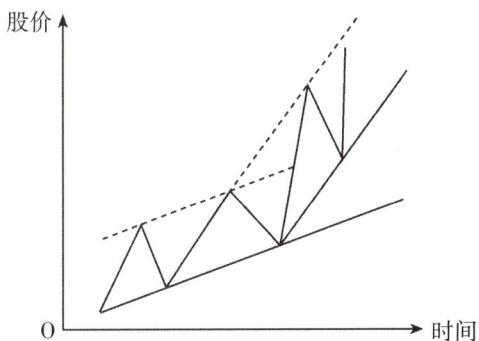

图 11-19　趋势的加速

轨道线的另一个作用是发出趋势转向的警报。如果在一次波动中未触及到轨道线，离得很远就开始掉头，这往往是趋势将要改变的信号。这说明，市场已经没有力量继续维持原有的上升或下降的趋势了。

轨道线和趋势线是相互合作的一对。很显然，先有趋势线，后有轨道线，趋势线比轨道线重要得多。趋势线可以独立存在，而轨道线则不能。

11.3.4　黄金分割线和百分比线

当股价持续上涨或者持续下跌到一定程度，肯定会遇到压力或支撑，遇到压力或支撑后，股价变动方向就可能发生改变。黄金分割线与百分比线提供了支撑线和压力线所在的几个价位，而对什么时间达到这个价位不做过多关心。

1）黄金分割线

黄金分割是一个古老的数学方法，它包含若干个特殊的数字：

0.191	0.382	0.618	0.809
1.191	1.382	1.618	1.809
2.191	2.382	2.618	2.809

这些数字中，0.382、0.618、1.382 和 1.618 最为重要，股价极容易在由这 4 个数字产生的黄金分割线处产生支撑和压力。

2）百分比线

百分比线考虑问题的出发点是人们的心理因素和一些整数位的分界点。

以某次上涨行情开始的最低点和开始向下回撤的最高点两者之间的差，分别乘以几个特殊的百分比数，就可以得到未来支撑位可能出现的位置。

设低点是10元，高点是22元，这些百分比数一共10个，它们是：

$\frac{1}{8}$	$\frac{1}{4}$	$\frac{3}{8}$	$\frac{1}{2}$	$\frac{5}{8}$
$\frac{3}{4}$	$\frac{7}{8}$	1	$\frac{1}{3}$	$\frac{2}{3}$

这里的百分比线中，$\frac{1}{2}$、$\frac{1}{3}$、$\frac{2}{3}$ 这 3 条线最为重要。在很大程度上，$\frac{1}{2}$、$\frac{1}{3}$、$\frac{2}{3}$ 是人们的一种心理倾向。如果没有回落到 $\frac{1}{3}$ 以下，就好像没有回落够似的；如果已经回落了 $\frac{2}{3}$，人们自然会认为已经回落够了，因为传统的决定胜负的方法是三局两胜。

上面所列的 10 个特殊的数字都可以用百分比表示，之所以用上面的分数表示，是为了突出整数的习惯。

11.4 形态理论

股价的移动是由多空双方力量大小决定的。一个时期内，多方处于优势，力量增强，股价将向上移动，这是众所周知的。在另一个时期内，如果空方处于优势，则股价将向下移动，这也是显然的。

多空双方的一方占据优势的情况又是多种多样的。有的只是稍强一点，股价向上（下）走不了多远就会遇到阻力。有的强势大一些，可以把股价向上（下）抬得多一些。有的优势是决定性的，这种优势完全占据主动，对方几乎没有什么力量与之抗衡，股价的向上（下）移动势如破竹。

股价是完全按照多空双方力量对比的大小和所占优势的强弱而变动的。

根据多空双方力量对比可能发生的变化，可以知道股价的变动应该遵循这样的规律：第一，股价应在多空双方取得均衡的位置上下来回波动；第二，原有的平衡被打破后，股价将寻找新的平衡位置。可以用下面的表示方法具体描述股价变动的规律：

暂时平衡打破平衡，新的平衡再打破平衡，再寻找新的平衡。

股价就是按这一规律循环往复、不断运行的。

因此，股价的变动主要是保持平衡的持续整理和打破平衡的突破这两种过程。这样，我们就把股价曲线的形态分成两个大的类型：持续整理形态和反转突破形态。

11.4.1 持续整理形态

1）三角形

（1）对称三角形

对称三角形情况大多是发生在一个大趋势进行的途中，它表示原有的趋势暂时处于休整阶段，之后还要随着原趋势的方向继续运动。由此可见，见到对称三角形后，股价今后走向最大的可能是沿原有的趋势方向运动。

图 11-20 是对称三角形的一个简化的图形，这里的原有趋势是上升，所以，三角形态完成以后是突破向上。从图中可以看出，对称三角形有两条聚拢的直线，上面的向下倾斜，起压力作用；下面的向上倾斜，起支撑作用。两直线的交点称为顶点。另外，对称三角形要求至少应有 4 个转折点，图中的 A、B、C、D、E、F 都是转折点。4 个转折点的要求是必然的，因为每条直线的确定需要两个点，上下两条直线就至少要求有 4 个转折点。正如趋势线的确认要求第三点验证一样，对称三角形一般应有 6 个转折点，这样，上下两条直线的支撑压力作用才能得到验证。

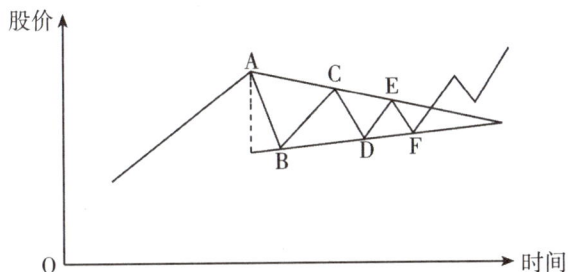

图11-20　对称三角形

对称三角形只是原有趋势运动的途中休整阶段，所以持续的时间不应太长。持续时间太长了，保持原有趋势的能力就会下降。一般说来，突破上下两条直线的包围，继续沿原来既定的方向运动的时间要尽量早些，越靠近三角形的顶点，三角形的各种功能就越不明显，对我们进行买卖操作的指导意义就越不强。多年的经验表明，突破的位置一般应在三角形的横向宽度的 1/2 到 3/4 的某个地点。三角形的横向宽度指的是图 11-20 中顶点到虚线的距离。

由对称三角形的特殊性，我们实际上可以预测股价向上或向下突破的时间区域，只要得到了上下两条直线就可以完成这项工作。我们可在图上根据两条直线找到顶点，然后，计算出三角形的横向宽度，标出 1/2 和 3/4 的位置。这样，这个区域就是股价未来可能要突破并保持原来趋势的位置。这对于我们进行投资是具有指导意义的。不过这里有个大前提，就是必须认定股价一定要突破这个三角形。前面已经说过，如果股价不在预定的位置突破三角形，那么这个对称三角形态可能会转化成别的形态。

突破是真是假，可采用百分比原则、日数原则或收盘原则确认。

对称三角形被突破后，也有测算功能。这里介绍两种测算价位的方法。以原有的趋势上升为例：

方法一：如图 11-21 所示，从 C 点向上带箭头直线的高度，是未来股价至少要达到的高度。箭头直线长度与 AB 连线长度相等。AB 连线的长度称为对称三角形形态的高度。

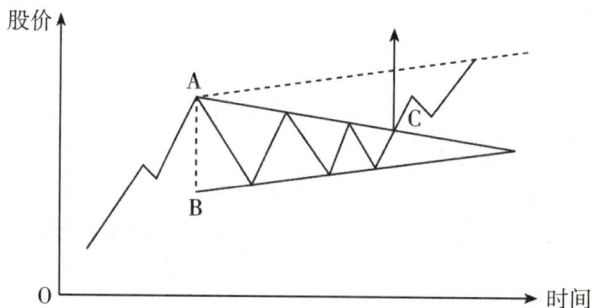

图11-21　三角形的测算功能

从突破点算起，股价至少要运动到与形态高度相等的距离。

方法二：如图 11-21 所示，过 A 点作平行于下边直线的平行线，即图中的斜虚线，它是股价今后至少要达到的位置。

用几何学可以证明，用这两种方法得到的两个价位绝大多数情况下是不相等的。前者给出的是个固定的数字，后者给出的是个不断变动的数字，达到虚线的时间越迟，价位就越高。这条虚线实际上是一条轨道线。方法一简单，易于操作和使用，方法二更多的是从轨道线方面考虑。

（2）上升三角形

上升三角形是对称三角形的变形体。对称三角形有上下两条直线，将上面的直线逐渐由向下倾斜变成水平方向就得到上升三角形。除了上面的直线是水平的以外，上升三角形同对称三角形在形状上没有什么区别。

我们知道，上面的直线起压力作用，下面的直线起支撑作用。在对称三角形中，压力和支撑都是逐步加强的，一方是越压越低，另一方是越撑越高，看不出谁强谁弱。在上升三角形中就不同了，压力是水平的，始终都一样，没有变化，而支撑却是越撑越高。由此可见，上升三角形比起对称三角形来，有更强烈的上升意识，多方比空方更为积极。通常以三角形的向上突破作为这个持续过程终止的标志。

如果股价原有的趋势是向上，则很显然，遇到上升三角形后，几乎可以肯定今后是向上突破。一方面要保持原有的趋势，另一方面形态本身就有向上的愿望。这两方面的因素使股价很难逆大方向而动。

如果原有的趋势是下降，则出现上升三角形后，前后股价的趋势判断会有些难度。一方要继续下降，保持原有的趋势，另一方要上涨，两方必然发生争斗。如果在下降趋势处于末期时（下降趋势持续了相当一段时间）出现上升三角形，还是以看涨为主，这样，上升三角形就成了反转形态的底部。

上升三角形被突破后，也有测算的功能，测算的方法同对称三角形类似。图 11-22 是上升三角形的简单图形表示和测算方法。

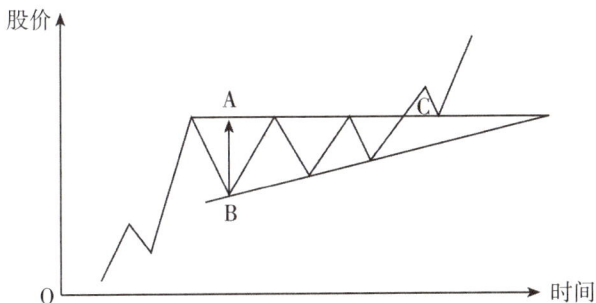

图11-22 上升三角形和测算方法

（3）下降三角形

下降三角形同上升三角形正好反向，是看跌的形态。它的基本内容同上升三角形可以说完全相似，只是方向相反。

从图11-23中可以很明白地看出下降三角形所包含的内容。

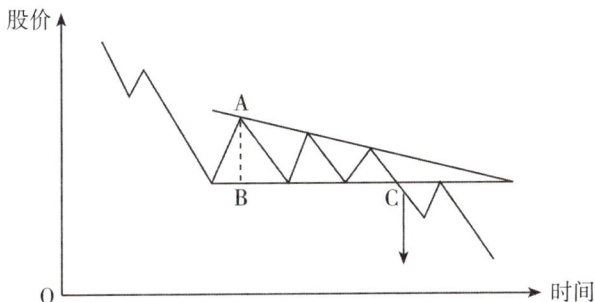

图11-23 下降三角形

此外，三角形还有两种变形体，即喇叭形与菱形，在实践中出现的次数不多。这两种形态的共同之处在于大多出现在顶部，而且两者都是看跌。

2）矩形

矩形又叫箱形，也是一种典型的整理形态。股票价格在两条横着的水平直线之间上下波动，作横向延伸的运动，市场趋于平淡，大致上仍保持原来的运动趋势。

矩形在形成之初，多空双方全力投入，各不相让。空方在价格涨上去后到某个位置就抛压，多方在股价下跌后到某个价位就买入，时间一长就形成两条明显的上下界线。随着时间的推移，双方的争斗热情会逐步减弱，市场趋于平淡。

如果原来的趋势是上升，那么经过一段矩形整理后，会继续原来的趋势，多方会占优势并采取主动，使股价向上突破矩形的上界。如果原来是下降趋势，则空方会采取行动，突破矩形的下界。图11-24是矩形的简单图示。

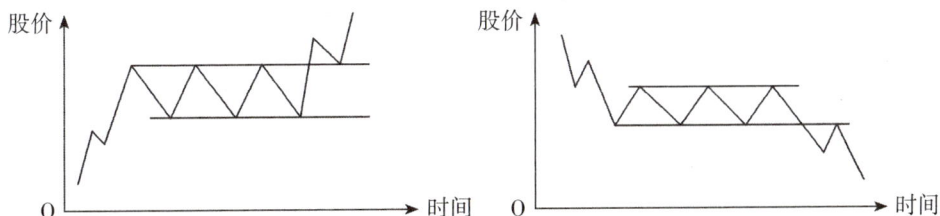

图11-24 矩形

从图11-24中可以看出，矩形在其形成的过程中极可能演变成三重顶（底）形态，这是我们应该注意的。正是由于矩形的判断有这么一个容易出错的可能性，在面对矩形和三重顶（底）进行操作时，几乎一定要等到突破之后才能采取行动，因为这两个形态今后的走势方向完全相反。一个是持续整理形态，要维持原来的趋势；一个是反转突破形态，要改变原来的趋势。

矩形被突破后，也具有测算意义，形态高度就是矩形的高度。面对突破后股价的反扑，矩形的上下界线同样具有阻止反扑的作用。

与别的大部分形态不同，矩形为我们提供了一些短线操作的机会。如果在矩形形成的早期能够预计到股价将进行矩形调整，那么，就可以在矩形的下界线附近买入，在矩形的上界线附近抛出，来回作几次短线的进出。如果矩形的上下界线相距较远，那么，短线操作的收益也是相当可观的。

3）旗形和楔形

旗形和楔形是两个最为著名的持续整理形态。在股票价格的曲线图上，这两种形态出现的频率最高，一段上升或下跌行情的中途，可能出现好几次这样的图形。它们都是一个趋势的中途休整过程，休整之后，还要保持原来的趋势方向。这两个形态的特殊之处在于，它们都有明确的形态方向，如向上或向下，并且形态方向与原有的趋势方向相反。例如，如果原有的趋势方向是上升，则这两种形态的方向就是下降。

（1）旗形

从几何学的观点看旗形应该叫平行四边形，它的形状是一个上倾或下倾的平行四边形，如图11-25所示。

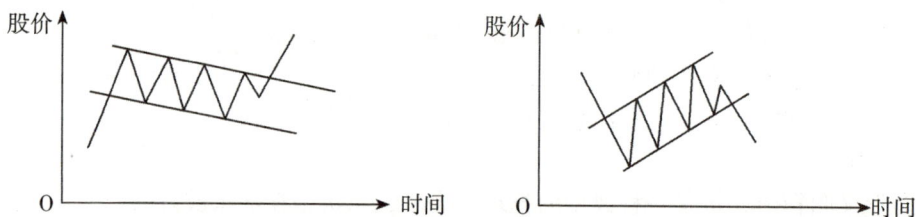

图11-25　旗形

旗形大多发生在市场极度活跃，股价的运动是剧烈的、近乎于直线上升或下降的情况下。股价剧烈运动是产生旗形的条件。由于上升或下降得过于迅速，市场必然会有所休整，旗形就是完成这一休整过程的主要形式之一。

旗形的上下两条平行线起着压力和支撑作用，这一点有些像轨道。这两条平行线的某一条被突破是旗形完成的标志。

旗形也有测算功能。旗形的形态高度是平行四边形左右两条边的长度。旗形被突破后，股价将至少要走到形态高度的距离，大多数情况是走到旗杆高度的距离。

应用旗形时，有几点要注意：

第一，旗形出现之前，一般应有一个旗杆，这是由于价格做直线运动形成的。

第二，旗形持续的时间不能太长，时间一长，它保持原来趋势的能力将下降。经验告诉我们，旗形持续的时间应该短于3周。

第三，旗形形成之前和被突破之后，成交量都很大。在旗形的形成过程中，成交量从左向右逐渐减少。

（2）楔形

如果将旗形中上倾或下倾的平行四边形变成上倾或下倾的三角形，我们就会得到楔形，如图 11-26 所示。

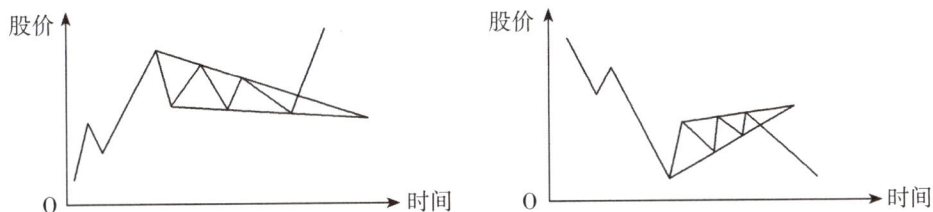

图11-26　楔形

从图 11-26 中可以看出，三角形的上下两条边都是朝着同一个方向倾斜。这与前面介绍的三角形形态不同。

同旗形和三角形一样，楔形有保持原有趋势方向的功能。股价运行趋势的途中会遇到这种形态。

与旗形和三角形不同的是，楔形偶尔也可能出现在顶部或底部而作为反转形态。这种情况一定是发生在一个趋势经过了很长时间且接近尾声的时候。我们可以借助很多的技术分析方法，从时间上判断趋势是否可能接近尾声。尽管如此，当我们看到一个楔形后，首先还是把它当成中途的持续形态。

在形成楔形的过程中，成交量是逐渐减少的。形成之前和突破之后，成交量都很大。

11.4.2　反转突破形态

反转突破形态是我们应该花大力气研究的一类重要的形态。这里将分别介绍双重顶（底）、头肩顶（底）、三重顶（底）、圆弧顶（底）和 V 形顶（底）5 种反转形态。

1）双重顶（底）

双重顶（底）就是市场上众所周知的 M 头和 W 底，这种形态在实际中出现得非常频繁。图 11-27 是这种形态的简单形状。

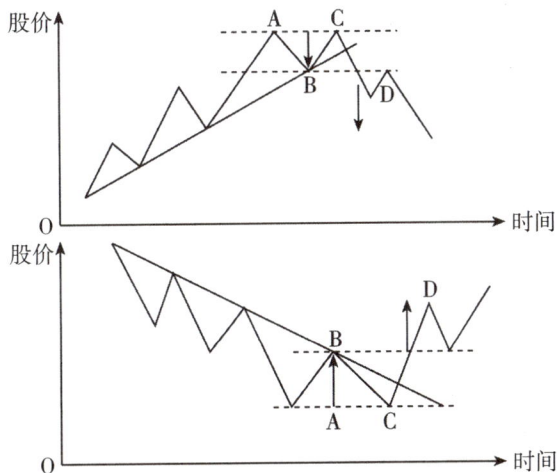

图11-27　双重顶（底）

从图 11-27 中可以看出，双重顶（底）一共出现两个顶（底），也就是两个相同高度的高点（低点）。下面以 M 头为例说明双重顶形成的过程。

在上升趋势过程的末期，股价在第一个高点 A 建立了新高点之后正常回落，受上升趋势线的支撑，这次回落将在 B 点附近停止。往后就是继续上升，但是力量不够，上升高度不足，在 C 点（与 A 点几乎等高）遇到压力，股价向下，这样就形成 A 和 C 两个顶的形状。

M 头形成以后，有两种可能的前途：一是未突破 B 点的支撑位置，股价在 A、B、C 三点形成的狭窄范围内上下波动，演变成今后要介绍的矩形。二是突破 B 点的支撑位置继续向下，这种情况才是双重顶反转突破形态的真正出现。前一种情况只能说是一个潜在的双重顶反转突破形态出现了。

经 B 点作平行于 A、C 连线的平行线（图 11-27 中间的一条虚线），就得到一条非常重要的直线——颈线。A、C 连线是趋势线，颈线是与这条趋势线对应的轨道线，这条轨道线在这里起的是支撑作用。

一个真正的双重顶反转突破形态的出现，除了必要的两个相同高度的高点以外，还应该向下突破 B 点支撑。

突破颈线就是突破轨道线、突破支撑线，所以也有突破被认可的问题。前面介绍的有关支撑线和压力线被突破的确认原则在这里都适用，主要是百分比原则和时间原则。前者要求突破到一定的百分比数，后者要求突破后至少是两日。

双重顶反转突破形态一旦得到确认，就可以用它进行对后市的预测了。它的主要功能是测算功能，叙述如下：

从突破点算起，股价将至少要跌到与形态高度相等的距离。

所谓的形态高度，就是从 A 或 C 到 B 的垂直距离，亦即从顶点到颈线的垂直距离。图 11-27 上图中右边箭头所指的将是股价至少要跌到的位置，换句话说，股价必须在这条线之下才能找到像样的支撑，它之前的支撑都不足取，以上是以双重顶为例。对于双重底，有完全相似或者说完全相同的结果，只要将对双重顶的介绍反过来叙述就可以了。

2）头肩顶（底）

头肩顶（底）是实际股价形态中出现最多的形态，是最著名和最可靠的反转突破形态。图 11-28 就是这种形态的简单形式。

从图 11-28 中可以看出，这种形态一共出现 3 个顶和底，也就是要出现 3 个局部高点和局部低点。中间的高点（低点）比另外两个都高（低），称为头，左右两个相对较低（高）的高点（低点）称为肩，这就是头肩形名称的由来。以下以头肩顶（如图 11-28 所示）为例对头肩形进行介绍。

在上升趋势中，不断升高的各个局部的高点和低点保持着上升的趋势，然后在某一个地方，趋势的上涨势头将放慢。在图 11-28 上图中，A 点和 B 点还没有放慢的迹象，但在 C 点和 D 点已经有了势头受阻的信号，这说明这一轮上涨趋势可能已经出了问题。最后，股价走到了 E 点和 F 点，这时反转向下的趋势已势不可挡。这种头肩顶反转向下的道理与支撑线和压力线的内容有密切关系。直线 l_1 和直线 l_2 是两条明显的支撑线。在 C 点到 D 点突破直线 l_1，说明上升趋势的势头已经遇到了阻力，E 点和 F 点之

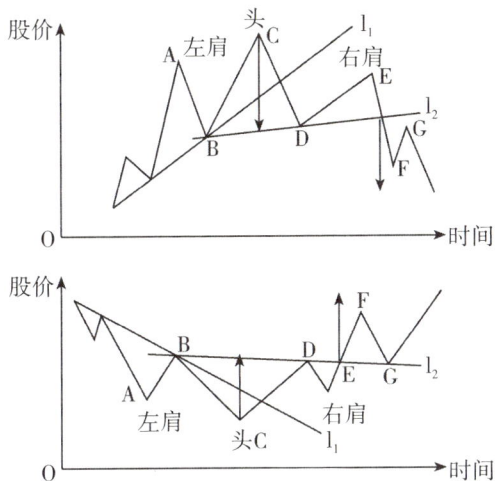

图11-28 头肩顶（底）

间的突破则是趋势的转向。另外，E点的反弹高度没有超过C点，也是上升趋势出了问题的信号。图中的直线l_2其实就是头肩顶形态中极为重要的直线——颈线。我们已经知道，在头肩顶形态中它是支撑线，起支撑作用。头肩顶形态走到了E点并调头向下，只能说是原有的上升趋势已经转化成了横向延伸，还不能说已经反转向下了。只有当图形走到了F点，即股价向下突破了颈线，才能说头肩顶反转形态已经形成。同大多数的突破一样，这里颈线的被突破也有一个被认可的问题。百分比原则和时间原则在这里都适用。颈线被突破，反转确认之后，我们就知道股价下一步的大方向是下跌，而不是上涨或横盘。下跌的深度，可以借助头肩顶形态的测算功能进行预测。从突破点算起，股价将至少要跌到与形态高度相等的距离。形态高度的测算方法是量出从"头"到颈线的距离（从C点向下的箭头长度），这个长度就是头肩顶形态的形态高度。

上述原则是股价下落最起码的深度，是最近的目标，价格的实际下落的位置要根据很多别的因素来确定。上述原则只是给出了一个范围，只对我们有一定的指导作用。预计股价今后将跌到什么位置能止住或将要涨到什么位置而调头，永远是进行股票买卖的人最关心的问题，也是最不容易回答的问题。

以上是以头肩顶为例进行介绍。对头肩底而言，除了在成交量方面与头肩顶有所区别外，其余可以说与头肩顶一样，只是方向正好相反。

值得注意的是，头肩顶形态完成后，向下突破颈线时，成交量不一定扩大，但日后继续下跌时，成交量会放大。头肩底向上突破颈线，若没有较大的成交量出现，可靠性将降低，或者会再跌回底部整理一段时间，积蓄买方力量才能上升。

3）三重顶（底）

三重顶（底）形态是头肩形态的一种变体，它是由3个一样高或一样低的顶和底组成。与头肩形的区别是头的价位回缩到与肩差不多相同的位置，有时甚至低于或高于肩部一点。从这个意义上讲，三重顶（底）与双重顶（底）也有相似的地方，前者比后者多"折腾"了一次。

图11-29是三重顶（底）的简单图形。三重顶（底）的颈线差不多是水平的，3个顶（底）也差不多是等高的。

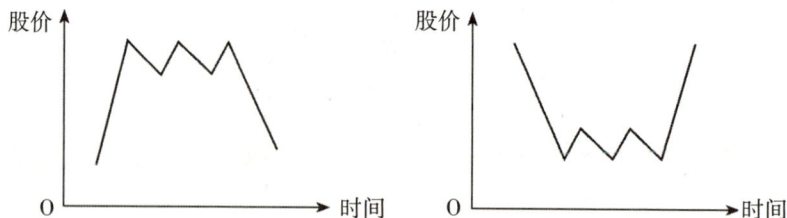

图11-29　三重顶（底）

应用和识别三重顶（底）主要是用识别头肩形的方法，可以直接应用头肩形的结论和应注意的事项。头肩形适用的规律三重顶（底）都适用，这是因为三重顶（底）从本质上说就是头肩形。有些文献甚至不把三重顶（底）单独看成一类形态，而直接将其纳入头肩形态。

与一般头肩形最大的区别是，三重顶（底）的颈线和顶部（底部）连线是水平的，这就使得三重顶（底）具有矩形的特征。比起头肩形来说，三重顶（底）更容易演变成持续形态，而不是反转形态。另外，如果三重顶（底）的3个顶（底）的高度依次从左到右是下降（上升）的，则三重顶（底）就演变成了直角三角形态。这些都是我们在应用三重顶（底）时应该注意的地方。

4）圆弧顶（底）

圆弧形将股价在一段时间的顶部高点用折线连起来，每一个局部的高点都考虑到，我们有时可能得到一条类似于圆弧的弧线，盖在股价之上；将每个局部的低点连在一起也能得到一条弧线，托在股价之下，如图11-30所示。

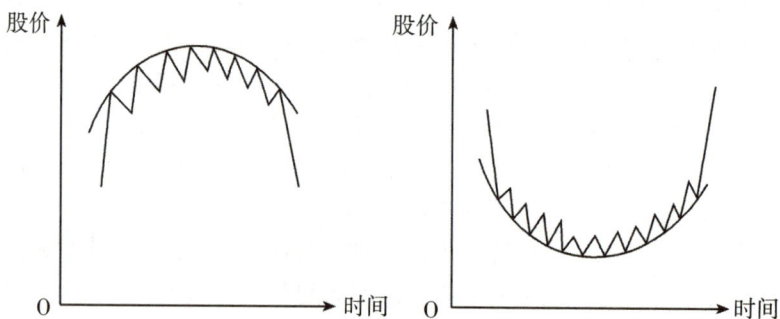

图11-30　圆弧顶（底）

圆弧形又称为碟形、圆形、碗形等，这些称呼都很形象，不过值得注意的是：图中的曲线不是数学意义上的圆，也不是抛物线，而仅仅是一条曲线。人们已经习惯于使用直线，在遇到图11-30中这样的顶和底时，用直线显然就不够了，因为顶和底的变化太频繁，一条直线应付不过来。

圆弧形在实际中出现的机会较少，但是一旦出现，则是绝好的机会，它的反转深度和高度是不可测的，这一点同前面几种形态有一定区别。

圆弧的形成过程与头肩形中的复合头肩形有相似的地方，只是圆弧形的各种顶或底没有明显的头肩的感觉。这些顶部和底部的位置都差不多，没有明显的主次区分。这种局面的形成在很大程度上是一些机构大户炒作的结果。这些人手里有足够的股票，如果一下抛出太多，股价下落太快，手里的货可能不能全出手，只能一点一点地往外抛，形成众多来回拉锯的局面，直到手中股票接近抛空时，才会大幅度打压，一举使股价跌到很深的位置。如果这些人手里持有足够的资金，一下买得太多，股价升得太快，也不利于今后的买入，因此也要逐渐地分批建仓，直到股价一点一点地来回拉锯，往上接近圆弧边缘时，才会用少量的资金一举将股价提拉到一个很高的高度。因为这时股票大部分在机构大户手中，别人无法打压股价。

在识别圆弧形时，成交量也是很重要的。无论是圆弧顶还是圆弧底，在它们的形成过程中，成交量的过程都是两头多、中间少。越靠近顶或底，成交量越小，到达顶或底时成交量达到最小（圆弧底在达到底部时，成交量可能突然大一下，之后恢复正常）。在突破后的一段，都有相当大的成交量。

圆弧形形成所花的时间越长，今后反转的力度就越强，越值得人们去相信这个圆弧形。一般来说，应该与一个头肩形形成的时间相当。

5）V形顶（底）

V形也是一种反转形态，它出现在市场进行剧烈的波动之中。它的顶或底只出现一次，这一点同其他反转形态有较大的区别。V形的反转一般事先没有明显的征兆，我们只能从别的分析方法中得到一些不明确的信号，如已经到了支撑、压力区域等，如图11-31所示。

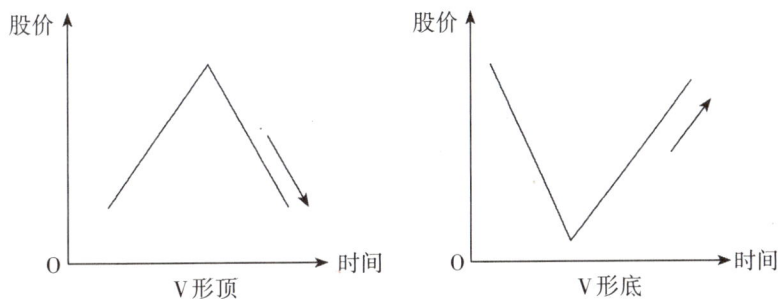

图11-31 V形顶（底）

11.4.3 应用形态理论应注意的问题

虽然我们对形态的类型进行了分类，但是这些形态中有些是不容易区分其究竟属于哪一类的。例如，一个局部的三重顶（底）形态，在一个更大的范围内去观察，则有可能被认为是矩形形态的一部分。一个三角形形态有时也可以被当成反转突破形态，尽管多数时间我们都把它当成持续整理形态。另外，在进行实际操作时，形态理论要求形态完全明朗才能行动，从某种意义上讲，有错过机会的可能。

11.5 波浪理论

11.5.1 波浪理论的形成过程及基本思想

1）波浪理论的形成过程

波浪理论的全称是艾略特波浪理论，是以美国人R.N.Elliott的名字命名的一种技术分析理论。

波浪理论的形成经历了一个较为复杂的过程。最初是由艾略特首先发现并应用于证券市场，但是他的这些研究成果没有形成完整的体系，在艾略特在世的时候没有得到社会的广泛承认。直到20世纪70年代，柯林斯的专著《波浪理论》出版后，才使波浪理论正式确立。

2）波浪理论的基本思想

艾略特最初发明波浪理论是受到股价上涨下跌现象不断重复的启发，力图找出其上升和下降的规律。我们大家都知道，社会经济的大环境有一个经济周期的问题，股价的上涨和下跌也应该遵循这一周期发展的规律。不过股价波动的周期规律同经济发展的循环周期是不一样的，要复杂得多。

艾略特最初的波浪理论是以周期为基础的，他把大的运动周期分成时间长短不同的各种周期，并指出，在一个大周期之中可能存在一些小周期，而小的周期又可以再细分成更小的周期。每个周期无论时间长短，都是以一种模式运行。这个模式就是将要介绍的8个过程，即每个周期都是由上升（或下降）的5个过程和下降（或上升）的3个过程组成。这8个过程完结以后，我们才能说这个周期已经结束，将进入另一个周期。新的周期仍然遵循上述的模式。以上是艾略特波浪理论最核心的内容，也是艾略特作为波浪理论奠基人所作出的最为突出的贡献。

与波浪理论密切相关的除了经济周期以外，还有道氏理论和弗波纳奇数列。

道氏理论的主要思想是：任何一种股价的运动都包括3种形式的运动——主要运动、次级运动和日常运动。这3种运动构成了所有形式的股价运动。主要运动决定的是大的趋势，次级运动决定的是在大趋势中的小趋势，日常运动则是在小趋势中更小的趋势。

艾略特波浪理论中的大部分理论是与道氏理论相吻合的，不过艾略特不仅找到了这些运动，而且还找到了这些运动发生的时间和位置，这是波浪理论较之道氏理论更为优越的地方。道氏理论必须等到新的趋势确立以后才能发出行动的信号，而波浪理论可以明确地知道目前股价是处在上升（或下降）的尽头，还是处在上升（或下降）的中途，可以更明确地指导操作。

艾略特波浪理论中所用到的数字2、3、5、8、13、21、34……都来自弗波纳奇数列。这个数列是数学上很著名的数列，它有很多特殊的性质，是艾略特波浪理论的数学基础。正是在这一基础上，才有了波浪理论以后的发展。

11.5.2 波浪理论的主要原理

1）波浪理论考虑的因素

波浪理论考虑的因素主要有3个方面：第一，股价走势所形成的形态；第二，股价走势图中各个高点和低点所处的相对位置；第三，完成某个形态所经历的时间长短。

在这3个方面中，股价的形态是最重要的，它是指波浪的形状和构造，是波浪理论赖以存在的基础。

高点和低点所处的相对位置是波浪理论中各个浪的开始和结束的位置。通过计算这些位置，可以弄清楚各个波浪之间的相互关系，确定股价的回撤点和将来股价可能达到的位置。

完成某个形态的时间可以让我们预先知道某个大趋势即将来临。波浪理论中各个波浪之间在时间上是相互联系的,用时间可以验证某个波浪形态是否已经形成。

以上3个方面可以简单地概括为:形态、比例和时间。这3个方面是波浪理论首先应考虑的,其中以形态最为重要。

2)波浪理论价格走势的基本形态结构

艾略特认为,证券市场应该遵循一定的周期,周而复始地向前发展。股价的上下波动也是按照某种规律进行的。通过多年的实践,艾略特发现每一个周期(无论是上升还是下降)可以分成8个小的过程,这8个小过程一结束,一次大的行动就结束了,紧接着的是另一次大的行动。现以上升为例说明这8个小过程。

图11-32是一个上升阶段的8个浪的全过程。

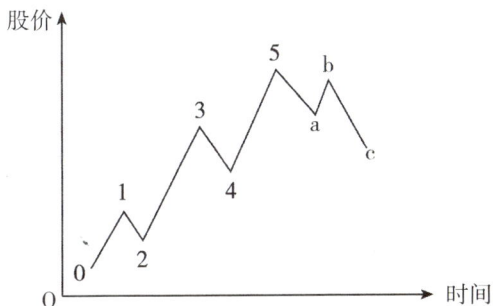

图11-32 8浪结构的基本形态图

0~1是第一浪,1~2是第二浪,2~3是第三浪,3~4是第四浪,4~5是第五浪。这5浪中,第一、第三和第五浪称为上升主浪,而第二和第四浪称为是对第一和第三浪的调整浪。上述5浪完成后,紧接着会出现一个3浪的向下调整,这3浪是:从5到a为a浪,从a到b为b浪,从b到c为c浪。

考虑波浪理论必须弄清一个完整周期的规律。因为趋势是有层次的,每个层次的不同取法,可能会导致我们在使用波浪理论时发生混乱。但是,我们应该记住,无论我们所研究的趋势是何种规模,是原始主要趋势还是日常小趋势,8浪的基本形态结构是不会变化的。

在图11-32中,从0到5我们可以认为是一个大的上升趋势,而从5到c我们可以认为是一个大的下降趋势。如果我们认为这是第二浪的话,那么c之后一定还会有上升的过程,只不过时间可能要等很长。这里的第二浪只不过是一个大的8浪结构中的一部分。

11.5.3 波浪理论的应用及应注意的问题

我们知道了一个大的周期的运行全过程,就可以很方便地对大势进行预测。首先,我们要明确当前所处的位置,只要明确了目前的位置,按波浪理论所指明的各种浪的数目就会很方便地知道下一步该干什么。

要弄清楚目前的位置,最重要的是认真准确地识别3浪结构和5浪结构。这两种结构具有不同的预测作用。一组趋势向上(或向下)的5浪结构,通常是更高层次的波浪的1浪,中途若遇调整,我们就知道这一调整肯定不会以5浪的结构而只会以3

浪的结构进行。

如果我们发现了一个5浪结构，而且目前处在这个5浪结构的末尾，我们就清楚地知道，一个3浪的回头调整浪即将出现。如果这个5浪结构同时又是更上一层次波浪的末尾，则我们就知道一个更深的、更大规模的3浪结构将会出现。

上升5浪、下降3浪的原理也可以用到熊市中，这时结论变成了下降5浪、上升3浪。不过，全世界股市的指数和股价都是不断上升的，从开始时的100点逐步上升到上千点、上万点，这样一来，把股市处于牛市看成股市的主流，把熊市看成股市的调整就成为一种习惯。正是由于这个原因，在大多数的书籍中，在介绍波浪理论时，都以牛市为例。上升5浪、下降3浪成了波浪理论最核心的内容。当然，下降5浪、上升3浪也是可以出现的。

从表面上看，波浪理论会给我们带来利益，但是从波浪理论自身的构造我们会发现它的众多的不足。波浪理论最大的不足是应用上的困难。波浪理论从理论上讲是8浪结构完成一个完整的过程，但是，主浪的变形和调整浪的变形会产生复杂多变的形态，波浪所处的层次又会产生大浪套小浪、浪中有浪的多层次形态，这些都会使应用者在具体数浪时发生偏差。浪的层次的确定和浪的起始点的确认是应用波浪理论的两大难点。波浪理论的第二个不足是面对同一个形态，不同的人会产生不同的数法，而不同的数浪方法产生的结果可能相差很大。

启智增慧11-1

不断提升资本
治理效能

本章小结

基本分析与技术分析构成了证券投资分析的主体，但技术分析和基本分析在目的、所研究的方法与内容以及用途上都存在着不同，所以，在进行证券投资分析时，要将两种方法结合使用。

技术分析的理论基础是基于3项合理的市场假设：市场行为涵盖一切信息；价格沿趋势移动；历史会重演。

道氏理论是股市技术分析理论的鼻祖，是各种技术分析方法的理论基础。道氏理论认为，股价变动趋势有3种，即长期趋势、中期趋势和短期趋势。3种趋势同时存在，相辅相成。

目前，K线理论已经成为人们进行技术分析必不可少的工具之一。单根K线有多种变形，投资者可依据实体的长度和影线的长短对多空力量进行衡量。但是，单K线只反映股票单日的交易情况，不能说明市场趋势的持续和转折等信息。实践中，投资者还需要研究K线组合形态来分析市场多空力量强弱，判断股价的后期走向。

切线理论是帮助投资者识别大势变动方向的较为实用的方法。切线包括支撑线、压力线、趋势线和轨道线。支撑线起阻止股价继续下跌的作用；压力线起阻止股价继续上升的作用；趋势线是衡量价格波动方向的，由趋势线的方向可以明确地看出股价的趋势；轨道线的作用是限制股价的变动范围，使股价在这个通道里变动。

股价曲线的形态分成两个大的类型：持续整理形态和反转突破形态。持续整理形态主要包括三角形、矩形、旗形和楔形等主要形态。反转突破形态主要包括双重顶（底）、三重顶（底）、头肩顶（底）、圆弧顶（底）和V形等5种主要形态。

波浪理论是股市分析理论中运用最多,而又最难了解和精通的方法。波浪理论认为股市的发展是依据一组特殊且不断重复的规律进行,这组规律即是以5个上升浪和3个下跌浪作为一次循环交替推进着。3个下跌浪可以理解为是对5个上升浪的调整。

关键概念

道氏理论 K线 支撑线 压力线 趋势线

综合训练

✔ 理论知识回顾

1)道氏理论中趋势的3种类型是什么?

2)反转突破形态的表现形式是什么?

3)波浪理论的基本思想是什么?

✔ 阅读思考和实践

恒瑞医药（600276）技术分析

即测即评11

综合训练
参考答案11

图11-33 股票价格走势K线图

思考和分析:请根据所学知识,结合图11-33,分别从形态、支撑线等方面做技术分析。

第12章

证券投资技术分析指标

目标引领

☑ 价值塑造

本章培养学生理性成熟的价值投资理念和良好的交易心理素质，使学生能够运用技术分析指标，更好地判断市场机会。与此同时，了解技术分析的局限性，可以使学生开拓视野，树立唯物辩证的世界观。

☑ 知识传授

通过本章的学习，掌握移动平均线的含义及其应用规则；掌握相对强弱指标的含义及其应用原则；掌握随机指数、威廉指数的含义及计算方法；理解动向指数、乖离率、心理线的运用原理。

思维导图

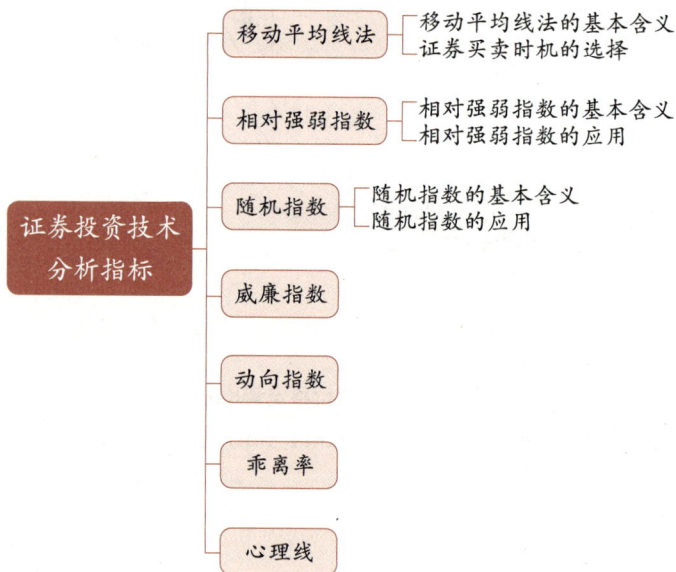

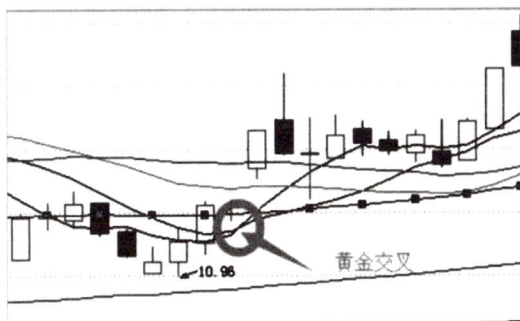

图12-1 黄金交叉

黄金交叉是多头的一种表现，一般出现黄金交叉后，后市会有一定的上涨幅度，这也意味着此时是进场的最佳时机；而死亡交叉则预示着空头市场即将来临，也就是说股市即将下跌，那么此时自然是出场的时机。其实不管是黄金交叉还是死亡交叉，都是买卖的进出信号，在对股价走势的分析中，可以更加精准把握进出的时机，而且在分析指数走势的过程中，也可以用来判断牛熊市的态势，这两种交叉形式的准确率一般在长期的应用中会比较高。

12.1 移动平均线法

移动平均线法也是分析证券市场变化趋势的一种常用方法。它是人们为了克服道氏理论所存在的缺点而创建的证券市场长期趋势分析方法。

12.1.1 移动平均线法的基本含义

移动平均线法是利用统计学上的移动平均原理，对每天的股价资料，根据需要天数进行平均化处理，即将过去一段时间的股份指数（个股股价）每日向后移动一个数据来计算股价平均值，并依次绘成一条线，该线就是所谓的移动平均线，以便消除偶然变动等因素的影响，在图上显示出长期趋势。

移动平均线公式化后可作如下表示：

按时间序列股价为 P_1，P_2，P_3，$\cdots$，P_K，K 项移动平均值 M_n 的表达式为：

$$M_{n1} = \frac{P_1 + P_2 + P_3 + \cdots + P_K}{K} \tag{12-1}$$

$$M_{n2} = \frac{P_2 + P_3 + P_4 + \cdots + P_K + P_{K+1}}{K} \tag{12-2}$$

$$M_{n3} = \frac{P_3 + P_4 + P_5 + \cdots + P_K + P_{K+1} + P_{K+2}}{K} \tag{12-3}$$

现以表12-1的数值及其计算方法来说明移动平均线法的基本含义。

如计算1月14日某股市收盘综合指数的5日平均数及10日平均数，则：

$M_5(1.14) = (900.30 + 891.79 + 888.04 + 897.46 + 849.23) \div 5$

$= 885.4$

表12-1   移动平均线法的基本含义实例计算表

日 期	1月3日	1月4日	1月5日	1月6日	1月7日	1月10日	1月11日	1月12日	1月13日	1月14日
收盘指数	833.90	832.69	846.98	869.33	879.64	900.30	891.79	888.04	897.46	849.23
5日移动平均数					852.5	865.8	877.6	885.8	891.4	885.4
10日移动平均数										868.9

以上是以5日、10日进行平均移动的，移动天数 n 还可以取30日、60日、100日、200日等。利用这种计算方法可以对证券市场价格指数进行长期的移动平均值计算，并把这些平均值以点的方式标在一个坐标中，然后再把这些点连成线，这样人们看起来就更直观。例如我们以横轴表示日期，以纵轴表示股价指数或者个别股价，这样就会形成移动平均线图，如图12-2所示。

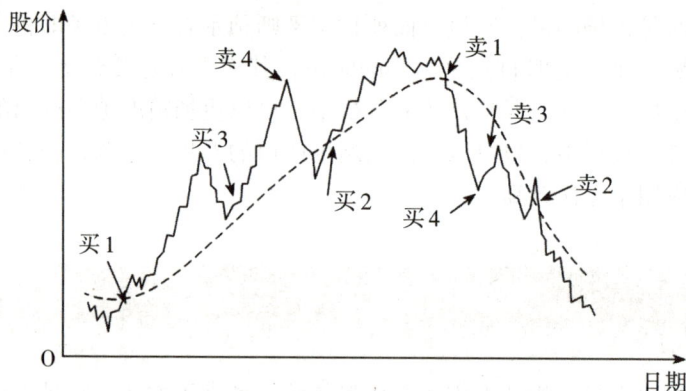

图12-2 移动平均线

移动平均线的作用在于取得一段时期的平均股价的移动趋势，以避免人为的股价操作。其移动趋势虽然较慢，但比较能反映真实的股价变动。如图12-2所示，实线表示股价指数或个别股价，虚线则表示移动平均线，由于移动平均线所取期间较长，其所描出线条也较平滑。一般来看，当移动平均线向上升，而股价升穿平均线之上时，则为股价趋势将上升的信号。

12.1.2 证券买卖时机的选择

利用移动平均线与股价的变化可以决定买卖时机，西方的证券投资专家格兰维尔（Joseph Granvile）曾就移动平均线所反映的证券市场变化趋势提出了8项原则。这8项原则实质上是针对图12-2中的8种情况来说明如何选择时机买卖证券。

格兰维尔的移动平均线八大投资法则包括四大买入信号及四大卖出信号。

四大买入信号：

买入信号1：当移动平均线走势由下降逐渐转平或回升，股价从平均线的下方向上升穿平均线时，为买入信号。

买入信号2：股价连续上升后因获利回吐导致一时跌破平均线，但平均线在短期内仍继续上升，而股价回跌幅度不大，并马上恢复再次向上升穿平均线时，为买入信号。

买入信号3：股价连续上升远离平均线后出现大涨小回的突然下跌，但未跌破平均线又再度上升，仍可视为买入信号。

买入信号4：股价跌破平均线后，突然连连暴跌，远离平均线，属于超卖现象。当股价向平均线方向回升时，是短线技术反弹的有利买入时机。

四大卖出信号：

卖出信号1：当平均线走势由上升逐渐走平转头下跌，而股价从平均线上方向下跌破平均线时，为重要的卖出信号。

卖出信号2：股价虽向上突破平均线，但又立即跌到平均线之下，而这时平均线仍在继续向下，为卖出信号。

卖出信号3：股价跌落于平均线以下，然后向平均线弹升，但未升穿平均线即又告回落，为卖出信号。

卖出信号4：股价升穿平均线后，在平均线上方急速上升，距平均线越来越远，且上涨幅度相当可观，属于超买现象，随时会因获利回吐产生卖压，为卖出信号。

在以上八大投资法则中，买入信号1及卖出信号1为重要买入、卖出时机，但使用时应注意两点：一是不能只看股价和平均线出现交点，必须同时注意平均线的走势方可确认买卖信号；二是若按买入信号1买入后，股价上升，而后又出现卖出信号1时却未及时卖出，股价再度跌落，则可能造成已经看到的账面盈利不但付诸东流，反而转为亏损。买入信号4及卖出信号4可与乖离率等其他技术分析指标配合使用进行短线技术操作，准确率较高。对买入信号2及卖出信号2颇有争议，不易掌握。买入信号3为追买信号，卖出信号3为追卖信号，要慎用。

应用以上法则时，采用不同天数的移动平均线则会发出不同的买入、卖出信号。格兰维尔的本意是用股价和200日移动平均线的相互关系来判断信号，但结合我国沪、深股市的实际，移动平均线的天数太长，则买卖信号的出现过于迟缓，并不适用。

在实际使用中常用多条移动平均线的组合来进行股市分析，不同的组合有不同的预测功能。一般而言，5～10天的移动平均线反映短期趋势；30～60天的移动平均线反映中期趋势；100～200天的移动平均线反映长期趋势。通过将各种移动平均线加以适当组合，我们可以较客观地判断出市场趋势。

股价持续下跌后，探底、回升，对此短线反映较为敏感。中期线表现为下降趋于缓慢，不久转为上升。若股价持续上升，长期线会随之趋向于缓慢上升。因此各种移动平均线呈错综交替的局面。

如果短期线升过中期线后又升过长期线，而股价仍继续上升，中期线也会升过长期线，这种中期线升过长期线，从而确认市场大势上升的状态，称为黄金交叉。黄金交叉之后，三条平均线从上至下依次是短期线、中期线、长期线，均处于持续上升势态，通常表示市场进入牛市，如图12-3所示。

股价上升缓慢，并且在高价位上下徘徊时，短期线的上升会明显趋缓；随着股价下跌，短期线也开始下跌，接着对中期线、长期线产生影响，直至中期线跌至长期线之下。这时的两线交叉意味着上升市场的终结，故称其为死亡交叉，如图12-3所示。在死亡交叉之后，从下至上平均线的位置依次是短期线、中期线、长期线，通常表示熊市到来。

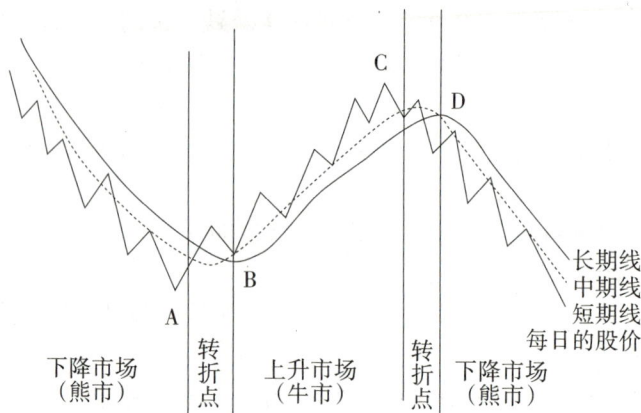

图12-3　黄金交叉（A、B）与死亡交叉（C、D）

移动平均线在实际应用中的不足之处是出现买卖信号延迟，因此，在证券投资分析中不宜单独使用移动平均线来确定买卖信号，一般用移动平均线作长期趋势分析。

12.2　相对强弱指数

相对强弱指数（RSI）是目前流行最广、使用最多的技术指标之一，它是由美国技术分析大师威尔德（Welles Wilder）在1978年提出的。RSI可应用于股票、期货和外汇等市场。

12.2.1　相对强弱指数的基本含义

相对强弱指数即股市收盘指数（个股收盘股价）的相对升降幅度。它反映出一段时间内，在股市中买方力量与卖方力量的相对强弱程度及买卖双方力量对比的变化情况，并以此为据来分析股价未来的走势。RSI的计算方法，是采用某一时期（N天）内收盘指数每天的涨跌大小，来反映这一时期内多空力量的强弱对比。RSI将N日内每日收盘指数涨势（即当日收盘指数高于前日收盘指数）的总和作为买方总力量，而将N日内每日收盘指数的跌势（即当日收盘指数低于前日收盘指数）的总和作为卖方总力量。其计算公式为：

$$\text{RSI}(N) = \frac{A}{A+B} \times 100 \tag{12-4}$$

式中，A——N日内股市收盘指数（个股收盘股价）升幅累计值；B——N日内股市收盘指数（个股收盘股价）跌幅累计值。

RSI（N）有两个极限值：一个是N日内股价全部下降，无一日上升，则上式的分子为0，RSI（N）也等于0；另一个是N日内股价全部上升，无一日下降，则分子、分母相等，RSI（N）等于100。这两种情况较少出现，通常情况下RSI（N）在0～

100的范围内变化。

RSI选用的天数 N 可取6日、9日、14日等，天数越少曲线变化越频繁，天数越多曲线则变化相对平稳。

现以表12-2的数值及其计算方法来说明相对强弱指数的含义。

表12-2   **相对强弱指数的含义实例列示表**

日　期	收盘指数	每日升幅	每日跌幅	累计升幅	累计跌幅	RSI（N）
7月29日	333					
8月1日	445	112	0			
8月2日	432	0	13			
8月3日	522	90	0			
8月4日	562	40	0			
8月5日	683	121	0			
8月8日	711	28	0	391	13	97
8月9日	621	0	90	279	103	73
8月10日	739	118	0	397	90	82
8月11日	689	0	50	307	140	69
8月12日	689	0	0	267	140	66

将每日计算出的RSI值连接起来就得到RSI曲线，如图12-4所示。

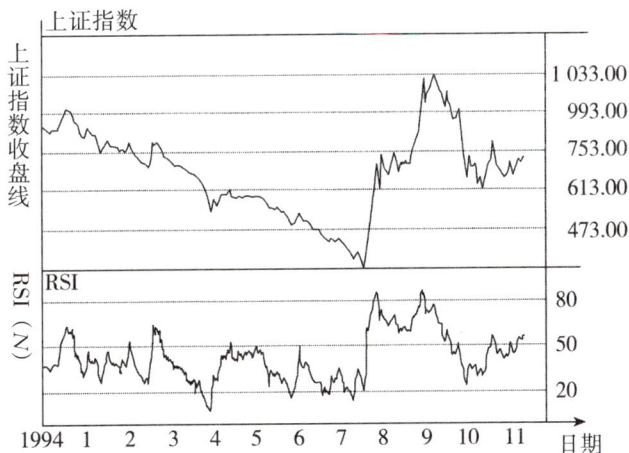

图12-4 相对强弱指数线

12.2.2 相对强弱指数的应用

1）物极必反

（1）股市有涨必有跌，久跌则必涨。RSI也必将在0～100的范围内反复作起伏变化。一般而言，当RSI超过80时，显示股价升幅过大，进入超买区，要警惕随时可能出现回调，是卖出信号，应卖出；反之，当RSI小于20时，说明股价跌幅过深，卖者过众，已进入超卖区，随时可能产生反弹，是买入信号，可买入。

（2）在牛市市场由于人气旺盛，经常出现超买之后再超买现象，所以在牛市市场的上升浪中，RSI可能很快超过80，并在80以上维持相当一段时间，而股价还持续上升。在这种情况下，不能一见RSI大于80即行卖出，这一点务必注意，以免丢掉一段上升行情。此方法在强气市场的技术回调和弱气市场的分析中颇为有效。在大多头行情或大空头行情中，RSI可能大于90或小于10；反之，也可能稍小于80或稍大于20。而对于不同的股市和个股，又都有各自历史的RSI值。因此在使用中不可过于机械，需要根据实际变化的股市，不断总结经验，逐步找到最合适的控制数值。一年中RSI超过80或小于20的机会并不多，故成功率很高。

（3）如果投资者果真在RSI小于20时买入，且又在RSI大于80时卖出，那么，亏损几乎是不可能的。当然，如果投资者虽在RSI小于20时买入，但在RSI大于80时却不抛，则将有可能反盈为亏。

2）背驰信号

在强气市场与弱气市场相互转换的关键时刻，相对强弱指数RSI往往先行于股价发出转市信号，掌握这一点往往就抓住了大行情，至关重要。在强气市场末期，股价持续上升到高价位，并不断创新高。当股价继续上升再创新高时，如果RSI不但未创新高反而下降，即RSI走势与股价走势出现相互背离的现象，称为"顶背驰"，说明买方力量已开始有所下降，而卖方力量已开始上升，股价已达顶峰，预示股价即将掉头下跌，应当机立断，果断卖出。反之，在弱式市场末期，股价连续下跌至低价位，并屡创新低。当股价继续下跌再创新低时，如果RSI不但未创新低反而上升，即RSI走势与股价走势又出现相互背离的现象，称为"底背驰"，说明卖方力量已开始减弱而买方力量却已开始加强，往往意味着大势反转上升有望，可果断买入。在RSI出现"顶背驰"和"底背驰"时，虽然RSI可小于80或大于20，也应视为重要的卖出或买入信号，此点请注意。

12.3　随机指数

12.3.1　随机指数的基本含义

随机指数是研究判断股市中收盘价、最高价、最低价的波动及相互关系的一种指数，是由美国技术分析大师乔治·兰（George Lane）创立的。随机指数也称为KDJ指标，与相对强弱指数的分析方法类似，常用来判断短期的市场超买和超卖，并且以股价走势的"背驰"现象作为重要的转势信号。一般认为，在股市上升行情中，收盘价偏于高位；而在股市下跌行情中，收盘价则偏于低位。因此，可用收盘价与最高价和最低价之间的相互关系来判断股价走势。一般在股市上升行情中，%K线、%D线向上；而在股市下跌行情中，%K线、%D线则向下。

随机指数的计算方法：

（1）在产生 KDJ 以前，先计算产生未成熟随机值 RSV

$$RSV(N)=\frac{\text{第}N\text{日股市收盘指数}(\text{个股收盘股价})-N\text{日内股市最低指数}(\text{个股最低股价})}{N\text{日内的股市最高指数}(\text{个股最高股价})-N\text{日内的股市最低指数}(\text{个股最低股价})}\times100 \qquad (12\text{-}5)$$

RSV（N）的极限值：当第 N 日的收盘价等于 N 日内的最高价时，分子、分母相等，RSV（N）等于 100；反之，当第 N 日的收盘价等于 N 日内的最低价时，分子为 0，则 RSV（N）等于 0。通常 RSV（N）在 0～100 的范围内变化。N 一般可取 6 日或 9 日。

（2）计算 %K 及 %D

对 RSV 进行指数平滑，就得到如下 K 值：

今日 %K=（2×前一日 %K+今日 RSV）÷3 　　　　　　　　　　（12-6）

对 K 值进行指数平滑，就得到 D 值：

%D=（2×前一日 %D+当日 %K）÷3 　　　　　　　　　　（12-7）

开始计算时，式中"前一日 %K"及"前一日 %D"的初始值均可取 50。

%J=3×当日 %D-2×当日 %K 　　　　　　　　　　（12-8）

这里的 3 为平滑因子，可以改变成别的数字。

例如，以某年 6 月上证综合指数计算随机指数 %K、%D 及 %J（见表 12-3）。以 6 月 20 日的随机指数计算为例：

表12-3　　　　　以某年6月上海股市收盘综合指数计算的随机指数表

日期	6月8日	6月11日	6月12日	6月13日	6月14日	6月15日	6月19日	6月20日	6月21日	6月22日
收盘指数	2 652.08	2 660.41	2 687.70	2 671.63	2 671.30	2 667.98	2 599.78	2 598.33	2 579.05	2 583.71
最高指数	2 686.15	2 665.93	2 691.97	2 686.07	2 691.04	2 677.31	2 646.64	2 607.47	2 628.04	2 586.33
最低指数	2 637.36	2 633.08	2 650.97	2 662.75	2 659.57	2 657.51	2 571.69	2 567.50	2 579.05	2 553.30
RSV（9）									9.27	
%K（9）								50	36.4	
%D（9）								50	45.5	
%J（9）									63.7	

从 6 月 8 日至 6 月 21 日，此 9 日内最高指数为 2 691.97，最低指数为 2 567.50。

RSV（9）=（2 579.05-2 567.50）÷（2 691.97-2 567.50）×100=9.28

%K（9）=（2×50+9.27）÷3=36.42

%D（9）=（2×50+36.4）÷3=45.47

%J（9）=3×45.5-2×36.4=63.70

将计算出来的每日 %K、%D、%J 值连成平滑曲线即得到随机指数线，如图 12-5 所示。

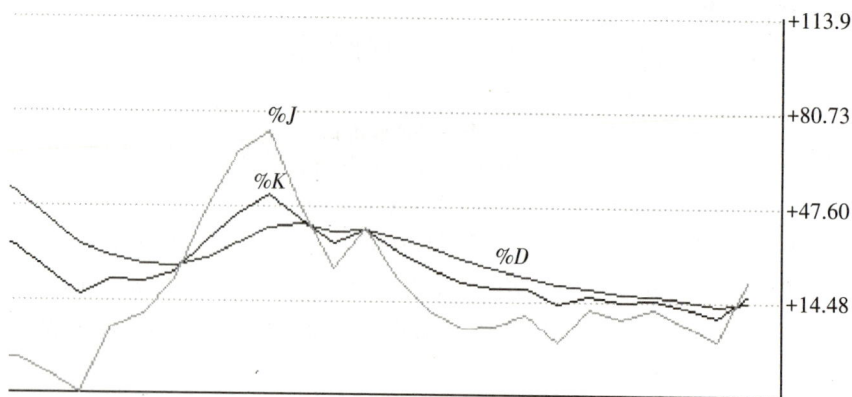

图12-5 随机指数线图

12.3.2 随机指数的应用

（1）%D值在80以上，且%J值在100以上，为超买，是卖出信号。

（2）%D值在20以下，且%J值在10以下，为超卖，是买入信号。

（3）指数走势与股价相背驰时，为转向信号。

（4）%K线与%D线在80以上发生交叉，%K线跌破%D线时，为卖出信号。

（5）%K线与%D线在20以下发生交叉，%K线升破%D线时，为买入信号。

（6）%K线与%D线在50附近处交叉，买卖信号无效。

因随机指数具有随机概念，所以比相对强弱指数更为敏感，可用来进行短线操作。如与相对强弱指数和乖离率配合使用，则更为可靠。

12.4 威廉指数

威廉指数（%R）全称威廉超买超卖指标，亦是反映买卖双方力量强弱的技术指标。与相对强弱指数不同的是，前者重视累计值的比较，而后者则直接以当日收市价与N日内高低价位之间的比较，来判断短期内行情变化的方向，因此是一种更为敏感的指标。

1）计算公式

$$\%R = \frac{H_n - C}{H_n - L_n} \times 100 \qquad (12\text{-}9)$$

式中，C——当日收市价；L_n——N日内最低价；H_n——N日内最高价（N一般取14日或20日）。

2）买卖信号

威廉指数值在0~100变化。由上面的公式可知当目前收市价越接近N日内最高价时，%R值越小，超买严重，应当卖出；而当目前收市价越接近N日内最低价时，%R值越大，应考虑买入。一般判断规则有：

（1）%R值为20的线为"卖出线"，%R值为80的线为"买入线"，当%R值突破买入线或跌穿卖出线时发生卖出、买入信号。

（2）%R值为50的线为中值线。当%R值由大到小通过中线时，买入力量开始转强，可加入买入一方；当%R值由小到大通过中值线时，卖出力量开始增强，可加入卖出一方。

威廉超买超卖指标是短线操作的有力工具，反应敏感是其优点，但捕捉不到大行情亦是此类工具的通病，所以配合其他指标使用非常重要。

12.5 动向指数

动向指数（DMI）是技术分析专家威尔德的又一杰出发现。动向指数仍然属于在股票价格的升跌幅内，考察买卖双方的力量变化，从而把握股价的未来移动方向的一种指标。

1）动向指数的计算方法

（1）真实波幅

$$TR = \text{Max}(H - L, |L - CY|, |H - CY|) \tag{12-10}$$

式中，TR——真实波幅；H——当日最高价；L——当日最低价；CY——昨日收市价。

真实波幅TR取差价中最大者。

（2）当日动向值

$$+DM = H - HY \tag{12-11}$$

当$H - HY > 0$，且$H - HY > LY - L$

$+DM = 0$

式中，$+DM$——当日上升动向值；HY——昨日最高价；LY——昨日最低价。

即当日上升动向值$+DM$等于当日最高价减昨日最高价，或者等于零。

$-DM = LY - L$

当$LY - L > 0$，且$LY - L > H - HY$

$-DM = 0$

式中，$-DM$——当日下降动向值；HY——昨日最高价；LY——昨日最低价。

即当日下降动向值$-DM$等于昨日最低价减当日最低价，或者等于零。

（3）上升指标和下降指标

$$+DI_n = +DM_n / TR_n \tag{12-12}$$

$$-DI_n = -DM_n / TR_n \tag{12-13}$$

式中，$+DI_n$——n日上升指标；$-DI_n$——n日下降指标；$+DM_n$——n日上升动向累计值；$-DM_n$——n日下降动向累计值；TR_n——n日真实波幅累计值，n一般取14。

（4）平均动向指数

$$ADX = \frac{1}{n}(DX_1 + DX_2 + DX_3 + \cdots + DX_n) \tag{12-14}$$

$$DX = \frac{(DI_n) - (-DI_n)}{(DI_n) + (-DI_n)} \times 100\% \tag{12-15}$$

式中，ADX——平均动向指数；DX——动向指数；N——一般取14。

即平均动向指数ADX等于n日动向指数的算术平均数。

2）动向指数曲线

将每日的$+DI$、$-DI$、ADX值分别连接起来，即可得到三条波动曲线，为动向指数曲线，动向指数曲线的变化范围在$0 \sim 100$。

3）动向指数的买入卖出信号和趋势判断

（1）$+DI$上升，$-DI$下降，并且$+DI_n$升破$-DI_n$时，表示买家涌入，为买入信号。

（2）$-DI_n$自下向上升破$+DI_n$时，表示沽售力量变强，为卖出信号。

（3）ADX值每日递增，与$+DI$或与$-DI$同向上升时表示当前趋势强劲。

（4）ADX值递减，降至20以下，并且$+DI_n$、$-DI_n$反复交叉时，是趋势转向征兆。升势将转为跌势，跌势将转为升势。

12.6 乖离率

乖离率（BIAS）是当日股市收盘指数（个股收盘股价）偏离股市收盘指数（个股收盘股价）平均数的比率。

1）乖离率的计算方法

$$乖离率 = \frac{\begin{array}{c}当日股市收盘指数\\(或个股收盘股价)平均数\end{array} - \begin{array}{c}N日股市收盘指数\\(或个股收盘股价)平均数\end{array}}{N日股市收盘指数(或个股收盘股价)平均数} \times 100\% \tag{12-16}$$

N可取6日、12日、24日、72日、200日等，以得出不同的乖离率。

我们以某年上海股市收盘综合指数计算12日乖离率（参见表12-4），如计算1月18日的12天乖离率，则：

表12-4　　　以某年上海股市收盘综合指数计算乖离率列表

日　　期	1月3日	1月4日	1月5日	1月6日	1月7日	1月10日	1月11日
收盘指数	833.90	832.69	846.98	869.33	879.64	900.30	891.79
日　　期	1月12日	1月13日	1月14日	1月17日	1月18日	1月19日	
收盘指数	888.04	897.46	849.23	859.28	835.06	807.50	
12日收盘指数平均数					865.30	863.10	
乖（12）（%）					-3.50	-6.40	

乖（$N=12$）＝（835.06-865.3）÷865.3×100%

＝-3.5%

2）乖离率图形的绘制

在平面直角坐标纸上，以日期为横坐标，以乖离率为纵坐标，将每日的乖离率用垂直线表示，正值在零线上方，负值在零线下方。在纵坐标为卖出信号控制值处画一条红色水平线为警戒线，在纵坐标为买入信号控制值处画一条蓝色水平线为安全线。图12-6为乖离率示意图。

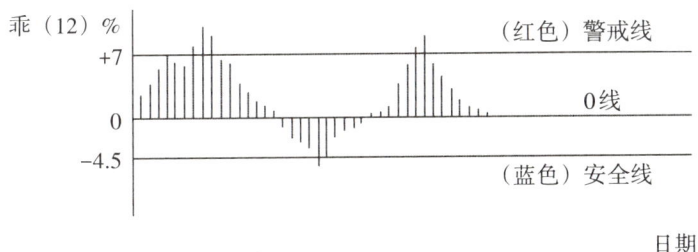

图12-6　乖离率示意图

3）乖离率的应用

乖离率正值太大，表示投资者平均获利太多，将会获利回吐产生卖压，使股价回调，是卖出信号；反之，乖离率负值太大，表示投资者平均亏损太多，持股者往往惜售，而持币者却逢低吸纳，卖方力量的减少和买方力量的增加会使股价反弹，是买入信号。乖离率所取天数不同，则出现买卖信号的控制值也不尽相同。需要注意的是，由于乖离率指标变化范围较大，且往往在到达控制值后会持续一段时间，所以不宜单独使用该指标，一定要配合相对强弱指数和随机指数同时使用方可最后确定买入、卖出信号，以免造成失误。

12.7　心理线

从心理角度上看，股价在高位不可能一直停留，反过来，股价也不可能永远停留在低位，这是根据人们心理上的厌倦、疲劳等原始的节奏得出的结论。因此，心理线（PSY）主要是从投资者买卖趋向的心理方面，对多空双方的力量对比进行探索。

1）心理线的计算公式

心理线的计算公式为：

$$PSY = \frac{A}{N} \times 100\% \qquad (12-17)$$

式中的 A 为 N 日当中股价上涨的天数。

2）心理线的绘制

在最近的12日内，统计收市价高于昨日收市价的日数和低于昨日收市价的日数，然后用收市价高于昨日收市价的日数与12天之比，作成图线。

例如，4日高、8日低，则4/12，约33.3%；10日高、2日低，则10/12，约83.3%。将每日的心理线值连接起来，就可得到心理线曲线，如图12-7所示。

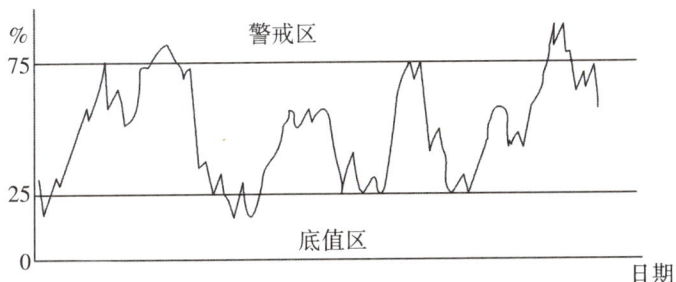

图12-7　心理线曲线图

启智增慧 12-1

MACD 指标

启智增慧 12-2

基于技术分析
指标组合的程
序化交易

启智增慧 12-3

如何认识
"理性"与
"好政策"？

3）心理线的应用

心理线是预测股价短期内动向的指标。

12日中如果有9天连续上升，且心理值高于75%，那么近期内股价可能下跌。在谷底如果有9天连续处于低位，极有可能降到25%以下。心理线如果超过75%，可考虑为短期获利，25%以下应考虑买入。

同样，在最近12日中，收市价比前一日收市价高的天数减去收市价比前一日收市价低的天数得到超买超卖指标。5天以上收市价高于前一日收市价则发出短期超买信号；5天以上收市价低于前一日收市价，则可判断为超卖信号。

综合前文所述需要说明的是，证券市场上的技术分析方法不下几十种甚至上百种，但任何一种都不是十全十美的，都有它的局限性，技术分析的局限性表现在以下方面：

同基本分析共有的一个显著特点是，无法预计由于突发事件而发生的股市大幅波动。这一点是显而易见的，也许今天可以从图表上得出某只股票的入货信号，但第二天就可能会传来该股票上市公司利润实现不甚理想的消息，导致股价下跌，技术分析的结果也就被否定了，所以技术分析往往具有滞后性。

另外，当太多人相信图表时，大户便可以在市场内做手脚，使个别股票形成某种走势，吸引其他投资者或买或卖，以掩盖大户自己的真正买卖活动。

总之，只要投资者了解某种方法的基本原理和它的优缺点，并善于利用优点，时刻注意其缺点，将多种技术分析方法结合使用，就可帮助投资者在变幻莫测的股市中选准时机，在股票投资者的竞争中立于不败之地。

本章小结

移动平均线法是分析证券市场变化趋势的一种常用方法。移动平均线有助涨和助跌作用。利用移动平均线与股价的变化可以决定买卖时机。在实际使用中常用多条移动平均线的组合来进行股市分析，不同的组合有不同的预测功能。

相对强弱指数即股市收盘指数（个股收盘股价）的相对升降幅度。它反映出一段时间内，在股市中买方力量与卖方力量的相对强弱程度及买卖双方力量对比的变化情况，并以此为据来分析股价未来的走势。

随机指数是研究判断股市中收盘价、最高价、最低价的波动及相互关系的一种指数。一般认为，在股市上升行情中，收盘价偏于高位；而在股市下跌行情中，收盘价则偏于低位。因此，可用收盘价与最高价和最低价之间的相互关系来判断股价走势。一般在股市上升行情中，%K线、%D线向上；而在股市下跌行情中，%K线、%D线则向下。

威廉指数（%R）全称威廉超买超卖指标，亦是反映买卖双方力量强弱的技术指标。与相对强弱指数不同的是，前者重视累计值的比较，而后者则直接以当日收市价与N日内高低价位之间的比较，来判断短期内行情变化的方向，因此是一种更为敏感的指标。

动向指数（DMI）是技术分析专家威尔德的又一杰出发现。动向指数仍然属于在股票价格的升跌幅内，考察买卖双方的力量变化，从而把握股价的未来移动方向的一种指标。

乖离率是当日股市收盘指数（个股收盘股价）偏离股市收盘指数（个股收盘股价）平均数的比率。

心理线主要是从投资者买卖趋向的心理方面，对多空双方的力量对比进行探索。

关键概念

移动平均线　相对强弱指数　随机指数　威廉指数　乖离率

综合训练

✔ **理论知识回顾**

1）简要描述移动平均线的画法。

2）简述随机指数的应用。

3）简述乖离率的应用。

✔ **阅读思考和实践**

即测即评12

综合训练
参考答案12

黄金交叉实例

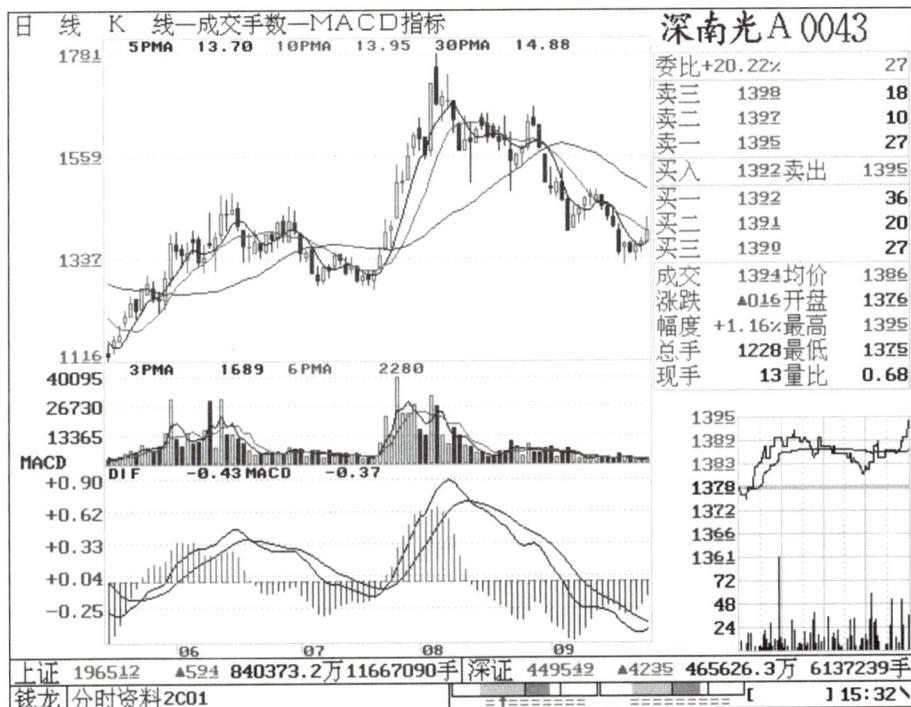

图12-8　黄金交叉实例

思考和分析：请仔细观察深南光的形态走势图，如图12-8所示，分别指出图中的两次黄金交叉。

第13章

证券投资组合分析

目标引领

价值塑造

本章引导学生掌握现代投资理论的主要观点，培养成熟理性的投资者；着力提升投资者素质，因为投资者素质的高低直接影响到保护投资者合法权益工作的效果；大力普及证券理论知识，因为提高投资者投资技能和风险控制能力是保护投资者合法权益的重要内容和基础工作，让保护中小投资者合法权益，成为一种职业操守、一种精神信仰、一份家国情怀。

知识传授

通过本章的学习，了解理性投资者的行为特征；掌握投资风险的含义及种类；掌握分散化投资对总风险的影响；掌握两项资产的相关系数在度量投资组合风险中的重要性；了解现代组合理论的应用原理；掌握可行域与有效边界；掌握马科维茨确定最优投资组合的方法、步骤。

思维导图

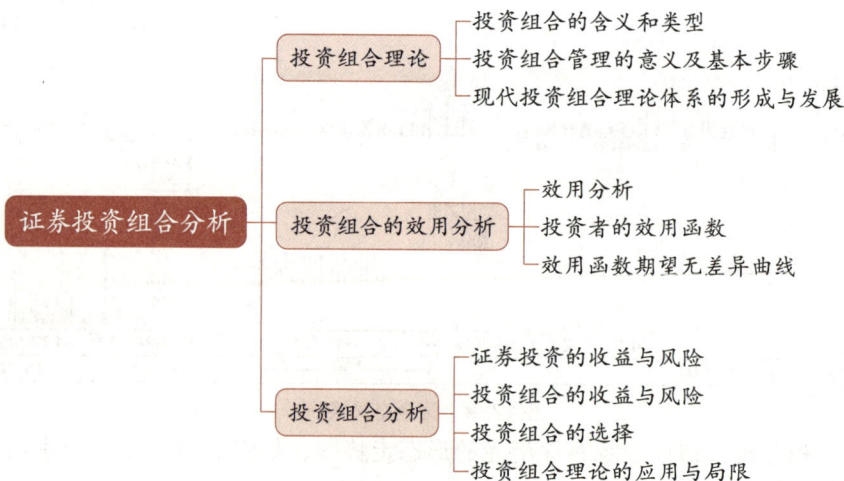

开篇导读

　　2018年以来，国债指数、公司债指数和企业债指数都是不断上涨的，从月K线看基本上是一个较为明显的上扬走势，这为债券投资者提供了较为稳定的收益和较小的波动。与此同时，2018年1月到2019年1月上证综合指数不断下跌，2019年后上证综合指数持续震荡有一定程度的上涨，但2021年全年沪指累计下跌近8%，深证成指下跌超16%，创业板下跌近5%，这说明投资者在股市面临赚钱机会的同时也面临较大的波动。通过比较可以发现，这段时期我国的债券波动小、风险小，股票的波动大、风险大，这两者存在较大差异。对于投资者来说，如果在股市下跌时买入债券是有机会弥补损失即降低风险的。债券和股票这种风险差异和时正时负的关联对于投资者进行资产组合配置具有很好的应用价值。

　　在马科维茨之前，投资顾问和基金经理尽管也会顾及风险因素，但由于不能对风险进行有效的衡量，尤其是组合的风险，也就只能将注意力放在投资的收益方面。马科维茨用投资回报的期望值（均值）表示投资收益（率），用方差（或标准差）表示收益的风险，解决了对资产的风险衡量问题，并认为典型的投资者是风险规避者，他们在追求高预期收益的同时会尽量回避风险。据此，马科维茨提供了以均值-方差分析为基础的最大化效用的一整套组合投资理论。

　　本章会重点介绍马科维茨的投资组合理论。

13.1　投资组合理论

13.1.1　投资组合的含义和类型

1）投资组合的含义

　　投资组合（portfolio）通常是指个人或机构投资者同时持有的各种有价证券的总称，如股票、债券、存款单等。投资组合不是证券品种的简单随意组合，它体现了投资者的意愿和投资者所受到的约束，即受到投资者对投资收益的权衡、投资比例分配、投资风险偏好等的限制。

2）构建投资组合的原因

　　组合理论是建立在对理性投资者行为特征的研究基础之上的，理性投资者具有厌恶风险和追求收益最大化的基本行为特征。对证券投资进行组合管理，可以在降低资产组合风险的同时，实现收益最大化。

　　（1）降低风险。为什么说构建投资组合可以降低投资风险呢？人们常常用"不要把鸡蛋放在同一个篮子里"的例子来形象地说明这个问题：如果我们把鸡蛋放在同一个篮子里，万一这个篮子不小心掉在地上，所有的鸡蛋就都可能摔碎；而如果我们把鸡蛋分放在不同的篮子里，一个篮子掉了，不会影响到其他篮子里的鸡蛋。资产组合理论证明，投资组合的风险随着组合所包含的证券数量的增加而降低，资产间相关度极低的多元化资产组合可以有效地降低非系统性风险。

（2）实现收益最大化。理性投资者都是厌恶风险，同时又追求收益最大化的。就单个资产而言，风险与收益是成正比的，高收益总是伴随着高风险。但是，各种资产不同比例的组合，却可以使投资组合整体的收益-风险特征达到在同等风险水平上收益最高和在同等收益水平上风险最小的理想状态。

3）投资组合的分类

投资组合的分类通常以投资组合的投资目标为标准。以美国为例，证券投资组合可以分为避税型、收入型、增长型、收入和增长混合型、货币市场型、国际型及指数化型等。

（1）避税型投资组合。该种投资组合以避税为首要目的，主要服务于处于高税率档次的富人。通常投资于政府债券，政府债券投资所得在大多数国家都是免税的。在西方国家，投资管理要考虑的一个重要因素就是投资者的税收地位。以美国为例，要想使投资者实际获得尽可能多的基本收入和资本收入，就不仅要考虑联邦所得税，还要考虑州所得税。一个处于高税率档次的富人，如果对高股息或高利息的证券品种进行投资，纳税后，他实际上投资所得很少。

（2）收入型投资组合。该种投资组合追求的是低风险和固定收益（即利息、股息收益）的稳定。能够带来固定收益的证券有附息票债券、优先股及一些避税债券等。一般而言，年纪较大的投资者、需要负担家庭生活及教育费用的投资者及有定期支出的机构投资者（如养老基金等）会偏好这种投资组合。这种投资组合的主要功能是为投资者实现基本收益的最大化，定期从投资组合获得的收入可能要用于满足投资者的部分或全部日常开支的需要。当然，这也并不是说收入型投资组合仅适用于中等收入或年纪较大阶层，作为一种投资目标，富人也可能有此需要，只是对他们而言，不仅要考虑基本收入的最大化，还要考虑避税的问题。

（3）增长型投资组合。该种投资组合以资本升值（即未来价格上升带来的价差收益）为目标，投资者往往愿意通过延迟获得基本收益来求得未来收益的增长，这类投资者很少会购买分红的普通股，因为投资风险较大。所谓增长是指收益要远远高于市场，因此，选股极为重要。朝气蓬勃的年轻人及高税率阶层往往偏好这种投资组合，年轻人希望通过延迟眼前的收益来获得未来收益的增长，富人们则看重长期资本收入的所得税税率低于基本收入所得税税率。

（4）收入和增长混合型投资组合。该种证券投资组合试图在基本收入与资本增长之间、收益与风险之间达到某种均衡，因此也称为均衡投资组合。二者的均衡可以通过两种投资组合方式获得：一种是使投资组合中的收入型证券和增长型证券达到均衡；另一种是选择那些既能带来基本收益，又具有增长潜力的证券进行投资组合。

（5）货币市场型投资组合。该种证券投资组合由各种货币市场工具构成，如国库券、高信用等级的商业票据等。货币市场交易具有规模大、价差波动小的特点，不适宜小额投资，通过这种投资组合使中小投资者得以参与货币市场投资。在西方国家，货币市场基金还赋予投资者以基金账户为基础签付支票的权利，使之具有结算账户的功能。资产管理账户中的货币通常在投资者作出再投资决策前自动转入货币市场基金。由于很多货币市场基金都是基金家族的一员，使得投资者可以免费将货币从一种基金转入另一种基金。

（6）国际型投资组合。该种投资组合投资于海外不同国家，是投资组合管理的时代潮流，是经济、金融全球化和国际资本流动的必然结果。实证研究表明，这种投资组合的业绩总体上强于只在本土投资的投资组合，因为它可以减弱国家或地区的风险，在世界范围内追求收益最大化。20世纪90年代初期，发达国家普遍实行低利率政策导致国际资本大规模流入新兴市场，基金的国际化投资亦在其中，但在1997年对冲基金的投机活动引发了波及全球的亚洲金融危机后，大量国际型基金从新兴市场中抽逃出来流回欧美等发达国家市场，不仅对东南亚等新兴国家的股市和汇市下跌起了推波助澜的作用，也大大缩减了国际型基金的规模。2019年得益于市场上扬和投资者从价格较高的主动性基金撤离，全球指数基金重新回到投资者资产配置当中，全球指数基金的再次兴起使其管理的资产规模突破10万亿美元。

（7）指数化型投资组合。该种投资组合模拟某种市场指数，信奉有效市场理论的机构投资者通常会倾向于这种投资组合，以求获得市场平均的收益水平，因此也常被称为追踪基金或被动基金。根据模拟指数的不同，指数化投资组合可以分为两类：一类模拟内涵广大的市场指数，这属于常说的被动投资管理；另一类模拟某种专业化的指数，如道·琼斯公共事业指数，这种投资组合不属于被动管理之列，因为它对指数是有选择的。第一只指数基金产生于1971年。在20世纪70年代初期西方股市的大规模调整中，指数基金的总体业绩好于进取型基金，从而在基金市场上赢得了市场份额。到20世纪90年代，指数基金更是获得较大发展，美国养老基金市场总资产中的35%已经被指数化。近年来美国养老金与指数基金的互动更是日益紧密，2021年指数型基金规模为5.7万亿美元，其中43%来源于美国补充养老金账户。

13.1.2 投资组合管理的意义及基本步骤

1）投资组合管理的意义

投资组合管理的意义在于为各种不同类型的投资者提供在收益率一定的情况下，风险最小的投资组合。通过分散化投资，投资者可以获得与自己风险承受能力相当的投资组合，从而实现风险管理和控制，在一定程度上克服投资管理过程中的随意性和不确定性，其特点是：①强调分散投资以降低风险。投资组合理论认为，非系统性风险是一个随机事件。通过充分的分散化投资，这种非系统性风险会相互抵消，使投资组合只具有系统性风险。②风险与收益相伴而行。承担了一份风险，就可能有相应的收益作为补偿。风险越大，收益越高；风险越小，收益越低。③对风险、收益以及风险与收益的关系进行了精确的定量。在投资组合理论产生以前，人们对分散化投资会降低风险以及风险与收益的关系就有了一定程度的认识，只不过这种认识是感性的，很不精确。

2）投资组合管理的基本步骤

（1）确定组合管理目标。所谓组合管理目标，从大的方面讲，一般按收入型、增长型、混合型等来对投资进行分类；从小的方面讲，可以是在大目标下具体设定收益率水平等目标。确定投资组合管理目标是投资组合管理的第一步，它反映了投资组合及其管理者的投资风格特征，并最终反映在投资组合中所包含的金融资产类型特征上。确定组合管理目标能在组合营销（如基金营销）时为组合管理者吸引特定的投资者群体，也便利投资者根据自身的需要和情况选择基金。例如，养老金基金因其定期需要有相对固定的货币支出，因此，要求有稳定的资产收入，收入目标就是最基本的。

（2）制定投资组合管理政策。制定投资组合管理政策是为实现组合管理目标、指导投资活动而设立的原则和方针。投资组合的管理政策首先要规定的是投资范围，即确定投资组合所包含的证券种类和规模。例如，是只投资股票，还是进行股票、债券等多种证券的投资。更具体一些，还要决定投资于哪些行业或板块的股票、哪些种类的债券，亦即资金在它们之间的分配。

确定投资政策还要考虑客户要求和市场监管机构限制，考虑税收因素等。例如，我国证券投资基金法律中对基金投资组合和禁止行为的规定就是基金管理人必须遵守的。此外，投资政策的制定还会受到来自信息公开制度的压力，这有时会导致组合管理者被迫公布于己不利的政策。

（3）组建投资组合资产。这一步骤就是在根据投资目标和投资政策选择了证券之后，确定如何将资金进行分配以使证券投资组合具有理想的风险和收益特征。在构建证券投资组合时，需要注意个别证券选择、投资时机选择和多元化3个问题。个别证券选择，主要是预测个别证券的价格走势及波动情况；投资时机选择涉及预测和比较各种不同类型证券的价格走势和波动情况（例如，预测普通股相对于公司债券等固定收益证券的价格波动）；多元化则是指在一定的现实条件下，组建一个在一定收益条件下风险最小的投资组合。

传统投资管理和现代组合管理的组合形成过程是不同的。现代组合管理构建投资组合的程序是：确定整体收益和风险目标—进行资源配置—确定个别证券投资比例。资源配置可以利用威廉·夏普（William Sharpe）的单一指数模型进行，个别证券投资比例可以利用哈里·马科维茨（Harry Markowitz）的最小方差资产组合模型来确定。传统证券投资管理则是证券分析—资产选择—自发形成一种组合。进行证券分析可选择的方法主要是基本分析方法和技术分析方法。

（4）投资组合的修正。实际上是指定期重温前三步的过程。投资组合的目标是相对稳定的，但是，个别证券的价格及收益风险特征是可变的。根据上述原则构建的投资组合，在一定时期内应该是符合组合的投资目标的，但是，随着时间的推移和市场条件的变化，投资组合中一些证券的市场情况与市场前景也可能发生变化，如某一企业可能出现并购事件，导致生产和经营策略发生变化等，过去构建的投资组合对投资者来说，可能已经不再是最优组合了。当某种证券收益和风险特征的变化足以影响到组合整体发生不利的变动时，就应当对投资组合的资产结构进行修订，或剔除该证券，或增加有抵消作用的证券。然而，进行任何的调整都将支付交易成本，因此，投资者应该对投资组合在某种范围内进行个别调整，使得在剔除交易成本后，在总体上能够最大限度地改善现有投资组合的风险回报特征。

（5）投资组合资产的业绩评估。对投资组合资产的经济效果进行评价是投资组合管理的最后一环，也是十分关键的一环，它既涉及对过去一个时期组合管理业绩的评价，也关系下一个时期组合管理的方向。评价经济效果并不是仅仅比较一下收益率就行了，还要看资产组合所承担的风险。风险度不同，收益率也不同，在同一风险水平上的收益率数值才具有可比性，而资产组合风险水平的高低应取决于投资者的风险承受能力，若投资超过投资者的风险承受力，即使获得高收益也是不可取的。对于收益的获得也应区分哪些是组合管理者主观努力的结果，哪些是市场客观因素造成的。如在强劲的牛市中，市场平均收益率为 50%，那么，即使某资产组合盈利率为 35%，组合管理者的经营能力仍然要被评为不合格；而在大熊市中，如果市场指数下跌了 50%，即使某资产组合资产净值下跌 35%，也可以说是表现相当不错的。

对投资组合资产的经济效果进行评价既涉及对过去一个时期组合管理业绩的评价，也关系下一个时期组合管理的方向。

13.1.3　现代投资组合理论体系的形成与发展

为解决证券投资中收益-风险的关系，现代投资组合理论应运而生。这一理论提出一整套分散投资的方法，可使投资者将投资组合的风险减少到最低限度，并使投资者选出一个在一定收益水平下含有最小风险的最有效的投资组合。为此，瑞典皇家科学院将 1990 年的诺贝尔经济学奖授予哈里·马科维茨、威廉·夏普和莫顿·米勒 3 位经济学家，以表彰他们在现代证券理论方面所作出的卓越贡献。

1）现代投资组合管理理论的形成

马科维茨是现代证券投资理论（MPT）的创始人，他在 1952 年 3 月的《金融杂志》上发表了一篇题为《"资产组合"的选择》的论文并于 1959 年出版同名专著，这是现代证券理论的起源，为现代证券理论的建立和发展奠定了基础。在此之前，经济学家和投资管理者一般都仅致力于对个别投资对象的研究和管理，20 世纪 30 年代，偶尔有人在论文中提出过组合的概念，但缺乏系统的理论支持，没有引起人们的注意。

马科维茨现代证券投资理论主要解释了投资者如何衡量不同的投资风险，如何合理组合自己的资金以取得最大收益，认为组合证券资产的投资风险与收益之间有一定的特殊关系，投资风险分散有其规律性。马科维茨考虑的问题是单期投资问题：投资者在某个时期（称为期初）用一笔资金购买一组证券并持有一段时间（称为持有期），在持有期结束时（称为期末），投资者出售他在期初购买的证券并将收入用于消费或再投资。马科维茨在考虑这一问题时第一次对证券投资中的风险因素进行了正规阐述。他注意到一个典型的投资者不仅希望"收益高"，而且希望"收益尽可能确定"。这意味着投资者在寻求"预期收益最大化"的同时追求"收益的不确定性最小"，在期初进行决策时必然力求使这两个相互制约的目标达到某种平衡。马科维茨分别用期望收益率和收益率的方差来衡量投资的预期收益水平和不确定性（风险），建立均值-方差模型来阐述如何全盘考虑上述两个目标，从而进行决策。推导出的结果是，投资者应该通过同时购买多种证券而不是一种证券进行分散化投资。

2）现代投资组合理论的发展

在投资者只关注"期望收益率"和"方差"的假设前提下，马科维茨提供的方法是完全精确的。然而这种方法涉及计算所有资产的协方差矩阵，面对上百种可选择资产，其计算量是相当大的，当时即使是借助计算机也难以实现，更无法满足实际市场在时间上近乎苛刻的要求。这严重地阻碍了马科维茨方法在实际中的应用。

1964年，马科维茨的学生威廉·夏普根据马科维茨的模型，建立了一个计算相对简化的模型——"单因素模型"。这一模型假设资产收益只与市场总体收益有关，使计算量大大降低，在此基础上后来发展出"多因素模型"，以期与实际有更精确的近似。这一简化形式使得投资组合理论应用于实际市场成为可能。特别是20世纪70年代计算机的发展和普及以及软件的成套化和市场化，极大地促进了现代投资组合理论在实际中的应用。如今，因素模型已被广泛应用在同类资产内部不同的资产组合上，如投资组合中普通股之间的投资分配上，而最初的、更一般的马科维茨模型则被广泛应用于不同类型的资产组合上，如债券、股票、风险资产和不动产等证券之间的投资分配上。

也是在20世纪60年代初期，金融经济学家们开始研究马科维茨的模型是如何影响证券的估值的，这一研究导致了资本资产定价模型（CAPM）的产生。夏普、林特和摩森三人分别于1964年、1965年和1966年独立推导出著名的资本资产定价模型。这一模型阐述了在投资者都采用马科维茨的理论进行投资管理的条件下，市场价格均衡状态的形成，把资产预期收益与预期风险之间的理论关系用一个简单而又合乎逻辑的线性方程式表示出来。在实践中，很多专家用它来估计资产收益，指导投资行为，确定投资策略。这一模型在金融领域盛行了10多年。然而，1976年，理查德·罗尔（Richard Roll）对这一模型提出了批评，因为这一模型永远无法用经验事实来检验。这使讨论发展到了一个新的阶段：一方面，其他资产定价模型开始出现，其中以史蒂夫·罗斯（Steve Ross）提出的套利定价理论（APT）最为著名，这一理论认为，只要任何一个投资者不能通过套利获得收益，那么期望收益率一定与风险相联系。这一理论需要较少的假定。罗尔和罗斯在1984年认为这一理论至少在原则上是可以检验的。套利定价理论发展至今，其地位已不低于CAPM。另一方面，人们通过释放传统CAPM的假设条件发展了多种CAPM，以使其更接近现实。资产组合理论和资产定价模型的发展为科学评价职业货币经营者的业绩提供了依据。

13.2　投资组合的效用分析

13.2.1　效用分析

所谓效用在经济学上是指人们从某种事物中所得到的主观上的满意程度。在投资领域，某事物就是指投资者的投资。投资者效用是指投资者对不同投资组合的一种主观上的偏好尺度。效用分析也分为两种：一种是确定情形下的效用分析；另一种是不确定情形下的效用分析。前者是指投资者进行证券投资后可预知其结果；后者是指投资者进行证券投资后无法预知其结果。这里分析的对象既然是投资组合，那么就是分析在确定情形下的投资组合效用。虽然我们在投资后对投资结果不能确定，但我们可以利用概率的概念事先掌握各种投资组合报酬率的概率分布状况。这里就涉及效用期望值这个概念，也就是说，投资者进行投资组合分析的目的在于使其效用期望值最大。

衡量效用的单位称为utils。投资者投资证券时，其投资组合便自然会产生效用值，换言之，不同投资组合的报酬率产生不同的效用值。这样就要求推导出投资者的效用函数，推导出效用函数后，就可以计算出效用期望值。

设 U_i 为投资第 i 种投资组合所产生的效用，P_i 为其效用产生的概率，则效用期望值 $E(U)$ 的计算公式为：

$$E(U) = \sum_{i=1}^{n} P_i U_i \tag{13-1}$$

13.2.2 投资者的效用函数

不同投资组合的收益率产生不同的效用值，效用与证券收益率的对应关系就是效用函数。如一种投资组合的效用函数是 $E(R) = 40R - 20R^2$，则当收益率 $R=10\%$ 时，该投资组合的效用值是：

$E(R) = 40 \times 0.1 - 20 \times 0.1^2 = 3.8$ 单位

由于证券收益具有不确定性，效用函数所反映的投资组合效用也是不确定的。依据投资者的偏好模式，效用函数的类型也不相同，主要有以下几种：

1）凸性效用函数

如果效用函数对于任意的收益率 R_x 都能满足 $U(R_x) < 1/2\,[U(R_x - R_0) + U(R_x + R_0)]$，则称此效用函数为凸性效用函数，如图13-1所示。

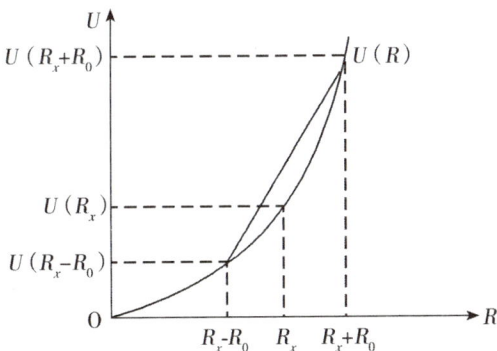

图13-1 凸性效用函数

易于理解，凸性效用函数的一阶导数和二阶导数均大于零，即：

$U'(R) > 0$，$U''(R) > 0$，且 $-\dfrac{U''(R)}{U'(R)} < 0$

其经济含义是边际效用递增，投资者愿意冒风险，这样的投资者就是风险爱好者。

2）凹性效用函数

如果效用函数对于任意的收益率 R_x 都能满足 $U(R_x) > 1/2\,[U(R_x - R_0) + U(R_x + R_0)]$，则称此效用函数为凹性效用函数，如图 13-2 所示。

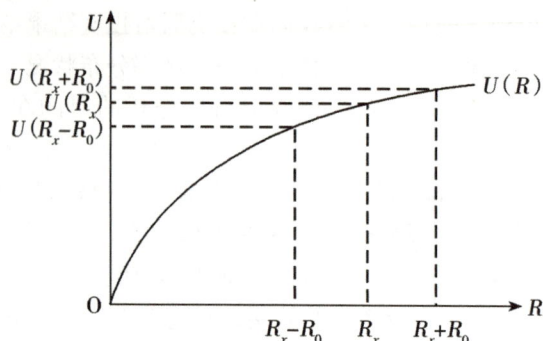

图13-2   凹性效用函数

易于理解，凹性效用函数的一阶导数大于零，二阶导数小于零，即：

$$U'(R) > 0,\ U''(R) < 0,\ \text{且} -\frac{U''(R)}{U'(R)} > 0$$

其经济含义是边际效用递减，投资者不愿冒风险，这样的投资者就是风险规避者。

3）线性效用函数

如果效用函数对于任意的收益率 R_x 都能满足 $U(R_x) = 1/2\,[U(R_x - R_0) + U(R_x + R_0)]$，则称此效用函数为线性效用函数，如图 13-3 所示。

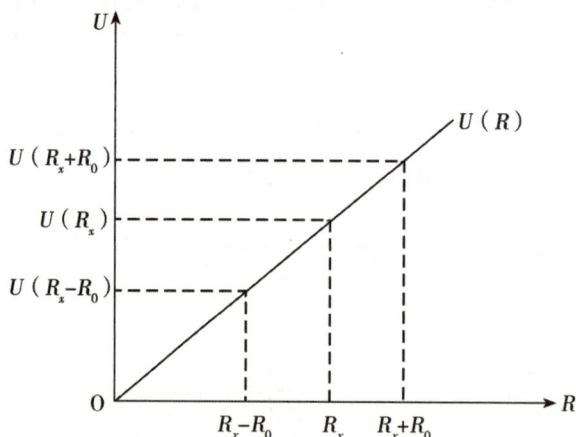

图13-3   线性效用函数

易于理解，线性效用函数的边际效用是常数，其一阶导数大于零，二阶导数等于零，即：

$$U'(R) > 0,\ U''(R) = 0$$

其经济含义是边际效用是常数，表示投资者对风险不敏感，既不喜欢风险，也不厌恶风险，这样的投资者属于风险中立者。

由于效用既取决于收益率也取决于风险，因此，投资的效用函数也可以用图 13-4 来描述。

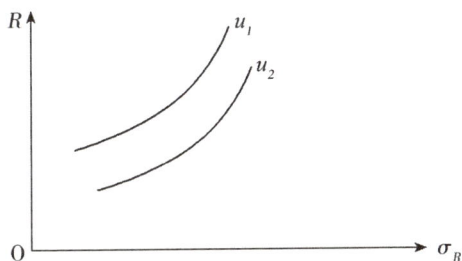

图13-4 风险回避型效用函数

这是风险规避者的效用函数，他们非常注重安全，尽可能避免冒险。他们只有在预期收益增加时才会接受较高风险，甚至要求收益增加比风险增加得更快。

风险爱好者的效用函数曲线如图 13-5 所示。风险爱好者准备接受较低的预期收益，目的是不放弃获得较高资本利得的机会。因此，在同样的预期收益下，风险越高，效用越大。

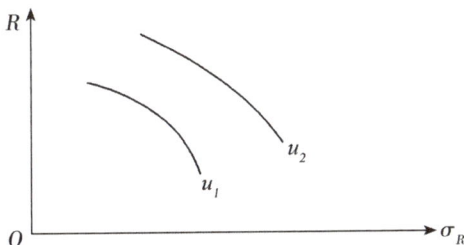

图13-5 风险爱好型效用函数

风险中立者的效用函数曲线如图 13-6 所示。风险中立者既追求预期收益，也注意安全。当预期收益相等时，他们可以不考虑风险。

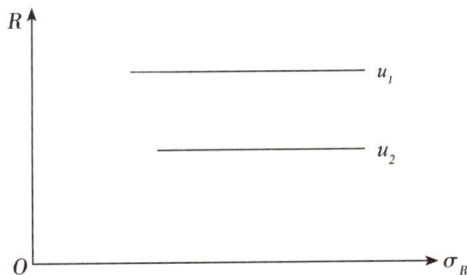

图13-6 风险中立型效用函数

需要指出的是，风险规避者的行为是一般投资者的行为，因此，本书分析的投资者都是风险规避者。

13.2.3 效用函数期望无差异曲线

从效用函数期望的表达式 $E(U) = \sum_{i=1}^{n} P_i U_i$ 可以看出，一定的投资组合对应着一定的效用期望值。由于理论上存在无数种投资组合方案，因此，有可能找到一些投资组合，在效用函数一定的条件下，这些组合都有相等的效用期望值。例如，在效用函数是 $U=100R$ 的条件下，设投资组合 A、B、C 的收益分布情况见表 13-1。

表13-1 投资组合A、B、C的收益分布情况

A		B		C	
R	P	R	P	R	P
−3%	0.5	0	0.5	3%	1
9%	0.5	6%	0.5		

那么，A、B、C三种投资组合的效用都是相等的，即：

$E(UA) = 0.5 \times U(-0.03) + 0.5 \times U(0.09) = 3$单位

$E(UB) = 0.5 \times U(0) + 0.5 \times U(0.06) = 3$单位

$E(UC) = 1 \times U(0.03) = 1 \times 100 \times 0.03 = 3$单位

这些投资组合能产生相等的效用期望值，说明对于相应的投资者而言，这些投资组合是没有区别的，都是可取的。如果将能产生相同效用期望值的各投资组合对应的收益率期望值和标准差列出，在 $E(R)$, σ 坐标系中描出它们对应的点，并用平滑的曲线将这些点连接起来，就可以得到效用期望无差异曲线，也称风险收益无差异曲线。显然，在这条曲线上任意一点所对应的投资组合都能产生相等的效用期望值，亦即，对于具有相应偏好的投资者而言，这条曲线上任意一点所代表的投资组合都是没有差异的，因为它们都能产生相等的效用期望值。图13-7就是无差异曲线的一般形式。

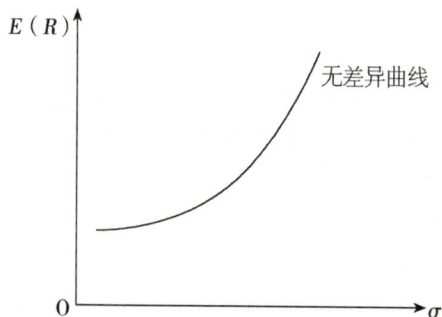

图13-7 无差异曲线

易于理解，既然某些投资组合能产生相同的某一效用期望值，那么也会有另一些投资组合能产生相同的另一效用期望值，即某一效用期望值对应着一些投资组合，另一效用期望值也对应着另一些投资组合。由于效用期望值可以有许多个，因此，投资者的无差异曲线也有许多条。当然，投资者会选择能提供最大效用期望值的无差异曲线，作为投资的组合目标。因为在风险一定的条件下，这条曲线上的投资组合可产生最大的收益期望值，利用上述3种类型的效用函数可分别得到无差异曲线的具体求法。

13.3 投资组合分析

13.3.1 证券投资的收益与风险

在引入投资组合理论之前，我们先来解释一下如何度量单个证券的投资收益和

风险。

1）收益及其度量

任何一项投资的结果都可用收益率来衡量，通常收益率的计算公式为：

$$收益率=\frac{收入-支出}{支出}\times100\% \tag{13-2}$$

投资期限一般用年来表示，如果投资者投资期限不是1年整数，则需转换为年。在证券投资中，投资收益等于期内投资者所得到的现金收益和市场价格相对于初始购买价格的升值价差收益之和，其收益率的计算公式为：

$$收益率=\frac{现金收入+(期末价格-期初价格)}{期初价格}\times100\% \tag{13-3}$$

通常情况下，投资的未来收益率是不确定的，因为未来收益受许多不确定因素的影响，因而是一个随机变量。为了对这种不确定的收益进行度量，我们假定收益率服从某种概率分布，把所有可能出现的投资收益率按其可能发生的概率进行加权平均计算，我们就对这一投资未来可能出现的收益率有一个综合估计，这就是期望收益率。数学中求期望收益率或收益率平均数的公式如下：

$$E(r)=\sum_{i=1}^{n}p_ir_i \tag{13-4}$$

式中，$E(r)$——期望收益率；p_i——情况 i 出现的概率；r_i——情况 i 出现时的收益率。

例如，表13-2是一个计算数学期望值的例子，计算结果表明，证券 A 的预期收益率在10%的可能性最大。

表13-2　　　　　　　　　　　证券A预期收益率的估算

经济情况 i	可能的收益率（%）	概率（%）	p_ir_i（%）
1	50	10	5
2	30	20	6
3	10	40	4
4	−10	20	−2
5	−30	10	−3
合计	预期收益率		10

具体计算如下：

$$E(r_A)=0.1\times0.5+0.2\times0.3+0.4\times0.1+0.2\times(-0.1)+0.1\times(-0.3)$$
$$=0.1$$

在实际分析中，我们经常使用历史数据来估计期望收益率。假设证券的月或年实际收益率为 r_i（i=1，2，…，n），那么估计期望收益率的公式为：

$$期望收益率\bar{r}=\frac{1}{n}\sum_{i=1}^{n}r_i \tag{13-5}$$

2）风险及其度量

（1）风险的含义及种类

证券投资风险是指投资收益的不确定性。通俗地讲，也可以将证券投资风险描述

启智增慧13-1

客观概率与
主观概率

为使投资者蒙受损失的可能性，即证券投资的实际成果与预期成果的偏差性。投资收益的可能分布发散性越强，证券投资的风险越大。若证券市场或个别证券的市价因政治、经济及个别公司状况等各方面因素的影响产生难以预测的波动时，投资者就可能蒙受损失，承担风险。比如，席卷全世界股市的"黑色星期一"就使无数投资者蒙受了巨大损失，甚至破产。

收益与风险存在着密切关系，风险越大，收益越高，风险越小，收益越低，投资风险和收益之间是一种转换关系。从投资的证券种类看，政府债券比较安全，但收益率较低；普通股会因股价波动而风险较大，但收益率较高。从投资时机看，当股市行情疲跌时，虽然进场投资风险很大，但一旦环境转好，行情必然大幅回升，给投资者带来巨额收益；反之，在投资环境良好时，股市比较平稳，投资的风险虽然较小，但投资者也只能获得一般的增值收益。

证券投资风险可分系统性风险和非系统性风险两大类，统称总风险。系统性风险是指因各种因素影响使整个市场发生波动而造成的风险，政治的、经济的以及社会环境的变化是系统性风险的来源。这类风险与所有的证券存在着系统性联系，利率风险、市场风险和购买力风险就属于系统性风险。正因如此，所以投资者一般无法通过投资组合来消除或降低该类风险。非系统性风险是因个别证券发行公司和特殊状况造成的风险，这类风险通常与整个股市的状况不发生系统性的联系，企业经营风险、财务风险、流动性风险与违约风险即属于非系统性风险。由于非系统性风险强调的是对某一种证券的影响，说明该风险具有相互抵消的可能，所以这类风险可以通过投资组合方法来加以避免。

（2）投资风险的度量

如果投资者以期望收益率为依据进行决策，那么他必须意识到他正冒着得不到期望收益率的风险，实际收益率与期望收益率会有偏差，期望收益率是使可能的实际值与预测值的平均偏差达到最小（最优）的点估计值。可能的收益率越分散，它们与期望收益率的偏离程度就越大，投资者承担的风险也就越大，因而风险的大小由未来可能收益率与期望收益率的偏离程度来反映。在数学上，这种偏离程度由收益率的方差来度量。如果偏离程度用 $[r_i - E(r)]^2$ 来度量，则平均偏离程度被称为方差，记为 σ^2，其平方根称为标准差，记为 σ。用公式表示为：

$$\sigma^2 = \sum_{i=1}^{n} [r_i - E(r)]^2 p_i \tag{13-6}$$

式中，σ^2——方差；$E(r)$——期望收益率；p_i——情况 i 出现的概率；r_i——情况 i 出现时的收益率；n——可能发生的情况数。

根据表13-2中的数据计算，证券A的方差为4.8，标准差为2.19。具体计算如下：

$$\sigma_A^2 = \sum_{i=1}^{n} [R_i - E(r)]^2 p_i$$

$$= 10\% \times (50\% - 10\%)^2 + 20\% \times (30\% - 10\%)^2 + 40\% \times (10\% - 10\%)^2 +$$
$$20\% \times (-10\% - 10\%)^2 + 10\% \times (-30\% - 10\%)^2$$

$$= 4.8$$

$$\sigma_A = \sqrt{\sigma_A^2} = 2.19$$

同样，在实际中我们也可使用历史数据来估计方差。

（3）风险资产与无风险资产

对风险资产和无风险资产作出区分是非常重要的。风险资产是指将来要实现的收益具有不确定性的资产。例如，假设投资者今天买入某化工公司的股票并打算持有股票 1 年，在购买股票时，他并不知道该股票的收益率多大，收益率取决于 1 年后某化工公司的股票价格以及公司在 1 年中支付的股利。因此，某化工公司股票，实际上是和所有其他公司股票一样，都是风险资产。

一些未来收益在当时就能确知的资产，被称为无风险资产。无风险资产一般被定义为美国政府的短期债务。例如，投资者购买了 1 年期的美国国库券并打算持有 1 年，在这种情况下，未来收益是确定的，因为投资者知道，在 1 年后的证券到期日，政府会支付明确的金额以偿还债务。

注意一下 1 年期的美国国库券同 30 年期美国政府债券的区别之处。虽然 1 年期证券和 30 年期证券都是美国政府的债务，但前者在 1 年后到期，所以实现的收益是确知的；相反，尽管投资者确知政府会在 30 年后对 30 年期债券进行偿付，但他并不知道 1 年后债券的价格，这是因为 1 年后利率的变化会影响债券价格，从而影响投资收益。因此，购买 30 年期美国政府债券的投资者并不知道他仅仅持有 1 年会得到多少收益，所以政府发行的债券也是风险资产。

13.3.2　投资组合的收益与风险

投资组合是指投资者将不同的证券按一定的比例组合在一起作为投资对象。我们已经学习了用期望收益率和方差来计量单个证券的收益率和风险，当我们面对投资组合时，我们关心的将不仅是单个证券的收益和风险，更主要的还是投资组合作为一个整体的收益和风险，我们还需要决定在各种证券上的投资比例。我们也可将投资组合视为一只证券。那么，投资组合的收益率和风险也可用期望收益率和方差来计量。不过，投资组合的期望收益率和方差是通过由其构成的单一证券的期望收益率和方差来表达的。

1）两个投资组合的收益与风险

（1）投资组合收益

投资组合的预期收益 $E(r_p)$ 是投资组合中所有证券预期收益的简单加权平均值，其中的权数 x 为各证券投资占总投资的比率。公式为：

$$E(r_p) = x_A E(r_A) + x_B E(r_B) \tag{13-7}$$

其中：

$x_A + x_B = 1$

例如，假设某投资组合由两个证券组成，两者各占投资总额的一半，证券 A 的预期收益率为 10%，证券 B 的预期收益率为 20%，则该投资组合的预期收益计算如下：

$E(r_p) = 0.5 \times 10\% + 0.5 \times 20\%$

$\qquad = 15\%$

（2）允许卖空与权数

上例中的权数均为正数，这是因为我们预测这两种证券的收益率都将上升故分别买入，这时我们处在多头的状态。有时，投资者预测某种证券价格将会下跌，他就可能到券商那里去借这种股票，按现行的行市售出，等行情下跌以后再以低价购回，从中赚取价差，这种投资策略叫卖空。卖空时，投资的权数为负值。

假设我们有100万元的本钱，投资于证券A，证券A的收益率为20%；我们还要在证券B上做30万元的卖空，即借30万元证券B售出。假设证券B的收益率为10%，售后收入全部投资于证券A，试问我们这一投资组合的预期收益是多少？由公式（13-7）：

$$E(r_p)=x_A E(r_A)+x_B E(r_B)$$
$$E(r_p)=1.3\times20\%+(-0.3)\times10\%$$
$$=23\%$$

非卖空投资的损失是有限的，最多为100%，即你花100万元买的证券跌得一文不值；卖空的损失则是无限的，因为价格的上涨是无限的。在实际经济环境中，把借入证券的售后收入全部用来投资的做法，一般是属于大的机构投资者的行为，小投资者不但要把售后收入单独保存，还要另交一定数额的保证金。

（3）投资组合的方差

启智增慧13-2

变量的数学期望、方差与协方差计算

计算投资组合的方差没有计算预期收益那样简单，投资组合的方差并不等于各证券方差的简单加权平均，而是投资组合的收益与其预期收益偏离数的平方。

由A、B两资产组成的资产组合的方差的计算公式为：

$$\sigma_p^2=x_A^2\sigma_A^2+2x_A x_B cov_{AB}+x_B^2\sigma_B^2 \tag{13-8}$$

式中，x_A、x_B——证券A、B在组合中所占的比例；σ_A^2、σ_B^2——证券A、B的方差；cov_{AB}又可表示为σ_{AB}——证券A、B的协方差。协方差是表示两个随机变量之间关系的变量。

方差是一个无限的量。当我们需要有限的量时，相关系数对我们就是很有用的。相关系数反映两个随机变量联系程度，计算公式为：

$$\rho_{AB}=\frac{\sigma_{AB}}{\sigma_A\sigma_B} \tag{13-9}$$

ρ_{AB}为证券A与B的相关系数，ρ_{AB}的最大取值为+1，最小取值为-1，正号表示正相关，负号表示负相关；ρ_{AB}越是接近+1，A与B的正向相关度越大；ρ_{AB}越是接近-1，A与B的负向相关度越大；当ρ_{AB}=1时，A的变动与B的变动绝对一致，被称为完全正相关；当ρ_{AB}=-1时，A的变动与B的变动绝对相反，被称为完全负相关；当ρ_{AB}=0时，A与B毫无关系，被称为互不相关。

两投资组合的方差也可由相关系数表示为：

$$\sigma_p^2=x_A^2\sigma_A^2+2x_A x_B\rho_{AB}\sigma_A\sigma_B+x_B^2\sigma_B^2 \tag{13-10}$$

假设投资组合由两个证券A和B组成，它们的投资比例分别是40%和60%。已知这两个证券的期望收益率分别是10%、15%，标准差分别是20%、28%，其相关系数为0.3，两种证券投资组合的收益率和方差计算过程如下：

投资组合收益率：

$$r_p=x_1 r_1+x_2 r_2=40\%\times10\%+60\%\times15\%=13\%$$

投资组合方差：

$$\sigma_p^2 = x_1^2\sigma_1^2 + 2x_1x_2\rho_{AB}\sigma_1\sigma_2 + x_2^2\sigma_2^2$$
$$= 0.4^2 \times 0.2^2 + 2 \times 0.4 \times 0.6 \times 0.3 \times 0.2 \times 0.28 + 0.6^2 \times 0.28^2$$
$$= (20.66\%)^2$$

投资组合标准差：

$\sigma_p = 20.66\%$

从计算可以看出，投资组合的方差并不等于各证券方差的加权平均。这是因为投资组合的风险不仅依赖于单个证券的风险，而且依赖于证券之间的相互影响（相关系数）。

由此可以推断，相关系数 ρ_{AB} 的数值越大，σ_p^2 也越大；ρ_{AB} 的数值越小，σ_p^2 也越小。换句话说，资产的相关度越高，资产组合的风险就越大。选择互不相关或负相关的资产进行组合可降低风险。在实际经济生活中，由于各种资产对一些宏观经济信息都会作出不同程度的反应，因此，绝对负相关或不相关的资产是很难找到的，只能尽可能地选择相关系数偏低的资产。方差的计算也不是手工计算所能胜任的，需要借助计算机完成。

另外，选择不同的组合权数，可以得到包含证券A和证券B的不同的投资组合，从而得到不同的期望收益率和方差，投资者可以根据自己对收益率和方差的偏好，选择自己最满意的组合。

2）多个投资组合的收益与风险

把两个证券的组合的讨论拓展到任意多个证券的情形。设有 N 种证券，记作 A_1，A_2，A_3，…，A_n，投资组合 $p = (x_1, x_2, x_3, …, x_n)$ 表示将资金分别以权数 x_1，x_2，x_3，…，x_n 投资到证券 A_1，A_2，A_3，…，A_n。如果允许卖空，则权数可以为负，负的权数表示卖空相应证券占总资金的比例。正如两种证券的投资组合情形一样，投资组合的收益率等于各单个证券的收益率的加权平均数，即设 A_i 的收益率为 r_i（$i=1$，2，3，…，n），则投资组合 $p = (x_1, x_2, x_3, …, x_n)$ 的收益率为：

$$r_p = x_1r_2 + x_2r_2 + … + x_nr_n = \sum_{i=1}^{n}x_ir_i \tag{13-11}$$

推导可得投资组合 p 的期望收益率为：

$$E(r_p) = \sum_{i=1}^{n}x_iE(r_i) \tag{13-12}$$

对于多个资产的组合来说，计算方差的一般公式为：

$$\sigma_p^2 = \sum_{i=1}^{n}\sum_{j=1j\neq i}^{n}x_ix_jcov_{i,j} \tag{13-13}$$

由于当 $i=j$ 时，$cov(r_i, r_j) = \sigma_p^2$，资产组合方差的一般公式也可表示为：

$$\sigma_p^2 = \sum_{i=1}^{n}x_i^2\sigma_i^2 + \sum_{i=1}^{n}\sum_{j=1j\neq i}^{n}x_ix_jcov_{i,j} \tag{13-14}$$

该公式表明，资产组合的方差是资产各自方差与它们之间协方差的加权平均，也即表明投资组合的风险取决于3个因素：①各种证券所占的比例；②各种证券的风险；③各种证券收益之间的相互关系。

投资者无法改变某种证券的风险（第二项），所以，投资者能够主动降低风险的途径为给定不同的投资比例（第一项）和给定不同的相互关系（第三项）。

3）资产组合中资产数量与资产组合风险的关系

法玛在他1976年出版的名为Foundations of Finance的书中，对资产组合风险与资产组合中证券数量的关系做了实证研究。他首先计算了50种从纽约股票交易所随意选出的股票从1963年7月至1968年6月间月收益率的标准差，然后逐一计算1~50种资产的资产组合的标准差。他先选了一种标准差为11%的股票，然后又随机选了另一种加进去，权数相同的这两种股票组合的结果使资产组合的标准差降到了7.2%。依此类推，一种一种地增加股票，分别计算出各种组合的标准差。结果，法玛发现在最初几种股票被加入资产组合时，对标准差的降低作用非常大，股票从4种增加到5种时，标准差的降幅最大，当股票数增加到20种时，再增加股票，对资产组合标准差的降低作用就不大了。当股票数从30种增加到34种时，出现风险边际下降情况，这是因为进一步增加资产数量只能加大交易费用和管理的困难。因此，资产组合理论认为，要想有效地降低风险，至少要有10种左右的资产，15种证券是比较好的数量，关于资产数量与资产组合风险程度的关系如图13-8所示。

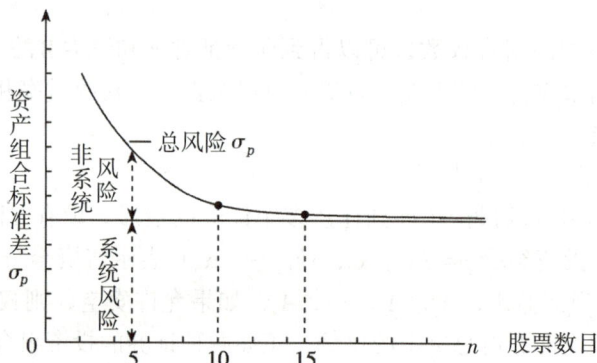

图13-8　资产数量与资产组合风险程度的关系

13.3.3　投资组合的选择

在构建投资组合时，投资者谋求的是在他们愿意接受的风险水平既定的条件下使投资的预期收益最大化，满足这一要求的投资组合被称为有效组合。因为马科维茨是投资组合理论的创立者，有效组合有时又叫作"马科维茨有效组合"。

1）马科维茨对投资者的资产选择行为的基本假设

为了构建风险资产的有效组合，必须对投资者的投资决策行为作一些假设。马科维茨模型所遵循的基本假设是：

（1）投资者都规避风险，规避风险是指在面对两项预期收益相同但风险不同的投资时，投资者将选择风险较低的投资；

（2）投资者都追求效用最大化原则（即投资者都是非满足的）；

（3）投资者仅根据均值、方差以及协方差来选择最佳投资组合；

（4）投资期为1期；

（5）资金全部用于投资，但不允许卖空；

（6）证券间的相关系数都不是-1，不存在无风险证券，即全部证券都存在风险，而且至少有两个证券的预期收益是不同的。

2）可行域与有效边界

如果用前述两个数字特征——期望收益率和标准差来描述一种证券，那么任意一种证券可用在以期望收益率为纵坐标和标准差为横坐标的坐标系中的一点来表示；相应地，任何一个投资组合也可以由组合的期望收益率和标准差确定出坐标系中的一点，这一点将随着组合的权数变化而变化，其轨迹将是经过A、B…N的一条连续曲线，这条曲线称为证券A、证券B……证券N的结合线。可见，<mark>可行域是由所有可行投资组合的期望收益率与标准差构成的集合，或在坐标平面中形成的区域。</mark>

（1）两种投资组合的可行域与有效边界

一般情况下，两个证券构成的可行集是平面区域中的一条曲线。如果两个均是风险证券则是曲线，其曲线的弯曲程度由它们的相关系数决定，随着两风险证券间的相关系数由1变为-1，曲线向左变得越来越弯曲。

设由两项证券资产A和B构成投资组合，A的期望收益率为5%，标准差为20%；B的期望收益率为15%，标准差为40%；A和B的相关系数为ρ_{AB}，A、B在组合中的比例分别为x_A、x_B（$x_B = 1 - x_A$）。

以组合标准差为横轴，组合期望收益率为纵轴画图（如图13-9所示），当我们给定不同的投资比例x_A、x_B和不同的相关关系ρ_{AB}，可以得到不同的资产组合集合。

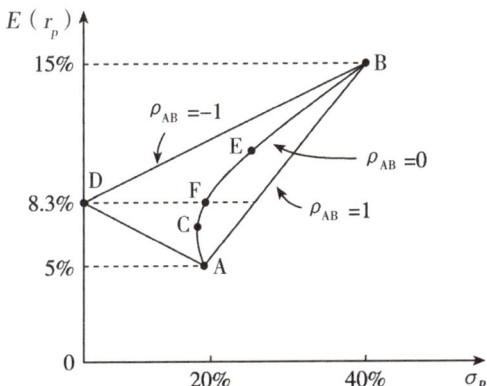

图13-9 两种投资组合的可行域和有效边界

设$\rho_{AB}=0$，当赋予x_A、x_B不同值时，不同组合的期望收益率与标准差连接成一条曲线ACFEB，这条曲线就是$\rho_{AB}=0$时所有由A、B构成的资产组合的集合。在这一集合中，C点所代表的是最小方差（标准差）组合（该点$x_A=4/5$，$x_B=1/5$，$E(r_p)=7\%$，$\sigma p=17.9\%$）。

尽管投资者可以在曲线ACFEB上任意选择投资组合，但因为对应曲线段AC上的每一组合（如点A），在曲线段CFEB上都有相应的一个组合（如点F），其风险程度（标准差）与AC段上的对应组合相同，但期望收益率更高。根据风险回避型投资者追求效用最大化的假设，投资者只会在曲线段CFEB上选择其所需要的资产组合。曲线段CFEB（即最小标准差组合与资产B之间的全部组合）即为全部资产组合的效率边界，又称有效率资产组合。

设 $\rho_{AB}=1$，A 与 B 完全负相关，A、B 构成的资产组合集合为折线 ADB，D 为最小标准差组合，直线 DB 为效率边界。

（2）多种投资组合的可行域与有效边界

将每个证券的期望收益、标准差以及由单个证券所构成的全部组合的期望收益、标准差画在以标准差为横轴、以期望收益为纵轴的坐标中，就会生成证券资产组合集合，其基本形状如图 13-10 所示。

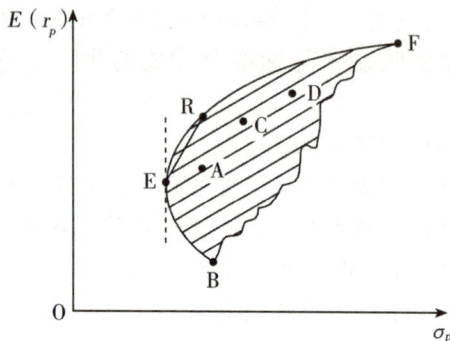

图13-10　多种投资组合的可行域和有效边界

从图 13-10 中可以看出，多个证券构成的可行集是标准差–期望收益率坐标系中的一个弹头型平面区域。在不允许卖空的情况下，组合中每一种证券的投资比例系数均为正的，因此所形成的可行域是闭合区域。

根据偏好收益、厌恶风险假设，我们可将可行域的范围缩小，具体分析如下：

在可行域 BERF 内，包括全部单个证券与全部组合的风险与收益的坐标点。集合左边界 BERF 一段为最小方差边界，即在相同期望收益的条件下，由投资风险（方差或标准差）最低的资产（证券）组合所组成的曲线。

BERF 段的下半部即 BE 段为无效率边界。因为在这一段，期望收益越高，风险越低，投资者只会选择这一段的最高点，因为在最高点 E 上，资产组合的期望收益最高，而风险却是最低的。

BERF 段的上半部即 ERF 段为效率边界，它包括全部有效资产组合。有效资产组合的定义为：在相同风险情况下期望收益最大的组合，或者在相同期望收益的情况下风险最低的组合。

因此，依据收益偏好，投资者将范围缩小到上边界，依据风险厌恶，投资者将范围缩小到左边界，可行域的左上边界即有效边界。只有有效边界上的点（代表一个投资组合）所代表的投资组合才是有效组合。效率边界是凹性的即凸向纵轴，与效用无差异曲线是凸性的形状正好相反，这是协方差效应的结果。

3）最优投资组合的选择

给定若干有效组合供投资者选择，投资者最乐意选择的投资组合即为最优组合。

由于每个投资者的偏好不同，因此需要根据投资者的个人偏好与无差异曲线进行选择。对于风险回避的投资者而言，其效用的无差异曲线是凸性的（即向纵轴的相反方向凸出），能给投资者带来最大效用的就是最左上方的无差异曲线；而前面已经论证了效率边界是凹性的（即凸向纵轴），因此能够与最左上方无差异曲线相切的效率边界的点，一定是给投资者带来最大效用的组合。即风险规避者的最佳组合一定位于效率边界上，且有效边界的特性与无差异曲线的特性决定了它们之间的切点只有一个（如图13-11所示）。

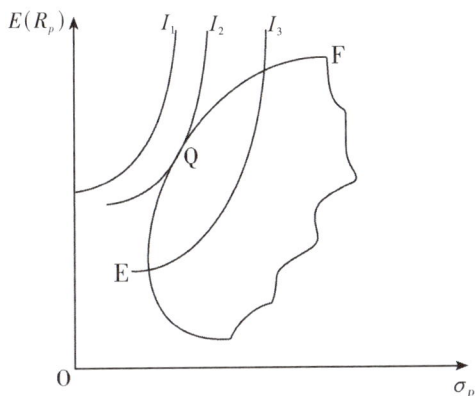

图13-11　最优投资组合的确定

在图13-11中，无差异曲线I_2优于I_3。投资者为获得I_3的效用，可以有多种投资选择，但I_2投资给投资者带来的效用比I_3投资高。I_2与效率边界相切于Q点，Q组合就成为给投资者带来最大效用的投资组合。

13.3.4　投资组合理论的应用与局限

资产组合理论对证券投资具有重要的指导意义和实践意义。特别是随着计算机技术的发展，人们可以利用计算机对大量数据进行处理，可以计算出有关资产的期望收益率、标准差和相关系数，并构造出资产组合集合。其基本原理是利用过去一段时间内各股票价格变动的历史数据，用回归的办法计算出各股票的期望收益率和标准差，以及每一种股票同其他所有股票的相关系数。这样，利用求得的期望收益率、衡量风险的标准差及相关系数，根据一定的模型，就可计算出各资产组合的最低风险，进而构造出资产组合集合的效率。

利用数学模型计算出资产组合的效率边界可以帮助投资者解决如何构造资产组合、实现风险分散等问题，但最终选择哪一种资产组合，需要投资者根据自己的风险承受能力和投资偏好作出最终决策。

资产组合理论在现代投资学中有着重要的影响和广泛的应用，但它的应用存在着一些明显的局限：第一，这一理论将收益率的期望值和标准差作为实际收益和风险的代表，但真实情况显然会与这一假设有所不同。第二，运用这一理论要求利用股票的历史数据求出其期望收益率、标准差及相关系数，但用过去的数据来预测和判断未来显然是不够准确的。第三，需要利用复杂的计算机程序进行计算。

尽管如此，资产组合理论还是为投资管理提供了很重要的启示和指导，这一理论的4项主要结论为：

（1）每一种资产的风险状况与其他资产间的相关关系决定了它在资产组合中所占的比重大小。

（2）少量的资产组合便可大幅度地减少投资风险。

启智增慧13-3

"保本高收益"就是金融诈骗风险提示背后的理论逻辑

（3）投资者的主要精力应放在估算各资产的期望收益、标准差和与其他资产的相关系数上。

（4）在一定的条件下，为构造理想的投资组合，投资者可以借钱买股票。但目前我国股市尚处于初创阶段，许多因素很难被一般股民所预测和控制，所以借钱买股票需要格外慎重。

本章小结

投资组合是个人或机构投资者同时持有的各种有价证券的总称，是现代投资学的基础。构造投资组合，有助于投资者实现风险分散和规模效应，同时可以通过定量化的分析，做出科学合理的投资决策。

根据投资组合的目标不同，可以分为避税型、收入型、增长型、收入和增长混合型、货币市场型、国际型及指数化型等。

马科维茨是现代证券投资理论（MPT）的创始人，马科维茨分别用期望收益率和收益率的方差来衡量投资的预期收益水平和不确定性（风险），建立均值-方差模型来阐述如何全盘考虑预期收益与风险之间的权衡。

马科维茨的学生威廉·夏普根据马科维茨的模型，建立了计算相对简化的模型——"单因素模型"。在此基础上，后来发展出"多因素模型"，使得投资组合理论应用于实际市场成为可能。

夏普、林特和摩森三人分别于1964年、1965年和1966年独立推导出著名的资本资产定价模型。这一模型阐述了在投资者都采用马科维茨的理论进行投资管理的条件下，市场价格均衡状态的形成，把资产预期收益与预期风险之间的理论关系用一个简单而又合乎逻辑的线性方程式表示出来。

随后，其他资产定价模型开始出现，其中以史蒂夫·罗斯提出的套利定价理论（APT）最为著名。

投资者效用是指投资者对不同投资组合的一种主观上的偏好尺度。依据投资者的偏好模式，将投资者分为风险爱好者（凸性效用函数）、风险规避者（凹性效用函数）和风险中立者（线性效用函数）。

在 $E(R)$，σ 坐标系中描出对应点，并用平滑的曲线将这些点连接起来，就可以得到效用期望无差异曲线，也称风险收益无差异曲线。

通常情况下，投资的未来收益率是不确定的，由于未来收益受许多不确定因素的影响，因而是一个随机变量。表达式为：$E(r) = \sum_{i=1}^{n} p_i r_i$；风险的大小由未来可能收益率与期望收益率的偏离程度来反映，表达式为：$\sigma^2 = \sum_{i=1}^{n} [r_i - E(r)]^2 p_i$。

在由 A、B 两种资产构成的投资组合中，预期收益 $E(r_p)$ 是投资组合中所有证券预期收益的简单加权平均值，其中的权数 x 为各证券投资占总投资的比率。公式为：$E(r_p) = x_A E(r_A) + x_B E(r_B)$。资产组合方差的计算公式为：$\sigma_p^2 = x_A^2 \sigma_A^2 + 2x_A x_B cov_{AB} + x_B^2 \sigma_B^2$。

cov_{AB} 可表示为 σ_{AB}，是证券 A、B 的协方差。ρ_{AB} 为证券 A 与 B 的相关系数，

$\rho_{AB}=\dfrac{\sigma_{AB}}{\sigma_A\sigma_B}$。

资产的相关度越高，资产组合的风险就越大。选择互不相关或负相关的资产进行组合可降低风险。

有效组合是指投资者在风险水平既定的条件下使投资的预期收益最大化的投资组合，又叫作"马科维茨有效组合"。其边界为有效边界。可行域是由所有有效投资组合的集合在坐标平面中形成的区域。

多个证券构成的可行域是标准差–期望收益率坐标系中的一个弹头型平面区域。依据收益偏好，投资者将范围缩小到上边界，依据风险厌恶，投资者将范围缩小到左边界，可行域的左上边界即有效边界。只有有效边界上的点（代表一个投资组合）所代表的投资组合才是有效组合。

有效边界与风险规避者最高等级无差异曲线的切点，称为最佳组合点。即风险规避者的最佳组合一定位于效率边界上，且有效边界的特性与无差异曲线的特性决定了它们之间的切点只有一个。

关键概念

投资组合　可行域　有效边界

综合训练

✓ 理论知识回顾

1）有效组合的原则是什么？为什么？

2）最优证券组合是如何确定的？

3）有效边界的特征有哪些？

4）马科维茨模型的基本假设有哪些？

5）资产组合理论应用有哪些局限？

6）假设某投资者甲对两种股票A、B进行组合投资，相关资料见表13-3：

表13-3　　　　　　　　　　　　股票A、B基本资料

股票	期望收益率（%）	标准差（%）	相关系数	投资比重
A	10	6	0.12	0.3
B	5	2		0.7

试计算组合的期望收益率和组合的方差。

7）假定一个投资组合有两种证券，它们的期望收益率分别为10%与15%，标准差分别为20%与25%，相关系数为0.15，其权数分别为0.35与0.65，请计算该组合的期望收益率和方差。

8）A、B两种证券构成的证券投资组合，A的预期收益率为10%，方差为0.0144，B的预期收益率为18%，方差为0.04，两者投资比重分别为0.8和0.2，若两者协方差为0.0048，计算A、B两种证券的相关系数和投资组合标准差。

即测即评13

综合训练
参考答案13

9）某投资组合等比率地含有短期国债、长期国债和普通股股票，它们的收益率分别是5.5%、7.5%和11.6%，试计算该投资组合的收益率。

10）某投资组合含有股票基金A和回报率为8%的以短期国库券为主的货币市场基金，其中股票基金A的期望收益率20%，标准差0.35，投资比例为0.4和0.6。请计算这种资产组合收益率的期望值和标准差各是多少？

第14章

资本资产定价模型

目标引领

☑ 价值塑造

　　本章引导学生理清现代投资理论的新发展，了解学科领域发展的新动向。无数金融经济学家既有迎难而上、不懈追求的学术情操，更有埋头苦干、低头耕耘的草根精神，才成为举世瞩目的现代金融的奠基者和耕耘者。这些前辈用他们毕生的研究，通过理论建构和历史数据的实证分析告诉我们，只有理性地认识到矛盾问题的存在形态、特征、方式和发展态势，尊重实体经济运行规律，科学地利用资本工具，才能在全球经济社会中避免深陷危机的泥沼，走上可持续发展的正轨。

☑ 知识传授

　　通过本章的学习，了解资本资产定价模型CAPM的基本假定；掌握资本市场线的内涵；掌握证券市场线与资本市场线的关系；掌握资产组合在无风险资产和风险资产之间进行配置时的风险特点；掌握β系数的经济含义；掌握市场组合和分割定理的内涵；掌握根据SML模型计算投资或投资组合收益率的方法；了解证券特征线；了解单因素模型、多因素模型、套利定价理论的基本原理。

思维导图

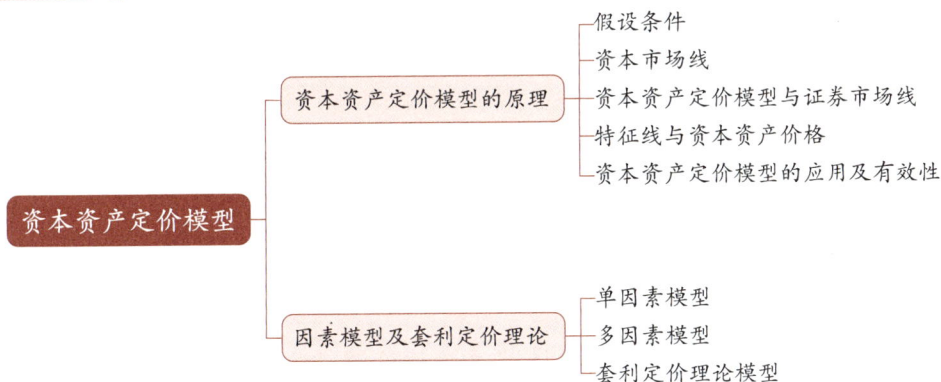

　　根据中国证券监督管理委员会的统计数据，2021年全市场新增上市公司524家，总数量达到4 682家，其中上海、深圳和北京证券交易所上市公司数量分别为2 301家、2 596家和82家。2022年2月3日，A股市场在疫情阴霾笼罩之下经历了"千股跌停"，上证指数当日收盘下跌7.72%，创业板收盘下跌6.85%，恐慌情绪不断发酵。由于有4 000多家上市公司，"千股跌停"意味着一半左右的股票大幅度下跌，其他的或者微跌或者微涨。由此可以看出，在股市中，有诸多股票是和大盘指数的走势一致的，市场对其具有较为显著的影响，而个股本身也是市场涨跌的一部分；同时，也有部分股票是和大盘走势不一致的，其与市场的关联不紧密。个股与市场的关系是影响股票收益的重要因素。

　　除了市场因素之外，市场上的投资者，不管是价值投资者，还是投机者，或者短线交易者，都会根据某些因素来判断股票的涨跌。这些因素包括宏观、行业、流动性、公司基本面、交易情绪等。根据众多的影响因素构建的多因子模型是量化投资领域应用最广泛也是最成熟的量化选股模型之一。通过了解、掌握本章的资本资产定价模型理论，你会对因子模型有一个较充分的认识。

14.1　资本资产定价模型的原理

　　马科维茨创立的投资组合分析的基本理论的出发点是投资者应该怎样选择适合自己偏好的最优投资组合。资本资产定价模型要解决的问题则是，在资本市场中，假定每个投资者都采用马科维茨的投资组合理论来经营他们的投资时，这种集体行为将会对证券价格产生怎样的影响，或者说，资产的均衡价格是如何在收益与风险的权衡中形成的。这里，收益与风险的关系是问题的核心。

14.1.1　假设条件

　　当我们讨论一种理论的时候，都需要先假定一些条件来对现实世界进行抽象，这些假设对现实事物进行大量的简化，使得经济理论更易于从数学角度来理解。由于资本资产定价模型理论是以马科维茨的投资组合理论为基础发展而成的，所以资本资产定价模型中包含了投资组合模型的假设。除此之外，它自己的有关假设比投资组合理论更为严格，还有如下几个假设：

　　假设1：所有的投资者都依据期望收益率评价投资组合的收益水平，依据方差（或标准差）评价投资组合的风险水平，并采用上一章介绍的方法选择最优投资组合。

　　假设2：所有的投资者对投资的期望收益率、标准差及证券间的相关性具有完全相同的预期。

　　假设3：证券市场是完美无缺的，没有摩擦。所谓摩擦是指对整个市场上的资本和信息自由流通的阻碍。该假设意味着不考虑交易成本及对红利、股息和资本收益的征税，并且假定信息向市场中的每个人自由流动，在借贷和卖空上没有限制及市场上只有一个无风险利率。

在上述假设中，第一项和第二项假设是对投资者的规范，第三项假设是对现实市场的简化。

这些假设使CAPM得以清楚地反映在资本市场均衡状态下。资产收益与风险之间的关系，也因这些假设的超现实性而使之无法进行有效的检验，最终导致其科学性被质疑。

14.1.2 资本市场线

1）无风险资产与风险资产的组合

前章介绍的是马科维茨风险资产最优组合理论，该模型的假设条件之一就是全部证券都存在风险，但是，如果我们把资产分投在一种风险资产和一种无风险资产上的话，情况会怎样呢？

启智增慧14-1

无风险资产

所谓的无风险证券，是指投资于该证券的回报率是确定的、没有风险的，如购买国债。既然是没有风险的，因此其标准差为零。由此可以推出，一个无风险证券的收益率与一个风险证券的收益率之间的协方差为零。由于无风险证券的回报率是确定的，与任何风险证券的收益率无关，因此，它们之间的相关系数为零。

例如，假设一种股票A的收益率为8%，标准差为6%，一种国库券B的收益率为4%，由于国库券是由政府担保的，因此，可以认为是无风险的，这样，国库券预期收益的标准差等于零。这两种资产进行组合的预期收益和风险可计算如下：

$$E(r_p) = x_A E(r_A) + x_B E(r_B)$$

$$\because x_A + x_B = 1$$

$$\therefore x_B = 1 - x_A$$

$$E(r_p) = x_A E(r_A) + (1 - x_A) E(r_B)$$

$$\sigma_p = (x_A^2 \sigma_A^2 + x_B^2 \sigma_B^2 + 2 x_A x_B \rho_{AB} \sigma_A \sigma_B)^{\frac{1}{2}}$$

$$\because \sigma_B = 0$$

$$\therefore \sigma_p = (x_A^2 \sigma_A^2)^{\frac{1}{2}} = x_A \sigma_A$$

根据上述计算资产组合预期收益和风险的公式，我们便可以在确定x_A的取值后，计算出A和B资产各种组合的预期收益和风险值，见表14-1。

表14-1　　　　　　　　　　**两种资产组合的收益和风险值**

x_A	$E(r_p)$	σ_p
0	0.04	0
0.5	0.06	0.03
1	0.08	0.06
1.5	0.10	0.09
2	0.12	0.12

从上述计算资产组合预期收益和风险的公式不难推断出上述资产组合预期收益和风险之间是线性关系。也就是说，当我们对无风险资产和风险资产进行组合投资时，由这两种资产各种组合的预期收益和风险数据所构成的是一条直线，如图14-1所示。线段AB上的各种组合是按不同比例同时投资A、B这两种资产的情况。A点右方的射线代表对B做卖空，并将收益全部投资于A资产的情况。很显然，只要卖空无风险资产就可以有效改善资产组合风险和收益状况。直线特征在无风险资产与风险资产的组合中也同样存在。

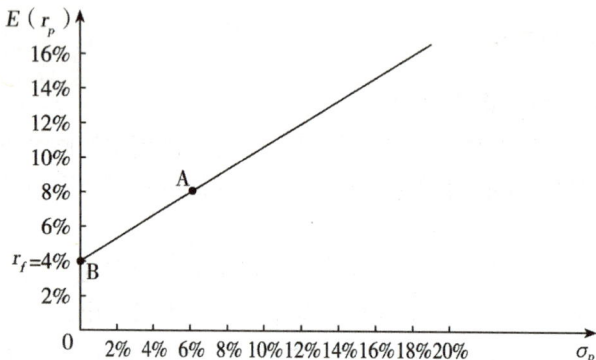

图14-1　无风险证券和风险证券进行组合的线性关系

2）无风险证券对有效边界的影响

由于可以将一个投资组合作为一个单个资产，因此，任何一个投资组合都可以与无风险证券进行新的组合。当引入无风险证券时，可行域发生了变化，如图14-2所示。

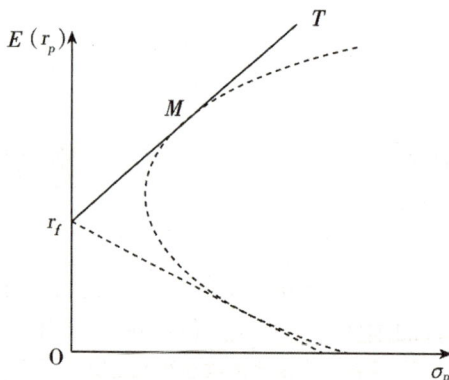

图14-2　存在无风险证券时的组合可行域

在图14-2中，由无风险证券r_f出发并与原有风险证券组合可行域的上下边界相切的两条射线的夹角形成的无限区域便是在现有假设条件下所有证券组合形成的可行域。

由于可行域发生了变化，因此有效边界也随之发生了变化。新的效率边界变成了一条直线，即由无风险证券r_f出发并与原有风险证券组合可行域的有效边界相切的射线r_fMT便是在现有假设条件下所有证券组合形成的可行域的有效边界，如图14-3所示。r_fMT这条直线就成了资本市场线（capital market line，CML），资本市场线上的点代表无风险资产和市场证券组合的有效组合。

在现有假设条件下，证券组合可行域及有效边界之所以具有如图14-2和图14-3所示的几何特征，即现有证券组合可行域比原有风险证券组合可行域之所以扩大并具有直线边界，主要基于如下两方面的原因：

一方面，因为投资者通过将无风险证券 r_f 与每个可行的风险证券组合再组合的方式增加了证券组合的种类，从而使得原有的风险证券组合的可行域得以扩大。新的可行域既含有无风险证券，又含有原有风险证券组合，同时也含有无风险证券 r_f 与原有风险证券组合再组合而产生的新型证券组合。

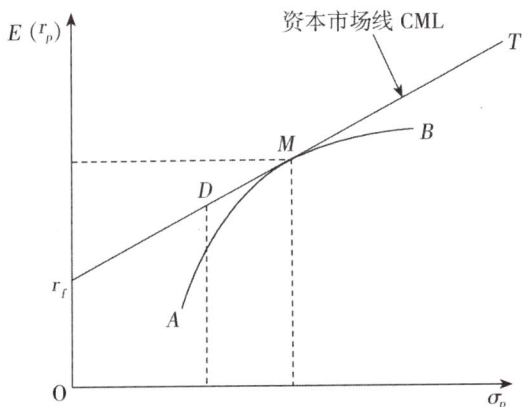

图14-3　无风险证券与风险证券组合的有效边界

另一方面，因为无风险证券 r_f 与任意风险证券或证券组合 M 进行组合时，其结合线恰好是一条由无风险证券 r_f 出发，经过风险证券或证券组合 M 的射线 r_fMT，从而无风险证券 r_f 与切点证券组合 M 进行组合的结合线便是射线 r_fMT，并成为新可行域的上部边界——有效边界。

效率边界 r_fMT 的斜率是 $(r_m-r_f)/\sigma_m$，该斜率表明单位总风险的市场价格。(r_m-r_f) 代表风险溢价，即风险组合收益率超过无风险收益率的部分。

切点 M 所代表的是市场组合，是有效组合中唯一一个不含无风险证券而仅由风险证券构成的组合。也就是说，市场上仅有两种资产，一种是无风险资产，另一种是风险资产，而风险资产就是市场组合 M。如果投资者遵从效率原则，那么，任何一个投资者所选择的风险资产都是市场组合。不管投资者的效用函数如何，只要他是风险规避者，他的投资组合中的风险资产就一定包括市场组合。

3）市场分割定理与投资者选择

效用函数和效用曲线有什么作用呢？效用函数将决定投资者在效率边界上的具体位置。也就是说，效用函数将决定投资者持有无风险资产与市场组合的份额。效用函数这一作用被称为分割定理（separation theorem）。

根据分割定理，投资者的投资决策分为两个阶段：第一阶段是对风险资产的选择。在这个阶段，投资者对每一项风险资产的期望收益和风险状况以及各资产间的相互作用程度（相关系数）进行估计，在此基础上，确定风险资产组合集合及其效率。随后，投资者经 r_f 点向风险资产组合的效率边界引切线，切点 M 所代表的资产组合即投资者应当持有的风险资产组合。在这一阶段内，投资者只需考虑每项资产期望收益、方差和相关系数，即只考虑风险资产本身的特性，而无须考虑自身的风险偏好。因此，不管投资者之间风险偏好差异多大，只要他们对风险资产的特性的判断相同，他们将选择同样的风险资产组合。第二阶段是最终资产组合的选择。投资者将选定的风险资产组合 M 与无风险资产相组合，构成一个新的资产组合集合，即考虑风险资产和无风险资产后的总的资产组合集合的效率边界。在这一效率边界上，每个投资者将根据自己的风险偏好购买各种证券，即安排所持有的无风险资产与风险资产的比例，选择适当的资产组合。

投资者效用曲线的形状没有发生变化，但由于效率边界是一条直线，因此，效用曲线与新的效率边界的切点是投资者的最优投资选择。

如果投资者的效用曲线为 U_1，那么，该投资者将同时持有无风险资产与风险资产。效用曲线与效率边界的切点离 r_f 越近，投资者持有无风险资产的比例就越大；切点离 r_f 越远，投资者持有风险资产（市场组合）的比例就越大。

如果投资者的效用曲线为 U_2，那么投资者将按无风险利率借入资金，并将获得的资金与原有资金一起全部投资于风险资产组合——市场组合 M 上。在风险规避者中，完全不承受风险的投资者将不持有市场组合，愿意承受较低风险的投资者将同时持有无风险资产和市场组合，而愿意承受更多风险的投资者将借入资金来购买市场组合（如图14-4所示）。

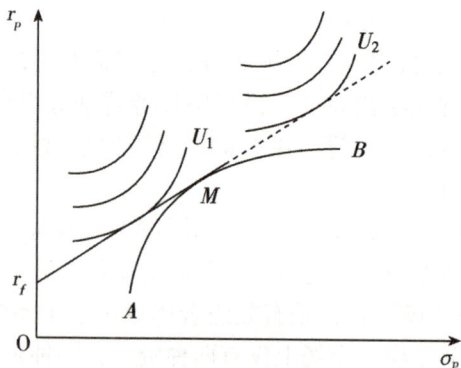

图14-4　市场分割定理与投资者选择

市场组合是每一个愿意承担风险的投资者所必须持有的唯一风险资产，是独立于投资者效用函数的最佳组合。市场组合包括市场中的每一种风险证券，如果有一种风险证券没有被资产组合包括，那么将会产生套利行为。因为没有被市场组合包括的证券的价格将下降，收益率将提高，而风险并没有发生变化，因此套利者将这只证券纳入组合后，收益率提高，而组合的风险是既定的。这样，原来的市场组合将不是有效率的组合，这与在效率边界上的点都是有效率的组合的结论不一致。因此，全部的证券都将包括在市场组合中。由于每种证券都包括在市场组合中，而市场组合又只有一个，因此，每种证券在市场组合中的比例就是该证券的市场价值占全部证券的市场价值的比例。也就是说，如果一种证券的市场价值为10，而全部证券的市场价值为100，那么在市场组合中该种证券所占比例就是10%。

4）资本市场线方程

通过上面的讨论我们知道：在资本资产定价模型假设下，当市场达到均衡时，市

场组合 M 成为一个有效组合；所有有效组合都可视为无风险证券 r_f 与市场组合 M 的再组合。

在均值标准差平面上，所有有效组合刚好构成连接无风险资产 r_f 与市场组合 M 的射线 r_fMT，这条射线被称为资本市场线（如图14-3所示）。资本市场线揭示了有效组合的收益和风险之间的均衡关系，这种均衡关系可以用资本市场线的方程来描述：

$$E(r_p)=r_f+\frac{r_m-r_f}{\sigma_m}\times\sigma_p \tag{14-1}$$

式中，$E(r_p)$——有效组合 p 的期望收益率；σ_p——有效组合 p 的标准差；r_m——市场组合 M 的期望收益率；σ_m——市场组合 M 的标准差；r_f——无风险证券收益率。

资本市场线方程式对有效组合的期望收益率和风险之间的关系提供了十分完整的阐述。有效组合的期望收益率由两部分构成：一部分是无风险收益率 r_f，它是由时间创造的，是对投资者放弃即期消费的补偿；另一部分是风险溢价 $\frac{r_m-r_f}{\sigma_m}\times\sigma_p$，它与承担风险大小成正比，是对投资者承担风险 σ_p 的补偿。其中的系数即资本市场线方程式中的第二项（斜率）代表了对单位风险的补偿，通常称之为单位风险的市场价格。

14.1.3 资本资产定价模型与证券市场线

资本市场线只是揭示了有效组合的收益和风险的均衡关系，而没有给出任意证券或组合的收益风险关系。下面，我们首先建立任意单个证券的收益风险关系，之后将其推广到任意证券组合。

由资本市场线所反映的关系可以看出，在均衡状态下，市场对有效组合的风险（标准差）提供补偿，而有效组合的风险（标准差）由构成该有效组合的各单个成员证券（指风险证券）的风险共同合成，因而市场对有效组合的风险补偿可视为市场对各单个成员证券的风险补偿的总和，或者说市场对有效组合的风险补偿可以按一定的比例分配给各单个成员证券。当然，这种分配应按各单个成员证券对有效组合风险贡献的大小来分配。不难理解，实现这种分配就意味着在单个证券的收益和风险之间建立某种关系。

为实现这种分配，首先要知道各单个成员证券对有效组合风险的贡献大小。鉴于市场组合 M 也是有效组合，因此将市场组合 M 作为研究对象，分析 M 中各单个成员证券对市场组合风险的贡献大小，之后再按照贡献大小把市场组合的风险补偿分配到各单个成员证券。

为能够分辨各单个成员证券对市场组合风险贡献的大小，我们自然要对衡量市场组合风险水平的指数——方差 σ_m^2 进行考察。数学上容易证明，市场组合 M 的方差可分解为：

$$\sigma_m^2=x_1\rho_{1m}\sigma_1\sigma_m+x_2\sigma_{2m}\rho_2\sigma_m+\cdots+x_i\rho_{nm}\sigma_i\sigma_m$$
$$=x_1\sigma_{1m}+x_2\sigma_{2m}+\cdots+x_i\sigma_{im} \tag{14-2}$$

式中，x_i——第 i 种成员证券在市场组合 M 中的投资比例；σ_{im}——第 i 种成员证券

与市场组合 M 之间的协方差。

把市场组合的方差改写成公式（14-2）分解的形式，就使我们能够清晰地从中分离出单个成员证券对市场组合风险的贡献大小。因为，分解式中的 $x_i\sigma_{im}$ 可被视为投资比重为 x_i 的第 i 种成员证券对市场组合 M 的风险贡献大小的绝对度量，而 $\frac{x_i\sigma_{im}}{\sigma_m^2}$ 被视为投资比重为 x_i 的第 i 种成员证券对市场组合 M 的风险贡献大小的相对度量。期望收益率 $E(r_m)-r_f$ 可被视为市场对市场组合 M 的风险补偿，即相当于对方差 σ_m^2 的补偿，于是分配给单位资金规模的证券 i 的补偿按其对 σ_m^2 作出的相对贡献应为：

$$\frac{x_i\sigma_{im}}{\sigma_m^2}\left[E(r_m)-r_f\right]$$

单位资金规模的证券 i 的补偿又等于 $E(r_i)-r_f$，其中 $E(r_i)$ 表示证券 i 的期望收益率。于是有：

$$E(r_i)-r_f=\left[E(r_m)-r_f\right]\frac{\sigma_{im}}{\sigma_m^2} \tag{14-3}$$

令 $\beta_i=\frac{\sigma_{im}}{\sigma_m^2}$，则上述方程可改写为：

$$E(r_i)=r_f+\left[E(r_m)-r_f\right]\beta_i \tag{14-4}$$

公式（14-4）给出的就是资本资产定价模型，由此模型可知：单个证券 i 的期望收益率与其对市场组合方差的贡献率 $\beta_i=\frac{\sigma_{im}}{\sigma_m^2}$ 之间存在着线性关系，而不像有效组合那样与标准差（总风险）有线性关系。因而，从定价角度考虑，单个证券的风险用 β_i 来测定更为合理。β_i 表示某一证券的收益率对市场收益率的敏感性和反映程度，用于测量某一证券风险相对于市场风险的比率。

我们可以根据 SML 模型来计算某种证券或证券组合的预期收益率。例如，假设我们预期的无风险利率为 6.15%，市场一揽子证券的预期收益率为 9.5%，这说明市场风险溢价为 2.35%，已计算出以下 4 种股票的 β 系数：

股票	β
A	4.03
B	0.84
C	1.05
D	0.59

把这些数据代入到方程中，则 4 种股票的预期收益率为：

$E(r_A)=6.15\%+4.03\times9.5\%=44.435\%$

$E(r_B)=6.15\%+0.84\times9.5\%=14.13\%$

$E(r_C)=6.15\%+1.05\times9.5\%=16.125\%$

$E(r_D)=6.15\%+0.59\times9.5\%=11.755\%$

对任何一个证券组合 p，设其投资于各种证券的比例分别为 x_1，x_2，$\cdots$，x_n，则有：

$$E(r_p) = x_1 E(r_1) + x_2 E(r_2) + \cdots + x_n E(r_n)$$
$$= x_1 [r_f + (E(r_m) - r_f) \beta_1] + x_2 [r_f + (E(r_m) - r_f) \beta_2] + \cdots + x_n [r_f + (E(r_m) - r_f) \beta_n] \quad (14-5)$$

令 $\beta_p = x_1 \beta_1 + x_2 \beta_2 + \cdots + x_n \beta_n$，称为证券组合 p 的 β 系数，于是上述等式被改写为：

$$E(r_p) = r_f + [E(r_m) - r_f] \beta_p \quad (14-6)$$

显然，公式（14-4）与公式（14-6）具有相同的形式。可见，无论单个证券还是证券组合，均可将其 β 系数用作风险的合理测定，其期望收益与由 β 系数测定的系统风险之间存在线性关系，这个关系在以 $E(r_p)$ 为纵坐标、β_p 为横坐标的坐标系中代表一条直线，这条直线被称为证券市场线。图14-5给出的就是证券市场线或资本资产定价模型的图形。

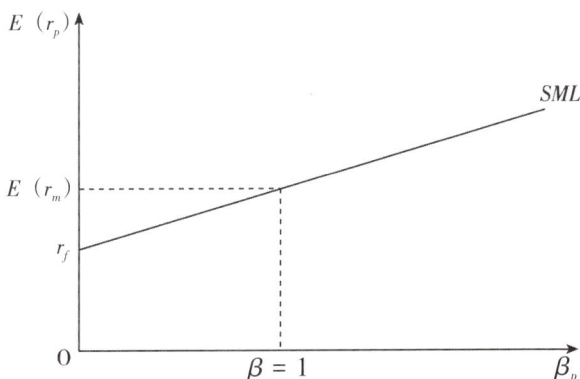

图14-5 证券市场线

当 p 为市场组合 M 时，$\beta_p = 1$，因此，证券市场线经过点 $[1, E(r_m)]$。当 p 为无风险证券时，β 系数为 0，期望收益率为无风险利率 r_f，因此证券市场线亦经过点 $(0, r_f)$。

证券市场线方程对任意证券或组合的期望收益率和风险之间的关系提供了十分完整的阐述。

首先，从 CAPM 可以看出，任意证券或组合的期望收益率由两部分构成：一部分是无风险利率 r_f，它是由时间创造的，是对放弃即期消费的补偿；另一部分则是 $[E(r_m) - r_f] \beta_p$，是对承担风险的补偿，通常称为风险溢价，它与承担的风险 β_p 的大小成正比，其中的 $[E(r_m) - r_f]$ 代表了对单位风险的补偿，通常称之为风险的价格。

其次，从 CAPM 可以看出，任意证券或组合的总风险也由两部分构成：一部分是因为市场组合 M 收益变动而使资产 i 收益发生的变动，即 β 系数值，这是系统风险；另一部分，即剩余风险被称为非系统风险。因为非系统风险可以通过多元化投资分散掉，所以当投资者持有市场组合时，就可以说是没有非系统风险。因此，单个资产的价格只与该资产的系统风险的大小有关，而与其非系统风险的大小无关。

β 系数在 CAPM 中成为衡量证券承担的系统风险或市场风险的一个标准，用来反映证券或组合的收益水平对市场平均收益水平变化的灵敏度。一般来说，β 系数的绝对值越大，表明证券承担的系统风险越大；β 系数的绝对值越小，表明证券承担的系统风险越小。如果一只股票的 β 系数大于 1，则这只股票被称为进取型股票，因为该股票收益率的变化大于市场组合收益率的变化；如果一只股票的 β 系数小于 1，则这种股票被称为防守型股票，因为该股票的收益率变化小于市场组合收益率的变化。

资本市场线与证券市场线是资本资产定价模型中的两个重要结论，两者存在着内在的关系：

第一，资本市场线表示的是无风险资产与有效率风险资产再组合后的有效资产组合期望收益与总风险（σ_p）之间的关系，因此在资本市场线上的点就是有效组合；而证券市场线表明的是任何一种单个资产或组合的期望收益与其系统风险（β）之间的关系，因此在证券市场线上的点不一定在资本市场线上。

第二，证券市场线既然表明的是单个资产或组合的期望收益与其市场风险或系统风险之间的关系，因此在均衡情况下，所有证券都将落在证券市场线上。

第三，资本市场线实际上是证券市场线的一个特例，当一个证券或一个证券组合是有效率的，该证券或证券组合与市场组合的相关系数等于 1，此时，证券市场线与资本市场线就是相同的。

14.1.4 特征线与资本资产价格

公式 $E(r_i) = r_f + [E(r_m) - r_f]\beta_i$ 可以写成：

$$E(r_i) - r_f = [E(r_m) - r_f]\beta_i \tag{14-7}$$

式（14-7）被称为特征线（characteristic line）。特征线没有截距，换句话说，某一证券的超额收益是市场组合的超额收益与该证券系统风险的严格函数关系，如图 14-6 所示。

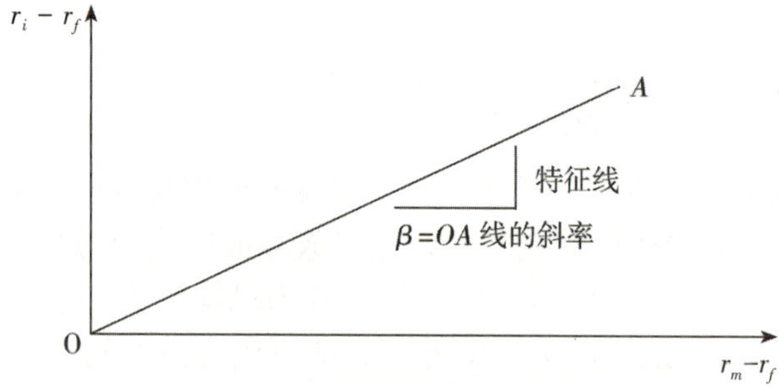

图14-6　特征线

如果某一证券与市场组合相互独立，即 $\beta_{im}=0$，那么 $r_i - r_f = 0$，即 $r_i = r_f$。如果 $\beta_{im} > 0$，那么该资产将得到风险溢价。在这个模型中我们唯一要确定的参数是 β_i，这与 CAPM 理论相符（与式（14-5）相对应），即每一个证券的期望收益取决于它的系统风险。倘若市场是有效的，那么，每个证券的期望收益都应准确地落在证券市场线 SML 上。任何与期望收益的偏离都被看作是不正常的收益，即 CAPM 没能估计到的收益。

证券市场线与特征线的关系是，证券市场线用于估计一种证券的预期收益，在证券市场线的等式中，β 是自变量，市场组合的超额收益率是斜率；证券特征线则用于描述一种证券的实际收益，在证券特征线的等式中，β是斜率。

全部有效定价的证券的特征线都经过原点，所以由这些证券构成的组合特征线也经过原点，即证券的预期收益率等于它的均衡预期收益率，但实际上在真实的市场中，即在市场模型中，某些证券的超额收益会高于由图14-6所确定的水平，如图14-7所示。

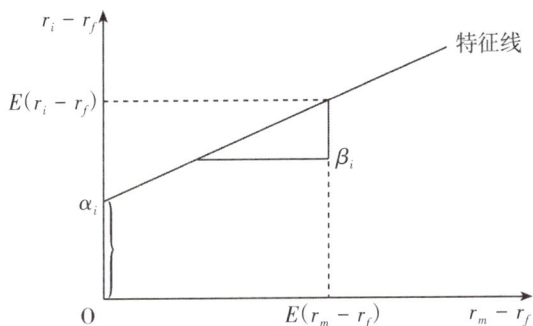

图14-7　（证券市场线形式的特征线）市场模型

从图14-7中可以看出，真实的市场中会有一些证券或证券组合位于原点之上，此时，市场处于不均衡状态，称为证券的错误定价。证券的错误定价程度用α_i系数来衡量。即一种证券的α_i系数是它的预期收益率与均衡预期收益率之差。

产生α_i的原因有多种。例如，在证券市场线形式的特征线模型式（14-7）中没有包括但应该包括的对r_i产生系统性影响的变量；式（14-7）的函数形式不正确，即有可能r_i与r_m之间不是简单线性关系；r_i与r_m的数据存在偏差或可能的虚构，等等。所有这些因素对r_i产生的综合平均影响造就了α_i，从而使得被估计的特征线式（14-7）产生了相对于CAPM模型的整体偏移。

如果某证券的α_i系数不为零，说明该证券被错误定价。若某证券的α_i系数为正，则它位于SML的上方，说明价格被低估；若某证券的α_i系数为负，则它位于SML的下方，说明价格被高估；若某证券的α_i系数为零，则它位于SML上，说明定价正确。

α_i的大小也可以用来衡量一个投资组合的管理者的业绩水平，也就是说，$\alpha_i>0$，则管理者能够实现正的非市场相关收益，说明管理者的水平较高；$\alpha_i<0$，则管理者不能够获得正的非市场相关收益，说明管理者的水平较低。

当$\alpha_i\neq0$时就意味着市场处于非均衡的状态，说明该证券被错误定价，就会引发投资者的套利行为，而套利行为的存在将会使市场很快恢复到均衡状态。因此，代表一般市场条件的特征线回归模型可以写成：

$$r_i - r_f = \alpha_i + (r_m - r_f)\beta_i \tag{14-8}$$

式中，α_i——非市场相关收益；$[E(r_m)-r_f]\beta_i$——市场相关收益；β_i——市场模型的斜率。

该式表明，在未来持有证券的时间内预期超额收益率由两部分组成：证券α_i系数，市场证券组合预期超额收益率与这种证券β系数的乘积。据此，可画出证券特征线，证券特征线的垂直轴测定这种证券的实际超额收益率，而水平轴则测定市场证券组合的实际超额收益率（r_m-r_f）。某一证券的特征线通过以下两点：一是垂直轴上α_i

系数所在点；二是该证券预期超额收益率和市场证券组合超额收益率的相交点。同时，证券特征线的斜率正好等于这一证券的 β 系数，反映该证券的预期收益率对市场证券组合预期收益率的灵敏度，即当市场证券组合预期收益率变化后该证券的变化幅度。

例如，某证券 i 的 α_i 系数和 β_i 系数分别是 3% 和 1.5%，在无风险利率为 6% 和市场投资组合预期收益率为 12% 的条件下，该证券的特征线如图14-8所示。

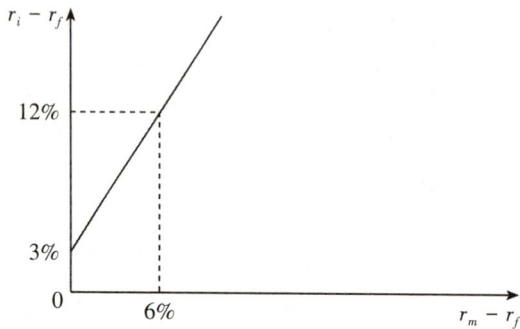

图14-8　某证券的特征线

$$r_i - r_f = \alpha_i + (r_m - r_f)\beta_i$$
$$= 3\% + (12\% - 6\%) \times 1.5$$
$$= 12\%$$

实际上，证券 i 的实际收益率仍有可能偏离它的证券特征线，这是因为模型反映了市场收益率（r_m）变动的结果，而没有反映其他因素变动的影响，这使得证券 i 的实际收益率与估计值必然会有偏差。为了全面反映影响证券收益率波动的原因，我们用随机误差项 ε_i 代表所有无法用市场收益率来解释的证券 i 的那部分收益。这样，当随机误差项 ε_i 不为零时，证券的实际超额收益率就应由 α_i 系数、市场证券组合的实际超额收益率与 β 系数之积、随机误差 ε_i 三项组成。因此，我们就可以把特征线的方程（14-7）修订为：

$$r_i = \alpha_i + r_m\beta_i + \varepsilon_i \tag{14-9}$$

式中，r_i——证券 i 的实际收益率；α_i——非市场相关收益，代表常数项或截距，等于 $r_i - r_m\beta_i$；ε_i——随机误差项；r_m——市场一揽子证券 m 的收益率；β——市场系统风险。

14.1.5　资本资产定价模型的应用及有效性

1）应用

资本资产定价模型从理论上说主要应用于资产估值、资金成本预算以及资源配置等方面。这里，就资本资产定价模型在资产估值和资源配置两方面的应用做简要介绍。

（1）资产估值

在资产估值方面，资本资产定价模型主要被用来判断证券是否被市场错误定价。

根据资本资产定价模型，在SML线上的各点，或者说根据CAPM计算出来的资产预期收益，是资产的均衡价格，即市场处于均衡状态时的价格。这一价格与资产的内在价值是一致的。但市场均衡毕竟是相对的，在竞争因素的推动下，市场永远是处于由不均衡向均衡转化，再到均衡被打破的过程中，因此实际市场中的资产收益率往往并非均衡收益率，可能比其高，也可能比其低。如果我们相信用 CAPM 计算出来的预期收益是均衡收益的话，我们就可以将它与实际资产收益率进行比较，从而发现价值高估或低估的资产，并根据低价买入、高价卖出的原则指导投资行为，如图 14-9 所示。

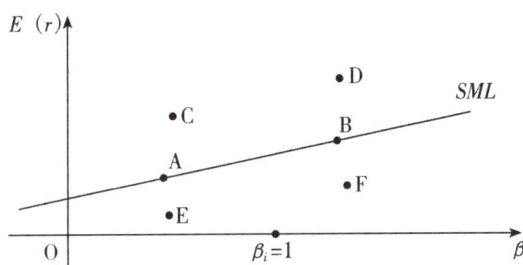

图14-9　资产实际价格与均衡价格的比较

图 14-9 给出的证券市场线或资本资产定价模型的图形中，位于证券市场线上的证券如 A、B 属于估价恰当的证券，因为它的估计收益率等于它的期望收益率；位于证券市场线上方的证券如 C、D，属于价值被低估的证券，这些证券的收益率在相同风险（β 值相同）的情况下，比其他证券的收益率要高；位于证券市场线下方的证券如 E、F，属于价值被高估的证券，这些证券的收益率在相同风险（β 值相同）的情况下，比其他证券的收益率要低。

（2）资源配置

CAPM 的思想在消极的和积极的组合管理中都可应用。在消极的资产组合管理中，根据 CAPM，投资者可以按照自己的风险偏好，选择一种或几种无风险资产和一个风险资产的市场组合进行资源配置，只要投资偏好不改变，资产组合就可不变。

积极的组合管理者是那些喜欢追踪价格、赚取价差的人，利用 CAPM 的理念，他们将在预测市场走势和计算资产产值上下功夫。根据市场走势，调整资产组合的结构。例如，当预测到市场价格将呈上升趋势时，他们将在保持无风险资产和风险资产比例的情况下，增加高产值资产的持有量；反之，将增加低产值资产的持有量。

2）传统 CAPM 的有效性问题

早在 20 世纪 70 年代末期，有关 CAPM 有效性以及在投资管理中应用产值的合理性问题就被提出来了。罗尔（Richard Roll）分别于 1977 年、1978 年、1980 年和 1981 年论证了传统 CAPM 的不可检验性，概括了简单应用模型可能带来的错误和不正确结果。1992 年，法玛（Fama）和弗兰茨（French）又发现预期收益与产值之间没有显著的关系。有关 CAPM 检验的论文数以千计，至今仍是一个悬而未决的问题。

人们对传统 CAPM 有效性问题的质疑是由模型推导过程中一些不现实的假设引起的。不过从经济理论与实践的一般关系来看，只要模型预测反映的是现实世界的真实情况，假设是否现实就无关紧要了。所以，传统 CAPM 检验主要回答的是：在现实生活中，产值是否是衡量资产风险的相对标准，资产收益是否与CAPM确定的收益风险关系相符合。在大量的检验中结果是不一致的，有些检验结果，特别是早期的检验结果是支持模型的，有些则是不支持的。

传统CAPM缺乏一致的有效性检验结果的主要原因有两个：首先是资本市场是非常复杂的，传统CAPM的很多假设在现实社会中都被搅乱，所以，尽管它反映了由理性投资者构成的资本市场中预期收益与风险的内在逻辑关系，但也不足以概括复杂的资产价格的形成过程。其次是受实证检验所用的统计技术的限制。

传统CAPM有效性问题的关键在于市场组合和产值的衡量标准。从理论上说，市场组合应包括全世界范围内的各种风险资产，不仅包括金融资产，还应包括非金融资产，但就算是能够搜集到所有资产，也未必能搜集到衡量所有这些资产的数据，如人力资本就没有恰当的估价标准。通常人们以市场指数作为市场组合的代用品，这自然就使CAPM的检验大打折扣了。

有关收益-风险关系是否具有显著性的关键，在于计算β值的方法不一样，否定派认为，传统CAPM尽管提出了一个简单的收益-风险理论关系，但这不是一个准确的表示，所以产值不能作为衡量资本市场风险的标准。

另外，也应注意区分CAPM中的产值和单一指数模型中的产值，前者包含市场组合的概念，后者则直接定义为某一市场指数，但由于在实际计算时CAPM的市场组合往往取某一市场指数，所以，人们容易把这两个β值简单地等同起来。

上述有关传统CAPM的争论给我们的启示是：对CAPM的应用应持慎重态度，要充分认清CAPM的限制，避免简单、机械地应用CAPM。

以上介绍的是标准的资本资产定价模型，除此之外还有扩展模型，这里不予介绍。

14.2　因素模型及套利定价理论

由马科维茨创立的投资组合理论为精确测量证券的风险和收益提供了良好的手段，但该模型的复杂性制约了其实际应用，因此，他的后继者们一直致力于简化投资组合分析的研究，从而引出了单因素模型、多因素模型和套利定价理论。

14.2.1　单因素模型

1）单因素模型

单因素模型的基本思想是认为每一个证券的收益率都与一种共同的因素F有关。因此，就可以用这一共同因素解释每个证券的收益。模型为：

$$r_i = \alpha_i + b_i F + \varepsilon_i \tag{14-10}$$

这里b_i表示证券i对因素F的敏感度，与β系数类似，用以反映证券风险相对于因素风险的大小。

影响证券收益率的共同因素可以是经济增长率，也可以是股票市场价格指数等。

由公式（14-10）可知，每一个证券的风险（方差）都可以分成两部分：一部分是受共同要素影响的部分，也是系统风险 $b_i{}^2\sigma_F{}^2$；另一部分是非要素因素，即证券自身的因素 $\sigma^2(\varepsilon_i)$，因此，证券 i 的方差可写为：

$$\sigma_i{}^2 = b_i{}^2\sigma_F{}^2 + \sigma^2(\varepsilon_i) \tag{14-11}$$

$$\sigma_{ij} = b_i b_j \sigma_F{}^2 \tag{14-12}$$

单因素模型的优点是减少了有效边界上的有效组合的计算量。

2）单指数模型或市场模型

在单因素模型中，如果我们以证券市场的股票价格指数作为宏观共同因素的代表，则这种单因素模型又称为单指数模型。

单指数模型由威廉·夏普于1963年首先提出，其基本思想是认为证券收益率只与一个因素有关。假定每种证券或多或少地受股票市场股价指数的影响，投资者在观察证券市场时可以发现：当股价指数上涨时，大部分股票的价格也上涨；当股价指数下跌时，大部分股票的价格也下跌。这说明，各种证券对市场变化有共同的反应。因此，可以用一种证券的收益率和股票市场股价指数的收益率的相关关系导出以下模型：

$$r_i = \alpha_i + b_i r_m + \varepsilon_i \tag{14-13}$$

单指数模型有两个基本假设：

假设1：证券的风险分为系统风险与非系统风险，因素对非系统风险不产生影响。

假设2：一个证券的非系统风险对其他证券的非系统风险不产生影响，两种证券的回报率仅仅通过因素的共同反应相关联。

14.2.2　多因素模型

单因素模型依据的基本假设是证券的价格或收益随着市场指数的变化而同步运动，即证券收益仅与市场指数单一因素有关，这显然与现实情况不符。多年来，很多研究人员已经发现，在市场以外有许多因素影响证券的收益。在认识到单因素模型的缺陷之后，证券投资家和投资组合研究人员又用多因素模型取代单因素模型来研究证券的价格或收益。

模型假设：证券的收益率受多种因素的影响，即影响证券价格的共同因素除了单指数模型中的股票市场价格指数以外，还包括：①通货膨胀率的变化；②失业率的变化；③国民生产总值的变化；④贸易赤字的变化；⑤政府预算开支的变化；⑥利率水平的变化；⑦汇率的变化等。多因素模型的一般公式为：

$$r_i = \alpha_i + b_{i1}F_1 + b_{i2}F_2 + \cdots + b_{in}F_n + \varepsilon_i \tag{14-14}$$

式中，α_i——在没有任何因素影响下的固定收益；b_{in}——证券收益对第 i 个因素的敏感程度；F_n——第 n 个影响因素；ε_i——剩余收益部分，是一个随机变量，它们之间互不相关，并且 ε_i 与共同因素 F_1 和 F_2，…，F_n 也不相关。

利用多因素模型同样可以建立组合模型，以计算有效组合，而且计算量虽然比单因素模型要多，但显然比马科维茨组合模型方法要少得多。

启智增慧 14-2

Fama-French
三因子与五
因子模型

14.2.3　套利定价理论模型

套利定价理论（APT）是由史蒂夫·罗斯于1976年提出的。他试图提出一种能比传统CAPM更好地解释资产定价的理论模型。经过十几年的发展，APT在资产定价理论中的地位已不亚于CAPM。

相对于CAPM而言，APT模型更一般化，在一定条件下我们甚至可以把传统的CAPM视为APT模型的特殊形式。

1）基础性假设

套利定价模型的假设条件和价格形成过程与CAPM都是不同的。其中最重要的一点在于，APT不像CAPM那样依赖于市场组合，也没有假设只有市场风险影响资产的预期收益。套利定价模型的假设如下：

假设1：投资者都相信证券i的收益率随意受一种或多种因素的影响，可由因素模型决定。

假设2：假设投资者喜欢获利较多的投资策略；市场上有大量不同的资产；允许卖空等。

所谓套利行为指的是不需要投资就可以利用同一实物资产或证券的不同价格来赚取无风险利润的行为。最典型的例子就是，利用同一种货币在不同市场上的价格差异，在价格水平较低的市场上买入该种货币，再在价格水平较高的市场上卖出，以获取价差收益的行为。这种套利行为直接改变了这两个市场上该种货币的供求，最终导致两者供求实现均衡。在一个高度竞争、流动性很强的市场体系中，这种套利机会一经被发现，就会立即引起市场的反应，机会稍纵即逝，也正是这种套利行为推动着有效率市场的形成。在证券市场体系中也是如此。

套利定价理论认为，如果市场处在竞争性均衡状态就不会存在套利机会，即没有一个投资者不承担风险、不需要额外资金就能获得收益的机会。如果市场未达到均衡状态的话，市场上就会存在无风险的套利机会。由于理性投资者具有厌恶风险和追求收益最大化的行为特征，因此，投资者一旦发现有套利机会就会设法利用它们。随着套利者的买进和卖出，有价证券的供求状况将随之改变，套利空间逐渐减少直至消失，有价证券的均衡价格得以实现，因此，这种推论实际上也隐含了对一价定律的认同。

套利机会不仅存在于单一证券上，还存在于相似的证券或组合中，也就是说，投资者还可以通过对一些相似的证券或组合部分买入、部分卖出来进行套利。对于套利行为可以有多种定义方式，其中之一是用广泛影响证券价格的因素来解释。

因素模型表明，具有相同因素敏感性的证券或组合，除了非因素风险外，将以相同的方式行动，因而，具有相同因素敏感性的证券或组合必然要求有相同的预期收益率，如若不然，"准套利"机会便会存在，投资者必将利用这一机会，而他们的行动将会最终使套利机会消失，均衡价格得以形成。这就是套利定价理论逻辑推演的核心。

2）套利证券组合

根据套利定价理论，投资者会竭力发掘构造一个套利组合的可能性，以便在不增加风险的情况下，增加组合的预期收益率。那么，如何才能构造一个套利组合呢？一般而言，套利组合必须同时具备以下3个特征：

（1）不需要额外投资，即如果x_i表示投资者对证券i持有量的变化（即套利组合中证券i的权数），套利组合的这一特征就可表示为：

$$x_1 + x_2 + \cdots + x_n = 0$$

（2）不承担风险，即这一特征用公式可表示为：

在存在多个影响因素的情况下，可具体表示为一个方程组：

$$x_1 b_{11} + x_2 b_{21} + \cdots + x_n b_{n1} = 0$$
$$x_1 b_{12} + x_2 b_{22} + \cdots + x_n b_{n2} = 0$$
$$\vdots$$
$$x_1 b_{1k} + x_2 b_{2k} + \cdots + x_n b_{nk} = 0$$

为能找到满足上面两点特征的解，就要求证券的个数要多于因素的个数，即n>k。

严格地讲，除了因素风险等于零以外，一个套利组合的非因素风险也应该等于零。但是，套利组合的非因素风险实际上常常会大于零，只是其数量非常小，套利定价理论认为可以忽略不计。

（3）具有正的期望收益率，用公式可以表示为：

$$x_1 E(r_1) + x_2 E(r_2) + \cdots + x_n E(r_n) > 0 \tag{14-15}$$

当一个组合的投资权重可以同时满足上述3点要求时，该组合就是一个套利组合。这样一个套利组合对任何一个渴望高收益且不关心非因素风险的投资者都是具有吸引力的，因为，它不需要任何额外资金，没有任何因素风险，却可以带来正的预期收益率。

【例14-1】有3只股票x_1、x_2、x_3，期望收益率分别为8%、13%、20%，b系数（因素敏感度）分别是1、2、3，投资比例分别为1、-2、1。

则投资组合的投资为：

$$x_1 + x_2 + x_3 = 1 + (-2) + 1 = 0$$

投资组合的风险为：

1×1+2×（-2）+1×3=0

投资组合的收益为：

1×8%+（-2）×13%+1×20%=2%

即该组合的投资为0、风险为0，而收益却为2%。

3）套利定价模型

根据上述对市场套利行为及其影响的分析，罗斯是基于以下两个基本点来推导APT模型的。

（1）在一个有效率的市场中，当市场处于均衡状态时，不存在无风险的套利机会。即如不存在套利机会，市场便达到了均衡，此时不可能产生套利组合。

（2）对于一个高度多元化的资产组合来说，只有几个共同因素需要补偿。证券i与这些共同因素的关系为：

$$r_i = \lambda_0 + b_{i1}\lambda_1 + b_{i2}\lambda_2 + \cdots + b_{ik}\lambda_k \tag{14-16}$$

式中，$\lambda_0 = r_F$——无风险收益率；b_{ik}——证券i对第k个共同因素具有的单位敏感系数；λ_k——对所有资产都起作用的共同因素对其期望值的偏离，其本身的期望值为零。

这就是套利定价模型。

【例14-2】设某证券的收益受通货膨胀率、利息率和GNP增长率3个系统风险因素的影响。

$$r_i = \lambda_0 + b_{i1}\lambda_1 + b_{i2}\lambda_2 + \cdots + b_{ik}\lambda_k$$

式中，$b_1 = 2$，$b_2 = -1.5$，$b_3 = 1$，分别代表通货膨胀率、利息率和GNP增长率的意外变化。

若预期的通货膨胀率 $F_1=5\%$，实际利息率 $F_2=6\%$，GNP增长率 $F_3=3\%$，则该证券的预期收益率为：

$E(R)=2×5\%+（-1.5）×6\%+1×3\%=4\%$

若实际公布的数字表明通货膨胀率将为7%，实际利率将为4%，GNP增长率为2%，则：

$\lambda_1 = 7\% - 5\% = 2\%$
$\lambda_2 = 4\% - 6\% = -2\%$
$\lambda_3 = 2\% - 3\% = -1\%$

所以，实际收益为：

$R=4\%+2×2\%-1.5×（-2\%）+1×（-1\%）=10\%$

4）套利定价理论与CAPM的应用

启智增慧14-3

注册制对资本资产定价模型的挑战

APT和CAPM都是确定资产均衡价格的经济模型，两者只是具体的决策依据和思路依模型的不同而有差异而已。APT分析了影响证券收益的多种因素以及证券对各个因素的敏感程度，而CAPM中只有一个因素，即市场投资组合，一个敏感系数，即证券的β系数，因此APT比CAPM更具有一般的现实意义，也能更好地描述均衡的证券价格。APT的缺点是没有指明有哪些因素影响证券收益以及它们的影响程度，因而影响了它的实际应用，而CAPM却能对此提供具体帮助。显然，如果能将两者结合起来就能比单纯的APT作出更精确的预测，又能比CAPM作出更广泛的分析，从而为投资决策提供更充分的指导。

本章小结

资本资产定价模型是在投资组合理论和资本市场理论基础上形成和发展起来的，主要研究证券市场中资产的预期收益率与风险之间的关系，以及均衡价格是如何形成的。CAPM给出了一个非常简单的结论：只有一种原因会使投资者得到更高回报，那就是投资高风险的股票。事实上，有很多研究也质疑CAPM的正确性，但是这个模型在投资界仍然被广泛利用。虽然用β预测单个股票的变动很困难，但是投资者仍然相信β值比较大的股票组合会比市场价格波动性大，而β值较小的股票组合的变化则会比市场的波动性小。对于投资者尤其是基金经理来说，这点是很重要的。因为在市场价格下降的时候，他们可以投资于β值较低的股票，而当市场价格上升的时候，他们则可投资β值大于1的股票。

套利定价理论导出了与资本资产定价模型相似的一种市场关系。它以收益率形成过程的多因素模型为基础，认为证券收益率与一组因素线性相关，这组因素代表证券收益率的一些基本因素。事实上，当收益率通过单一因素（市场组合）形成时，将会发现套利定价理论形成了一种与资本资产定价模型相同的关系。因此，套利定价理论可以被认为是一种广义的资本资产定价模型，为投资者提供了一种替代性的方法，来理解市场中的风险与收益率间的均衡关系。套利定价理论与现代资产组合理论、资本资产定价模型、期权定价模型等一起构成了现代金融学的理论基础。

关键概念

分割定理　资本市场线　证券市场线　单因素模型　套利行为

综合训练

即测即评14

✔ 理论知识回顾

1）比较采用资本资产定价模型与采用收益的资本化定价方法进行证券定价的不同之处。

2）证券市场线中的 β 值起什么作用？

3）请对比分析CAPM模型与APT模型。

4）比较资本市场线与证券市场线两者内在的关系。

综合训练
参考答案14

5）比较证券市场线与特征线的关系。

6）甲公司 β 值为1.5，乙公司 β 值为0.9，无风险利率为4%，市场风险溢价为6%，求两个公司的期望收益率。

7）有关市场、无风险利率及两只股票的信息见表14-2：

表14-2　　　　　　　市场、无风险利率及股票的信息表

	期望收益率（%）	和市场的相关系数	标准差
国库券	4	0	0
股票指数	11	1.00	0.15
股票A	14	0.70	0.25
股票B	9	0.40	0.20

请计算各个股票的 β 值。

8）股票A的 β 值为1.5，期望收益率为12%，无风险资产收益率5%，计算：

（1）均等投资于这两种资产的组合期望收益率是多少？

（2）如果两种资产的投资组合 β 值是0.75，组合的投资比重是多少？

（3）如果两种资产的投资组合 β 值是2，组合的投资比重是多少？

9）假定无风险收益率为5%， β 值为1的资产组合市场要求的期望收益率是12%。请根据资本资产定价模型，计算：

（1）市场资产组合的期望收益率是多少？

（2） β 值为0的股票的期望收益率是多少？

（3）假定投资者正考虑买入一只股票，价格为15元，该股预计来年派发红利0.5元，投资者预期可以16.5元卖出，股票的β值为0.5，该股票是否可以买入？

10）无风险资产收益为6%，利用多因素套利定价理论模型，求股票A的期望收益率，因素风险溢价及β值见表14-3：

表14-3　　　　　　　　因素风险溢价及β值

因素	风险溢价（%）	β
通货膨胀	3	1.2
工业生产	8	0.5
石油价格	6	0.3

第15章

证券市场效率与绩效评价

目标引领

价值塑造

　　本章引导学生理解衡量证券市场效率的各种方法的有效性和局限性，树立唯物辩证的思辨能力。金融市场本质上是对实体经济的杠杆经营，随着金融体制改革的深化，以及信息化和资本化的发展，极易产生多米诺骨牌效应，导致资本市场的不稳定因素的影响更迅速地扩散到全社会，应提高风险意识，积极防范金融风险。

知识传授

　　通过本章的学习，掌握证券市场效率的含义；了解证券市场效率及其发展；掌握内在效率与外在效率的含义；了解法玛的三类有效市场理论；掌握证券市场业绩评价的基本方法。

思维导图

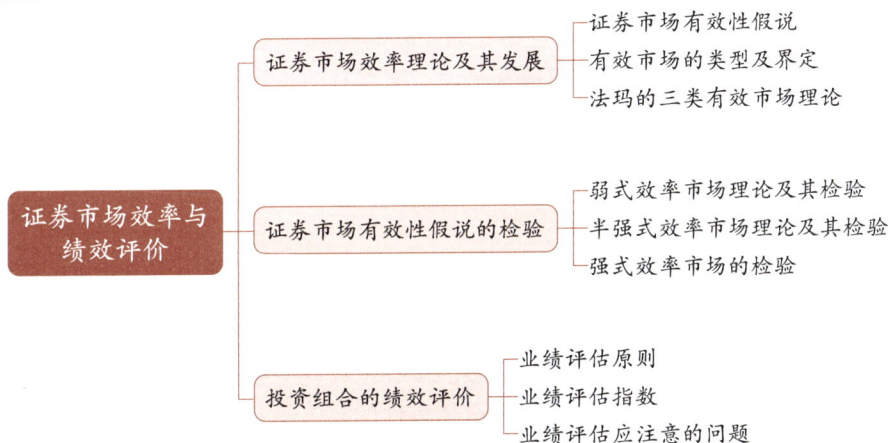

开篇导读

张坤于 2012 年 9 月 28 日起担任易方达中小盘股票型证券投资基金的基金经理，在任职期间实现回报率 631.80%，年化回报率达 24.89%。2015 年 11 月至 2021 年 2 月任易方达新丝路灵活配置混合型证券投资基金的基金经理，在任职期间实现回报率 156.18%，年化回报率达 19.54%。2018 年 9 月起任易方达蓝筹精选型证券投资基金的基金经理。2022 年 A 股的持续下跌令投资者的业绩缩水，本以为经验丰富的基金一哥可以化解当下的尴尬，但易方达蓝筹精选型证券投资基金跌幅超过 30%，在此期间大盘指数下跌约 23%。可见，受到市场的影响，投资的业绩是变化的，考虑业绩的高低要和市场基准做比较。

效率是经济时代的主题，投资同样也要讲究效率。证券市场效率有自己独特的衡量方法和指标。有效市场假说是现代投资理论宏观市场和微观价格有机结合的重要理论。

15.1 证券市场效率理论及其发展

金融资产信息的专业化，使证券市场有了利用信息来确定资产价格的可能，但问题是，证券市场能否有效地利用各种信息来组织交易、确定资产价格，这是研究证券市场效率的重要前提。在证券市场理论中，"有效"在各种场合中用于描述证券市场的运行特征。"一个证券市场如果在确定资产价格中能够使用所获得的全部信息，它（从信息上说）就是有效率的。"①也就是说，能够有效地利用金融信息的证券市场被称为"有效性市场"。具体而言，只有在有效性市场上，金融资产信息才会在资产的价格确定中发挥应有的作用。关于这个问题的最有影响的理论，是"有效性市场假说"（efficient market hypothesis）。②

15.1.1 证券市场有效性假说

根据价格对信息的反应情况，证券市场可划分为有效市场和无效市场。现实中无效市场几乎是不存在的，因为价格总会多多少少地反映一些相关信息。因此，在对证券市场有效性的研究中，涌现出了许多有代表性的经济学家。

有效市场假说的提出者是美国经济学家法玛。他在 20 世纪 60 年代就对股价行为作了许多实证研究，并于 1970 年 5 月在《金融月刊》上发表了《有效证券市场：对理论和实证工作的评价》一文。法玛认为，有效市场是指这样的一个市场：投资者都利用可获得的信息力图获得更高的报酬；证券价格对新的市场信息的反应是迅速而准确的，证券价格能完全反映全部信息；市场竞争使证券价格从一个均衡水平过渡到另一个均衡水平，而与新信息相应的价格变动是相互独立的或称随机的，因此有效市场假

---

① 伊特韦尔. 新帕尔格雷夫经济学大词典：第 E—J 卷 [M]. 北京：经济科学出版社，1996：346.
② 伊特韦尔. 新帕尔格雷夫经济学大词典：第 E—J 卷 [M]. 北京：经济科学出版社，1996：128-132.

说又称为随机漫步理论。

1970年，美国普林斯顿大学教授伯顿·G.马尔基尔把随机漫步理论归结为：市场对股票定价是如此有效，以至蒙住双眼的人用投镖法选择出的股票组合，与专家管理得一样好。马尔基尔认为，股票图形中的循环周期，无异于一般赌徒的走运或倒霉交替，都不是真正的循环周期。股票处于上升趋势这一事实并不能说明股价会继续上升。在股票市场上历史会重演，但会通过千变万化的方式重演以致使你无所适从。总之，股价运动是完全不可测的，完全是随机变量，就像通过掷硬币来决定股价升跌一样。

诺贝尔经济学奖获得者保罗·萨缪尔森也认为，市场参与者都想极力捕捉各种信息，并不断卖出他们认为估价过高的股票，买进他们认为估价过低的股票。大多数人都这样行动的结果是市场对各种信息进行及时而有效的消化从而使各种股票的价格迅速恢复均衡。这样，并不刻意选择价格高估或低估股票的被动投资者所选择的股票将跟专业分析家选择的一样好。诺贝尔经济学奖获得者托宾认为，股票市场效率至少应包括4个因素：①信息的效率性，即在股票市场上可以迅速、充分地反映价格等可以利用的信息；②评价的效率性，即在股票市场上，投资者可以从股票的持有中获得股息收入，而且有关股票的价格能被充分反映；③完全保险的效率性，即投资者可以在股票市场上随时进行让渡交易，投资者持有股票具有高度的流动性；④市场组织的效率性，即市场中的各种服务比较完善，交易成本较低，市场能够自如地进行运作。

证券市场效率理论的形成最初源于英国统计学家莫里斯·肯德尔的一个发现，即股票价格具有随机漫步（random walk）的特点。他认为，股价变动没有任何可预测的模式，不管过去的表现如何，它们在某一天有可能上升也有可能下降，根据股价变动的历史资料不能作出预测。这一结论起初被金融学家们认为是市场非理性的表现，然而，经过进一步思考，学者们对肯德尔结论的解释发生了反转——一个功能良好有效率市场的理性反应。在此基础上，许多西方经济学家（如托宾、威斯特、希尼克、法玛等）对这一问题进行了深入的研究，从而建立了各种有效市场假说，即弱式、半强式和强式效率市场假说。

应注意的是，有效市场假说或称随机漫步理论并不认为股价变动是无目的、对基本信息的变化反应是不敏感的。相反，它们认为，股票市场效率如此之高，以致无人能始终如一地相当迅速地买进卖出从而获利。根据3种有效市场假说的不同特征，下面将对证券市场效率假说作如下评价：

（1）有效市场假说把股价运动描述成毫无规律可循、随机的运动，这既不科学，也与事实不符。有效市场假说认为信息的出现完全是随机的，否则就不算信息，而股价对信息的反应是迅速而准确的，因而也是随机的。首先，影响股价运动的因素除了信息之外，还有投资者心理、经济周期甚至气候等，它们都有自身的变化规律，且可以被人们所认识。其次，在现实生活中，由于市场参与者水平参差不齐，对同一条信息大众的反应也不一定相同，市场总是需要一段磨合期，才能充分消化各种信息。最后，事物总是相互联系的，各种信息的出现也不可能是完全随机的，它们之间必然存在着某种联系，这种联系有的可以被人们认识到，有的还不能被人们所认识，但并不等于说它们之间不相关。

（2）弱式效率市场假说认为技术分析完全无用的观点也过于片面。股价变动是各种因素综合作用的结果，人们通过对以往价格和成交量变动进行分析（即技术分析）可以找到股价运动的某些规律，用以预测未来的股价走向。诚然，股市骗人的特性和让多数人亏钱少数人赚钱的定律决定了没有一种技术分析方法能百分之百准确，但我们并不能据此全盘否定技术分析。事实证明，股价运动具有趋向性和重现性，这就为技术分析提供了用武之地。

（3）半强式效率市场假说认为基本分析也无用的观点则是完全错误的，股市是经济的"晴雨表"，而经济运行有其规律性，作为"晴雨表"的股市自然也有规律性。

（4）强式效率市场假说认为"内幕信息"也无用的观点更是极端错误的，国内外都有大量利用"内幕消息"牟取暴利的例子就是个明证。

15.1.2 有效市场的类型及界定

若证券市场在证券价格形成中充分而准确地反映了全部相关信息，则称其为有效率。基于此，有效市场指的就是其价格的形态在某种程度上反映了与之相关的信息的一种市场。

1）信息与股票市场有效性

从本质上讲，股票市场有效性理论探讨的是股票价格对相关信息的反应程度和速度。如果经济、金融等各方面相关信息能够立即并充分地反映在股票价格中，那么这个市场就是有效率的。市场效率越高，价格对信息的反应速度也就越快。

要理解信息与股票价格波动的关系，必须搞清楚什么是信息集和信息的效用价值。信息集是指包含各种未来可能发生的事件的集合。这个集合对不同的投资者具有不同的价值，这主要取决于：①投资者是否基于这一信息而采取某些行动；②这一系列行动给他带来的净收益是多少。因此，一个信息集的价值 $V(h)$ 可以用下面这个公式表达[①]：

$$V(h) = \sum q(m) \text{Max} \sum p(e/m) U(a,\ e) - V(h_0) \tag{15-1}$$

式中，$V(h)$——信息集的效用价值；$q(m)$——获得信息 m 的边际概率（marginal probability）；$p(e/m)$——给定信息 m 的情况下，事件 e 发生的条件概率；$U(a,\ e)$——事件 e 发生时，采取行动 a 获得的预期效用；$V(h_0)$——未获得信息情况下决策者的预期效用。

如果信息集的效用价值大于零，就意味着市场有尚未利用的信息。那么投资者就会利用该信息买卖证券，赚取超额利润。然而，在一个高效率的市场中，这种机会是非常短暂的。价格往往会在几分钟内对新信息作出反应，而且这种反应会在较短时间内完成。这就是说，如果投资者想从昨天公布的信息中获取利润几乎是不可能的，因为套利者已经将价格提高或降低。因此，在一个有效的市场中，所有相关信息的集合与市场已经利用的信息应包含相同的内容。从相关信息中获得的效用收益恒等于零：

$$V(h_0) \equiv 0 \tag{15-2}$$

从证券市场运行的事实看，并不是所有的信息都会影响股票的价格，只有那些使

---

① 陈浩武. 体制转轨时期的中国资本市场［M］. 北京：经济科学出版社，1998：180-181.

决定公司价值的预期因素发生改变的信息才会反映在股价中。例如，公司的财务状况、股利分配政策、产品质量、政府的宏观经济政策等。这些信息的出现会立即改变人们对公司未来现金流量和贴现率的预期。

从理论上讲，在一个有效的股票市场中，没有人能持续地获得超额利润，这是由市场运行的特性所决定的。但是如果没有超额利润，人们不断挖掘信息的动力又从何而来呢？如果人们不再挖掘信息并利用它们进行套利，价格又如何反映信息呢？下面我们比较两种不同的投资决策：

假设有投资者甲、乙两人，甲以有价值的信息为依据进行投资，乙则不利用任何信息，随机进行投资。甲为了获得信息和交易的权利共支付成本6%，乙仅为获得交易的权利支付成本3%。假设正常的收益率为5%，甲获得有价值的信息后，获利能力提高为10%。从净收益的角度看，甲的收益率高于乙。这种不均衡状态会促使乙也积极地挖掘信息，提高其获利能力。这种逐利过程不断进行，最终使投资者的净收益相等，达到均衡状态。因此，一个高效率的股票市场正是投资者孜孜不倦追求信息的结果。

2）内在效率与外在效率

证券市场的运行效率是指证券市场价格是否有效、完全、准确地反映市场信息，并以此通过价格机制将金融资源从储蓄者手中向生产者手中转移。没有有效运行效率，定价效率也就难以达到。因此，在对证券市场效率的分析上，威斯特和希尼克（West & Tinic，1976）将证券市场效率划分为内在效率（有效运行）和外在效率（有效定价）两种类型。

（1）内在效率

所谓内在效率，是指证券市场的交易营运效率，即证券市场能否在最短时间和以最低交易费用为交易者完成一笔交易，它反映了证券市场的组织功能和服务功能的效率。若证券市场的内在效率高，则买卖双方能在最短的时间内完成交易，并支付最低的交易费用；反之，可以说证券市场的内在效率不高。

衡量证券市场内在效率的高低也有两个标志：一是每笔交易所需的时间；二是每笔交易所需的费用。显然，交易时间和交易费用决定了证券的市场流动性。若每笔交易所需时间太长或所需费用较高或二者兼有，则证券在市场上的流动（交易次数、数量和速度）就会受阻，从而影响到投资者根据市场信息改变投资组合的速度和能力，进而影响市场的外在效率。

（2）外在效率

所谓外在效率，是指证券市场的资金配置效率，即市场上证券的价格是否能根据有关的信息作出及时、快速的反应，它反映了证券市场调节和分配资金的效率。一个富有效率的资本市场，证券的价格能充分地反映所有的相关信息，并根据新的信息作出迅速的调整，因此证券的市场价格成为证券交易的准确信号。反之，可以说证券市场的外在效率低。

衡量证券市场是否具有外在效率有两个直接标志：一是证券价格是否能自由地根据有关信息变动；二是证券的有关信息是否能充分地披露和均匀地分布，使每个投资者在同一时间内得到等量等质的信息。显然，价格的变动方式和信息的完整性、时效性影响着证券市场的资金调节和分配效率。若证券价格被人为地操纵和控制，或证券的有关信息没有充分地披露和均匀地分布，或二者兼有，则证券市场就会误导资金流向，阻碍资金流向最急需资金且资金使用效益最好的企业。

15.1.3　法玛的三类有效市场理论

有效证券市场假说是以传统资本市场理论为基础建立的，在承认证券市场重要性的同时，这一假说将资本市场的营运效率作为前提，强调了证券市场的配置效率。有效证券市场假说的主要倡导者K.弗兰茨（K.French）指出：因为证券市场上各种证券的价格能充分反映所有可能获得的信息，且价格信号又是证券市场中资本有效配置的内在机制，所以"一个有次序的证券市场会迅速准确地把资本导向收益最高的企业"。基于上述推理，他们认为市场的有效性集中表现在证券价格上，价格有效性的中心含义又可解释为，价格在任何时点上都是证券内在价值的最佳评估。

按照国外成熟的资本市场理论，市场有效性本身就是资本市场效率。因为在有效率的市场中，通过证券市场的价格机制和信息机制，完全可以实现资源的优化配置。迄今为止，将证券市场效率理论发展得最为完善与严密的当属芝加哥大学教授尤金·法玛。他于1965年在《商业学刊》发表《股票市场价格的行为》一文。法玛注意到有关资本市场效率研究的两个关键问题：一是关于信息和证券价格之间的关系，即信息的变化如何引起价格的变动；二是与证券价格相关的信息的种类，即不同的信息对证券价格的影响程度不同。为此，法玛将资本市场的有关信息分为3类：一是历史信息；二是公开信息；三是内部信息，从而定义了3种不同程度的市场效率。

1）弱式效率市场

弱式效率市场假说认为，股价变动的历史不包含任何对预测股价未来变动有用的信息。在此情况下，证券的现行价格所反映的是有关过去价格和过去收益的一切信息。在弱式效率市场假说支持者看来，技术分析就如同占星术一样。

弱式效率是证券市场效率的最低程度。如果有关证券的历史资料（如价格、交易量等）对证券的价格变动没有任何影响，则证券市场达到弱式效率。反之，如果有关证券的历史对证券的价格变动仍有影响，则证券市场尚未达到弱式效率。原因在于：如果有关证券的历史信息与现在和未来的证券价格或收益无关，说明这些历史信息的价格已经在过去为投资者所用，从而说明有关证券的历史信息已经被充分披露、无均匀分布和完全使用，任何投资者都不可能通过使用任何方法来分析这些历史信息以获取超额收益。

值得指出的是，在一个达到弱式效率的资本市场上，所有的投资者在推断最后时刻的价格位置时，都运用历史价格数据，当然现行所反映的是过去价格和收益的一切信息。但是在弱式效率市场上，并不意味着投资者不能获取一定的收益。通常情况下，任何利用历史信息的投资策略所获取的收益都不可能获得超过"简单的购买–持有"策略所获取的收益。

2）半强式效率市场

半强式效率市场假说认为，在证券市场上，证券价格会迅速、准确地根据可获得的所有公开信息进行调整，因此以往的价格和成交量等技术信息以及公布的基本信息都无助于分析家挑选价格被高估或低估的股票。

半强式效率是证券市场效率的中等程度。如果有关证券公开发表的资料（如企业公布的盈利报告或投资专业机构公开发表的资料等）对证券的价格变动没有任何影响，或者说，证券价格已经充分、及时地反映了公开发表的资料，则证券市场达到半强式效率。反之，如果公开发表的有关证券的信息对证券的价格变动仍有影响，说明证券价格对公开发表的资料尚未作出及时、充分的反应，则证券市场尚未达到半强式效率。不难理解，在一个完全自由竞争的市场上，价格的调整取决于供需关系的变化。在新的资料尚未公布前，证券价格基本上处于均衡状态。一旦新的信息出现，价格将根据新的信息而变化。公开信息的速度越快、越均匀，证券价格调整越迅速，反之越慢。如果每个投资者都同时掌握和使用有关公开信息进行投资决策，则任何投资者都不可能通过使用任何方法来分析这些公开信息以获取超额收益。

3）强式效率市场

强式效率市场假说认为，不仅已公布的信息，而且可能获得的所有有关信息都已反映在股价中，因此任何信息包括"内幕信息"对专业分析都毫无用处。通常情况下，任何投资者都无法凭借其地位和某种信息渠道来获得超额的预期收益。

强式效率是证券市场效率的最高程度。如果有关证券的所有相关信息，包括公开发表的资料和内部信息对证券的价格变动没有任何影响，即证券价格已经充分、及时地反映了所有有关的公开发表的资料和内部信息，则资本市场达到强式效率。在证券市场上，总是有少数人（如公司高管人士）掌握未公开发表的信息。如果有人利用内部信息买卖证券而获利，则说明该市场尚未达到强式效率。

较之传统的证券市场理论，有效证券市场假说前进了一大步。对不同类型市场的区分实质上批评了完全证券市场假说的破绽，并对完全独立市场假定进行了修正。从这个意义上说，有效证券市场假说较完全资本市场假说更接近于市场经济的现状，其描述和结论也更符合实际。在 3 种类型效率市场的研究中，对半强式效率市场的检验引起了更多学者的兴趣，在这方面，法玛（Fama）、费雪（L.Fisher）、詹森（Jensen）和罗尔（Roll）4 人（简称 FFJR）的研究被列入权威之首。

15.2 证券市场有效性假说的检验

对有效市场理论的检验，通常使用的模型有 3 个[①]：第一个模型是市场模型，它简单地指出了证券收益与市场组合收益之间的线性关系。用数学公式表示为：

$$R_{jt} = a_j + b_j R_{mt} + \varepsilon_{jt} \tag{15-3}$$

第二个模型是资本资产定价模型，它要求其截距等于无风险收益率，或等于最小方差零 β 值组合的收益，两者都会随着时间而变化。用数学公式表示为：

$$R_{jt} = R_{ft} + (R_{mt} - R_{ft})\beta_j + \varepsilon_{jt} \tag{15-4}$$

① 陈国进. 资本市场理论与现代投资分析［M］. 北京：中国金融出版社，1998：127-131.

第三个模型是实证市场线模型，它虽然与资本资产定价模型相联系，但它并不要求其截距等于无风险收益率。截距 Y_0 和斜率 Y_{1t} 都是根据每期横截面资料的最优线性估计值，而且它具有的优势是，没有一个参数假设在时间上是一个常数。用数学公式表示为：

$$\dot{R}_{jt} = \dot{\gamma}_{0t} + \gamma_{1t}\beta_{jt} + \varepsilon_{jt} \tag{15-5}$$

以上3个模型都使用误差 ε_{jt}，用此衡量非正常业绩，但只有第二个模型是基于夏普-林特耐的资本资产定价理论的。

15.2.1 弱式效率市场理论及其检验

研究证券市场弱型效率的方法有两类：一是检验证券价格的变动模式；二是设计一个投资策略，将其所获收益和"简单的购买-持有"策略所获收益相比较。实际上这两类方法是一个问题的两个方面，它们之间具有互补性。在这两类方法中，最具有代表性的当属"随机漫步模型"和"过滤检验"。

弱式效率市场理论认为，股票市场价格反映了所有的过去信息。如果这样的理论有效，就意味着所有基于历史价格运动形态的交易规则，即技术分析方法失去了意义，因为所有过去的信息已经完全反映在现在的市场价格上了。一般地，检验弱式效率市场理论的公式使用预期收益的方程：

$$E(P_{i,\,t+1}|I_t) = [1 + E(\gamma_{i,\,t+1}|I_t)]P_{i,\,t} \tag{15-6}$$

式中，E——预期值；P_i——股票 i 的价格；γ_t——股票 i 的收益；I——被充分反映在价格里的信息体。

该等式表明，下一期的股票价格完全基于当期的股票价值加上下一阶段的预期收益，还表明当期获得的信息体（包括以前的所有信息）已经完全反映在现在的价格上。

根据弱式效率市场理论，可获得信息体已充分地反映在现在的市场价格上，这意味着未来的价格变化是独立的。为简化统计分析，我们假设未来价格变化是随机的。

因为过去所有信息都已经反映在现在的价格上了，因此，基于过去信息交易技巧的投资者不可能获得比按"购买-持有"策略更高的收益，用 X_i 表示 i 股票实际收益超过预期收益的超额收益，则：

$$X_{i,\,t+1} = \gamma_{i,\,t+1} - E(\gamma_{i,\,t+1}|I_t) \tag{15-7}$$

根据有效市场的"公平游戏"规则，预期的超额收益必须为零，则：

$$E(X_{i,\,t+1}|I_t) = 0 \tag{15-8}$$

股票价格和收益的"随机漫步"特征，在很早以前就有人注意到了。1901年法国人 Louis Bachelier 出版了《投机理论》，1934年美国的一名统计学家也注意到商品价格和股票价格的变化或多或少地有随机特征，但是对这一问题进行系统研究的是M.G.Kendall。1953年，Kendall 分析了伦敦证券交易所股票价格以及美国商品市场小麦和棉花价格的变化后，认为价格的变化是随机波动的。

对弱式效率市场理论的检验，主要是考虑收益时间序列的相关关系。序列相关分析法用以计量在同一时间序列上的数字观察值的相关系数，即在多大程度上，每一个观察值是由其前面的观察值决定的。1965年，芝加哥大学教授法玛在《股票市场价格的行为》一文中，使用随机漫步模型研究了1957—1962年间道·琼斯工业平均指数的30种股票价格的变动行为，分析了这30种股票增量的时间序列相关性。结果显示，在1天期的检验中，30种股票中有10种具有统计显著性；在4天期检验中，5种股票具有统计显著性；在16天期检验中，只有1种股票具有统计显著性。但是，由于这些检验是基于1 200～1 700个观察值的，这些关系只能用以解释下一期价值0.36%的方差，在若干天之后，这种微弱的关系也很快地消失。

1973年布鲁诺·索尼克（Bruno Solnik）对欧洲股票市场进行了类似的检验，其检验结果见表15-1。

表15-1 欧洲股票市场的序列相关性

国　别	1天变化	1周变化	1个月变化	股票样本数量
比利时	0.018	−0.088	−0.220	17
法　国	−0.019	−0.049	0.012	65
德　国	0.078	0.056	0.058	35
意大利	−0.023	0.001	−0.027	20
荷　兰	0.031	0.002	−0.011	24
瑞　典	0.056	0.024	−0.140	6
瑞　士	0.012	−0.022	−0.017	6
英　国	0.072	−0.055	−0.020	40

索尼克经过检验得出的结论是：欧洲股票市场所有样本的序列相关性都非常小，虽然从平均水平看，比美国的股票市场要高一些；对于每日收益，欧洲股票市场对"随机漫步"理论的破坏要比华尔街更明显。这是由于欧洲股票市场较小的交易的非连续性。信息在投资者之间的传播缓慢可能也是重要原因，这意味着价格对新的信息的调整要花更多的时间。

1970年得莱登（Dryden）根据在伦敦证券交易所报价的15种股票的15 000个每日价格对"随机漫步"理论进行了检验。他首先检验了时滞在1～12天之间的序列相关系数。在180个相关系数中只有21个大于2个标准误差。在这些具有统计显著性的相关系数中，12个是属于1天和2天时滞的。与此同时，得莱登还进一步检验了技术分析技巧与简单的"购买-持有"策略相比是否能取得更好的投资业绩。弱式效率市场理论认为，股票价格序列变动是随机的（即中值为零），投资者根据由历史经验建立的交易规则进行交易，不可能比简单的"购买-持有"策略获得更高的收益。得莱登的检验结果显示，在多数情况下，"购买-持有"策略获得了更高的收益，这基本证实了"随机漫步"假设。

1974年，格姆斯和本杰明根据伦敦证券交易所的资料检验了伦敦证券交易所

1968年10月到1971年4月的543种股票的每日价格（约600个观察值）序列依存性。他们把结果分成3类：随机变化股票、不定股票、非随机性股票。他们发现，交易量大的股票一般为随机性股票，而非随机性股票一般市场容量很小，并发现随着公司规模的扩大，股票随机变动的概率上升。

从此之后，若干学者开始分析研究究竟是哪些因素使市场变得有效率。这些因素归纳起来主要有：

（1）金融分析专家数量。对同一股票感兴趣的投资分析专家越少，该股票被错误定价的概率就越大。

（2）交易商的数量。对同一种股票进行交易的交易商数量越少，非有效定价的概率就越大。

（3）交易次数。在给定一段时期内，对一种特定股票交易次数越少，非有效定价的概率就越大。

（4）市场规模。市场规模越小，股票非有效定价的概率就越大。

西方经济学家经过大量实证分析，支持了弱式效率市场假设，认为技术分析（或图表分析）是一种浪费。然而时至今日，技术分析仍然在世界各个股票市场上得到广泛运用，究其原因，一方面是由于统计学家并没有100%的证据来说明技术分析没有用处；另一方面则是由于人类具有预测未来的欲望，而支持技术分析的个别成功情况又总被广为传播。

15.2.2 半强式效率市场理论及其检验

半强式效率市场理论认为，现在证券价格包含了所有公开可获得的相关信息。只要交易成本并没有高到足够阻止对新的信息作出反应，只要有足够多的投资者能够获得新的信息，即便投资者对信息的理解不完全一致，半强式市场效率还是可以达到的，所有的证券市场总是存在着不同程度的摩擦，但是这些只是造成市场缺乏效率的潜在因素，而不是现实因素。

经济学家一般运用事件研究法（event study method）来检验半强式效率市场。它将样本区间按事件发生时间划分为估计期、信息泄露检验期、事件发生检验期（通常很短，在前后1天，甚至前后几个小时）和事后检验期。

通常所研究的事件包括股票分割、巨额交易、兼并与收购、财务报表的公布等。事件研究法的检验过程是[①]：

（1）以估计期的数据为样本，使用市场模型估计模型的斜率（b_i）和截距（a_i）：

$$r_{it} = a_i + b_i \times r_{mt} + e_{jt} \tag{15-9}$$

（2）利用（1）中计算出的a_i和b_i判断信息泄露期、事件发生期和事后检验期是否存在超额收益率（abnormal return）：

$$ar_{it} = r_{it} - a_i - b_i \times r_{mt} \tag{15-10}$$

（3）计算所有股票（N种）在t时期的平均超额收益率：

$$ar_1 = \sum N_i = lar_{it} N \tag{15-11}$$

① 陈浩武. 体制转轨时期的中国资本市场［M］. 北京：经济科学出版社，1998：185.

（4）计算有关期间内的累积平均超额收益率（cumulative abnormal return）：

$$car_t = car_{t-1} + aar_t \qquad (15-12)$$

通过对 CAR 的检验可以对市场效率作出判断。如果在事件公布后的一段时间里不存在超额收益率，则证明股价对信息的反应速度快，市场是有效的，即半强式效率市场存在。反之，如果股价对新信息反应慢，那么在事件发生后的若干个交易日里，股价会呈现相同的走势，投资者可从中获得超额收益率。从目前的研究结果来看，大部分发达国家的股票市场支持半强式效率市场假说。当事件发生后，证券价格往往在几分钟内对其作出反应，而且这种价格调整基本在一天内完成，而大部分发展中国家基本属于新兴的股票市场，还不符合或达不到半强式效率市场。

15.2.3　强式效率市场的检验

强式效率市场的检验也是运用事件研究法，研究的对象是专业投资者或内幕人士的收益率。一般认为，专业投资机构（各种基金、券商等）由于研究力量庞大，关系广泛，往往能够掌握一些内幕消息。然而目前的研究表明，约有一半的投资者业绩并不比随机抽取的投资组合的收益更佳，这一点似乎支持了强式效率市场的假设。然而公司的内幕人员的确能够赚得超额利润，这一结论又否定了强式效率市场存在的观点。

1974 年，詹弗根据证券交易委员会公布的《官方证券交易和持有额汇总表》（Official Summary of Securities Transactions and Holdings）对 20 世纪 60 年代的 861 个观察值进行了检验，结论是内幕人士的收益率有统计上的显著性，并大于交易成本。他对 20 世纪 50 年代的一组内幕交易样本的分析也得出了相似的结论。实证研究的结果表明，内幕交易通常会推翻强式效率市场的假设。但是，在大多数国家中，内幕交易是非法的，如果将违法也视为一种成本，则是否可以说内幕交易获得的收益扣除违法等成本后还是平均收益呢？这一点有待进一步的验证。

通过证券市场有效理论及其检验，我们可归纳为以下两点：

（1）证券市场有效理论吸引了人们很大的兴趣，但是资本市场有效理论是一个很有限的概念。该理论认为，证券价格瞬时地和完全地反映所有公开获得的相关信息，它并不意味着市场是完全竞争的，或者信息是没有成本的。

（2）对证券市场效率的研究可以从两个角度去分析：一是证券市场自身的运作能力；二是证券市场运作对经济发展的作用能力。人们对证券市场效率理论的分析与应用将更加广泛，如会计信息、新股发行、投资组合业绩等。经过大多数检验结果表明，发达国家的资本市场符合弱式和半强式的资本市场有效理论，但是，强式效率市场理论不成立。

15.3　投资组合的绩效评价

15.3.1　业绩评估原则

评价投资组合的运行状况是组合管理者经常要面临的问题。习惯上，评价组合管理业绩的标准往往采用直接计算期间收益率，然后再与市场平均收益率比较，或进行同行间的横向比较的方法。这是一种非常简单的方法，仅是比较不同组合之间收益水平的高低，收益水平越高的组合越是优秀的组合。然而，我们知道收益水平较高不仅仅与管理者的技能有关，还可能与当时市场整体向上运行的环境有关，原因是期间收益可能来源于3个方面：①管理收益，即由管理者的投资能力带来的收益，属于主动收益；②市场收益，即市场整体上涨带来的收益，属于被动收益；③风险收益，即管理人冒险带来的收益。正因为如此，该方法不是一个恰当的绩效测评方法。

由于证券投资的收益与风险呈现同增（或同减）规律，投资组合的目的是追求在风险相等的条件下收益水平最高或预期收益相同的条件下风险最小，因此，对投资组合的业绩评估除了要衡量其盈利水平以外，还必须与其所承担的风险大小相联系，应本着"既要考虑组合收益的高低，也要考虑组合所承担风险的大小"的基本原则，采用风险调整后的绩效测评法，即去掉由风险带来的收益后，再与市场绩效比较，或进行同行间的横向比较，而资本资产定价模型为组合业绩评估者提供了实现这一基本原则的多种途径。例如，可以考察组合已实现的收益水平是否高于与其所承担的风险水平相匹配的收益水平，也可以考察组合承受单位风险所获得的收益水平的高低。

本节主要介绍基于风险调整的思想而建立的专门用于评价投资组合优劣的3种指数工具。

15.3.2 业绩评估指数

1）特雷诺（Treynor）指数

特雷诺指数是1965年由特雷诺提出的，他想创建一个适用于所有投资者，不论其风险偏好如何的业绩衡量尺度。他假定风险由两部分组成：①由于整个市场波动而产生的风险；②由于组合中单个证券价格的波动而产生的风险。他引入特征线这一概念，指出特征线的斜率可以衡量一个投资组合的收益相对于整个市场收益的波动性，这一斜率是该投资组合的β系数。他指出，理性的风险规避型的投资者总是倾向于那些具有较大斜率的投资组合可行线，原因是具有较高斜率的可行线能使投资者位于效用较高的无差异曲线上。这种投资组合可行线的斜率用Treynor的第一个字母T来表示，其公式为：

$$T_p = T_p = \frac{r_p - r_f}{\beta_p} \tag{15-13}$$

式中，T_p——特雷诺指数；r_p——投资组合P的实际平均水平。

从公式（15-16）可以看出，该指数给出的是在一段时期内投资组合的平均风险报酬与系统风险之比，它所衡量的是特征线的α值，是衡量投资组合在系统风险之外得到的额外风险报酬的大小。

在图形上，一个证券组合的特雷诺指数是连接证券组合与无风险证券的直线的斜率，如图15-1所示。

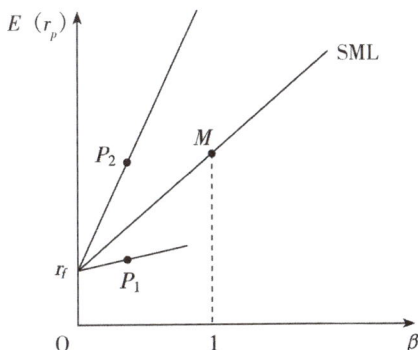

图15-1 特雷诺指数

当这一斜率大于证券市场线的斜率（$T_p > T_m$）时（如图15-1中P_2），投资组合位于证券市场线上方，表明该投资组合具有优秀的风险调整业绩，即投资组合的绩效好于市场绩效；相反，斜率小于证券市场线的斜率（$T_p < T_m$）时（如图15-1中P_1），投资组合位于证券市场线下方，表明该投资组合的绩效不如市场绩效。

2）夏普（Sharpe）指数

夏普指数是1966年由夏普提出的，它以资本市场线为基准，指数值等于证券组合的风险溢价除以标准差。其公式为：

$$S_p = \frac{r_p - r_f}{\sigma_p} \qquad (15\text{-}14)$$

式中，S_p——夏普指数；r_p——证券组合P的实际平均收益率。

在图形上，一个证券的夏普指数是连接投资组合与无风险资产的直线的斜率，如图15-2所示。

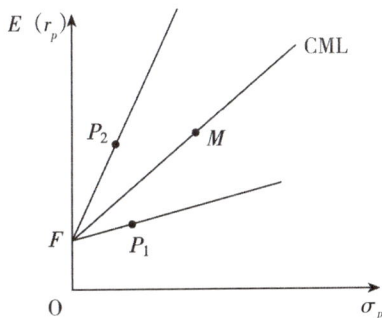

图15-2 夏普指数

将投资组合与市场组合的夏普指数比较来衡量组合投资的业绩，一个高的夏普指数表明该管理者比市场经营得好，而一个低的夏普指数则表明经营得比市场差。前者的组合位于资本市场线上方，后者的组合则位于资本市场线下方。位于资本市场线上的组合的夏普指数与市场组合的夏普指数均相等，表明管理具有中等绩效。

夏普指数的衡量尺度与特雷诺指数具有明显相似之处，因为等式中的分子为投资组合的风险溢价，所以该衡量尺度也是反映每单位总风险的风险溢价收益，不同之处在于这种投资组合业绩衡量尺度采用收益标准差作为风险衡量标准，而特雷诺指数所采用的却是β值（系统风险），这样，夏普指数衡量尺度是从收益和风险水平两方面来评价投资组合的业绩。

对于一个完全分散的投资组合来说（即不存在非系统风险），两种衡量尺度对投资组合评价的结果是相同的，因为完全分散的投资组合的总方差就是它的系统方差。另外，一个分散水平很低的投资组合的业绩，采用特雷诺指数评价时会很高，而采用夏普指数评价时则会很低。这两种测量尺度评价结果的差别是由分散水平不同造成的。

这样，这两种业绩衡量尺度提供了关于业绩的相互补充但却不同的信息，所以应同时使用这两种衡量尺度。如果评价的是一组分散水平很高的投资组合，这两种衡量尺度评价的结果是一致的。

夏普指数与特雷诺指数的缺点是它们对投资组合业绩的评价是一个相对结果，而非一个绝对结果。我们不能确定的是，这种差别在统计上的显著性如何。

3）詹森（Jensen）指数

詹森指数是 1969 年由詹森提出的，它以证券市场线为基准，指数值实际上就是投资组合的实际平均收益率与由证券市场线所给出的该投资组合的期望收益率之间的差。其公式为：

$$J_p = r_p - [r_F + (r_M - r_F)\beta_p] \tag{15-15}$$

式中，J_p——詹森指数；r_p——证券组合 P 的实际平均收益率。

可见，詹森指数就是投资组合所获得的高于市场的那部分风险溢价，风险由 β 系数测定。

在图形上，詹森指数值代表投资组合与证券市场线之间的垂直落差，如图 15-3 所示。

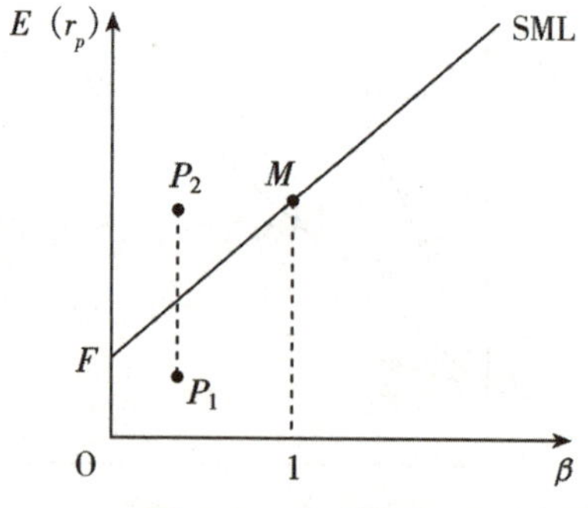

图15-3　詹森指数

从图 15-3 可以看出，如果投资组合的詹森指数为正，则其位于证券市场线的上方（如 P_2），落差大于 0，表明业绩较好；如果组合的詹森指数为负（如 P_1），则其位于证券市场线的下方，落差小于 0，表明绩效不好。

15.3.3　业绩评估应注意的问题

使用特雷诺指数、夏普指数以及詹森指数评价组合业绩固然有其合理性，但也不能忽视这种评价方法的不足，这种不足主要表现在 3 个方面：

其一，3 类指数均以资本资产定价模型为基础，后者隐含与现实环境相差较大的理论假设。这可能导致评价结果失真。

启智增慧15-1

基金业绩的
持续性

启智增慧15-2

严惩内幕交易
维护市场秩序

其二，3类指数中都含有用于测度风险的指标，而计算这些风险指标有赖于样本的选择。这可能导致基于不同的样本选择所得到的评估结果不同，也不具有可比性。

其三，3类指数的计算均与市场组合发生直接或间接关系，而现实中用于替代市场组合的证券价格指数具有多样性。这同样会导致基于不同市场指数所得到的评估结果不同，也不具有可比性。

正因为如此，实际应用中应当注意评估指数在理论假设方面存在的局限性、在组合风险估值和市场指数选择方面的多样性，并多做一些研究，在实践中不断摸索，以获得更为科学的评价结果。

本章小结

本章重点讲述证券市场有效性假说和投资组合的绩效评价。1970年，法玛提出了有效市场假说，其对有效市场的定义是：如果在一个证券市场中，价格完全反映了所有可以获得的信息，那么就称这样的市场为有效市场。有效市场假说包括了3种形式：

（1）弱式效率市场假说：该假说认为在弱式效率的情况下，市场价格已充分反映出所有过去历史的证券价格信息，包括股票的成交价、成交量、卖空金额、融资金额等。

推论一：如果弱式效率市场假说成立，则股票价格的技术分析失去作用，基本分析还可能帮助投资者获得超额利润。

（2）半强式效率市场假说：该假说认为价格已充分所映出所有已公开的有关公司营运前景的信息。这些信息有成交价、成交量、盈利资料、盈利预测值、公司管理状况及其他公开披露的财务信息等。假如投资者能迅速获得这些信息，股价应迅速作出反应。

推论二：如果半强式效率假说成立，则在市场中利用技术分析和基本分析都将失去作用，内幕消息可能获得超额利润。

（3）强式效率市场假说：强式效率市场假说认为价格已充分地反映了所有关于公司营运的信息，这些信息包括已公开的或内部未公开的信息。

推论三：在强式效率市场中，没有任何方法能帮助投资者获得超额利润，即使基金和有内幕消息也一样。

投资组合绩效评价的3个经典业绩指数是特雷诺指数、夏普指数和詹森指数。

特雷诺指数是每单位风险获得的风险溢价，是投资者判断某一基金管理者在管理基金过程中所冒风险是否有利于投资者的判断指标。特雷诺指数越大，单位风险溢价越高，开放式基金的绩效越好，基金管理者在管理的过程中所冒风险有利于投资者获利。相反特雷诺指数越小，单位风险溢价越低，开放式基金的绩效越差，基金管理者在管理的过程中所冒风险不利于投资者获利。

夏普指数反映了单位风险基金净值增长率超过无风险收益率的程度。如果夏普指数为正值，说明在衡量期内基金的平均净值增长率超过了无风险利率，在以同期银行存款利率作为无风险利率的情况下，说明投资基金比银行存款要好。夏普指数越大，说明基金单位风险所获得的风险回报越高；反之，则说明在衡量期内基金的平均净值增长率低于无风险利率，在以同期银行存款利率作为无风险利率的情况下，说明投资基金比银行存款要差，基金的投资表现不如从事国债回购，而且当夏普指数为负时，按大小排序没有意义。

詹森指数所代表的就是基金业绩中超过市场基准组合所获得的超额收益，即詹森指数>0，表明基金的业绩表现优于市场基准组合；反之，如果詹森指数<0，则表明其绩效不好。

关键概念

有效市场假说　内在效率　外在效率　特雷诺指数　夏普指数　詹森指数

综合训练

即测即评15

综合训练
参考答案15

✔ 理论知识回顾

1）投资组合A平均收益率为22%，标准差为21%，β值为1.15，若无风险收益率为12%，计算该投资组合的夏普指数和特雷诺指数。

2）股票A的实际收益率为15%，β值为1.2，无风险收益率为8%，市场组合收益率为12%，计算CAPM模型下预期收益率和詹森指数α。

3）甲乙两家公司，甲公司β值为1.2，标准差为22%，乙公司β值为1.5，标准差为25%，预期市场收益率为8%，无风险利率为4%，计算两家公司股票的预期收益率，根据夏普指数判断应该买入哪家公司股票。

4）经统计计算知某一证券投资组合的实际收益率是7.2%，其标准差是10%，β值是0.9，假设市场组合在同期内的实际收益率为8%，其标准差为14%。试以CAPM模型为分析工具对该投资组合的绩效进行评价。

✔ 阅读思考和实践

中国500强企业入主山东华鹏

山东华鹏2022年10月22日发布公告称，股东张德华与海科控股签署股份转让协议，拟将所持的7 785万股股份转让给后者，占公司总股本的24.33%。公告显示，此次7 785万股股份转让价款合计5.52亿元，每股转让价格7.09元，与停牌前价格5.65元相比溢价25.49%。此次交易将构成重组上市。复牌后，山东华鹏随即涨停，10月24日收获一字板，随后一周山东华鹏连续大涨价格最高达到8.27元，但上涨趋势维持近一周，10月31日开盘价格就跌破6块。

思考和分析：上市公司一旦经历重组，复牌后通常会经历价格剧烈波动，即上涨后立刻大幅度下跌，这是否说明中国的资本市场没有达到半强势有效？为什么？

第 **4** 篇

证券市场监管

第16章

国外证券市场监管

目标引领

☑ **价值塑造**

本章引导学生理解"法治兴则国兴，法治强则国强""治国无其法则乱，守法而不变则衰"。建设完备的法律规范体系，善治需有良法。法律关乎国家发展，在金融市场发展、创新与稳定中起到关键作用。

☑ **知识传授**

通过本章的学习，掌握证券市场监管的含义及特点；理解证券市场监管的一般理论；了解证券市场监管的几种方式；掌握证券市场的三种监管模式及特点；了解各国证券监管的法律体系。

思维导图

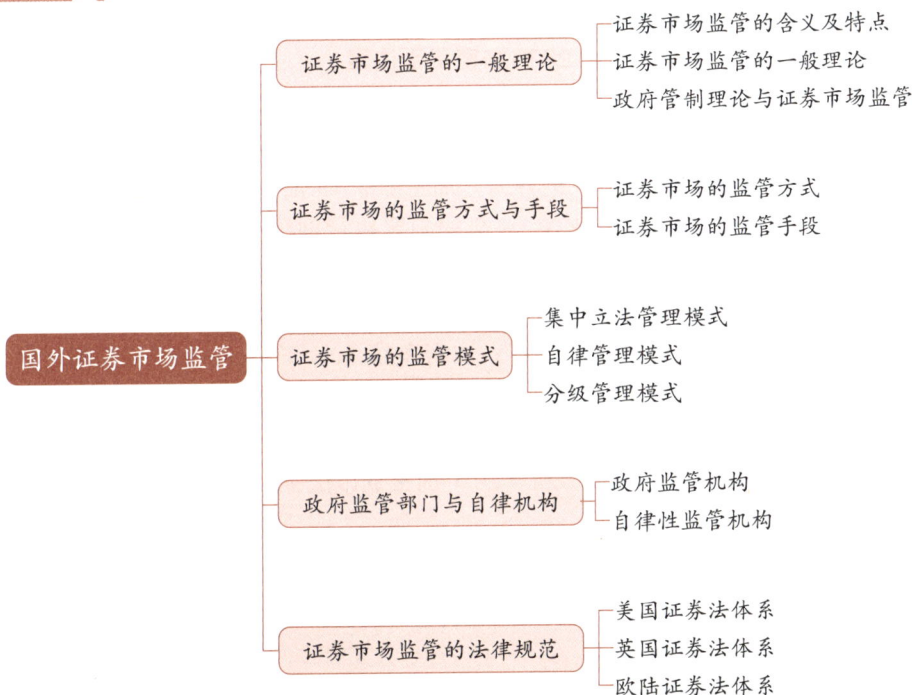

本章小结

证券市场监管的主体是政府、政府授权的机构或依法设立的其他组织。监管的目的是降低资本市场风险，保护社会公众利益，维护社会安定。监管的对象是证券市场体系及其各种活动。证券市场监管是宏观调控和经济监管的重要组成部分。

证券市场的监管方式主要有注册制和许可制两种。监管手段包括法律性手段、经济性手段、行政性手段、技术性手段、信息性手段和自律性手段。

证券市场的监管模式有集中立法管理模式、自律管理模式和分级管理模式3种。前两者，皆有不同的优缺点。目前，大多数国家都开始采取分级管理模式。

证券市场的法律规范分为美国证券法系、英国证券法系和欧陆证券法系。

关键概念

注册制　许可制　集中立法管理模式　自律管理模式　分级管理模式

即测即评16

综合训练
参考答案16

综合训练

✔ 理论知识回顾

论述证券市场的监管模式及各自优缺点。

✔ 阅读思考和实践

2020加密货币法案

加密货币的快速发展，促使美国在监管上进行了新的探索。2020年3月9日，美国国会议员Paul Gosar向众议院提交了《2020加密货币法案》（Cryptocurrency Act of 2020）。该法案将加密货币创新性地分为"加密商品""加密货币""加密证券"，并为其分别指定期货交易委员会（CFTC）、金融犯罪执行网络（FinCEN）和证券交易委员会（SEC）进行有针对性的监管，既保证了电子数字资产监管责任的明确化，同时也为各国加密货币监管的政策制定提供了新思路。其中，加密货币（crypto-currency）是基于区块链的"合成衍生品"；加密商品（crypto-commodity）是基于区块链的"具有完全或者很大部分同质化的经济商品或服务"；加密证券（crypto-security）是基于区块链的"债务、股权和衍生工具"。

思考和分析：从监管的角度分析《2020加密货币法案》的作用。

第17章

中国证券市场监管

目标引领

价值塑造

2022年政府工作报告指出，"全面实行股票发行注册制，促进资本市场平稳健康发展"。注册制是理顺政府与市场关系行之有效的方法，坚守事前"建制度"、事中"不干预"、事后"零容忍"的方针，坚定不移地推进注册制改革，有利于全过程各环节归位尽责，真正把选择权交给市场，最大限度地减少不必要的行政干预，给微观主体留下最大的自由空间。全面注册制改革是全面深化资本市场改革的"牛鼻子"工程，其关键就在于注册制改革的基本内涵反映了资本市场公开、透明、法治和市场化的精髓。注册制改革带来的市场化理念，使各类主体归位尽责的良性资本市场生态正在加速形成。

知识传授

通过本章的学习，了解中国证券市场监管的演进过程；理解和掌握中国现行证券市场监管体制的主要特征；掌握我国建立证券市场监管体制的原则及完善措施。

思维导图

开篇导读

中国期货业协会数据显示，截至2022年7月底，我国期货期权品种共有96个，其中商品期货64个、金融期货7个、商品期权20个、金融期权5个，对外开放品种9个，品种基本涵盖国民经济发展主要领域。

2022年8月1日，《中华人民共和国期货和衍生品法》开始施行，这标志着我国期货和衍生品领域的"基本法"空白得到填补。该法鼓励衍生品市场发展，确立衍生品业务行政监管与自律管理有机结合的监管体制，实现衍生品业务从"无法可依"到"有法可依"的历史性跨越，为衍生品交易基本制度建设健全和市场行为规范提供了法律依据。该法非常清晰地对期货交易者、期货经营机构、期货交易所、期货结算机构、期货服务机构以及监管者的职能进行了界定，将推动期货市场在法治化的轨道上有序运行。

中国证券市场从无到有，取得了举世瞩目的成就，这其中不乏监管的重要作用。在全球经济和政治风云变幻的新时期，只有监管找准方向、找到位置，市场才能越走越稳、越走越宽。

17.1 中国证券市场监管的历史回顾

17.1.1 我国证券市场监管体系的演进过程

我国的证券市场监管体系是随着证券市场的发展而逐步建立起来的，从证券主管部门的角度来看，大体经历了以下4个阶段：

（1）1981—1985年，财政部独立管理时期。这一时期，我国证券市场处于萌芽阶段，基本上不存在股票市场和企业债券市场，政府也没有提出要发展证券市场。仅是出于经济建设和弥补财政赤字的需要，国家从1981年起发行了国库券。国库券的发行工作主要由财政部组织和管理，发行方式以行政摊派为主，也没有建立起国债的流通市场。因此，严格来讲，这一时期还基本上谈不到证券市场的监管体系问题，这是我国无实体监管部门的阶段。

（2）1986—1992年10月，中国人民银行主管时期。随着经济体制改革的加快，证券市场得到了较快发展，除国库券外，金融债券、企业债券、企业股票相继推出，证券交易市场逐步放开，国务院及有关部门制定了一些有关证券市场的法规和政策。1986年1月7日，国务院发布了《中华人民共和国银行管理暂行条例》[①]，规定人民银行是证券市场的主管机关。1988年和1990年，国务院先后规定由国家计委介入证券市场的计划管理，财政部仍参与国债的发行和交易市场管理，国家体改委参与企业股份制改造的规范管理，这就逐渐形成了以人民银行为主，财政部、国家计委、国家

---

① 现已废止。

体改委等有关部门参与的证券市场监管的框架体系。此外，这一时期还注重证券行业的自律管理，其标志是两个全国性自律组织——中国证券业协会和中国国债协会于1991年8月宣布成立。

（3）1992年10月至1998年4月，是初级集中型监管体制阶段，资本市场监管体系雏形显现。在这一阶段，国务院证券委为主管机构，中国证监会为执行机构。

（4）1998年4月至今，是集中型监管体制定型阶段。国务院撤销证券委，由证监会集中统一行使监管职能，并把人民银行的有关证券监管职能并入证监会，从而形成了集中统一的资本市场监管体系。中国证监会为国务院直属机构，依照法律、法规和国务院授权，统一监督管理全国证券期货市场，维护证券期货市场秩序，保障其合法运行。中国证监会机关内设20个职能部门，1个稽查总队，3个中心；根据《证券法》第14条规定，中国证监会还设有股票发行审核委员会，委员由中国证监会专业人员和所聘请的会外有关专家担任。中国证监会在省、自治区、直辖市和计划单列市设立36个证券监管局，以及上海、深圳证券监管专员办事处。

在此期间，集中统一的资本市场监管体系以"机构监管"为主要方向，以中国证监会全面监管为主要依托，以交易所一线监管为主要力量，先后建立了中国期货业协会、银行间交易商协会和中国证券投资基金业协会等自律机构，密集制定并颁布了不同机构的正式管理办法、条例和通知，是我国证券市场监管上层建筑全面建设的关键时期。

（5）2017年至今，是调整完善优化阶段。金融发展催生了新的金融工具和交易方式，来自国际国内的各种新兴资产管理业态和工具，不断倒逼证券监管逐渐从"机构监管"向"功能监管"适时调整。原有的"一行三会"分业监管模式暴露出协调不畅、多头管理的问题，财富管理的新局面、资产配置的更高需求、投资者的更新换代，都把证券监管推到了中国金融监管的重要位置。证监会、交易所，协同各自律监管机构不断学习先进管理理念和计量方法，调整优化各项管理办法，推动股票发行注册制全面铺开，在防范系统性金融风险、优化资源配置、调动参与者积极性、保护中小投资者利益方面探索、试点并加以实施。

17.1.2 我国证券市场监管体制的主要特征

我国政府对监管体制的选择和几次调整，在不同阶段表现出了不同的特征：

（1）在1992年以前中国监管体系的形成时期，在政府管理层面中出现了若干监管资本市场领域的部门主体，但未形成统一、有序、顺畅的集中管理体系。其特征是：①中国人民银行作为中央银行，管理企业债券、股票等有价证券，管理金融市场，从而被正式法规确立为证券市场主管机关，但其监管职责并未明确，监管权限未得到伸张；②地方政府尤其是深、沪两地政府扮演了重要的监管角色，体现出监管框架中的分权性和非集中性；③证券交易所的自律管理在一定程度上取代了政府管制并带有浓郁的官方色彩，交易所具有相当的实际管制权力；④以中央银行为主要管制部门，按证券品种划分部门分工的监管格局初步形成；⑤多部门介入监管的格局略见雏形。

（2）1992年到1998年，专职的中央政府证券监管机关——国务院证券委和证监会成立，使中国证券市场步入了集中型监管体制阶段。这是我国首次确立独立于其他部门的专门性证券主管部门，摆脱了依附于财政部或中国人民银行的旧模式，它克服了非独立专业职能部门难以承担全国监管职能的弊端。

（3）1998年至2017年，全面落实"机构监管"理念。证券监管步入法治化阶段，基本证券法律体系得以确立和完善。证券市场上层建筑全面搭建完毕，自上而下形成了证监会及其外派机构、交易所为主体，各自律机构为补充的证券业监管格局，基本实现了不同类型机构监管法律体系的全面覆盖。

（4）2017年至今，在相对完善的"机构监管"基础上逐渐转向"功能监管"。泛资管时代的来临，新型金融工具的嵌套叠加，机构业务的交叉互渗，引导证券监管当局应从严格的机构监管藩篱中转向市场业态和工具的功能上，并不断更新监管理念和管理办法，不做"裁判员"，只做"护航者"。

17.1.3　我国现行证券市场监管体制形成的客观背景

从证券市场发达国家实行的3种类型的监管体制看，集中型的证券市场监管体制已为世界较多的国家所采纳，它甚至被认为是证券市场发展的必然规律。应该肯定，我国对证券市场管理体制的选择不仅顺应了世界证券市场监管领域的发展趋势，而且符合证券市场自身发展的内在规律性和客观要求。

从我国实际看，对集中统一监管体制的定位是符合中国国情的，与我国的经济与政治体制、经济与金融管理模式以及证券市场的发育程度相吻合。

17.2　中国证券市场监管的制度分析

从时间维度上说，政府对证券市场的监管可分为事前的监管和事后的监管；从资本市场运行看，可分为资本市场运转结构的监管和市场行为主体的监管；从价值取向上看，政府对证券市场监管的价值判断应能够做到公平、公正与公开。下面对我国证券市场监管制度的形成过程及存在的问题进行简要概述与分析。

17.2.1　中国证券市场监管制度的演进属于强制性制度变迁

纵观中国证券市场监管制度，至少有4次大的强制性变迁：

第一次变迁是1989—1991年。这次强制性变迁的背景是国家经济工作中的整顿方针；重点是对证券市场进行清理整顿；变迁的核心是清理整顿拆借市场和证券交易市场，清理整顿市场中介机构。

第二次变迁是1994—1995年。这次强制性变迁的基本背景是经济过热、金融秩序混乱，进行治理整顿。这次强制性变迁有两个基本特征：一是清理社会集资，禁止证券市场出现各种非规范化现象；二是清理从事内部股权证交易的场所。

第三次变迁是1996—1997年。这次强制性制度变迁是以中国证券市场持续两年的强上升行情为背景，以加强市场监管力度和投资者风险教育为核心，其基本目的是抑制过度投机。

第四次变迁是1998年。这次变迁的直接背景是国务院大规模的机构改革。在诸多部委及其职能和人员调整的同时，国务院撤销证券委，证监会改变事业单位性质而成为国务院直属的行政管理机构，证券委的宏观管理职能和中央银行监管证券经营机构的职权被并入和移交证监会，使证监会具有了统一的、广泛的管理权力。这次变迁的结果是确立了我国实行集中统一的监管模式。

目前，国内学者们之所以把我国证券市场几次大的改革定位为强制性制度变迁，主要依据是强制性制度变迁理论。制度变迁理论认为，制度变迁有两种方式：一是自下而上的自发的诱致性变化，由潜在收入的诱致产生；二是强制性变迁，是自上而下的由政府推动的变迁，这种变迁由政府命令和法律引入来实现。

我国实行强制性制度变迁主要基于以下现实背景：

（1）正规制度的变迁不及时，正规制度仍较缺乏。在中国证券市场形成与发展的进程中，正规制度滞后，有些正规制度由于论证不充分而仓促出台，还需要进一步完善提高。这种状况难以适应证券市场发展与变迁的需求。

（2）市场监管成本过高，决策过程滞后。在我国证券市场的形成与变迁过程中，市场监管不统一，对于由谁来管理市场的问题各方争论不休，议而不决，一项制度的出台或一项制度创新的被确认，需要一个很长的过程。集中统一的证券市场监管机构的出现是在市场不断深化趋势下的被动行为，难免遗留原有体制下的一些弊端。

（3）正规制度的变迁缺乏稳定性，有些制度的适应性不够强。在一些制度实施上没有法律规定，通常取决于监管部门的态度，具有较大的随意性。按市场运行规律要求，表现在资本市场上就是正规制度的实施机制不健全，实施力度不够。

按照上述分析，可以认为，我国证券市场监管制度的强制性变迁适应了我国资本市场发展的实际要求，它是证券市场不断深化的必然要求。

17.2.2 我国资本市场监管制度的结构特征及缺陷

1）证券发行监管制度

在我国以往的证券发行实践中，都是采用审批核准制。证券发行是证券市场上的筹资者通过发行证券筹集资金的活动。在当前我国证券市场上，出现了过度包装、虚假包装、上市公司质量不高等问题，严重损害了投资者的利益，影响了证券市场的健康发展，不利于促进国有企业股份制改造和现代企业制度功能的发挥。

核准制实质上继承了传统计划经济的内核，不可避免地存在一些弊端和负面的东西：一是行政色彩浓重的额度配给制度影响了对股票供应的市场选择，扭曲了优化资源配置这一市场基本功能；二是发行额度成为一种稀缺资源，成为国有企业争相追逐的配给品，争取发行额度演变成一种资金成本相对最低的"圈钱行为"；三是额度控制下发行市场的卖方市场性质带来证券商的过度竞争，诱发上市公司的虚假包装和信息披露的不真实；四是证券交易所对股票上市的审核形同虚设，削弱了自律管理功效。

为此，2013年11月，党的十八届三中全会通过了《中共中央关于全面深化改革若干重大问题的决定》，明确提出推进股票发行注册制改革。2018年11月5日，习近平总书记在首届中国国际进口博览会开幕式上宣布，将在上海证券交易所设立科创板并

启智增慧 17-1

视频：数读资本市场这十年

启智增慧 17-2

全面注册制写入今年政府工作报告 资本市场更好赋能实体经济

试点注册制。2019年7月22日，首批科创板公司上市交易。2020年8月24日，创业板试点注册制首批企业上市。2020年10月，党的十九届五中全会提出，全面实行股票发行注册制。2021年11月15日，北京证券交易所揭牌开市，同步试点注册制。2023年2月17日，全面实行股票发行注册制主要制度规则发布实施。2023年4月10日，沪深交易所主板注册制首批10家企业上市，我国注册制改革再度迈上新征程。

2）证券交易监管制度

在证券市场上，最频繁、最活跃和风险最集中的行为是交易行为，因此，证券交易监管制度的规范与完善具有十分重要的意义。我国现行的证券交易监管制度是一种政府高强度限制和积极干预下的交易市场管制制度。这一制度的构成要素和基本特点表现为以下几项：①我国证券交易制度实行严格限制的市场准入制度；②证券法规对不正当交易行为作出明确界定并制定严格处罚措施；③证券交易单一，仅限于现货交易，排除了期货交易和期权交易，严格禁止保证金交易；④交易制度有严格规定，如交易停止制度、价格限额制度（涨跌停板）、禁止性的卖空管制、实行"T+0"交易结算制度等；⑤监管者实行"弹性监管"，即带有"相机抉择"的特征，政府监管者有意识、有目的地通过直接或间接方式积极入市干预，实施不同性质与程度的干预措施，以求实现维持市场稳定和供需均衡等监管目标。

关于证券交易制度，各国证券法律均有明确界定，并实行严格管制。但在主张自由竞争的经济学家看来，实行高强度的证券交易市场管制显然存在弊端[①]：一是有损市场流动性和市场规模的扩大，如准入规制、纯现货交易、禁止信用交易、禁止卖空、政府入市等制度安排，对市场稳定起到有效作用，但也有可能减少市场需求，阻碍资金的自由流动，抑制市场扩张，降低市场活跃程度；二是高强度的市场管制可能影响价格信号对市场真实信息的有效吸收，甚至扭曲市场价格，有损配置效率或信息效率；三是抑制交易各方在均认为有利的情况下从事交易的机会，单一现货交易方式不能满足套期保值的需要，使风险规避机制相应减少；四是准入限制和政府干预很可能有损市场的公平待遇和公平竞争，况且"相机抉择"要求监管者的监管信息成本足够小，否则政策措施产生的负面影响可能大于政策措施的收益。

为此，监管层开展两融业务的试点并逐渐全面铺开，2006年6月30日，证监会发布《证券公司融资融券业务试点管理办法》；8月21日，沪深证券交易所发布《融资融券交易试点实施细则》；2008年10月起，部分证券公司开始了融资融券业务全网测试。2010年3月19日，证监会宣布6家证券公司获得融资融券首批试点资格；而沪深证券交易所于3月31日起接受证券公司融资融券交易申报。这标志着我国融资融券业务试点开始。2011年10月19日，中国证券金融股份有限公司（即证金公司）正式获得核准。证金公司的成立不仅为融资融券业务提供转融通机制，而且担负对证券公司融资融券、转融通业务的统计、检测、分析等职责，将促进融资融券业务平稳发展。2013—2015年6月的两年半时间，两融余额增加了22倍左右。2017—2019年上半年的两年半时间，受监管收紧、金融去杠杆的影响，融资融券业务继续低迷。2020年由于受到疫情影响，融资融券余额同比有所回落，但相信随着经济恢复，股市企

---

① 洪伟力. 证券监管：理论与实践［M］. 上海：上海财经大学出版社，2000：275.

稳，融资需求将提高，融资融券业务也将再次复苏。

3）证券商和证券业监管制度

我国现行的证券商和证券业监管制度是一种政府严格管制下的证券分业和分类管理的制度。目前，国内外理论界在银行业与证券业"分还是合"的争论中主要围绕着"风险"和"效率"两条主线展开。在国外主要划分为两种类型，以美国和日本为代表的分离型和以德国为代表的综合型。但随着新技术革命和金融创新浪潮风起云涌，国际资本流动日趋活跃，金融市场的全球联系日益增强，各国金融管理当局在内外压力的推动下，纷纷对本国金融体制实行重大改革，其中一个重要内容就是打破银行业与证券业之间的分水岭，形成混业经营的趋势。

我国现行的证券商和证券业监管制度具备如下制度要素与特征：①严格的分业管理，不仅证券业与银行业实施分离，而且是证券业、银行业、信托业、保险业四大金融行业各自独立经营，分别管理；②严格的行业准入限制，证券商的设立管理采用严格的特许制，审批权归证监会；③简单的证券商分类管理和狭窄的经营范围限制，所有证券商只能以综合类或经纪类两种形式存在；④证券商的财务责任和经营行为监管制度已经形成，但有待于细化。显而易见，中国现阶段的证券业和证券商监管制度是一种典型的金融抑制状态下的覆盖证券业的准入规制、业务规则、价格规则等方面的强金融管制制度[①]，如果说证券发行监管尚不断表现出行政干预弱化的改革趋势，那么对证券业（商）的监管则显示出一贯的不断严格而细化的加强管制的特征。但这种监管制度仍有待完善。从理论上分析，金融领域的有效分工应依靠市场自由竞争而形成，管制性分工很可能损害金融市场运行效率。从现实看，严格的分业和分类管制将会阻碍不同金融机构之间的竞争，容易诱导各金融机构在各自领域内形成合法化垄断，从而降低效率。从证券商的角度看，证券法对综合类券商的规模限制将使一级市场上的证券承销业务相对集中，竞争主体相对集中，如果竞争主体减少，很可能导致竞争弱化和竞争不足。

4）自律机构监管制度

我国现行的自律机构监管制度是一种政府集中控制、自律责权狭小的管理制度。[②]这一制度的主要内容可归纳为：①对于股票交易来讲，广义上不存在柜台交易市场，交易市场的宏观结构目前定位于完全集中的场内集中交易市场和大一统式的垂直管理模式，两所竞争的格局一直未打破；②证券交易所的设立采取特许制，以非营利性为原则，两家交易所的职能与性质具有平行配置的显著特征；③证券业协会以及证券交易所的自律管理职能范围狭小，总体上看，证券交易所的上市管理权限十分有限，现行监管制度更多强调其义务而非权利，而证券业协会基本上处于辅助政府监管的地位。上述自律机构监管制度存在的缺陷主要是：自律机构的职能未能充分体现，自律机构的职权过于狭小，致使自律机构的作用和效果十分有限。

综上所述，现阶段中国证券市场监管的各种制度和制度体系在总体上是一种有别于西方的、在本质上归属于新兴市场而又极具中国特色的证券市场监管制度。中国证券市场监管制度的演化是强制性变迁过程，并表现出具有政府主导的、强干预性的、

① 洪伟力. 证券监管：理论与实践 [M]. 上海：上海财经大学出版社，2000：273.
② 洪伟力. 证券监管：理论与实践 [M]. 上海：上海财经大学出版社，2000：276.

严格管制的制度特征。

17.3　中国证券市场监管体系的完善

我国的证券市场既反映了证券市场的共性，又体现了其所特有的个性，而这种个性在一定程度上正是导致目前我国证券市场各种问题不断积淀和风险加大的原因。因此，在完善我国证券市场监管制度与体系的过程中，应该把握3点：一是在监管体系已基本构建成形的情况下，应注重证券市场监管的深化，完善市场监管的法律法规体系，着力解决证券市场中的个性问题；二是在进一步完善监管体制的问题上，要逐步建立政府监管、行业自律、交易所把关的三者并重的监管体制，特别要充分发挥行业的自律作用；三是在证券市场监管机构的建设上，要形成集中、统一和权威的监管机构，减少不必要的监管权力分散化。总体目标是构筑集中统一的监管体制，实现集中监管和分散监管在一定程度上的有机结合，完善法律体系，提高监管效率，保护投资者利益，保证证券市场的规范发展。于是，我国证监会提出现阶段发展理念——敬畏市场、敬畏法治、敬畏专业、敬畏风险、发挥合力，主要工作——建制度、不干预、零容忍，以及建设目标——打造一个规范、透明、开放有活力、有韧性的资本市场。下面提出一些具体措施。

启智增慧17-3

中国金融监管体系重构，双峰监管更加稳健

17.3.1　建立证券市场监管体制的原则

（1）促进证券市场的效率与秩序协调发展的原则。证券市场监管的最终目的在于提高证券市场的运作效率和秩序，以保证其对经济发展的功能，而要充分发挥证券市场的经济功能，就必须提高市场的运行效率和秩序。证券市场的效率表现在两个方面：一是证券市场能形成均衡价格，且该均衡价格能够正确地反映价值；二是能够按照均衡价格迅速成交，手续简便。证券市场的秩序是指参与主体按照市场的规则有序地运行，秩序与效率是相互依存的。因此，应当把促进证券市场效率与秩序的协调发展作为建立中国证券市场监管新机制的首要原则。

（2）有效保护投资者合理利益的原则。规范与监管证券市场的一个重要目的和作用，就是要防止人们利用信息优势从事各种欺诈活动，促进证券市场的健康发展，实现证券市场的公开、公平与公正。因此，政府应当从保护投资者合理利益的角度出发来建立各种有效、公正、反欺诈、反操纵、反内幕交易的制度，其中最重要的就是公开信息披露制度。

（3）监管成本最小化与收益最大化的原则。由于存在市场缺陷，仅仅依靠自由的市场机制不可能达到资源的最优配置。因此，作为社会公共利益代表的政府需通过建立证券市场监管机构对证券市场运作进行不同程度的干预。然而，证券市场监管是有成本的：一是不合理的监管行为（监管不足或过度或监管权滥用）会对证券市场的规范发展造成重大的损害；二是政府监管本身耗费大量的人力、物力和财力。中国证券市场监管机制应当遵循监管成本最小化与收益最大化的原则，合理地设计资本市场监管组织体系的结构，制定行之有效的监管制度，建立一支精通证券市场专业技术知识和具有高度敬业精神及职业道德的高级监管队伍，这是充分发挥和提高市场监管机制的功能和效率、降低市场监管机制的运行成本的必要条件。

17.3.2　进一步完善证券市场监管体系的措施

世界各国的市场监管体制大体可分为3种类型，即集中管理型、自律管理型和分级管理型。目前，我国证券市场集中统一的监管体制已经确立，但根据证券市场的发展趋势如何对其进行完善是亟待解决的问题。我们认为，监管体制模式的设计应主要取决于一国资本市场的发育程度与自由度以及政府对经济运行的调控模式。同时，我国资本市场与资本监管的现状，决定了我国市场监管新体制的设计，只能是渐进地逐步接近市场管理模式。适应中国国情的证券监管体制，应在中央政府的集中统一管理、调控、监督、指导下，充分发挥地方政府的作用和市场的自律功能，综合运用法律手段和市场手段，实行中央、地方监管与市场自律相结合的监管体制。这种目标模式应具有以下特征：

（1）集中但非集权型的市场监管体制。所谓集中型的管理体制，就是在市场体系内，市场的管理只能由一个主管部门进行，以克服多部门管理中的权力互相摩擦和责任相互推诿，克服地方割据市场的弊端，排除法律、法规、政策不统一，市场行为不规范等弊端。所谓非集权型的监管体制，是指国家主管部门不参与市场具体经营活动的审批，给市场的行为主体以充分发展的空间。

（2）建立一个"官民结合"的监管机构。证券市场监管权集中于证监会后，证监会作为管理市场的最高权力机构，具有直接的、集中的监管权。为了避免证监会监管权力的广泛性和监管行为的刚性给市场运行带来消极后果，证监会应吸纳市场自律组织机构的代表参与管理，使之由一个纯粹的官方行政机构变为一个"官民结合"的监管机构。具体可以这样来进行：证监会由国务院直接领导，证监会主席及主要负责人由国务院确立或委派，同时吸收证券商协会、投资者、证交所代表参与决策和管理。证监会在制定和执行政策时既要代表政府的意志，又要反映市场的要求，使政府干预市场的行为与市场运行内在要求之间的矛盾得到协调。这样既可以减少政府监管行为的随意性和刚性，促进市场按规律运作，又可以培育和发挥市场机制的自律作用，为立法和政府的监管留有充分选择的余地。

（3）政府与市场相对独立。国家监管机构应当是资本市场重大政策的决策者、市场运作的监督者、各种利益冲突与矛盾的协调者、市场纠纷的仲裁者和破坏市场秩序行为的制裁者，但不能直接代替行为者决策，政府与市场应保持相对独立。政府管理机构应完全超脱于市场，并对具体业务不加干涉，一旦证券市场出现问题，则会马上采取措施以体现出监管机构的权威。

（4）充分发挥证券市场的自律功能。应建立、健全证券协会和证券交易所双重自律机构，并以法律形式确认自律机构的法律地位，赋予其制定运作规范与规划、监管市场、执行市场规则的权利，使市场的自律机构充分发挥自我监管、自我发展、自我约束的功能。

（5）综合运用法律与市场调节手段。法律监管是通过审核管理和信息公开手段，为公众投资者提供及时、准确、可靠的公司和证券信息，确保市场各行为主体依法办事，防止并制裁资本市场的违法行为。所谓市场调节，是政府通过调整经济政策，如利用利率杠杆、税收杠杆及产业政策的导向等措施，来影响资本市场的行为。

17.3.3 自觉地理顺好"三个关系"

（1）理顺证监会与中央各部委之间的关系。建立集中统一的资本市场监管体制，目的在于克服现行体制下证券业立法、政策制定和执行过程中"政出多门""部门保护主义""地方保护主义"等行为，使政府在资本市场上所兼任的"运动员"和"裁判员"两职责相分离，但这并不意味着资本监管体系对其他政府部门的绝对独立和封闭，它应该是一个开放的系统。证监会可以设立兼职代表席位，由中央各部委派人出席。兼职代表的职责是向证监会传递其所在部门的意见并反馈意见，协调双方的关系，证监会在立法和制定政策过程中应积极听取和吸纳其他政策部门的意见，但具有终裁的独立地位和权威。

（2）理顺证监会与地方政府之间的关系。证券监管离不开地方政府的支持，因此处理好证监会与地方政府之间的关系十分重要。地方政府与证监会之间的关系可以参照证监会与中央各部委之间的关系模式来构建。证监会在各地设立的派出机构，在日常监管活动中，应及时与地方政府有关部门沟通，可请地方政府派代表参加有关会议。政府代表的职责在于沟通地方政府与地方证券监管部门之间的信息，地方政府由负责管理变为参与管理，无权决定证券监管部门的行政执法事务，地方政府若对证监会派出机构的工作有不满的地方，可以申请证监会出面协调。

（3）理顺证券主管机构与自律组织之间的关系。世界上较成熟的证券管理体制都比较重视证券业的自律管理，自律管理的重要性表现在：①它是政府管理的必要补充；②自律管理有利于市场机制作用的发挥；③自律机制是政府行为和法律规范发挥作用的基础。因此，在新的监管体制中，应加强市场的自律管理功能。证券主管机构是最终的管理者，行使完全监管职能，但它应把日常的业务管理交由自律组织承担。自律组织有权制定、执行日常业务管理规则，并行使惩戒职能，但自律组织并非完全脱离证券主管机构，而是要接受其指导、监督和管理。具体的实施可以通过证券业自律组织资格授予、工作考核，以及自律组织管理规则审批、授权、仲裁等方式来进行。

17.3.4 建立对监管者的监督约束机制

一个完善的监管体制还应包括对监管者的监督约束机制。由于在证券市场监管过程中时常出现监管者以行政指导代替依法监管的情况，因此政府监管的有限性足以使我们提出一个严肃的问题：既然政府管制有可能不尽如人意，那么，就有必要设法对监管部门也加以监管。其具体措施是：

（1）建立对监管者的监督约束机制，加强监管机构纪检部门的建设，建立纪检部门对监管工作的调查制度；

（2）根据《证券法》等法规中关于监管部门工作人员的法律责任及职责的规定，制定对违法监管、执法不严或失职、渎职等行为的处置办法；

（3）定期公布有关监管信息，增强监管的透明度；

（4）扩大和完善社会公众对监管者的举报制度。

17.3.5 完善信息披露制度

信息在证券市场中作为有效配置资源的重要手段，是证券市场得以正常运行的基石，而信息披露则是现代资本市场监管的核心内容，对它的监管贯穿证券的发行、上市、流通的全过程。

（1）应制定完整的信息披露制度。从证券市场运行的全过程来看，信息披露制度应包括证券发行信息公开制度和信息持续公开制度，券商与交易所的信息管理，政府部门、新闻媒体及信息咨询服务的信息管理等。同时，应当以法律的形式使该制度得以强化，保证投资者获得相关信息的权利，明确信息披露主体有信息披露的义务，并在其违反义务时承担一定的法律责任。

（2）合理确定信息披露的标准，分别在时间的及时性、数量的充足性、内容的有效性3个方面对信息披露制度作出要求。一方面，使上市公司在披露信息时了解有关规定，知道什么信息必须加以公告，在什么时间公告，以何种方式公告，使上市公司对于一些商业秘密的披露做到心中有数；另一方面，对监管机构提供的尺度，以法律或规定的形式强化信息披露制度，做到有法可依、执法必严。

17.3.6 加强证券市场运行结构的监管，促进证券市场的规范化

证券市场的结构主要包括发行市场结构和交易市场结构两大部分。对证券市场运行监管的细化，应分为证券发行监管与交易监管两个方面，其具体措施如下：

（1）证券发行与上市监管是证券市场监管深化的基础和重要前提。从我国资本市场的运行实际出发，对证券发行与上市监管应注重以下几个方面：①由于在一定时期内仍缺乏实行发行注册制度的充分条件，因此，应当在现行审批核准制框架中，尽力提高发行监管的效率、专业化水平和透明度。一是建议在地方监管部门层面上成立由专业人士和专家组成的发行初审委员会，提高初步筛选的科学性，使其对拟上市企业改制情况的初审报告成为证监会进行合格性审核的重要依据；二是根据现行经济发展水平，科学、定量化地制定年度新股发行规模及其额度配置，并逐步形成相对稳定的公布制度，以减少其随意性对股市的冲击；三是应切实落实《证券法》中对发行监管制度改革的规定，并不断地加以完善。②规范上市公司是稳定和发展资本市场的关键，必须加强对上市公司的监管，变联动制为分离制，强化市场淘汰机制，严格执行上市公司摘牌制度，努力提高上市公司质量。③积极培育机构投资者，扩大市场需求，调整投资主体结构，在市场发展的进程中力求维持市场供求均衡。④积极探索在国企筹资与转制、上市公司信息披露、市场需求基础、贯彻监管"三公"原则等方面取得突破，条件相对成熟时，将发行制度从审批核准制过渡为注册制。

（2）证券交易监管是证券市场监管深化的重点，也是市场稳定运行的保证。①增强法律意识，坚决制裁各种市场操纵、内幕交易、证券欺诈、虚假陈述等不正当行为，增强监管法规的实施力度，并在实践中进一步加强法规制度的可操作性。②大力推进市场供需的双向培养，在增强流动性的同时抑制过度投机，实现供需力量的均衡

启智增慧 17-4

2020年新《证券法》正式施行

启智增慧17-5

中国证券监
督管理委员
会历史沿革

增长，政府应在相当长时期内以有意识地干预和维持市场供需的动态平衡作为监管目标。③应当逐步解决国有股和法人股的流通转让问题，实现同股同权，从而在本质上促进上市公司现代企业制度的有效形成。④在加强证券市场基础设施建设的同时，成立全国性的股市风险监控系统，使市场风险管理通过监管手段的改进而得以强化，并以此防范信息网络技术运用所带来的风险。

（3）证券市场监管要围绕保护公共利益、防范风险来进行，促进证券市场的规范化。规范化是针对证券市场中各个参与者、各种行为、各方面联系以及市场运行的各种机制的达标性要求，是对证券市场运行的一种全面系统的要求。政府应逐步从计划经济的管理模式中淡出，更多地采用法律和市场的手段对证券市场进行监管，尽量减少计划和政策变化对证券市场的冲击。

本章小结

随着中国证券业的不断发展，证券市场监管也越来越受到重视。本章主要分3个部分介绍了中国证券市场的监管制度。

首先，对中国证券市场监管作了历史回顾，使读者了解我国证券市场监管体系的演进过程、我国证券市场监管体制的主要特征和我国现行证券市场监管体制形成的客观背景。其次，对中国证券市场监管的制度作了分析，阐述了中国证券市场监管制度的演进属于强制性制度变迁，并对我国资本市场监管制度的结构特征及缺陷做了分析。最后，提出了完善中国证券市场监管体系的具体措施。

关键概念

信息披露制度

即测即评17

综合训练

综合训练
参考答案17

✓ 理论知识回顾
1）我国证券市场为什么要实施注册制改革？
2）证券市场监管中为什么要加强对ESG信息披露的要求？

✓ 阅读思考和实践

关于依法从严打击证券违法活动的意见

2021年7月6日，中办、国办公布《关于依法从严打击证券违法活动的意见》，对加快健全证券执法司法体制机制，加大重大违法案件查处惩治力度，加强跨境监管执法协作，夯实资本市场法治和诚信基础，推动形成崇法守信的良好市场生态作出重要部署。

意见为进一步落实"建制度、不干预、零容忍"九字方针提供了遵循。意见明确将九字方针作为资本市场执法司法的指导思想，对于加快构建更加成熟更加定型的资本市场基础制度体系，切实提高违法成本，坚决维护资本市场秩序和保护投资者合法权益具有重要指导意义。

意见完善了中国特色证券执法司法体制机制的顶层设计。意见以体制机制改革为主线，确立了"十四五"证券执法司法工作的主要目标与重点任务，目标清晰、路径明确，对于实现行政执法与刑事司法高效衔接，提高证券执法司法效能具有重要意义。

意见明确了资本市场未来5年打击证券违法活动的主要目标。到2022年的目标包括"依法从严打击证券违法活动的执法司法体制和协调配合机制初步建立""重大违法犯罪案件多发频发态势得到有效遏制""资本市场秩序明显改善"等。到2025年的目标包括"证券执法司法透明度、规范性和公信力显著提升""行政执法与刑事司法衔接高效顺畅""崇法守信、规范透明、开放包容的良好资本市场生态全面形成"等。

意见的出台，是资本市场治理体系和治理能力现代化建设的一个新起点。证券监管系统将力争通过3到5年的努力，全面落实好意见提出的各项目标任务，为建设规范、透明、开放、有活力、有韧性的资本市场提供更加坚实的法治保障，努力为实现经济社会高质量发展作出更大贡献。

资料来源 刘慧，姚均芳.全面贯彻"零容忍"理念 依法从严打击证券违法活动——证监会主席易会满就《关于依法从严打击证券违法活动的意见》发布接受新华社记者专访［EB/OL］.［2021-07-06］.http：//www.xinhuanet.com/finance/2021-07/06/c_1127628922.htm.

思考和分析：谈谈你对"建制度、不干预、零容忍"九字方针的理解。

主要参考文献

[1] 邢天才. 证券投资理论与实务 [M]. 北京：中国人民大学出版社，2009.

[2] 郑超文. 技术分析详解 [M]. 上海：复旦大学出版社，1995.

[3] 库恩. 投资银行学 [M]. 李申，等译. 北京：北京师范大学出版社，1996.

[4] 格利茨. 金融工程学 [M]. 唐旭，等译. 北京：经济科学出版社，1998.

[5] 法博齐，莫迪利亚尼. 资本市场：机构与工具 [M]. 汪涛，译. 4版. 北京：中国人民大学出版社，2010.

[6] 希金斯. 财务管理分析 [M]. 沈艺峰，等译. 8版. 北京：北京大学出版社，2009.

[7] 张仲敏，钱从龙. 投资学 [M]. 大连：东北财经大学出版社，2006.

[8] 邢天才，王文超. 股份公司与股票市场 [M]. 大连：东北财经大学出版社，1999.

[9] 布朗，瑞利. 投资分析与投资组合管理 [M]. 李伟平，译. 8版. 北京：中国人民大学出版社，2011.

[10] 夏德仁，艾洪德，王振山. 金融市场与证券投资 [M]. 大连：东北财经大学出版社，1999.

[11] 鲁正轩. 看盘高手 [M]. 广州：广东经济出版社，2009.

[12] 刘立喜. 可转换债券 [M]. 上海：上海财经大学出版社，1999.

[13] 张光平. 巴林银行倒闭与金融衍生工具 [M]. 上海：上海人民出版社，1996.

[14] 胡克. 兼并与收购实用指南 [M]. 陆猛，等译. 北京：经济科学出版社，2000.

[15] 列维. 投资学 [M]. 任淮秀，译. 北京：北京大学出版社，2004.

[16] 洪伟力. 证券监管：理论与实践 [M]. 上海：上海财经大学出版社，2000.

[17] 曹凤岐，刘力，姚长辉. 证券投资学 [M]. 3版. 北京：北京大学出版社，2013.

[18] 霍文文. 证券投资学 [M]. 4版. 北京：高等教育出版社，2013.

[19] 吴晓求. 证券投资学 [M]. 4版. 北京：中国人民大学出版社，2014.

［20］邢天才．证券投资分析［M］．北京：中国财政经济出版社，2005.

［21］路透．金融衍生工具导论［M］．北京：北京大学出版社，2001.

［22］曹雪峰．证券技术指标精解［M］．上海：上海财经大学出版社，2001.

［23］陈松南．投资学［M］．上海：复旦大学出版社，2002.

［24］邢天才．中外资本市场比较研究［M］．大连：东北财经大学出版社，2003.

［25］陈保华．证券投资原理［M］．2版．上海：上海财经大学出版社，2003.

［26］陈永生．投资学［M］．成都：西南财经大学出版社，2004.

［27］陈伟忠．组合管理与投资基金管理［M］．北京：中国金融出版社，2004.

［28］赖利，诺顿．投资学［M］．李月平，译．6版．北京：机械工业出版社，2005.

［29］斯特朗．衍生产品概论［M］．王振山，等译．大连：东北财经大学出版社，2005.

［30］邢天才，王玉霞．证券投资学［M］．5版．大连：东北财经大学出版社，2020.

［31］中国证券业协会．金融市场基础知识［M］．北京：中国财政经济出版社，2021.

［32］中国证券业协会．证券市场基本法律法规［M］．北京：中国财政经济出版社，2021.

［33］中国证券业协会．中国证券业发展报告（2022）［M］．北京：中国财政经济出版社，2022.

［34］武力，贺耀敏．中国经济这十年（2012—2022）［M］．北京：经济科学出版社，2022.

［35］黄益平，王勋．读懂中国金融：金融改革的经济学分析［M］．北京：人民日报出版社，2021.